사회학자 시대에 응답하다

사회학자 시대에 응답하다

— 김동춘의 한국 사회 비평

김동춘 지음

2017년 6월 26일 초판 1쇄 발행

펴낸이 한철희 | 펴낸곳 돌베개 | 등록 1979년 8월 25일 제406-2003-000018호
주소 (10881) 경기도 파주시 회동길 77-20 (문발동)
전화 (031) 955-5020 | 팩스 (031) 955-5050
홈페이지 www.dolbegae.co.kr | 전자우편 book@dolbegae.co.kr
블로그 imdol79.blog.me | 트위터 @Dolbegae79

주간 김수한
기획·편집 윤여일·김진구
표지디자인 김동신 | 본문디자인 이은정·이연경
마케팅 심찬식·고운성·조원형 | 제작·관리 윤국중·이수민
인쇄·제본 영신사

ⓒ 김동춘, 2017
ISBN 978-89-7199-818-2 (03300)

이 도서의 국립중앙도서관 출판시도서목록(CIP)은 서지정보유통지원시스템(http://seoji.nl.go.kr)과
국가자료공동목록시스템(http://www.nl.go.kr/kolisent)에서 이용하실 수 있습니다.
(CIP제어번호: CIP2017013404)

책값은 뒤표지에 있습니다.

사회학자 시대에 응답하다

김동춘의
한국 사회
비평

돌베개

시대에 응답하고자 한
30년의 글쓰기

1987년 6월 항쟁이 일어난 지 벌써 30년이 지났다. 그해 온 나라가 민주화의 기대감으로 가득 찼으나, 12월 대통령 직선제 개헌의 수혜는 군부 지도자 노태우가 얻는 대반전이 일어났다. 그 후 실망한 사회운동 세력은 또다시 거리에 나서야 했다. 얼마 있지 않아 소련과 동구권 사회주의 붕괴, 중국 천안문 사건 등 세계사적으로 거대한 지각변동이 일어나 세계와 한국의 지식인들은 큰 혼란에 빠졌다.

1990년대 이후 세계의 시간과 한국의 시간은 일치하지 않았다. 한국은 군부독재 30여 년의 잔재를 걷어내고, 정치·사회의 민주화를 더 세게 밀고 가야 할 상황이었고, 정경 유착과 부패, 관료 주도의 경제질서를 넘어 새로운 시스템을 구축해야 했다. 더구나 탈냉전의 세계적 추세에 발맞추어 한반도 분단의 질곡에서도 벗어나야 했다. 그러나 탈냉전보다 더 거센 국제적 추세는 세계화, 신자유주의였다.

'민주화'라는 한국의 시간은 '자유화'라는 세계적 시간에 압도당했다. 경제협력개발기구OECD 가입의 축가가 끝나기도 전에 한국은 1997년 외환 위기라는 대환란을 맞았다. 자본주의의 최종 승리를 구가하는 신자유주의, 신보수주의의 세계적 시간대에 놓인 한국은 그럼에도 민주화, 인권 보장, 남북 화해라는 한국의 시간을 집약·대변했던 김대중·노무현 두 민주정부를 세웠다. 하지만 두 민주정부를 만들어낸 한국의 민주화 세력은 세계적 신자유주의와 신보수주의의 흐름에 편승한 국내 냉전보수 세력의 힘에 맞서기는 역부족이었다.

1987년 무렵, 민주화의 큰 열망이 김대중·김영삼 양김의 분열과 노태우의 대통령 당선이라는 역전극으로 마무리되던 시점에 나는 연구자, 공공적 지식인으로서 얼굴을 내밀었다. 그래서일까 그때부터 지금까지 공론장에 던진 글들은 새로운 국가와 사회의 비전을 제시하기보다는 약간의 좌절감과 현실 비판의 기조를 깔고 있는 듯하다.

1990년 박사과정에 입학하고 몇 년 후 박사학위 논문을 쓰고 강의를 하다가 대학에 겨우 자리를 잡아 1997년 이후에는 '교수'라는 직함을 달고 글을 써왔다. 1990년 이전 학문적 수련 기간에도 '교수'가 되기 위해 연구활동을 하지는 않았기 때문에 이미 1987년 무렵부터 가명, 필명으로 사회 비평 성격의 글을 쓰고, 초청해주는 곳이 있으면 강연하기를 마다하지 했다. 그 상당 부분은 생계를 위한 것이기도 했는데, 1980년대에서 1990년대 초반까지 풋내기 사회과학자의 글을 읽어주는 많은 후배, 청년 학생 독자들이 있었기 때문에, 내가 쓴 글이나 번역 편집한 책들이 생계의 수단이 될 수 있었다.

이 책에 실린 1990년대 이후의 글 대부분은 대학이나 학계에서 학술연구 업적으로 인정받기 위해 쓴 것이 아니라, 뒤틀려 있는 한국 사회의 현실에 글로써 개입하려는 것이었다. 이 종류의 글을 포함해 언론매체에 쓴 칼럼 등을 합하면, 아마도 지금까지 쓴 글의 절반 이상은 학술논문보다는 이런 사회 비평 성격의 글들일 것이다. 이 시간 동안 학술연구에 더 매진했더라면 더 치밀한 이론화 작업을 할 수 있었을 것이고, 더 많은 연구성과를 쌓았을 것이라는 아쉬움이 있다. 하지만 1987년 이후 지난 30년 동안 한국 사회는 내게 이런 글쓰기와 더불어 여러 시민사회 단체 활동에 더 많은 시간을 투여하도록 요청했고, 나 역시 그런 작업에 의미를 부여하며 보람을 느꼈다. 전문적 논문과 학술서적을 접할 수 없는 청년들과 독자들이 많다는 것을 확인했기 때문에, 내가 한국 사회를 비평하는 글을 써왔다는 것에 대해 후회하지는 않는다.

비평이든 논문이든 내 관심은 일관되었다. "사회학의 임무는 사회적 세계의 이해, 특히 권력을 이해하는 것"이라는 프랑스 사회학자 피에르 부르디외Pierre Bourdieu의 관점이 바로 나의 것이기도 했다. 그리고 "권력의 작동과 재생산에 대한 이해는 바로 사회 변화 주체의 형성 및 그 기반과 가능성의 탐구"를 의미한다고 덧붙일 수 있다. 이 책에 실린 글을 관통하는 문제의식도 바로 한국에서의 권력의 작동에 대한 이해와 그 변화 가능성에 대한 모색이라고 할 수 있을 것이다. 나는 한국 현대사, 분단, 반공주의, 자본주의를 이런 관점에서 접근하였다. 노동운동, 교육, 지식인, 시민사회 등의 주제에 대해 글을 쓴 것은 사회 변화 주체의 형성 가능성을 탐색하기 위함이었다.

지난 30여 년을 돌아보니, 청년 시절 함께 연구하고 단체를 만들어 활동했던 주변 사람들이 많이들 떠나갔다. 30여 년의 시간은 장작더미와 같은 강건한 청년의 열정을 완전히 태워 작은 바람에도 휙 날아갈 재로 만들기에 충분한 시간이다. 김대중 노무현 두 민주정부가 등장했던 '좋은 시절'도 있었으나, 사실 내 기억 속 지난 30여 년은 거세진 시장의 압박, 사상의 혼미, 가까운 사람들의 변신으로 채색된, 1987년 이전 시절을 오히려 '그리워하게' 하는 시간들이었다. 나는 이 시간 동안 '회재불우'懷才不遇, 뛰어난 재능을 가졌으나 시대를 만나지 못해 뜻을 펴지 못한 주위 사람들을 지켜보았다. 사회운동에 뛰어들지 않았거나 비판적 연구자의 길을 걷지 않았다면, 외국의 학계에서 국제적으로 이름을 날리거나 이 사회의 기득권 질서 내에서 중요한 자리를 차지하고 세속적으로 성공한 삶을 살 수도 있었을 사람들 상당수가 시대를 원망하면서 뜻을 접거나 청년 시절의 꿈을 포기했다. 따지고 보면 지난 70년, 아니 한반도의 20세기는 언제나 회재불우의 시대가 아니었을까?

어쨌든 지난 30여 년간 겨우 살아남아, 수많은 투사들 덕에 그나마 목소리를 낼 수 있었던 한 사람으로서, 사라져간 사람들을 추념하는 마음으로 이 책을 펴낸다. 두툼한 새 학술서 대신에 그동안 쓴 '잡다한 주제의 글'을 묶어서 내려 하니 후배와 동료들의 날카로운 비판이 귓전에서 따갑게 울리는 듯하다. 그럼에도 1990년 이후 지금까지 그때그때의 현안 과제를 외면하지 않고 나름대로 응답하려 했던 지적 고민의 자취를 박근혜 파면 이후 새로운 국가와 사회의 건설을 열망하는 독자들과 공유하는 것이 무의미한 일은 아닐 것이다.

이 책을 내자고 제안하고 글을 가려 뽑은 이는 후배 학자 윤여일 박사다. 어떤 글은 내가 펴냈던 책에 이미 포함되어 출간된 것들도 있고, 오래된 옛 잡지에 발표되어 그 존재조차 까마득해져버린 것들도 있다. 윤여일 박사가 제안을 하지 않았다면, 여기의 글 상당수는 아마 소수의 연구자들에게 오래된 잡지 더미나 학술논문 사이트에서 발견되어 읽힐 운명이었을 것이다. 이 책이 세상에 나올 수 있게 해준 윤여일 박사께 깊이 감사한다.

『전쟁과 사회』와 더불어 책 출간에 선뜻 동의해준 돌베개 한철희 대표님과 글 하나하나 꼼꼼히 읽고 수정 의견을 제시한 편집부 김진구 씨께도 감사의 말을 전한다.

김동춘

차례

I

II

III

IV

1990

1991

1992

1993

1994   1996

1995   1997

1998   2001   2005

1999   2002   2006

2000   2003   2007

2004

2008   2015

2009   2011   2013   2016

2012   2014

2010   2017

일러두기

- 이 책은 1990년부터 2017년까지 저자 김동춘이 쓴 글 가운데 시대성이 짙은 시평 성격의 글을 매해 한 편씩 가려 뽑은 것이다. 각 글의 출처는 책 말미 '발표 지면'에 명기했다.
- 새로 책을 편집하는 과정에서 가독성을 살리기 위한 방편으로 글의 분량을 다소 조정하고, 인용 출처를 표시한 주註를 뺐으며, 구성과 체제, 제목 및 소제목을 수정·보완했다.
- 책에 실린 사진 도판은 저작권자에게 허가를 구해 이용하려 했지만, 저작권자가 불분명한 경우 피치 못하게 허가를 구하지 못했다. 추후 저작권자가 확인되면 허가 절차를 밟을 것이다.

/

서구 중심주의 사회학을 넘어

1980년대 민족적·민중적 사회학의 도전

지난 1980년대는 분단 이후 남한의 지식사회에서 가장 커다란 변동의 물결이 몰아친 시기라고 해도 과언이 아니다. 그중에서도 북한의 공식적인 기록문건이나 연구서가 남한 학자들에게 읽혀서 비교적 공식적인 석상에서도 공공연하게 논의된 사실이나 민족 통일의 전망과 방법론, 한국 사회의 구조적 성격과 변혁의 전망을 모색하는 과정에서 다양한 진보적 사회과학 이론이 도입·적용된 사실 등은 빼놓을 수 없는 일에 속한다.

진보적 방법론 혹은 학문 지향이 '정치적 시민권을 획득'했다는 표현이 등장한 이유는 따지고 보면 지금까지 남한의 정치사회적 조건이 지극히 기형적이었다는 데 있다. 그리고 이러한 정치적 조건에서 전개되어온 남한의 사상 이데올로기와 사회과학은 남한의 정치질서를 위협하지 않는 범위 내에서만 존속해온 것이다.

혹자는 소위 진보 측의 문제 제기를 서구의 지성사에서 흔히 나타나는 이상주의적이고 급진적인 지식인들의 대안 없는 비판주의, 혹은 하나의 유행병 정도로 간주할지도 모른다. 그러나 학문의 현실적 토대인 한국 사회의 구체적 현실과 기존 사회학의 풍토를 생각해볼 때 '민족적·민중적 사회학'이란 표어는 서구의 사회과학이나 사회운동의 이념 전개 과정에서 그 뿌리를 찾아볼 수 없는 새로운 실험이자 문제 제기임에 틀림없다. 서구 사회학의 전개 과정을 살펴보더라도 이러한 판단은 결코 잘못된 것이 아님을 알 수 있다.

우리는 1980년대 이전 사회학의 전통을 무시하지는 않았으나, 한국 사회를 설명하려는 그 이전의 노력에 근본적인 회의를 제기하지 않을 수 없었다. 물론 1960년대, 1970년대의 사회과학자들도 우리 사회는 서구 사회와 다른 '특수한' 성격을 지니고 있다는 것을 부인하지 않았다. 그러나 당시에는 '보편'의 절대적 우위에 입각해서 그것의 한 변종으로서 '특수'를 사고할 수 있을 따름이었다. 그들은 끊임없이 '왜곡된', '기형화된', '제한된' 형태로서 한국 사회와 그 재생산의 원리를 설명했으며, 보다 정상적인, 바람직한, 이상적인 형태로 진입해야 할 것이라고 암묵적으로 가정했다. "왜곡된 것을 바로잡으라"는 것이 가장 강력한 비판의 무기였다. 우리는 모두 장밋빛 미래, 즉 국민소득 1,000달러가 가져올 선진조국의 미래상을 효과적으로 비판하지 못했다. 1980년 광주에서의 총성과 대살육은 우리의 이러한 소박한 이론적 '무기'를 전면적으로 비판하지 않을 수 없게 만들었다.

서구식 시민사회가 형성된 적이 없어

새로운 이론적 무기를 당장 고안해낼 경험도 역량도 부족했지만 기존의 무기에 대한 회의를 제기하는 데 주저하지 않았다. 사회현실을 설명하는

데 우리의 조건과 맥락을 깊이 고민하지 않고 쉽게 사용해온 시민사회의 개념을 새롭게 접근할 필요성이 있었다. 이것은 '보편'과 '특수'의 대립 혹은 식민지 경험이 우리의 의식 속에 각인해놓은 그릇된 '보편성'의 가정과 결별하는 것을 의미했다. 왜냐하면 우리가 공부해온 '사회'는 서구의 자본주의 사회이며, 그중에서도 사회의 지배질서와 계급 간 대립의 개념을 사상捨象한 문화적·도덕적 질서로서의 사회에 불과했기 때문이다. 이러한 사회에는 그것을 유지하기 위한 요소로서 '폭력'은 없는 것으로 간주된다. 설령 있다고 하더라도 사회 성원의 도덕적 합의에 비해서는 부차적인 요소에 불과한 것으로 간주된다. 지배자와 지배집단은 그 성립 기원이나 그들이 근거하고 있는 물질적 토대의 분석을 통해 비판된 것이 아니라, 그들이 시행한 한두 가지 정책, 그 질서에 대한 성원들의 지지 정도 등 경험적인 사례로 평가되었다.

이러한 사회학에서는 '국가'가 설 자리가 없다는 것이 특징이다. 구체적인 현실에서는 국가가 시민사회를 압도하여 시민사회의 자율성을 극도로 제한해왔는데도, 이론의 지평 속에서는 국가가 그저 시민사회를 도와주고 관리하는 자애로운 후견인 정도로 간주되었으며, 시민사회 내부의 문제는 시민사회의 자율적인 역량으로 해결할 수 있다는 잘못된 가정에 입각하여 다양한 처방을 내렸다. 실로 국가를 문제 삼지 않는 사회학은 국가의 자애로운 후원을 받았다. 그것은 국가 자체, 혹은 정치권력의 정당성에 도전하지 않는 범위 내에서만 문제들에 대해 실천적인 관심(?)을 기울였기 때문이다. 그리고 그 틀 안에서 학문적인 발전도 어느 정도 성취해낸 것이다.

사회적 갈등이 부인되지는 않았다. 그러나 이 갈등도 식민지의 초과이윤 덕택에 노동계급의 상당 부분까지 포섭해낼 역량을 갖춘 선진자본주의의 그것처럼 순조로운 과정을 거쳐 해소될 수 있는 것으로 간주되었다. 노동자들은 너무 지나친 요구를 하지 말 것이며, 사용자나 국가도 "갈등이 사회 발전에 기능하는 측면이 있다"는 점을 인식하여 갈등을 제발 죄악시하지 말아달라고 호소했다. 국가가 자본가와 노동자 사이에서, 지배자와 피지배자 사이에서 중립적인 중재자로서 처신할 수 있다면, 그리고 우리 사회의 갈등의 본질이 지배자들의 도덕적 결단이나 피지배 계층의 자제심으로 해결될 수 있다면 이러한 호소는 양측을 분명히 감동시켰을 것이고 전체의 이익을 위해 '이기적' 요구는 자제되었을 것이다.

사회학의 이러한 성격과 그것이 갖는 한계에 대한 회의는 '도덕적 개인주의'로서의 객관주의적이고 실증주의적인 기존 서구 사회학의 철학적·방법론적 기반에 대한 문제 제기다. 경험적 현상으로서의 사회에 대한 객관적이고 분석적인 접근만으로는 우리 사회의 역사적 전개 과정과 그 재생산의 구조, 변혁의 전망을 조망할 수 없다는 생각이 유행처럼 번지게 된 것은 몇몇 연구들의 관념의 고안물은 아니었다. 사회학은 '시민사회의 해부학', 시민사회의 기본적인 모순과 그 재생산을 탐구하는 학문이라는 사회학의 지적 전통이 새롭게 주목되었다. 또한 사회학이 특정 정파나 계급의 이해관계를 떠나 순수하게 객관적인 입장에서 사회를 대상화할 수 있다는 믿음이 철회되었고, 이론 작업에서 당파성의 견지가 피해야 할 태도가 아니라 오히려 소외 계급의 변혁주체로의 성장을 돕기 위해서 강하게 견지되어야 할 자세로 간주되었다. 그것은 사회를 물질적인 토대로부터 이해하려는 마르크스주의 사회이론과 방법론에 대한 재해석의 과정이었다.

사회과학이 시민사회의 해부학, 그 한계와 해체의 법칙을 밝혀내는 과학이 되어야 한다는 입장은 전혀 새로운 것이 아닐뿐더러, 서구 사회의 지적 흐름에 비추어보면 구태의연하기까지 하다. 오히려 현재 서구의 사회과학은 구체적인 방법론을 둘러싸고 논의를 저만큼 진전시켜놓았다. 즉 『자본론』의 서구 사회 해부학의 방법론을 아무런 수정 없이 그대로 받아들일 것을 주장하는 마르크스주의 이론가나 실천가는 서구 사회 어느 곳에서도 찾아보기 힘들게 되었다. 그들은 다양한 실천적 활동과 경험의 맥락 속에서, 철학적인 전통의 연장선에서 나름의 '이론적 무기'를 개발했기 때문이다. 물론 그 이론들의 현실 설명력 여부는 제쳐두더라도 말이다.

그런데 이러한 문제 제기가 '이미 극복된'(?) 구태의연한 논리에 집착하는 모습을 보인다고 해서 인식의 전환이 갖는 의의를 과소평가할 수는 없다. 문제가 되는 것은 이론적 현실이 아니라 구체적 현실, 현실 그 자체이기 때문이다. 그리고 문제 제기의 당사자들은 '구체적 현실의 아들'일 뿐만 아니라, 이들을 유행병 환자라고 비난할지도 모르는 기성 학자들의 후배요 제자이기 때문이다. 즉 특정의 방법론이나 이론의 발생과 성장을 그 객관적 토대로부터 설명하지 않을 수 없는 것은 자명한 사실이다. 구태의연함에서 벗어났다고 자부하는 사람들이 뽐내는 세련된 이론이라는 것도 결국은 사회현실의 일차적인 우위를 인정하지 않은 채 자신을 치장할 목적으로 주로 사용되는 이론에 불과한 경우가 흔하다. 중요한 것은 당파성의 주장이나 '시민사회의 해부학'으로서 사회과학의 자기정립의 주장이, 모든 사회적 갈등의 근원이 자본주의적 생산 제 관계에서 파생되었다는 사실이 확연하게 드러나는 1980년대의 사회현실에 대한 실천적 고민에서 출발했다는 점이다. 그리고 그러한 현실을 설명할 수 있는 무기를 '도덕적 개인주의'의 철학에서는 더 이상 발견하기 어렵다는 점이다. 철학적 입장의 전환이 이론적 전통이 결여된 척박한 '냉전'의 토양에서 발생했다면, 그 이론의 내용은 세련된 전문가의 눈으로 보면 원칙주의나 교조주의가 아니고 무엇이겠는가.

여기서 바로 '민족적', '민중적'이라는 수식어가 붙은 '뜻밖의' 사회학

(?)이 출현하게 된 것이다. 사회운동의 발전에 편승하여 이러한 사회학을 추구하는 집단은 기존의 학문사회에서는 학문적이지 않다고 배척된 논리나 방법론을 거리낌없이 주장했다. 그리고 기성 사회학의 자기반성을 촉구했다.

물론 반성과 고민은 과거와의 지적인 단절을 강조하는 새로운 세대의 전유물이 될 수는 없다. 학문활동으로 생계를 꾸려가는 직업적 학자나 지식인도 어쩌면 '고민을 낳는' 사회현실의 더 큰 피해자일지도 모른다. 아니 그들이 살아온 과정을 생각해보면 확실히 그러할 것이다. 우리는 도처에서 이들의 고뇌 어린 고백을 들을 수 있다.

우리의 전통 속에서는 서구식 시민사회가 형성된 적이 없다. 즉 '국가'와 '사회'가 미분화된 채로 오늘에까지 이르고 있다. 그렇기 때문에 국가라고 하는 어떤 정치적 실체와 뚜렷이 구별되는 이른바 시민 세력의 실체인 사회라는 것이 존재한 적이 없다. 아직까지 이 같은 시민사회가 이 땅에 뿌리를 내려 성장한 적이 없기 때문에, 한국 사회학은 시민사회가 아닌 넓은 의미에서의 사회현상을 연구해온 셈이다. 즉 정치 및 행정현상, 인구현상, 경제현상, 과거의 역사적 재료 등을 연구 대상으로 삼거나 통계학, 조사기술이나 방법론 등에 전념해온 것이다.

학문과 사회운동의 사이에서

어쨌든 새로운 사회학을 추구하는 집단과 그것의 '이데올로기성'과 관념적 급진성을 비판하는 서구 지향적 주류사회학—물론 양자의 차별성을 이데올로기적 함축이나 세계관에서 찾을 수는 있지만 우리의 경우 그것이 세대 간의 단절로도 나타나고 있다—의 만남은, 양자 각각의 자기반성과 고뇌의 산물로서 1980년대를 마감하는 자리에서 극적으로 이루어 졌다. 그러나 '모두의 승리', '위대한 대타협'을 노래하는 것은 너무나 성급할뿐더러, 양측에 속한 어느 누구도 그렇게 평가하지 않을 것이다. 그렇다고 해서 이것을 단순하게 '차이의 확인', '대화를 위한 토대의 마련', '사회학 발전을 위한 통일전선' 같은 듣기 좋은 말로 마무리 짓는 것도 올바른 자세는 아니다.

이 만남이 가능해진 것은 물론 제6공화국 이후 민주화 분위기 덕택이고 사회학 특유의 개방성 덕택이라고 설명할 수는 있지만, 아직도 국가보안법의 서슬이 퍼런 '얼어붙은 이데올로기 지형' 속에서 그리고 그런 정치 마당에서라면 이 만남은 죽고 죽이는 접전을 의미할지도 모른다. 따라서 양측이 서로의 만남에 대해서 좀 더 분명한 입장과 만남의 성과에 대한 평가를 마련하지 않은 채 학문이 갖는 '상대적 자율성의 힘'만 노래하는 것은 안일한 태도다. 특히 학문적 깊이나 연륜에서 현격한 열세에 있는 비판적 소장그룹의 입장에서는 긴장의 고삐를 늦출 수 없을 것이다. 그럼에도 이 만남이 권력의 주선에 의한 것이 아니라 서로의 의식적인 노력의 결과물이라는 점을 주목할 필요가 있다. 왜냐하면 자율적인 영역이 우리 사회에 존재할 수 있다는 사실이 그냥 지나칠 일은 아닐뿐더러 우리 사회의 전반적인 모습에 비추어보면 매우 진일보한 사건이기 때문이다. 그리고 이러한 자율적인 노력의 과정에서 양자 모두 한국 사회를 올바르게 설명하고 한국 사회를 바람직한 방향으로 변혁하는 데 대해 깊은 관심을 가지고 있으며, 이는 남한의 여타 사회과학에서는 기대하기 힘든 문제의식과 진보적 자세를 사회학이 견지하고 있음을 의미하기 때문이다. 즉 파시스트적·권위주의적 정치질서에 대한 반대자, 시민사회의 성립을 저지하는 반동적 힘에 대한 비판자의 성격을 띠는 사회학은 국가의 물신주의적 지배가 누그러지지 않고 있을 뿐만 아니라 철저한 민주주의 혁명을 거친 적이 없는 남한 사회에서는 쉽사리 권력의 하수인이 될 수 없는 특성을 지닌다고 보아도 될 것이다.

학문의 자율성과 사회의 민주주의적 변혁을 추구하는 도상에서 양자 연대의 기반을 확인할 수 있다고 해서, 절충과 타협을 그 자체로서 '선'으로 간주하는 태도는 바람직하지 않다. 왜냐하면 양자의 시각은 우리 사회의 모순과 균열, 적대감과 감정적 앙금의 폭만큼이나 차이가 크기 때문이다. 그야말로 학문 영역의 '자율성'의 혜택 속에서 양자의 차별성을 애매하게 넘어갈 수는 있으나, 그 차별성을 궁극적으로 해소하기 위해서는 수많은 절차가 요구될뿐더러 학문의 힘만으로 그 과제를 완수할 수도 없기 때문이다.

그러나 기성의 학계로부터 정치적 시민권을 부여받은 민족민중사회학이 그 시민권의 획득에는 만족할 수 없다. 왜냐하면 그 시민권은 정치권력이 부여해준 것이 아니기 때문이다. 그리고 정치권력과의 투쟁을 통해서 정치권력을 변화시키고, 스스로 시민권을 쟁취한 것이 아니기 때문이다. 여타의 사회과학에서 소위 진보적인 흐름은 시민권을 획득하기는커녕, 끊임없이 배척당하고 있으며 기성 학문사회에서 조그마한 공간조차 확보하지 못하고 있다. 이런 마당에 사회학이 획득한 시민권은 선구적인 쟁취물이기 전에 잘못 발행된 증명서이거나 '정치 문제에 침묵하는 대가로 획득한 시민권'일 가능성이 크다. 즉 민족민중사회학은 자신을 낳아준 사회운동과 결별하여 혼자만 시민권을 누릴 수는 없을 것이다. 사회운동이 사회학과 동일한 실천 영역에 속한다고 생각하는 것은 민족민중사회학을 사회의 실질적 변혁을 담당하는 운동으로 격상시키고 학문적 실천의 의의를 과대평가하는 것이다. '학문이 부여한' 시민권은 '변혁운동의 제도화'가 아니기 때문이다.

민족민중사회학의 입장에서는 이 만남이 큰 부담으로 작용할 수 있다. 왜냐하면 민족민중사회학이 제도권 학문사회의 바깥에 존재할 때는 자기 외의 모든 사회현실이나 학문현실을 '민족'과 '민중'의 이름으로 비판하기만 해도 도덕적 정당성을 가질 수 있었지만, 변화된 조건에서는 그런 혜택을 더는 누릴 수 없기 때문이다. 즉 이제는 '학문적 내용', '구체적인 방법론과 현실 설명력'을 통해서 입지를 확보하지 않으면 안 된다. '이데올로기'라는 낙인을 감수해야 하는 상황과, 이론으로서 자격을 인정받는 상황에서의 처신이 동일할 수는 없기 때문이다.

이뿐만이 아니다. 공격의 포화는 정치권력의 핵심 부위에서도 끊임없이 날아올 것이고, 대중은 각성해야 할 대상으로서 수동적으로 남아 있지 않을 것이다. 이러한 도전에 맞서기 위해 자신의 존재를 끊임없이 증명해야 하는 과제를 안게 된 것이다. 스스로를 학문의 단순한 분파로 전락시키려는 내부의 흐름과도 맞서 싸워야 하고, '학문 아닌 이데올로기'로 간주하려는 기성 학문사회의 흐름과도 맞서 싸우면서 끊임없이 '운동'하지 않을 수 없을 것이다.

1990년대는 학문사회, 그리고 사회학 분야에 많은 새로운 과제들을 제기할 것이 분명하다. 그중 가장 중요한 과제는 사회 변혁의 전망과 사회 재조직의 비전을 제시하는 일일 것이다.

/

교사의 계급적 성격과 한국 교원노조운동

교사는 무엇인가

"노동조합법 제4조에 의하면 교사는 명백히 노동자에 속합니다. 우리 교사는 국가 또는 사학재단이라는 사용자에 고용되어 교육노동을 행하고, 그 대가를 받아 생활하기 때문입니다. 따라서 교사도 노동자로서 노동조합을 결성할 수 있는 권리를 당연히 가져야 합니다." 「30만 교원 총단결로 교직원노조 건설을」, 전국교사협의회교직원노조 건설을 위한 특별위원회, 1989. 4. 17, 6쪽.

"과연 교육자가 노동자일까요? 선생님은 전문직입니다. 고도의 전문적 지식과 고결한 인품, 높은 윤리의식을 갖추고 2세 국민을 길러내는 전문직입니다. 이것이 사회의 통념이며, 학자들의 일치된 견해입니다. 그러므로 선생님들의 단체나 모임은 노동조합이 되어서는 안 됩니다." 「국민 여러분, 교육의 문제는 바로 우리 모두의 일입니다」, 강원도교육위원회, 1989. 6.

1989년 봄과 여름, 교육계 종사자들은 물론 학부모와 우리 사회의 의식 있는 사람들은 이 두 논리로 크게 양분되었다. 교육, 혹은 교사와 관계를 맺지 않은 사람은 우리 사회에 존재하지 않기 때문이다. 그것은 거대한 이론적·사상적·이념적·세대 간 대립의 현장이었다.

물론 이 대립은 순수하게 논리적, 이념적인 것은 아니었다. 그것은 물리력을 동반했고, 한쪽 논리가 다른 쪽 논리를 강압적으로 부인하는 것이었다. 세계적으로도 유례를 찾기 힘든 대규모의 교사 해직, 구속 사태가 바로 그것이다. 이 갈등은 이웃나라 일본이나 서구에서는 과거에 경험했던 것이며, 우리 경우도 자본주의 발전과 사회 성격의 변화에 따라 교사의 사회적 위치도 함께 변해왔기 때문에 한 번은 거쳐야 할 과정이었음이 분명하다. 그러나 우리의 경우는 사회변동에 비해 정치권력과 이데올로기 지형의 변화가 지체되었기 때문에 갈등은 이렇듯 격렬하게 전개되었고, 현재까지도 문제가 해결되지 않은 채 잠재적인 갈등이 지속되고 있다.

한국 교원노조 결성 과정에서 이데올로기적 대립축은 교사노동자론 대 교사전문직, 성직론으로 요약할 수 있다. 사회과학적 용어로 표현하면 교사는 노동자계급인가, 아니면 중간층 혹은 인텔리겐차인가에 대한 의견 충돌이었다. 그러나 좀 더 들어가보면 문제는 훨씬 복잡하다. 교사는 노동자인가. 노동자라면 어떤 의미에서 노동자인가. 과연 생산직 노동자와 같은 차원에서 혹은 여타의 화이트칼라 노동자와 동일한 노동자라고 할 수 있는가. 교육노동은 어떤 특성을 지니는가. 교사는 전문직인가. 만약 그렇다면 어떤 의미에서 전문직인가. 교원노동조합은 애초부터 성립 불가능한 개념인가. 성립 가능하다면 그것의 주요 활동과 임무는 무엇인가. 생산직, 화이트칼라 노동조합과 어떤 점에서 동일하며 어떤 점에서 차별적인가. 교사운동의 추진 주체는 반드시 노동조합이어야만

하는가. 교육운동의 이념은 무엇인가. 이른바 '참교육'은 교원노조운동과 어떻게 결합되는가 등이었다.

그런데 이에 못지않게 중요한 것은 정치권력이 왜 교원노조 결성운동에 그토록 예민한 반응을 보였으며, 그 결성을 막기 위해 총력전을 펼쳤느냐 하는 점이다. 누구나 심정적으로 느낀 점이기는 하나, 단순한 사회 변혁운동에 대한 대응과는 또 다른 차원에서 교원노조 결성운동을 억압하는 모습을 우리는 지켜보았다.

문제를 더 좁혀서 교사집단의 사회적 성격보다 사회운동으로서의 교사운동 또는 교육운동 그리고 화이트칼라 노동운동으로서의 교사운동에 초점을 맞출 경우, 교직의 사회적 성격과 직업적 특성을 밝히는 일과 교육활동 일반에 대한 사회학적 분석은 보조적인 의미를 지니게 될 것이고, 교육노동의 성격과 교사집단의 계급적 성격을 더 강조하게 될 것이다.

따라서 1989년에 우리의 관심을 끌었던 교원노조 추진 측의 교사노동자론, 이를 부인하는 정부 측의 교사전문직론의 타당성을 살펴보고, 한국 교원노조운동의 노선과 이념을 비판적으로 검토하기 위해 한국 사회에서 교사집단의 계급적 성격과 1989년 전국교직원노동조합(이하 전교조) 결성을 둘러싼 교사와 국가 간의 갈등에 접근해보고자 한다.

교사집단의 계급적 성격

국가와 자본의 기능적 대리자

우리는 한국이 자본주의 사회라는 전제에서 논의를 시작하려 한다. 왜냐하면 현재 한국의 교사가 처한 사회적 위치는 교사의 교육활동의 특수성, 문화적 상황, 민족적 전통 등 다양한 측면에서 접근할 수 있지만, 그중 가장 근본적인 규정력은 토대로서 자본주의적 재생산구조와 자본주의 국가권력이기 때문이다.

이러한 측면에 비추어볼 때, 학교와 교사는 자본의 재생산을 위한 이데올로기적 기능 혹은 국가의 이데올로기적 재생산의 기능을 수행하는 존재라고 볼 수 있다. 학교제도의 조직 원리, 교육 내용, 교사에게 요구되는 자질 등도 이러한 관점에서 설명할 수 있다. 예를 들어 '도덕적 품성을 갖춘 인간'을 양성한다는 교육 목표가 사실상 구호에 머무르고, '풍부한 학식과 인격을 갖춘 교사'보다는 학생들을 효율적으로 통제·지도하고 국가관이 투철한 교사를 요구하는 것은 이러한 이유에 있다. 교육에 대한 지배는 국가의 주요 기능인 것이다.

현재 한국의 교육제도나 교육 내용 등을 보면 위에서 말한 원리가 그대로 관철되고 있음을 확인할 수 있다. 그중 가장 큰 특징은 사립학교에 대한 국가의 통제다. 현재 사립학교 교원은 국가공무원이 아니며 따라서 공무원으로서 신분 보장을 받지 못하지만, 의무에 있어서는 국가공무원, 공립학교 교사와 동일한 조건에 놓여 있다. 그리고 사립학교의 설립과 운영은 대통령령과 문교부장관의 허가를 받아야 하고, 교육 방향이 국가가 제시한 것과 어긋날 때는 '감독권 발생, 해산 명령'을 내릴 수 있다. 즉 현재 한국에서 전통 있는 사립학교들이 자랑하는 학교 나름의 교육 이념, 교육 방침이라는 것은 별다른 의미가 없는 공허한 문구에 불과하다.

이에 더해 교육에 대한 국가의 통제를 가장 잘 보여주는 것은 교과 내용에 대한 국가의 독점권이다. 헌법 제22조의 '학문의 자유'와, 제31조의 '교육을 받을 권리'에 따라 형식적으로는 교사가 교육 내용에 대한 자율성을 확보한 것처럼 보인다. 하지만 실제 초·중등학교의 교과서는 문교부가 저작권을 가지거나 검인정한 것에 국한되어 있으며(교육법 제157조), 교과용 도서의 저작 검정, 인정 발행, 공급은 대통령령으로 정하고 있고, "교과용 도서 이외의 도서는 이를 수업 중 사용하지 못한다"(제51조)라고 못박고 있다. 교사는 물론 학부모가 교육 내용을 결정할 수 있는 참여 통로가 봉쇄되어 있어서 사실상 국가가 교육 내용을 일방적으로 통제하는 일이 가능하다. 교사들이 교과서 외의 교재를 자의적으로 작성하거나 사용하는 행위에 대해서 당국은 "민중 봉기를 유도하는 반국가적 의식화 교육"이라고 규정하면서 극도로 민감한 반응을 보인다. 한국의 교사는 교육 과정의 편성, 교재 선택, 선정, 교육 방법의 결정, 평가의 권한을 갖지 못한다. 수업에 관한 한 적어도 교사는 국가 이데올로기의 일방적 전달자인 셈이다.

국가가 교육 내용과 교육 방법에 대해 무제한적 통제권을 행사하면서 교과서와 지배적 가치관의 테두리를 벗어난 '불필요한' 인격 교육, 교과서 외의 대화나 토론 교육은 허용하지 않는다. 또한 학급 운영에 있어서 권위주의적 통제를 행하지 않는 교사는 '문제 교사'로 낙인찍히거나, 심지어 반체제 인물로 지목된다. 이러한 국가의 교육 통제는 국가 속에서의 교육의 본질과 교사의 위치를 역으로 증명해주는 것이라 하겠다.

한국의 경우 첫째 일제 식민지의 경험으로 말미암아 근대 공교육제도의 도입이 자본주의 발달과 정확히 일치하지 않으며, 둘째 일제에 의해 도입된 '근대'교육제도(물론 기만적이기는 했지만)가 일제강점기에 통치의 목적으로 형성되어 식민지 권력의 강력한 통제를 받았기 때문에 이후에도 교육행정기구의 중앙집권화, 학교의 관료기구화가 상당히 진척되었다. 그래서 국가권력이 교육을 강력하게 통제하는 전통이 확립되었다는 점이 특징적이다. 그리고 셋째 일제강점기의 '동화교육'의 잔재와 분단 이후 강력한 국가이념(반공 이데올로기)의 형성으로 인해 교육의 목표와 교육 내용이 국가에 의해 배타적이고 독점적으로 장악되었고 교사에 대한 이데올로기적 통제가 노골적이었다. 즉 교육이 자본 일반의 기능적 대행자로서의 성격을 띠기에 앞서 자율적 성격을 지닌 국가권력의 직접적 통제를 받고 있다는 점에서 식민지적·군국주의적 형태와 유사하다. 예를 들면 1978년부터 초·중등학교의 국어, 국민윤리, 국사 과목은 국정교과서를 사용하도록 하여, 이른바 국책과목을 통해 정치권력의 이데올로기를 일방적으로 주입해왔다.

국가권력에 예속된 노동자

지금까지 국가권력과 자본의 기능적 대리자로서의 교사가 지닌 성격에 주목해보았다. 그러나 교사는 국가기구의 성원으로서 국가권력의 기능을 대리함과 동시에 국가에 고용된 '노동자'라는 성격을 동시에 지닌다. 즉 학생을 가르친다는 노동행위의 특수성과, 국가의 세금으로 임금을 받는 국가에 고용된 노동자라는 성격의 모순된 통일체다.

한국의 경우 빠른 자본주의화와 국가권력의 강력한 영향력에 의해 교사 자신이 인식하는 것 이상으로 교사의 프롤레타리아화가 급속하게 진행되었다.

이것은 사회 전반의 지식의 팽창 정도를 생각해볼 때 수학 기간, 지식 정도만 가지고 교사를 인텔리로 보는 것은 더 이상 타당하지 않음을 의미한다. 학부모들이 교사의 지식 수준을 상회하는 경우가 발생하면서 교사의 지식은 더 이상 비법이 아니게 되었으며, 지역사회에서도 교사는 지도층으로 자처할 수 없게 되었다. 이는 곧 교사의 사회적 희소성이 저하되는 과정에 다름 아니다.

그리고 교사의 교육환경, 특히 학생들과의 접촉의 장인 교실은 교사의 전문성이 발휘될 수 있는 여건이 아니다. 한국의 중등교사는 입학시험 전문가, 즉 학원 강사와 다를 바 없다는 말은 교사들의 단순한 푸념이 아니라 현실을 직시하는 표현이다. 과밀 학급으로 인해 학생들과의 밀도 있는 접촉은 가능하지도 않을뿐더러, 이러한 조건에서나마 학생들에게 인격적인 지도를 수행하려는 교사를 오히려 이상한 시선으로 보기 때문이다.

교육 내용의 측면에서 보더라도 교사의 지식은 전문성과는 거리가 멀다. 모든 교육은 궁극적으로 대학 입학을 위한 준비 과정이 되었다. 교사가 전달하는 지식은 규격화되고 다른 해석의 여지가 허용되지 않는, 말하자면 참고서에 요약된 것에 불과하다. 교사가 대학교육 과정에서 획득한 학문적인 내용을 현실에 적용한 것과는 거리가 있다.

자본주의적 재생산구조의 규정력, 학교의 입시학원화, 국가의 교육 통제, 열악한 교육환경에 처한 한국의 교사들은 빠르게 전문성을 박탈당함으로써 자율성을 상실하고 국가에 포섭된 노동자 또는 말단 관리로 전락했다. 이것은 독점자본주의 체제에서 노동에 대한 자본의 지배력이 강화되는 과정에 비견될 수 있다. 교사는 학교에서 노동에 대한 통제력을 빼앗기고 행정체계에 굴복하게 되었고, 이러한 교사의 탈숙련화에 따라 평교사의 지위는 상대적으로 저하되었다. 교사들은 전문직의 요건이라고 할 수 있는 '고객'(학생)에 대한 책임감을 더 이상 느낄 수 없게 되었다. 이것은 학생들의 삶과 성장에 교사가 미치는 영향력이 점차 약화되는 현상으로 나타난다.

교육행정관료-교장-교사에 이르는 위계서열은 노동조직, 행정기관의 그것과 점차 동일한 성격을 지니게 된다. 개별 학교의 교직원 회의에서 교사가 결정할 수 있는 사항은 사실상 거의 없으며, 있다고 하더라도 교육활동의 질과 방향을 좌우하는 것과는 거리가 멀다. 이러한 측면에서 교사는 행정기구의 말단 직원과 유사하다. 결론적으로 생산수단의 비소유, 세입에 기초한 임금생활, 국가의 업무 통제 등을 고려해볼 때 한국의 교사는 교육노동이라는 특수한 업무를 수행하는, 국가에 고용된 공무원 노동자라고 규정할 수 있다.

탈전문화 흐름에 저항하는 교사 조직은 1980년대 이전에는 거의 존재하지 않았다. 대한교련(1948년 이후 대한교육연합회이었다가 1989년 11월 이후 한국교원단체총연합회로 명칭 변경)은 사실상 주임, 교감, 교장 등 교육관료들의 조직이었기 때문에 평교사들의 실제 조건에 대해서는 거의 관심이 없었다. 따라서 교사들의 집단 역량, 조직력, 계급적 역량이 국가권력과 자본의 교육정책이나 교사정책을 제어하는 힘을 갖지 못한 상황에서, 국가 권력에 의한 교사의 포섭은 교사 임금과 사회적 대우를 지속적으로 떨어뜨렸다. 교사의 월급은 다른 전문직에 비해서는 말할 것도 없고 대졸 화이트칼라에 비해서도 낮은 편이다.

교사의 직업적 위신 역시 1960년대에서 1970~1980년대로 넘어오면서 정체 혹은 저하되었다. 한국 교사의 직업적 위신은 다른 나라에 비해 매우 낮은 편이다. 스승에 대한 존경심은 더 이상 우리 사회에서 찾아볼 수 없다. 교사의 낮은 월급과 사회적 지위의 저하는 사람들이 흔히 생각하듯이 교사의 개인적 노력 부족이나 정책적 배려의 결여, 사회적 무관심에서 비롯된 것이 아니다. 그보다는 교사의 계급적 위치가 점차 노동자화됨으로써, 그리고 국가권력과의 관계에서 교섭력을 갖지 못하고 일방적인 예속 상태에 처함으로써 초래된 필연적인 결과라고 봐야 한다.

정치적·이데올로기적 조건과 교사의 주체 형성

공립학교 교사는 법적으로 국가공무원이고, 법률로 정한 자를 제외하고서는 노동3권을 가질 수 없다는 공무원법의 제약을 받기 때문에 노동자로서의 지위를 인정받지 못하고 있다. "사립학교의 교원의 복무에 관해서는 국공립학교 교원에 관한 규정을 준용한다"는 사립학교법에 따라 사실상 자본의 피고용자인 사립학교 교사도 국가권력의 법적 통제를 받는 위치다. 교육회라는 전문직 단체의 설립을 허용하여 단결권을 일부 인정하고는 있으나, 오직 하나의 교육회만을 허용함으로써 권력기관에 예속된 교직자 단체, 즉 대한교련 이외의 교사단체 조직을 제약하고 있다. 국민의 기본권에 속하는 노동3권을 박탈당한 교사는 자주적으로 단체를 결성하거나 개별 학교 내의 소규모 친목회, 상호부조 모임, 취미서클, 교과모임 같은 자발적인 조직을 만들 수 없다. 교사들의 자발적인 조직 활동을 불온시하면서 교사의 건의, 청원, 서명운동 등을 불법활동으로 낙인찍어왔다. 학교 내에서 교감이나 교장 같은 상급자들은 교무회의나 각종 교사조직이 자발적이고 적극적인 모임으로 변화되는 것을 거부하고 오로지 행정적 명령의 전달기구로 간주해왔다.

그런데 교사들의 자발적 조직화를 막는 더 강력한 통제력은 '이데올로기'라고 볼 수 있다. 교사에 대한 이데올로기적 압력은 교사를 성직자로 보는 태도와 공공복리를 위해 일하는 국가공무원으로 보는 태도로 요약된다. 전자는 교사를 전근대사회의 전인격적인 '스승', 현대사회의 교육 전문가, 학자 등과 유사한 존재로 간주하는 것이며, 후자는 교사를 공무원, 경찰, 군인 같은 존재로 간주하는 것을 의미한다. 자본주의가 매우 발달하고 전통사회의 잔재가 적은 나라에서도 교사에 대한 성직관은 통제 이데올로기로 작용하는 측면이 있다.

교사는 자신들의 노동 성격이 전문직의 그것과는 달리 매우 단순화되었다는 사실을 잘 인정하지 않는다. 일제강점기 혹은 전근대사회의 권위적인 교사상에 젖어 있는 세대는 자신의 존재가 국가권력의 통제를 받는 힘 없는 노동자라는 사실을 쉽게 인정하지 않는다. 그들은 교육노동과 교사가 가진 자율성의 영역을 과대평가하며, 교사가 학생들에게 미

치는 영향력에 연연해한다. 그들은 학교가 입시학원화됨으로써 사실상
쓸모없어진 인격적·도덕적 우월감과 높은 지적 수준을 삶을 지탱하는
지주로 삼으며, 뜻하는 대로 교육이 이루어지지 않으면 그 책임을 학생
들의 열의 부족으로 돌리곤 한다. 젊은 교사들 중에는 더 이상 성직관을
견지하지 않는 사람들도 있다. 그러나 그들도 정신노동을 하고 있다는
우월의식과 국가의 기능적 대리자로 처신함으로써 얻는 정신적 지배자
의식을 가지고 있다. 이들은 학생들에게 무제한적인 통제력을 행사하고
지배 이데올로기를 전달함으로써 권력집단의 일부인 것으로 착각한다.
교사들의 이러한 의식이 다른 교사들이 노동조합을 결성하는 데 대해서
는 물론, 전문직 단체를 조직하는 데 대해서도 거부하는 근거가 된다.

　교사의 조직화를 저지하는 힘은 국가의 이데올로기 정책에 의해 강
력하게 형성된다. 자본의 이해를 대표하는 언론기관과 다양한 이데올로
기 기구는, 교사는 신성한 의무를 수행하는 성직자이므로 집단행동이
나 노동조합 결성이 교사의 '품위'를 떨어뜨리는 행동이고, 학생들에게
악영향을 주어 교육을 황폐화시킨다는 논리를 끊임없이 전파한다. 학교
내 갈등을 죄악시하는 이러한 논리는 교육현장을 간접적으로 접할 수
밖에 없는 학부모들—특히 자식교육을 통해 계층 상승을 기대하는—
의 이기심을 자극하여 교사의 조직화를 저지하는 물리적 힘으로 변화시
킨다. 국가의 이데올로기적 통제력과 교사들의 허구적인 성직관, 지배자
의식은 교사조직 결성을 불온시하고 적대시하는 사회적 힘으로 작용하
는 것이다.

　요약하면 한국의 정치·이데올로기 국면에서 교사의 '교육자'로서의
성격과 '공무원'으로서의 성격이 과도하게 부각되고, 지배집단이 그러한
상황을 의도적으로 재생산함으로써 '교사의 사실상의 노동자화'라는 지
배적이고 객관적인 경향은 조직화 작업 및 교사운동의 전개로 이어지지

못하고 있다. 그리고 정치적·이데올로기적 제약은 교사집단 외부와 내부에 강하게 존재한다. 특히 교사집단 내부의 성직관과 정신노동에 대한 우월의식은 교사를 노동조합으로 조직할 수 있는 기반을 심하게 제약하고 있다.

이러한 열악한 조건에서 단순히 수동적인 존재로 남지 않으려는 교사들도 있다. 교사들은 학교 내에서의 관료적 통제, 집합적 노동자로서의 전문성의 상실과 지위 하락에 불만을 품지만, 가장 큰 불만은 기존의 교육 내용과 학교의 문화적·이데올로기적 활동이다. 이들은 일차적으로 보편주의적 교육원칙과 교육이념에 입각하여 자신의 소신과 경험을 바탕으로 학생들에게 바람직한 가치관을 전수하려 노력하고 있다. 교사들은 학생들에게 진실을 전달해주어야 한다는 의무감과 그렇게 할 수 없는 현실 사이에서 갈등을 느낀다. 그리고 대학에 진학하기 어려운 학생들에게 진학과 출세의 신화를 전파해야 하는 자신에 대해 모순을 느낀다. "열심히 공부하면 누구나 잘살 수 있다"는 개인주의적 가치관을 학생들에게 전파하고, 이러한 가르침에도 불구하고 많은 학생들이 진학에 실패하고 계층 상승을 이루지 못하는 것을 우울하게 지켜보아야 한다. 바로 이 지점에서 교사는 장 폴 사르트르Jean Paul Sartre가 『지식인을 위한 변명』에서 말한 것처럼 "구체적 진실에 대한 탐구와 지배자의 이데올로기 사이에 존재하는 대립을 깨닫게 되고", "지배계급에 대한 복종과 자유롭고 보편주의적인 탐구정신과의 모순"을 느낀다.

이것은 사실 자본주의 사회의 문화적 재생산 과정, 그 일부로서 교육의 재생산이 안고 있는 모순을 보여주는 것이며, 이러한 모순의 와중에서 교사는 지식인으로서 사회에 불만을 느끼게 된다. 한국은 특히 교육 내용에 대한 국가 통제가 심하고 학교를 둘러싼 사회적 모순이 크기 때문에 자연히 교육 내용과 현실과의 괴리를 더 크게 느낄 수밖에 없다.

교사들은 경제적 보수, 사회적 지위의 하락보다는 이러한 이데올로기적 조건으로 인한 불만이 더 크다. 한국의 교사들은 직업인이나 피고용자로서 교육현장에 몸담기보다는 교육자로서의 사명감과 소신을 중요하게 여기기 때문에 사회적·경제적 대우의 하락은 어느 정도 감수해도 교육자로서의 존재를 부인당하는 것은 참기 어려워한다. 이 점이 바로 한국의 교사를 단순히 계급적 위치만을 고려해서 노동자라고 규정하기 어려운 부분이다. 즉 한국의 교사들은 그 의식에 있어서는 지식인과 유사하다고 볼 수 있다.

이 점은 실제 교사운동이 추구하는 이념을 살펴보면 잘 알 수 있다. 1980년대 중반 이후 한국 교사운동은 교사의 계급적 지위, 사회적·경제적 처우 개선 등을 요구하면서도 언제나 교사 자신의 이익보다는 교육 일반의 모순을 해결하는 데 더 중점을 두어왔다.

노동계급화의 추세와 지식인적 문제의식

니코스 풀란차스Nicos Poulantzas에 따르면, 정신노동과 육체노동 또는 잉여가치를 생산하는 노동과 그렇지 않은 노동의 차별성을 강조한다면 교사는 신중간계급에 속하지 노동자계급에 속한다고는 볼 수 없다. 나 역시 한국 사회에서 교사가 명백히 노동자계급에 속한다고는 생각하지 않는다. 그렇더라도 신중간계급의 일부로서 교사는 다른 화이트칼라 노동자와 마찬가지로 점차 노동계급화되고 있고, 의사, 변호사, 고급 기술직 등의 전문직 인텔리보다는 사무직 노동자에 가깝다고 볼 수 있다. 객관적인 계급 위치에 있어서 교사는 그들이 수행하는 특수한 역할에도 불구하고 집합적 노동자로서의 측면이 부각되는 추세다. 교육자로서의 특수성과, 교육활동이 갖는 독특한 성격을 고려하더라도 이 점을 부인하기 어렵다.

즉 한국 교사의 객관적 계급 위치와 계급적 지위, 주체적 조건 사이에는 일정한 괴리가 존재한다. 객관적 계급 위치는 노동계급화되어가는 중간층에 속하나, 실제 조직화의 조건에서 드러나는 계급적 지위는 다분히 지식인적인 중간층이라고 볼 수 있다. 1980년대의 교사운동은 바로 이러한 지식인적 문제의식에서 출발했다고 하겠다. 그러나 지배적인 경향은 노동계급화의 추세이며, 지식인으로서의 실천적 문제 제기는 좀 더 선진적인 교사들에게서 나타나는 모습이다. 단지 다수의 교사대중은 소극적인 자세를 취하며, 선진적이고 지식인적인 문제의식을 가진 교사들이 현재의 교사운동을 주도하고 있다. 그러나 교사운동이 대중운동으로 자리 잡기 위해서는 이들 교사대중 일반의 노동자적 존재조건에서 출발하지 않으면 안 될 것이다. 교사의 객관적 존재조건을 분석하는 의의는 여기에 있다.

교원노조의 성격과 운동 방향

우선 교육노동의 특수성을 강조하면서 교사의 노동자성을 부인하는 입장에서는 교사운동의 목표를 교사의 전문성 확보와 교육기구에 대한 권력의 관료적 통제를 약화시키는 데 두게 된다. 이 입장에서는 반드시 노동조합의 형식(그것이 공무원노조의 형태를 띠더라도)을 고집할 필요가 없을 뿐더러 전문직 교섭단체의 설립이 바람직하다고 생각한다. 극단적인 경우에는 교원의 노동조합 건설은 스스로 교사의 지위를 떨어뜨리는 행동이라고 주장할 수 있다. 이러한 교사의 전문성 확보, 교육의 민주화/전문직 교섭단체 설립론은 교육 내용과 교육활동에서 교사의 자율성과 통제권의 확보를 추구하며, 자본과 국가에 대한 교사의 교섭력 강화와 교사의 사회적 지위 향상을 주장한다. 이 점은 나름대로 긍정적 측면이며, 이 노선이 실현될 수 있다면 대다수의 교사들로부터 지지를 받게 될 것이다.

전문직 교섭단체 설립론은—그것이 과거 대한교련의 안처럼 수세적이고 미봉적인 것이 아니라 건설적인 입장에서 제안된 것이라면—교육제도 개편을 통해 교사의 자격요건을 강화하고, 교육 내용을 개선함과 동시에 질을 높이고, 교사에 대한 사회적 대우와 보수를 높임으로써 '전문성의 회복'이 어느 정도 가능하다는 전제가 있다.

그러나 교사=전문직, 교사조직=전문직 교섭단체를 교사운동과 교사조직의 방향으로 설정하는 것은 한국 사회에서 교사의 사회적 위치와 교사의 프롤레타리아화 추세에 대한 무지에서 비롯된 것이며, 기존의 (유사)전문직 단체(대한교련, 현재의 한국교총)가 가진 예속적 성격을 무시하는 것이다. 한국에서 교사의 프롤레타리아화는 자본주의화와 국가의 교육 통제, 교원의 대중적 조직화의 차단으로 인한 교사의 사회적·계급적 역량의 결여에서 기인한다. 따라서 객관적 현실을 고려하지 않을 경우 설사 자주적인 전문직 교섭단체가 결성되더라도 권력의 시혜만을 기다리는 조직에 머무르게 될 것이다. 교사의 노동자성은 기피하거나 무시해야 할 사실이 아니라 적극적으로 인정해야 하는 사실이며, 논의의 출발점으로 삼아야 하는 사실이다.

그러므로 교사운동의 방향과 조직 형태는 '교사가 노동자'라는 대전제에서 출발해야 한다. 그렇다고 그것이 교육의 사회적 중요성, 교사가 올바른 교육활동을 수행하기 위해 지녀야 할 전문성의 권위를 부정하는 것은 아니다. 교사의 지위를 의도적으로 낮추려는 것은 더더욱 아니다. 인간의 영혼을 다루는 사람으로서 교사의 중요성을 인정받기 위해서도 교사의 집단적인 힘이 필요하고, 교사가 노동자, 즉 인간을 다루는 노동자라는 사실에서 출발해야 한다. 따라서 노동자/노동조합/노동자의 권익 신장, 자본에 대한 교섭력 강화라는 노동운동 일반의 운동 방향과 조직 방향을 준거로 삼는다고 하더라도 교육노동의 특성이 무엇이며 그것을 어느 정도까지 인정하느냐에 따라 조합의 운동 목표는 상이해질 것이다.

대부분의 교사는 경제적 이익의 추구보다는 교육행위의 자율성 확보, 입시 위주 교육행위가 아닌 인간 교육의 추구를 훨씬 더 중요하게 여긴다. '교사는 노동자'라는 대전제를 용인한다고 해서 교육노동이 생산직, 사무직 노동과 동일하다고 여기는 사람은 없을 것이고, 교사가 이들 노동자와 같은 존재조건에 있다고 주장하는 사람도 없을 것이다. 그리고 운동의 목표가 단순히 교사의 권익 신장에 국한되지도 않을 것이다.

교사는 일차적으로 학생을 가르치는 일, 인격을 다루는 일을 하는 사람이다. 교사는 연구와 지식의 지속적인 습득이 필요할뿐더러, '자본의 하사관', '통치 대행자'의 역할을 수행해야 할 직접적인 의무를 갖지 않는다는 점에서 어느 정도 '전문성'을 가지고 있다. 이런 의미에서 교사는 의사, 변호사, 과학기술자 등과 함께 인텔리에 속한다. 그리고 많은 교사들이 '인격'을 다루는 일에 대한 자부심과 긍지와 사명감을 가지는 것은 단순한 허위의식이 아니라 그들의 노동이 가진 특수한 조건의 반영이다. 이들 전문직 중에서 사회적 대우와 보수가 매우 높고(변호사, 의사), 직장에 소속되지 않아서 집단성을 갖기 힘든 부류(작가)를 제외하고는 대부분 노동조합이 결성되고 있으며, 이들 노동조합은 전문직 노동조합으로서 독특한 운동의 과제를 제시하고 있다. 그들은 대체로 집단의 이익을 추구하면서 동시에 직장 내 관료적·비민주적 통제의 배제, 업무에 대한 자율성의 신장, 성과물의 사회적 배분 등을 주요 운동과제로 설정하고 있다. 이들은 어느 정도 사회적 대우와 보수를 받고 있고 그들의 '업무'가 다수의 사람들에게 영향을 미친다는 특징이 있기 때문에, '자기

1989년 5월 28일 연세대학교에서 전국교직원노동조합 결성식이 열려 '비합법' 노조가 출범했다. ⓒ전교조

이익'을 과도하게 내세우기보다는 '사회적 이익'을 내세우는 경우가 많다. 또 '사회적 이익의 추구'가 노조 설립과 운영의 명분으로 작용한다. 교원 노조도 다른 전문직 노조가 가진 이러한 특성을 지닌다.

그러나 교사가 인텔리성을 지닌 집단이라는 이유만으로 교원노조 를 다른 전문직 노조의 틀 속에서 이해하는 데는 몇 가지 어려움이 따른 다. 교사는 인텔리성을 지니기도 하지만 국가기구에 소속된 공무원이기 도 하기 때문이다. 정부 산하기관이나 국영기업체에 고용된 전문직 종사 자를 제외하고는 대부분의 전문직은 독점자본에 고용된 경우가 많고 고 용주 역시 자본가이지만, 교사는 사정이 다르다. 교사는 관료, 경찰, 군 인과 마찬가지로 공무노동을 수행하는 공무원이며, 사립학교의 교원 역 시 예외는 아니다. 교사는 국가 이데올로기를 재생산하는 교육부문에 종사하기 때문에, 자본과 권력의 재생산이라는 측면에서 엄청난 비중을 차지한다. 따라서 노무직을 제외하고는 공무원의 노조 결성이 허용되지 않는 마당에—그것의 타당성 여부는 제쳐두고라도—교사들의 노동조합 결성은 국가권력의 작용 자체를 위협하는 것이며, 언론과 더불어 이데올로기적 지배 수단인 교육을 국가 통제에서 벗어나게 하려는 위험한 도전으로 받아들여질 소지가 있다.

교사 측에서 보더라도 공무원노조의 일종인 교원노조는 여타 전문직 노조와는 상이한 성격을 지닌다. 우선 자본주의 국가 질서 속에서 공무원노조는 국민의 대표자이자 국민에게 봉사하는 기능을 가진 공무원의 이익단체이므로, 국민 일반의 이익이라는 대전제 위에서 존립하기를 요구받는다. 즉 교원노조가 자본주의 국가의 중립주의적·보편주의적 성격을 용인하고 그 토대 위에서 성립하는 이상 그 운동 방향은 국가에 대한 '국민'의 입장에서 추구할 수밖에 없다. 또한 교사들만의 조합이 아니라 국민의 교육권, 학생의 교육권을 국가의 과도한 간섭으로부터 되찾는다는 의미에서 '국민의 이익을 위한 조합'의 성격을 지니게 될 것이다. 교원노조가 자신의 계급적 이익만을 추구하는 것은 공무원이라는 신분과 배치되기 때문에 출발부터 많은 장벽에 부딪힐 수밖에 없다. 여기서 교원노조라는 '계급적' 기반을 가진 단체와 국민의 교육권 보장이라는 일반적 과제 간의 갈등이 발생하게 된다. 어떤 형태로든 양자의 과제를 조화시키지 못한다면 교원노조의 존립 기반은 지극히 협소해질 수밖에 없다.

이러한 의미에서 교원노조는 교육의 또 다른 주체인 학부모와 학생의 입장을 충실하게 대변하는 한도 내에서 강력한 힘을 발휘할 수도 있다. 이것은 현상적으로 학부모 및 학생의 욕구와 교사들의 주장이 배치된다는 지적과는 별개의 문제다. 다른 전문직 노조는 적어도 이러한 부담에서 자유롭다. 그들은 자기 업무에 대한 책임감만 전제한다면, 자본과 국가의 통제로부터 벗어날 수 있다. 하지만 교사는 모든 활동이 궁극적으로 학생을 올바로 가르친다는 원칙에서 출발하기 때문에 노조의 성격은 피교육자 일반의 욕구를 수렴하는 기구라는 점에 있다. 또한 교원노조는 조직적 단결력, 투쟁의지만으로 지탱될 수 없고 사회 성원들의 광범위한 지지, 교원노조운동에 대한 공감을 얻을 때만 제대로 활동할 수 있다. 즉 교원노조의 힘은 물리적 단결력, 조직력에만 있는 것이 아니라 그 선전력에도 크게 의존하게 된다. 이런 의미에서 교원노조는 다른 노동운동 및 변혁운동과 쉽사리 연대할 수 없다. 교사의 존재조건의 차별성이 생산직 노조와의 무매개적 연대를 제약하기도 하겠지만, 추구하는 운동노선과 기반의 측면에서도 교원노조는 상대적으로 독자적인 성격을 지니기 때문에 연대한다고 해도 세심한 주의를 요한다.

교원노조의 이러한 성격은 교사운동 및 노조의 활동 방향을 설정하는 데도 커다란 제약조건으로 작용한다. 우선 교원노조는 자본주의 사회의 다양한 교육 문제를 근본적으로 해결하는 기구가 되기 어렵다. 왜냐하면 제도교육의 제반 모순의 해결만으로는 교육 문제를 근본적으로 치유할 수 없기 때문이다. 이른바 민중교육의 문제가 제기될 수 있다. 이러한 차원의 교육운동은 교원노조의 관할 밖에 존재한다. 즉 교사운동은 교육운동 일반을 모두 포함할 수 없고, 자본주의 사회의 형식적 보편성의 틀 안에서 존재하게 된다.

교원노조가 추진하는 운동의 방향은 ①교육에 대한 국가의 부당한 간섭 및 관료적 통제의 배제, 즉 교육민주화운동, ②교원의 지위 향상과 경제적 이익의 보장을 추구하는 본래적 의미의 노동조합주의적 운동, ③ 지배 이데올로기의 일방적 전달을 거부하고, 이상적인 목표에 따라 학생들을 교육하고 이들을 의식화된 삶의 주체로 형성시키는 이른바 '참교육운동'으로 나누어볼 수 있다. 이 중 ①, ②가 노동조합의 틀 안에서 고유하게 추진할 수 있는 운동이며, ③은 지식인으로서 교사의 이데올로기

1991년 6월 3일 전국교직원노동조합 교사 집단 해고를 강행한 정원식 국무총리 서리에게 한국외국어대 학생들이 달걀 등을 던지며 항의하고 있다. ⓒ민주화운동기념사업회

비판운동이라 할 수 있다. 그리고 ③의 운동은 때로 자본주의적 이데올로기 질서와 근본적으로 대립할 수도 있으므로 정치권력은 교원노조가 ①과 ②, 특히 ②의 과제에 임무를 국한하도록 강요할 가능성이 높다.

교원노조의 논리와 인식의 아쉬움

여기서는 교원노조운동의 전체상을 조감하되 총체적인 평가는 하지 않겠다. 그것은 나의 능력을 벗어나는 일이기도 하지만 아직 운동이 진행 중인 상태이기 때문이다. 단지 '노조'라는 조직 형태를 둘러싼 논의를 음미해보는 정도에서 그치려 한다.

1989년 당시 교원노조를 추진하는 과정에서 전교조건설특위가 밝힌 '노조' 형식의 선택 논리는 다음과 같다.

첫째, 독점자본주의 단계에서의 노동은 생산직 노동과 전문직 노동을 불문하고 가치를 창조하는 모든 행위를 지칭하며, 교사의 교육행위는 학생이라는 인간을 상대로 전문성을 가지고 행해지는 고도의 가치 창조 행위이며 교육행위 자체가 하나의 훌륭한 노동이다.

둘째, 교사는 전문직 노동자다. 교사는 국가 또는 사학재단이라는 사용자에게 고용되어 교육노동을 행하고 그 대가를 받아 생활하기 때문이다.

셋째, 1987년 하반기 이후 노동조합운동에 새로운 양상이 등장했는데, 연구, 전문기술, 언론 등 이른바 전문직 노동자들의 노조 결성은 교원노조의 건설에 참고가 될뿐더러 그것의 필연성을 증명해준다.

노조 측은 현재 한국 교사의 계급적 성격은 본질적으로 전문직 노동자이며, 이러한 조건에 비추어볼 때 교원노조의 설립은 자연스러운 결과라고 주장한다. "전문직 노조가 활성화되고 있다는 사실과 소수 독재국가를 제외하고는 노조를 인정하고 있다는 사실"도 교원노조의 불가피성과 당위성을 증명해준다는 것이다. 여기에 더해 노조 불가피론의 이면에는 "한국 사회의 심각한 교육적 모순을 해결하기 위해서는 법적 강제력을 가진 교원단체의 설립이 불가피하다"는 판단이 깔려 있다.

이에 대한 정치권력의 대응은 어떠했는가. 1988년 말 교육법 개정 운동이 시작되었을 때 정부에서는 "불가능하다", "교원노조 설립은 시기상조다"라며 소극적으로 부인하거나 무관심한 태도를 보였다. 노조 설립이 공식적으로 천명되고 발기인대회가 개최될 때까지만 해도 '노조 부인', '관련 교사 징계' 정도의 원칙적인 대응 자세를 보였다. 그러다가 1988월 7월을 전후하여 정부는 강경한 태도를 보이기 시작했고, 강경한 탄압정책은 현재까지 계속되고 있다.

마지막으로 운동의 추진 주체인 교원노조 측의 인식에 대해 살펴보기로 하자. 우선 노동조합이라는 조직 형태의 선택, 운동과제로서 교원의 처우 개선, 교원의 전문성 신장, 교육 내용의 자주성 확보, 사립교원의 신분 보장 등의 제기는 현재 교사 및 교육이 처한 모순을 해결하기 위한 적절한 방향인 것으로 보인다. 그러나 이들은 교육노동의 노동 일반으로서의 성격과 전문직 노동의 성격을 강조하면서도 교육노동을 전문직 노동의 틀 안에서만 파악하고, 국가기구에 속한 노동자로서의 성격에 대해서는 주의를 덜 기울였다. 즉 교사가 이데올로기 재생산의 담당자로서 국가기구에 소속되어 있다는 측면을 충분히 강조하지 못한 아쉬움이 남는다. 교사들은 교원노조가 객관적으로 권력과 자본에 어떠한 '위협'을 줄 것인가에 대해 오히려 불철저하게—오히려 자기의 정당성만 주장하는 방식으로—인식했고, 정부의 강력한 탄압에 대해서도 미리 준비하지 못했던 것 같다. 그 결과 '모든 나라에는 노조가 있다'는 전제는 쉽게 무시되었다. 권력의 이데올로기 기구에 대한 지배력은 권력과 자본의 재생산에 사활이 걸린 문제이기 때문이다.

한편 이들은 교사의 객관적인 계급 위치와 구체적인 정치 국면에서의 계급 위치를 무매개적으로 동일시하지 않았나 하는 생각이 든다. 왜냐하면 교사가 객관적으로 노동자화되고 있다는 사실만으로 교원노조 설립이 불가피하다는 결론이 곧바로 도출되지는 않기 때문이다. 한국처럼 정치권력의 통제가 심한 곳에서는 객관적 계급 위치와 현실적 계급 지위 및 계급 형성은 매우 상이하게 나타날 가능성이 많고, 교사 역시 여기서 예외가 아니다. 상당 기간 정치 및 사회 참여의 경험을 갖지 못한 채 침묵해온 교사들을 조직의 장으로 끌어들이는 데는 엄청난 노력이 필요하다는 점을 세심하게 고려하지 못한 것 같다. 대부분의 사회인이 교사의 계급적 처지를 제대로 이해하지 못하고 있을 뿐만 아니라 교원노조의 든든한 지지자가 되어야 할 많은 학부모들이 '출세주의, 가족 이기주의, 성적 만능주의'에 갇혀 있다는 점, 학생들 역시 교육현실의 주체이면서도 입시교육의 부담 때문에 교사들의 운동을 올바르게 바라볼 수 없는 처지라는 점을 충분히 고려해야 하지 않을까 생각한다.

교원노조가 교과서 내용에 대한 국가독점을 배제할 것을 요구한 것은 국가의 이데올로기 재생산을 결정적으로 위협하는 것이기 때문에 국가는 통상의 전문직 노조에 대한 대응과는 질적으로 다른 대응을 보였다. 교원노조는 애초부터 '참교육론'을 교사운동의 중심 이념으로 삼았고, 권력 당국은 이 점에 매우 예민한 반응을 보였다. 한국처럼 '노동조합 정도는'이 아니라 '노동조합조차도' 허용되기 힘든 정치지형에서 교사의 조직화는 커다란 용기와 인내를 요구하는 일이다. 그리고 '노조'라는 당연히 용인되어야 할 조직의 설립을 주장했음에도 불구하고 그 이념에 있어서는 다분히 지식인적인 체제 비판의 성격을 강하게 띤다는 점이 한국 교원노조운동의 특징이라고 할 수 있다.

교원노조운동의 상황과 의의

1989년 교원노조운동은 한국 사회의 모순이 교육현실에 반영된 결과, '교육의 제자리 찾기 운동'으로서 애초부터 단순한 노동운동이라기보다는 변혁운동의 성격이 강했다. 그러나 누적된 모순이 한꺼번에 표출되는 바람에 운동의 추진 주체들은 몇 가지 아쉬운 모습을 보였다. 첫째, 교육의 민주화, 교사의 이익 및 권익 보장, 참교육 실현이라는 세 가지 목표를 총체적으로 제시하는 성급한 모습을 드러냈다. 둘째, 교사가 공무원이라는 신분의 한계, 교사대중의 계급의식의 후진성, 참교육운동이 가진 변혁적·(경우에 따라서는) 체제 부정적 성격, 교사운동의 성공에 결정적인 변수가 될 수 있는 학부모 및 학생들의 지지 여부 등을 면밀하게 검토하지 않은 채 운동을 추진했다. 물론 이러한 한계로 인해 교사운동이 일시적인 후퇴를 보였다고 하더라도 그 책임은 교사집단이 아니라 권력집단의 대응에 있으며, 한국 교원노조운동의 역사적 의의가 감소하는 것은 결코 아니다.

1992

/

변혁운동은 왜 선거정치에 참여해야 하는가

건너야 할 강, 선거

우리는 1987년 대통령 선거 당시의 뜨거웠던 분위기를 기억하고 있다. 평소 정치에 관심이 없던 사람들도 두 사람만 모이면 선거 이야기를 했고, 열 사람이 모이면 모의투표를 해보는 것이 유행이었다. 친척이나 동창들끼리 모이면 선거 이야기였고, 지지자가 다르다고 해서 서로 얼굴을 붉히는 일도 있었다. 택시를 타면 으레 선거 이야기가 나왔고, 손님과 의견이 달라 기사가 화를 내며 내리라고도 했다. 평소 운동단체의 집회에는 수천, 수만 명의 군중이 모이기도 힘들었지만 대통령 후보의 유세장에는 수십만, 100만 명이 넘는 인파가 모이기도 했다.

16년 만에 맞은 축제는 이렇게 끝이 났다. 모두 생업에 충실하고 4년 후 다시 '정치'의 장으로 나오라고 했다. 평화적 정권 교체의 전통을 수립했으므로 이제 또다시 정권에 대해 왈가왈부하지 말라고 했다.

물론 야권 후보가 분열되고, 운동 세력이 그것을 막을 힘이 없던 상황에서 어떻게 대처하는 것이 바람직했는가에 대해 현재 시점에서도 여

44   45

전혀 만족할 만한 대답은 나오지 않는다. 그리고 주체적 준비와는 무관하게 상황은 어김없이 우리에게 다시 다가왔다. 이제 또 '선거'라는 피할 수 없는 강을 건너야 한다. '강을 어떻게 건널 것인가'를 둘러싼 논의를 지켜본 나는 크게 우려하지 않을 수 없었다. 1987년 선거에 대한 냉정한 평가는 물론, 지난 4년간의 사회변동과 정치활동의 경험, 그리고 선거문제에 내포된 이론적 난점들을 충분히 고려하지 않은 주장들이 선거를 앞두고 또다시 반복되고 있기 때문이다. 4년 전의 악몽이 되살아나고 있는 것이다. 단순화해보면 논의는 두 축으로 전개되고 있다.

첫째, 현 단계의 과제는 민간 민주정부의 수립이다. 선거는 전술이다. 대중투쟁을 기본으로 삼으면서 선거전술을 구사해야 한다.

둘째, 현 단계의 과제는 민중의 독자적 진출이다. 선거 결과 민주정부가 수립되더라도 민중의 독자적 진출이 이루어지지 않으면 그 의미는 크지 않을 것이다.

양자의 관점은 1992~1993년의 정치상황과 선거를 둘러싼 진보진영의 대립된 입장을 대표한다. 그러나 나는 이러한 입장이 다소 완화된(혹은 발전된) 형태로 1987년 대통령 선거 당시의 주장과 입장을 반복하는 것이라고 생각한다. 전자는 보수야당과의 무조건적인 연대를 공공연하게 제기하지 않는다는 점에서 1987년 대통령 선거 시기의 상황을 극복하는 모습이다. 후자는 그 다수파가 합법적 영역에서 참여와 선거를 통해 정치 세력 확보의 필요성을 인정한다는 점에서 과거와는 다른 모습이다.

그런데 나는 선거·의회정치를 계급관계로 환원시키고 단순한 전술적 문제로 고려하는 이른바 '정통'노선의 그림자가 이들에게 짙게 드리워져 있는 것을 발견했다. 그래서 그들의 논리적 허점을 제기하고, 이들 주장의 기반이 되는 이론과 사상적 흐름의 전제를 검토하면서 한국 선거

정치의 구체적 의미를 살펴보고자 한다.

선거의 사회학―한국의 선거를 생각하며

한국의 상황을 염두에 두되 과거의 경험적·이론적 자산을 기초로 하여 선거정치와 그 독자적 성격 그리고 계급관계 속에서의 선거의 의미를 살펴보자.

첫째, 보통선거 혹은 선거정치는 '선거 아닌 정치'에 대한 부인이다. 선거는 허구적인 잔치가 아니라 선거를 벗어나거나 선거를 무시하는 정치활동에 대한 부인이자, 선거만이 합법적인 정치라는 것을 각인하는 과정이다. 선거제도는 선거 이외의 모든 방법을 배제한다. 보통선거권을 허용하면 노동자 세상이 될 것이라고 우려하던 보수주의자들은 이제는 민주주의와 보통선거를 동일시하면서 그외의 모든 선거부정론·혁명론을 민주주의의 이름으로 배격하기 시작했다. 이것은 민주주의가 가장 타락한 나라에서 볼 수 있는 현상이다.

혹자는 1987년 대통령 선거를 단순히 노태우 당선을 위한 과정으로만 파악할지도 모른다. 그러나 1987년 선거정국은 결코 노태우의 당선을 위한 과정만은 아니었다. 그것은 '운동권'이라는 '정체 모를' 집단을 제도화된 정치일정 속으로 끌어들여 굴복시키는 과정이었으며, 운동권에 기대던 야당의 지도자들이 선거를 민주화와 동일시하는 대다수 대중의 선거에 대한 관심을 활용하여 자신의 우위를 확립하는 과정이었다. 그것은 모든 정치행위를 장내로 끌어들임과 동시에 장외정치를 대중으로부터 멀어지게 하는 과정이었다. 당시 선거에서 조성된 국민의 엄청난 열기와 관심은 이러한 '선거 아닌 정치'에 대한 '부인' 위에서 조성될 수 있었다.

둘째, 선거에서 노동자, 농민, 빈민은 모두 '시민'이 된다. 보통선거권을 획득할 당시 노동자는 더 이상 '조국이 없는 사람'이 아니라 어엿한 '젠틀맨'이 되었다. 부르주아는 노동자의 표가 자신의 기득권을 위협하지 않을까 하는 두려움 속에서 보통선거권을 양보했고, 노동자는 하나의 '자격'으로서 그것을 쟁취했다. 그러나 영리한 부르주아가 예상했듯이 노동자는 투표권을 변혁의 무기로 사용하지 않았다. 투표권은 부르주아 질서를 안정시키는 훌륭한 도구가 되었다.

시간과 돈이 없어 신문을 사볼 여유가 없는 노동자와 농민에게 시민 또는 국민이라는 거창한 칭호를 붙여준 다음 이들이 내던진 몰표를 가지고 민의가 어떻고, 국민의 의사가 어떻고 이야기한다. 노동자가 실제 생활에서 자본가와 대등한 관계인가 하는 문제는 아예 제기되지 않는다. 의회에 진정으로 국민의 대표가 선출되고 있는지에 대해서는 문제 제기조차 없다. 그러나 노동자가 사회주의나 '계급' 운운하면 매서운 비판이 뒤따른다. 자신의 협소한 이익을 주장하지 말고 '국민'의 성원으로서 행동하라고 말이다.

그러면 투표할 때 노동자는 노동'계급'으로서 투표하는가? 물론 그렇게 한다. 그러나 전제조건이 있다. 노동자가 사회적·정치적으로 조직화되어 있을 경우, 그의 행동을 집단적으로 통제할 수 있을 경우, 전근대적 사회관계를 벗어나서 계급의식을 공유하고 있을 경우에 한해서다. 이러한 경우 노동자는 기본적으로 노동자로서 투표를 한다. 그러나 이 경우에도 투표행위는 그 개인이 선택할 문제다.

한편 평소에 신문 하나 읽을 여유가 없고 정치에 관한 지식도 적은 후진적인 노동자, 농민, 빈민 등은 오히려 중산층보다 더 열등한 시민이 된다. 민주주의나 선거가 언제나 재산가, 유식한 자 등 부르주아의 문제였다는 것은 별로 놀라운 일이 아니다.

셋째, 투표용지에는 우열이 없다. "수가 모든 것을 결정한다."(안토니오 그람시) 잘사는 사람, 정치적 판단력이 뛰어난 사람의 표가 노동자의 표보다 두 배의 가치를 갖지는 않는다. 다수의 무지한 농민은 소수의 의식화된 노동자를 비웃는다. 농민이 다수이고, 이들의 정치의식이 후진적인 한 정치적 대표자는 그 사회의 앞선 소수 사람들의 의식을 반영하는 것이 아니라 후진적인 다수 사람들의 의식을 반영한다. "보나파르트는 계몽된 농민이 아니라 농민의 미신을 대변한다. 농민의 진정한 판단이 아닌 편견을, 미래가 아닌 과거를 대변한다"라는 카를 마르크스Karl Marx의 설명은 이를 두고 하는 말이다.

따라서 투표를 바탕으로 형성된 정치권력은 통상 그 사회의 가장 후진적인 대중의 평균적 의식을 반영한다. 이런 이유로 선거는 과거를 대변한다. 이승만에 대한 지지는 조선시대와 일제강점기를 살았던 농민의 의식을 반영하는 것이고, 박정희에 대한 지지는 1950년대의 가난과 미신 속에 살았던 농민의 의식을 반영하는 것이다. 현재 한국 정치는 아직도 1950, 1960, 1970년대의 전통적 의식에서 벗어나지 못하는 사십대 이상 기성인들의 후진적 의식을 반영하고 있다.

넷째, 투표자의 선택이 반드시 이상사회에 대한 그의 열망을 반영하는 것은 아니다. 계급의식은 지속적이고 일관되며, 경험 축적의 산물로서 개인의 삶을 좌우한다. 투표용지는 이러한 의식을 담지 못하며, 담을 필요도 없다. 일반 대중은 '과학' 속에 사는 것이 아니라 '상식' 속에 살고 있는 단순한 존재다. 투표용지는 이들의 상식을 표현한다. 물론 그가 상식을 가지고 판단한다고 해서 그의 판단이 비합리적이라고 보아서는 안 된다.

노동자나 농민이 언제나 사회를 혁명적으로 바꾸어야 한다고 생각하는 것은 아니다. 오히려 그러한 생각을 갖게 되는 것은 특정한 상황에서다. 평소에 이들은 일상적인 삶이 조금이라도 개선되기를 기대하고, 임금이 오르고 생활이 향상되기를 바란다. 그리고 그러한 요구에 답해주는 정치인을 원한다. 평상시에 그들은 미래의 원대한 이상을 실현시킬 사람보다 현실의 조그마한 변화를 가져올 후보자를 선택한다. 그것은 가능성을 고려한 현실적이고 그들 나름의 합리적인 판단이다. 선거는 바로 가시적인 성과를 설득하는 기제다.

그런데 왜 한국 사람들은 자기 연고지 출신의 정치인을 전폭적으로 지지하는가? 그들이 모두 지역감정에서 벗어나지 못하기 때문인가? 그렇지 않다. 대다수 전라도 농민들은 세상 사람들이 생각하듯이 그렇게 지역감정에 충실하지 않다. 그들의 삶의 조건을 개선해줄 현실적 대안, 정치적 전망이 달리 없기 때문이다. 그들의 투표행태는 그들의 존재조건과 의식을 나름대로 반영하는 것이다. 투표행위는 대체로 합리적인 선택의 산물일 수 있다.

다섯째, 그럼에도 투표행위는 많은 경우에 비합리적이고 일시적이고 감정적이고 비지속적이고 비체계적이다. 그의 선택은 대부분 일주일 전 혹은 하루 전 심지어 투표장에 가면서 또는 투표함 앞에서 이루어진다.

따라서 후보의 이미지, 선거운동의 행태, 세간의 평가, 언변 등이 후보의 자질과 결단력, 정치인으로서의 신념보다 훨씬 더 영향을 미칠 수 있다. 그리고 그가 아무리 민중을 사랑하는 훌륭한 자질을 갖추고 있더라도, 그것을 내보일 수단이 없으면 대중은 알아주지 않는다. 역으로 아무리 사기꾼 같은 후보라도 그럴듯한 이미지를 창출하고 조직적인 선전 수단을 동원하여 효과적인 선거운동을 하면 대중을 현혹할 수가 있다. 현대 선거에서 돈과 언론이 가공할 힘을 발휘하는 이유가 여기에 있다.

이 경우 정치적·계급적 쟁점은 설득력을 상실한다. 즉 후보는 계급적 이해관계와 결부된 쟁점보다는 비계급적·탈계급적 쟁점으로 지지를 호소한다. 계급적 이해관계를 철저하게 물고 늘어지는 사람은 예외적일 뿐이고, 대부분의 경우는 양심과 도덕, 민족의 발전과 부의 공평한 분배 같은 추상적이고 절충적이고 포괄적인 구호를 내세워 지지를 호소한다. 따라서 대중은 선거 구호만 보고서는 진보후보와 보수정객을 구별하기 어렵다. 심지어 보수정객이 진보후보 이상으로 진보적인 구호를 내세울 때도 있다.

여기서 눈여겨볼 점은 후보가 주장을 통해서보다는 유권자의 심리를 이용하여 상대방 후보를 공격하여 '상징'을 창출한다는 것이다. 선거에서는 각 진영이 대중의 관심을 어떤 정치적 구호와 상징으로 연결시키는가가 매우 중요해진다. 이러한 상징이 자신의 관심과 부합할 경우 대중은 그 상징을 창출한 측을 지지하게 된다. 1987년 선거에서 후보자는 암암리에 지역주의를 상징화했다. 당시 노동자는 노동자계급으로서 투표한 것이 아니라 전라도인, 경상도인, 전라도를 싫어하는 사람(경상도 이외 지역에서), 경상도를 미워하는 사람(전라도 이외 지역에서)으로서 투표했다. "1988년 13대 총선 당시 울산에서 현대가 잘되어야 울산이 잘되고 영세상인이 잘산다"는 논리가 프티부르주아 부녀층을 견인하는 정치적 상징으로 작용했다. 반면 노동자 이익의 배타적 옹호를 내세운 노동자 후보는 그러한 상징을 효과적으로 창출하지 못했다.

선거에서 대중은 미래를 내다보는 일관된 정치적 견해를 가진 '지식인'이 되기 어렵다. 오히려 사회심리적인 분위기가 더 큰 영향을 미칠 수 있다. 4·19 이후 혁신계 후보가 보수야당을 성토하면서 대거 출마했으나, 유권자들은 "민주당이 이승만 밑에서 고생했으니 이번에는 민주당을 찍어주자"라고 하면서 민주당에게 압승을 안겨주었다. 우리 선거사에서는 선거 부정으로 옥중출마한 후보가 유권자들의 동정을 사서 당선되는 경우도 종종 있다. 이것은 도저히 합리적으로 설명하기 어려운 일이다.

1848년 프랑스의 노동자들은 자신을 탄압한 부르주아가 미워서 "나폴레옹 만세"를 외쳤다. 그들은 결국 부르주아보다 훨씬 큰 고통을 안겨줄 나폴레옹을 스스로 불러온 것이다. 1963년 한국의 농민들은 민주당의 무능함이 싫어서 박정희를 지지했다. 이들에게는 어떻게 해야 역사의 진보를 앞당길 것인가 하는 문제의식보다 당장의 현실을 탈피하는 것이 더 중요했다. 현재의 조건을 바꾸려는 민중의 행동이 미래를 개척해줄 수도 있으나 퇴행적 결과를 낳기도 한다. 민중들이 그것을 깨닫는 데는 긴 시간이 필요하며, 시간이 지난다고 해서 왜 그런 결과가 초래되었는지 꼭 알아차리는 것도 아니다.

여섯째, 선거에 임하는 정당은 가능한 한 '색깔'을 강하게 드러내지 않는다. 왜냐하면 지지층이 고정될 경우 일정한 지역에서 다수의 지지를 확보하기가 어렵기 때문이다. 선거구는 계급적 분할이 아니라 지역적 분할이다. 아무리 노동자가 밀집한 지역이라 해도 비노동자가 절반을 차지한다. 노동자가 절반이라고 하더라도 그중의 반은 여성이다. 모든 여성이 남편의 의사를 따른다는 보장이 있는가? 대체로 여성은 남성에 비해 보수적이다. 서구의 경우, 여성을 포함한 완전 보통선거가 실시된 이후 남성만의 보통선거가 실시된 이전 시기에 비해 사회주의 정당의 득표율이 점차 낮아졌다. 따라서 선거에서 승리하기 위해서는 비노동자의 표를 끌어들여야 한다. 1,000만 노동자가 한 명의 노동자 후보를 만들어내지 못하는 일이 한국에서 발생하고 있다.

지금 막 창당한 한국노동당은 민중당의 개량주의를 비판하고 있으나, 그들이 장차 선거 규칙을 무시하지 않는 한 왜 민중당이 개량주의화되었는지를 이해하게 되는 것은 시간문제일 것이다. 이들은 대체로 정치적 순수성과 정치적 현실주의를 혼동하고 있다. "문제가 되는 것은 숭고한 사상이 아니라 냉혹한 현실의 세계다."(노베르토 보비오Norberto Bobbio, 『민주주의의 미래』)

선거를 의식하지 않는다면 문제는 간단하다. 계급적 선명성을 최고로 중시하면, 결국 선거정당을 만들지 말았어야 한다는 결론에 도달하게 될지 모른다. 정당 색깔의 희석화, 이는 선거에서 승리하기 위해서는 불가피한 과정이고 앞으로도 그럴 것이다.

결국 요약해보면 선거는 계급관계를 반영하기는 하나 계급관계와는 상대적으로 독립적이다. 그리고 그것은 국가권력을 바꾸지는 않지만 정권을 재생산·교체하는 중요한 기제다. 선거는 부르주아 질서를 정당화하는 기능을 가지지만, 동시에 19세기 이후 노동자들의 투쟁의 핏자국이 서려 있기도 하다.

한국 사회에서의 선거, 의회정치, 변혁운동

'한국'의 국가와 정치지형

국가는 사회적 자원을 장악하고, 시민사회의 영역을 관장한다. 정치적 민주주의 혹은 자유는 공산주의에 대항하기 위한 헤게모니로서만 존재하고 정치적 민주주의는 심각하게 제약된다. 그리고 권력의 중심은 대통령 혹은 행정부이고, 의회는 부수적인 기관에 불과하다. 입법, 사법, 행정의 삼권분립은 실제로 잘 이루어지지 않고, 법은 자의적으로 적용된다. 따라서 안정된 계급적 힘에 바탕을 두지 않은 정치권력은 만성적으로 불안하고 정통성의 위기에 노출되지만, 강하고 안정적인 국가, 노동자·농민 등 민중의 약한 계급역량 위에서는 보호를 받는다. 모든 대중

조직, 계급조직은 국가의 하부단위로 포섭되고, 개인은 국가와 일대일의 관계를 맺는다. 따라서 한국의 민주주의 제도는 극히 형식적이고 그 대표 기능 역시 서구와는 비교할 수 없을 정도로 후진적이다.

여기서 개인과 국가를 매개해주는 것이 선거다. '한국'의 국가는 개인이 정치활동에 관여하는 것을 금지한다. 선거를 제외한 모든 사회운동은 '정치'운동이라는 이유로 탄압받아왔다. 오직 선거 때만 정치를 하라는 것이다.

따라서 후진국에서 통상 그러했듯이 한국의 보통선거는 민주주의의 버팀목이기는커녕 주기적으로 돌아오는 정권 창출의 의례적인 행사에 불과했다. 단지 국민이 나라의 주인이라는 것을 설득당하는 기회였다. 즉 농민들은 평소 국가의 지배를 받는 피동적 대상이었다가 선거 때만 막걸리 한잔 마시고 '주인'이 되었다. 언제나 그들은 권력을 재생산하는 수단으로 이용되었다. 그러나 반공국가로서 정당성 창출의 기반인 보통선거제도가 위반할 수 없는 '원칙'으로 받아들여진 1970년 이전까지는 형식적 민주주의와 보통선거가 지배집단의 짐이 되기도 했다. 이승만이 결국 선거의 힘으로 무너졌고, 박정희는 선거의 여파로 무너졌다. 대중은 선거를 통해 변혁의 출구를 마련하기도 했던 것이다.

한국은 1인 1표의 보통선거를 아무런 희생 없이 거저 획득했다는 점에서 특이한 나라다. 한국의 보통선거는 물론 민족해방을 위한 오랜 투쟁의 성과물이라고 볼 수 있으나, 서구처럼 노동자의 투쟁을 통해 얻어낸 것이라고만 볼 수는 없다. 그것은 반공산주의 체제의 기둥으로 당연하게 받아들여졌다.

모든 사람에게 동등하게 주어진 보통선거권은 과거 양반의 그늘 밑에서 천대받던 사람이나 한 평의 땅도 갖지 못했던 사람들에게 동등한 자격을 가진 대한민국의 국민이라는 것을 인정해줌과 동시에 이들을 국가의 틀 속으로 흡수하는 이데올로기적 기능을 했다.

　따라서 선거는 곧 민주주의와 동일시되었으며, 선거를 통해 모든 정치 문제를 해결할 수 있다는 생각이 깊이 뿌리내리게 되었다. 1972년 10월 유신으로 권력의 정점인 대통령을 선출할 권리는 박탈당했으나, 국회의원은 여전히 국민의 직접선거로 선출되었다. 10월 유신 이후 1987년까지 한국의 의회와 선거는 사실상 지배권력 재생산의 장식용 도구에 지나지 않았다. 그러나 선거 절차가 완전히 차단되지는 않았다. 선거는 민중의 불만을 제도화하는 숨통이었다. 숨통을 막았을 때, 그 정권은 결국 합법성과 정통성에 대한 시비를 견딜 수 없었다. 따라서 1987년 6월 항쟁은 대통령 직선제라는 정치적 상징 없이는 성립되기 어려웠을 것이다. 직선제 쟁취는 곧 민주화의 성취로 받아들여졌기 때문이다.

　한국의 선거지형은 반공·반북 이데올로기 기반 위에 성립된 것이므로 애초부터 후보자 간의 정책 대결의 장이 아니라 인물과 인물 간의 대결의 장이었다. 더구나 전근대적 정치문화는 후보자의 정책과 입장보다는 그의 사람됨을 중요한 판단 기준으로 삼는 데 크게 기여했다. 이 점은 아직도 변함이 없다. 일찍이 유엔한국위원단은 1950년의 국회의원 선거를 보고서 "사실상 정당을 표시하는 것은 불리했다"라고 지적했다. 이러한 정치지형에서 한국의 정당은 계급구조를 반영하는 조직이기보다는 집권을 위한 분파 간의 이합집산체에 불과했다. 이러한 이데올로기 지형에서 정책을 바탕으로 하는 정당이나 진보적인 이념을 견지한 정당은 설 자리가 없었으며, 설사 있더라도 대중 속에 뿌리내릴 수 없었고, 선거에서 승리할 수 없었다.

　이러한 조건은 만성적 정치 불안을 야기하고, 선거 때마다 선거법을 개정하는 희극적인 상황을 연출했다. 어느 정치 세력도 안정된 사회 세력, 계급적 기반에 바탕을 두지 않기 때문이다. 그리고 정치의 장에서 계급과 정책의 부재로 선거는 오직 돈과 선전의 잔치가 되어버렸다.

한국인의 정치적 관심은 대체로 다음 선거에 누가 될 것인가 하는 선거정치에 집중된다. 이것은 선거를 통하지 않은 사회 변혁의 가능성이, 한국인의 의식에는 거의 없다는 것을 의미한다. 이처럼 일종의 선거 물신주의가 서구 자본주의 국가 이상으로 깊이 박혀 있다. 이러한 선거 물신주의는 한국 지배집단의 튼튼한 이데올로기적 기반이다. 동시에 선거에 접근할 수 없는 수많은 진보집단의 사회적 영향력을 무력화하는 힘이기도 하다. 그것은 민중의 취약한 사회적 역량을 거꾸로 반영해준다. 한국의 정치지형을 의회를 해산하고 보통선거를 없애는 파시즘과 동일시할 수 없는 이유가 여기에 있다.

계급과 선거의 괴리─우리 민중은 왜 자신의 대표자를 지지하지 않았는가

사회개혁이 자신에게 유리한 결과를 가져올 민중에게 선거정치는 자신의 계급적 이해와 투명하게 연결되지 않는다. 이들의 취약한 계급역량은 선거를 냉엄한 현실로 받아들이지 않는 기회주의적 태도("저들의 잔치다. 결국은 부르주아의 지배다")를 낳는다.

그 이유는 첫째, 민중은 대체로 정치로부터 소외되어 있고, 이러한 소외로 인해 자신의 계급적 이익을 실현할 수 있는 구체적인 정치적 구호와 요구, 그것을 집약한 정치적 상징에 대한 기대가 거의 없다는 데 있다. 이러한 의식은 정치적 무관심으로 표출되거나 탈계급적 투표로 표출된다. 즉 민중의 계급적 이익을 실현해줄 정치적 조직이 없고, 전근대적 정치문화가 강하게 자리 잡고 있는 한, 민중의 투표행태는 바뀌지 않을 것이다. 거시적인 차원에서 자신의 이익을 실현해줄 대표자보다는 심정적으로 친밀감을 느끼는 사람이나 당장에 약간의 이익을 가져올 사람을 지지하게 된다.

노동자 역시 마찬가지다. 노동조합 활동을 통해 정치가 어떤 의미가 있는가를 구체적으로 경험하게 된 사람들을 제외하면 대부분의 노동자들은 정치를 선거정치로 이해하고, 타락한 것, 추악한 것, 자신과 무관한 것으로 받아들인다. 따라서 노동운동과 정치는 분리되어야 한다고 생각한다. 이들의 입장을 대변하려는 진보적 정당에 대해서도 노동자들의 일상적인 투쟁을 이용하려는 것으로 보고 경계하거나 기피한다.

우리는 30년간의 군사독재가 마치 박정희와 군부집단의 최초의 쿠데타에 의해 지속된 것으로 생각하지만, 사실은 그 반대다. 적어도 1972년 이전까지 박정희 정권을 지탱해준 것은 농민과 경상도 지역 서민들을 비롯한 가난한 사람들의 지지였다.

둘째, 부르주아는 자신들의 정치적 대표자를 많이 가지고 있으나, 민중은 그렇지 못하다는 데 그 이유가 있다. 농민이나 노동자는 자신들과 닮은, 자신들과 경험을 공유한 정치인을 확보하기가 어렵다. 설사 그러한 사람이 나선다고 하더라도, 민중에게 부족한 정치인으로 인식되어 배척을 받는다. 민중의 입장에 선 정치인은 세련미와 경륜이 직업정치꾼에 미치지 못하고, 이 때문에 민중 스스로가 자신의 대표자를 불신하게 된다.

이런 의미에서 민중후보가 민중의 지지를 획득하기 위해서는 투쟁경력만 화려해서는 안 된다. 우선 그는 민중에게 익숙한 존재여야 한다. 민중은 그가 민중의 의사를 대변해주는 동시에 유능한 정치인이기를 바란다. 유능한 정치인은 하루아침에 태어나는 것이 아니다. 민중의 생활현장, 투쟁현장에서 동고동락해야 하고 그러한 경험을 바탕으로 부르주아 정치인들과 상대할 수 있는 정치력을 쌓아야 한다. 민중은 자신에게 익숙한 후보를 지지한다. 그런데 정치적 경험이 전혀 없는 집단이 불현듯 나타나서 지지해달라고 요구한다면 이들은 어리둥절할 뿐이다. "권력을

1992년 민중후보로 대통령 선거에 출마한 백기완.

단지 장악하기만 하면 되는 것이라고 꿈꾸는 자는 매일매일의 투쟁에서
권력을 세우는 경험을 쌓아야 한다."(프란시스코 웨포르트Francisco Weffort,
「브라질 노동자당 서기장이 본 민주주의와 혁명」)

　　셋째, 민중이 자신의 대표자를 지지하지 않는 것은 부르주아가 장
악하고 있는 각종 언론과 선전수단의 힘 때문이다. 민중의 대표자는 타
락한 직업정치꾼들의 허상을 폭로하고 싶어도 그것을 폭로할 매체가 없
다. 반면 민중후보는 조그마한 실수도 몇 배로 과장되어 그에 대한 지지
를 떨어뜨리는 데 일조한다. 현대 정치에서 언론의 힘은 너무나 막강하
기 때문에 언론과 선전의 힘을 빌리지 않는 선거는 상상할 수도 없게 되
었고, 그 힘을 빌리지 않는 후보자는 제아무리 출중한 인사라고 하더라
도 자신을 제대로 알릴 수 없다. 민중의 입장을 대변하는 민중후보와 그
렇지 않은 직업정치꾼과의 차별성은 이러한 매체를 통해서는 판별이 거
의 불가능하다.

따라서 자신의 계급적 위치를 인식하고, 그것을 개혁하려는 의지를 가진 사람이 아니라면 매체 및 선전 수단으로부터 자유롭지 못하다. 역으로 민중이 노동조합의 활동이나 각종 이익집단의 활동을 통해서 현실정치의 벽에 부딪쳐보고, 자신의 한계를 타개하기 위해서 어떠한 정치 변화가 필요한가를 깨닫게 될 경우에만 후보자의 이미지에 영향을 받지 않고 자신의 계급적 입장을 투표에 반영할 수 있다. 이때 민중은 단순한 '시민'에서 벗어나게 된다. 한국의 민중이 자신의 대표자를 지지하지 않는 정치행태는 사실상 정치적 구심을 가져본 적이 없고 정치 변혁을 일으켜보지 못한, 그리고 한 개인의 행동이 세상을 변화시킬 수 없다는 좌절감의 표현이기도 하다.

따라서 선거정치의 힘을 상쇄시키고 그것을 자신의 처지를 개선하고 사회 변혁을 달성하는 통로로 확보하기 위한 가장 큰 힘은 노동자나 민중의 계급적 역량, 즉 단결력이다. 만약 노동자들이 일상적인 커뮤니케이션의 통로를 확보하고 서로 상시적으로 관점을 공유한다면, 서로 간의 조직적 강제력이 있다면, 그리고 민중의 정치적 상징이 있다면, 선거 앞에서 무력한 '시민', 아니 더 퇴행적인 형태의 정치적 무관심과 즉자적 관심에 매몰된 유권자는 되지 않을 것이다.

민중이 일상적인 투쟁을 통해 각성되어 있다고 하더라도 그것이 정치적 힘으로 결집하기 위해서는 정치적 상징과 목표가 있어야 한다. 정치적 상징은 이들의 요구와 한을 대변해줄 수 있는 정치인과 정당을 의미한다. 그리고 목표란 그것을 집약해주는 이념이다. 설사 이러한 정치인과 정당이 있더라도 민중의 요구를 상징화하여 대중적 에너지로 집결할 정치력이 없다면, 그 대안은 존재의 의의를 상실할 수밖에 없다. 결국 다른 대안이 그 자리를 차지하게 될 것이다.

결국 선거정치에서 노동자, 농민, 중간층의 계급·계층적 처지가 제대로 반영되려면, 그리고 선거정치의 두 가지 측면—기성 정치질서를 합법화하고 제도화된 틀로 민중을 흡수하는 측면과, 대중의 집단적 의사를 반영하여 변혁의 계기로 삼는 측면—이 무기로 활용될 수 있다는 점이 더 부각되려면, 선거 바깥에 정치 민중의 계급적 역량이 존재하는 것이 필수적이며, 가시적인 정치적 대안이 필요하다는 것을 알 수 있다. 그러나 그것은 출발점일 따름이다.

현실정치와 변혁운동의 딜레마

우선 노동자의 입장을 순수하게 대변하는 정치집단, 정당을 통해 선거정국에 대처하여 민중의 역량을 끌어올리자는 주장을 살펴보자. 이들은 보수야당에 기대는 것은 민중의 대의를 손상시키는 일이므로 독자성을 부각시켜야 한다고 주장한다. 그런데 노동자들이 분명하게 민중후보에게 표를 던지려면 보수정당의 활동이 노동자들에게 충분히 알려져야 하고, 노동자들이 거기에 관심을 가질 만큼 각성되어야 한다. 즉 보수정당의 한계, 선거정치의 한계는 노동자들이 정치상황을 잘 알고 있고, 정치에 관심을 가질 때만 '폭로'되는 것이지, 다른 새로운 민중정당이 만들어진다고 폭로되는 것이 아니다. 노동자들이 변혁의 열망과 관심이 없다면 기회주의적인 정당이 반노동자적 행동을 하더라도 그것이 드러나지 않는다는 점을 염두에 두어야 한다.

또한 노동자들은 민중정당 혹은 노동자당이 존재한다고 해서 무조건 지지하지 않는다. 노동자의 이익을 옹호해줄 수 있는 현실정치력을 가질 때만 지지한다. 노동자는 40년간의 잘못된 정치풍토에 익숙해져 있고, 승리의 전망을 가져보지 못했다. 이러한 좌절감은 "이제 우리가 당신들을 대변하겠다"는 선포로 극복되지 않는다. 그것은 노동자들이 상당한 기대를 걸고 있는 선거를 통해 작은 승리의 경험이라도 축적해나

1990년 11월 10일 민중당 창당대회. 중앙선거관리위원회, 『대한민국 정당사』 제4집, 184쪽.

갈 때 극복될 수 있다. 즉 민중정당 혹은 노동자당이 존재한다는 사실은 필요조건이지 충분조건이 아니다. 새로 건설된 정당의 일상적인 활동이 대중의 삶과 괴리되어 있을 경우, 그 정당은 보수정당보다 못한 '선거정당'에 불과할 것이다. 아직 노동조합은 정치활동을 할 수도 없고, 정치자금을 지원할 수도 없다. 활동가나 지식인의 정당은 진정한 민중정당, 노동자당이라 부를 수 없을 것이다. 현재로서는 노동자당의 건설이 불가피한 일이라고 하더라도, 그 노동자당이 자유주의 야당과 다툴 수 있을 때 현실적 의미를 지닐 것이다.

1987년 대통령 선거 당시의 독자 후보론에서부터 이후의 민중당, 한국노동당에 이르는 과정의 논리는 모두가 주관주의적이라는 특징이 있다. 이들은 자신의 정당성을 언제나 구체적인 지배질서에서 끌어내지 않고, 상대편 운동진영의 한계와 개량주의적 성격에서 이끌어낸다. 더구나 정치적 순수성을 현실정치와 혼동하는 일부 지식인의 사고야말로 단순한 에피소드로 넘기기에는 심각한 문제라고 하겠다. 많은 사람들이 지적하는 바이지만 한국 현실에서 민주 변혁은 노동자 독자성의 확보와 모순되는 것이 아니다. 아니 수십 년 보수정치의 늪에 빠져 있는 민중에게는 민주 변혁이 민중의 정치적 역량 제고에 훨씬 더 중요하다. 우리 정치사에서 민중의 광범위한 진출은 언제나 노동자와 농민이 스스로 마련한 것이 아니었다는 사실, 그리고 그러한 공간은 선거에서 표출된 '국민'의 저항에 바탕을 두고 있었다는 사실을 기억해야 할 것이다. 또한 대다수의 민중은 아직 여당과 야당으로 정형화된 선거정치(곧 정치 일반)의 구도에 익숙하다는 사실을 기억해야 할 것이다.

제도화된 정당을 여전히 전술 단위로 보고, 대중투쟁과 '전선체' 중심의 사고를 견지하는 것도 문제다. 정당이 사회 세력에 기반을 두어야 하고, 특히 변혁을 지향하는 정당은 의회 밖의 활동에 치중해야 하는 것은 사실이지만, 현대 정치는 정당 없이는 불가능하다. 연대니 포럼이니 하는 새로운 정치조직이 동유럽에서 인기를 끌고 있지만 자본주의권의 역사는 정당을 대체할 만한 정치조직을 아직 발견하지 못했다. 비합법 전위정당은 더 이상 대안이 될 수 없다. 서구나 제3세계의 어떤 정당도 보통선거 실시 이후 선거 참여의 유혹을 물리치지 못했다. 한국의 양심적인 재야는 정당(보수야당이든 새로운 민중정당이든)을 통해 자신의 주장을 실현하는 문제와, 본격적으로 대중을 조직화하는 문제의 양면적인 과제에 직면해 있다. 후자가 더욱 근본적이지만, 전자는 대중적 토대 건설 다음에 고민할 과제는 아니다. 양자는 동시에 추진되어야 한다. 선거정치에 대한 대중의 압도적인 기대, 비제도적 공간의 축소 때문에 선거정치도 계급정치도 제대로 구사하기 어려운 과도적인 정치조직(다양한 명칭의 비합법 통일전선 조직들)은 점차 설 자리를 잃을 것이다.

계급정치 중심주의는 더욱 근본적인 문제가 있다. 그것은 '계급'으로 환원되지 않는 다양한 사회적 힘, 즉 지역, 성, 연령 등을 간과한다는 점과, 1980년대 후반 이후 우리 사회의 급격한 변화 과정에 거의 무지하다는 점이다. 우리 사회는 진정한 계급정치를 경험하지 못한 상태에서 서구 사회가 경험하는 각종 징후들이 나타나고 있다. 남미에서의 이른바 탈권위주의post-authoritarianism 시대의 징후들이 나타나는 것과 마찬가지로 한국에서도 노동자계급 내부의 이질화, 사회의 분절화·파편화, 대중의 정치적 무관심, 소비문화의 확산 등의 현상이 나타나고 있다. 이러한 현상은 과거의 권위주의적 정치문화를 일소하는 데 기여하겠지만 동시에 민중적 민주주의를 실현하는 데 심각한 문제를 안겨줄 것이다. 변혁의 전망을 개척하고 선거정치의 동학에 적절히 대처하기 위해서는 이러한 사회의 변화를 이해하지 않으면 안 될 것이다.

물론 위의 다양한 입장의 한계는 근본적으로 대중적 역량의 한계에 기인한다. 우리는 계급정치를 실현할 대중적 역량도, 선거정치를 구사할 수 있는 기반(진보정당의 경험)도 없다. 합법의 영역은 이론적으로나 실천적으로 단순한 '전술'의 문제가 아니라 강요된 선택이다. 이러한 조건에서는 민주진영이 결집하여 총력을 기울여도 총선에서 승리하기는 매우 어렵다. 그러나 승리가 불가능하다는 이유로 독자 후보를 내세워 우리 몫이나 챙기자는 주장은 더욱 위험하다. 다소 맥락은 다르지만 20세기 초 서구 노동자정당이 했던 "노동자와 대중의 조건을 향상시키고 그들의 신뢰를 얻기 위해서는 선거에 참여해야 한다. 그러나 참여하면 부르주아 정치의 구도를 승인하게 되는 문제가 있다"는 고민에 우리도 직면해 있다. 기존의 정당정치가 합법 영역에 그냥 '전술'로 이용당하도록 공간을 열어줄 리도 없지만, 계급 노선이 비합법 우위를 고집하는 것은 현실정치로부터 도피하는 것이다.

선거공간에 적극적으로 개입해야 하는 이유

선거는 경제적 불평등, 계급 간의 대립을 안고 있는 자본주의 사회를 비차별화시켜서 정치적 동의를 구하는 과정이다. 과거에 그것은 노동자들의 투쟁에 대한 부르주아의 타협의 산물이었다. 따라서 선거에는 제약적 측면과 해방적 측면이 공존한다.

'혁명'이 당면의 일정에 들어 있거나 '혁명적 정세'가 조성된 경우에만 선거는 완전히 무시될 수 있다. 그러나 혁명으로 가자는 요구가 대중에게 공허하게 들리고, 선거를 통해서 얻을 것이 있다고 많은 사람들이 생각하는 한 선거는 피할 수 없는 선택이다. 민중은 기다려달라는 지식인의 요구를 받아들이지 않을 것이기 때문이다. 선거정치에만 편승한 서구의 사회주의 정당이 선거를 통해 집권하지 못하고, 집권한 경우에도 계급적 권력을 행사하지 못한 것은 선거정치가 지닌 한계를 보여주는 것이다. 그러나 만약 그들이 선거정치를 무시했다면, 그들의 존재는 흔적조차 없어졌을 것이다.

변동의 동력이 현상 유지의 에너지에 비해 훨씬 강력한 힘을 갖는 우리의 경우 무한한 가능성의 공간이 열려 있다.

첫째, 인구의 대다수가 생산직·사무직 노동자 등 근대적 피고용층으로 이동하고 있다. 이들은 과거와 달리 계급적·계층적 동질성을 확보해가고 있으며, 전통적인 정치문화에서 벗어나고 있다. 그리고 새로운 정치적 대안을 갈구하고 있다.

둘째, 20~30대가 유권자의 과반수를 차지하고 있다. 이들은 대체로 진보적 지향과 가치체계를 가지고 있고, 냉전 사고의 굴레에서 벗어나고 있다.

셋째, 40년 동안 이어온 보수야당의 행태, 정치판의 관성에 대한 불만이 극에 달해 있다. 이제 군림하는 정치가 아닌 대중의 요구를 수용하는 정치세대의 출현을 기다리고 있다. 그리고 과거 어느 때보다 지배집단 내의 분열이 가시화되고 있다. 이러한 분열의 틈바구니를 활용하여 선거공간(특히 총선)에 적극적으로 개입하여 민주진영의 교두보를 확보하는 것이 필요하다. 그 교두보를 딛고서 민중은 자신의 목소리를 본격적으로 낼 수 있을 것이다.

한국 사회과학과 마르크스주의 이론

한국의 마르크스주의, 무엇이 문제인가

나는 한국 마르크스주의 '이론 일반'의 쇠퇴보다는 1980년대를 대표한 한국 마르크스주의 이론가들의 '독특한' 대응방식에 주목한다. 나의 관심은 크게 세 가지다. 첫째, 왜 한국에서는 서구나 다른 지역에는 이미 다양한 네오마르크스주의, 탈마르크스주의ex-Marxism 이론이 확립된 시점인 1980년대 중반 들어 '정통적인' 노선이 경쟁하듯이 등장하다가 1980년대 후반 이후 사회주의의 붕괴와 맞물려 갑자기 '정통주의'orthodoxy를 철저히 버리고서 탈마르크스주의적 경향으로 나아가게 되었는가 하는 점이다. 둘째, 마르크스·레닌의 관점을 더욱 순수하게 견지하려 했던 민중민주주의론PD을 표방한 이론들은 어째서 사변적인 알튀세리안 마르크스주의에 점점 더 집착하게 되었는가 하는 점이다. 셋째, 겉보기에는 매우 이질적으로 보이는 1980년대 중반의 '정통주의'와 1989년 이후의 탈마르크스주의 및 루이 알튀세르Louis Althusser의 영향을 받은 구조주의적 마르크스주의structural Marxism가 가진 방법론적 문제점과 양자가 견지하는 실질적 공통점—1980년대 이후 한국 마르크스주의의 지배적 경향—은 무엇이며, 이들이 한국 지성사와 사회적 맥락에서 차지하는 위상은 무엇인가 하는 점이다.

이 문제를 새삼 주목하는 것은 최근 들어 한국의 사회과학계에서 마르크스주의 이론의 비판과 극복의 문제가 빈번하게 제기되고 있음에도, 논의가 주로 마르크스, 그람시 등의 텍스트 해석의 문제에 집중되거나 '올바른 입장'과 그렇지 않은 입장의 대결 수준에 머물러 있어서 한국 마르크스주의 이론의 사회학적 맥락과 그 방법론적 한계에 대한 진지한 논의가 미흡하다고 보기 때문이다. 기존 이론의 한계를 철저히 규명함으로써 창조적 발전을 모색하기 위해서는 먼저 기존 이론의 분화, 성격 변화, 수정·폐기론이 어떠한 사회적 맥락과 방법론적 기반에서 유래하는가를 밝혀야 한다. 그렇게 할 때 화려한 주장과 언사로 포장된 이들 이론들의 실질적인 내용과 견고성 여부를 밝힐 수 있으며, 사회현실에 뿌리를 둔 생산적인 이론과 그렇지 않은 이론을 구별하여 이론의 창조적인 발전을 위한 방법론적 합의로 나아갈 수 있다.

때늦은 '정통주의' 열병 그리고 때이른 후퇴

한국에서 마르크스주의 이론은 1980년 광주 민주화운동의 경험과 1980년대 초기 한국 자본주의의 급격한 발전이라는 조건에서 형성되었다. 당시 소련이 건재하던 조건에서 각국의 공산당이나 마르크스주의자들이 마르크스·레닌·스탈린주의를 집약한 '정통주의'를 거부하기는 대단히 어려웠기 때문에 한국의 마르크스주의자들 역시 그러한 과정을 밟았다.

분단체제하의 마르크스주의

우선 상식적인 차원에서 문제를 풀어나갈 필요가 있다. 마르크스주의는 물론 자유주의 원칙에 입각한 제반 사회운동도 철저하게 탄압해온 분단 냉전체제가 한국에서 때늦은 정통주의의 열병을 가져온 중요한 원인이 아닐까 생각해본다. 경직된 체제는 마르크스 이념에 입각한 노동운동은 물론 모든 형태의 노동운동을 탄압했으며 진보적인 정당 결성운동까지 철저히 통제했다. 이러한 정치적 조건에서 자본주의 발전이 촉진되고 계급 분화가 심화되자 마르크스주의는 급격히 확산되었다. 그러나 온건하고 개량적인 운동을 포함한 사회운동을 전면적으로 봉쇄함으로써 극단적인 운동이념을 가장 호소력 있게 만들어주는 역설을 낳았다. 즉 마르크스주의 이론이 '교조적 형태'를 띠고 '때늦게' 등장한 것은 1980년대 이전에 마르크스주의나 사회민주주의 이념을 견지하는 어떠한 형태의 노동운동도 존재할 수 없었다는 사실을 반증하는 것이다.

당시 한국의 진보적 지식인들은 전 세계적으로 신보수주의가 강화되고 마르크스주의 위기론이 제기된 사실을 거의 아랑곳하지 않았다. 그보다는 민족 분단과 한국전쟁 이후 단절된 혁명운동이 새롭게 부활하고 계급 갈등의 잠재적 기반이 형성됨으로써 전쟁 이후 최초로 마르크스주의 이념에 입각한 노동운동이 태동할 수 있는 조건이 성숙되고 있다는 현실에 집중했다. 즉 한국 사회운동의 주기는 본격적 상승 국면에 접어든 것으로 받아들여졌고, 그것과 배치되는 사실들은 그러한 '압도적 현실'paramount reality 속에 묻힐 수밖에 없었다. 자본주의 발전과 노동자계급의 형성이 한국 사회에서는 서구와 다른 형태로 전개되고 있다는 논의가 보편주의적인 계급 이분화론에 압도당한 것은 후자가 객관적 현실을 충실히 반영하는 데 성공했다는 측면보다는, 분단 이후 처음으로 '진정한' 마르크스주의적 사회운동이 등장했으므로 우회의 과정을 중지하고 순수하고 진정한 핵심으로 들어가야 한다는 '당위'가 진보적 지식인들의 정서를 지배했기 때문이라고 볼 수 있다.

당위의 힘은 어떤 형태의 논쟁이나 검증의 과정보다 호소력이 있었다. 분단된 한국에서는 '한국 현대사의 시간'과 '세계사적 시간'의 괴리가 발생하고, 젊은 지식인들이 1980년 초에 지각했던 '한국의 시간'은 세계 체제 내에서 한국이 처한 동시대의 시간 개념을 압도했다. 이런 의미에서 한국에서 등장한 마르크스주의가 정통주의의 형태를 지닌 것은 어쩌면 반드시 거쳐야 할 과정이었다고 볼 수 있다.

지식인과 대학생이 받아들인 마르크스주의 이론

한국 마르크스주의는 출발 당시 사회 변혁에 관심을 가진 지식인의 현실 극복 대안으로 검토되었다. 마르크스주의적인 정당이나 노동운동이 존재하지 않는 조건에서 1960년대 이후의 민주화운동이 거의 학생운동권 출신의 지식인들에 의해 주도되었다는 점을 생각해볼 때, 대학생과 지식인이 마르크스주의를 가장 민감하게 받아들이고 학습한 것은 당연한 일이었다. 이것은 한국의 마르크스주의가 노동운동의 연장선에서 수용되기 이전에 학생운동 및 사회적 요구를 우회적으로 반영할 수밖에 없는 대학사회의 지적인 요구의 일환으로 수용되었다는 것을 의미한다. 즉 한국의 마르크스주의는 노동운동에 대한 전면적 통제 및 이념정당의 부재라는 한국 사회의 내적인 발전 조건과 자본주의적 민주주의 제도의 형식적 수립 및 사회적 지식의 대학으로의 흡인·제도화라는 동시대의 자본주의 사회 일반의 조건 속에서 이중적으로 규정되었다.

이념적 노동운동의 부재와 계급정당의 결여 속에서 학생과 지식인의 변혁이념으로 마르크스주의가 받아들여짐으로써 마르크스주의는 이들 지식인의 독특한 존재조건과 정서에 의해 변형되지 않을 수 없었다. 강

한국 사회에서 마르크스주의를 가장 민감하게 받아들이고 학습한 것은 대학생과 지식인이었다. 1991년 전대협 (전국대학생대표자협의회) 5기 출범식. ⓒ민주화운동기념사업회

력한 노동운동이나 노동자정당이 존재할 경우 마르크스주의 이론은 반 드시 그 검증 주체를 매개하지 않을 수 없고, 검증과정에서 다양한 형태 로 변형될 수밖에 없으며 개량적이고 실용주의적 성격을 지닐 개연성이 높다. 그런데 검증의 조직 주체가 없을 경우 이론은 더욱더 추상화되고 교조화될 가능성이 높다. 왜냐하면 그 이론은 경험적 현실과 거리를 둔 채 그것을 순수한 형태로 고민하는 지식인의 존재조건과 퍼스널리티만 을 반영하게 되기 때문이다. 지식인은 자신의 존재로부터 문제를 출발시 키는 것이 아니라 이론적 게임 속에서 문제를 출발시킨다. 마르크스주의 에 대한 해석과 관점 역시 현실 역사와의 대화를 통해 이론을 수용하고 수정하기보다는 원칙을 강조하고, 경험적 문제 제기보다 철학적 문제 제 기에 치중할 가능성이 높다.

1980년대의 한국은 사회 발전과 사회 분화의 단계에서 선진자본주의 국가보다는 제3세계 나라들에 훨씬 가까우면서도 동시대의 자본주의 국가가 견지하는 독점자본의 발전, 국가권력 및 국가기구의 제도화, 매스컴과 교육의 발전, 소비문화 형성 등의 형식을 갖추고 있었다. 이런 상황에서 비제도화된 혁명운동이 사회에서 근거지를 확보할 기반을 거의 갖지 못했고, 지식의 재생산은 거의 대학이 독점하게 되었다. 따라서 마르크스주의는 강력한 조직을 갖춘 혁명정당의 이념이 되기보다는 1960년대 이후 유럽의 네오마르크스주의자들이 그러했듯이 지식인의 전유물, 특히 대학사회의 전유물일 수밖에 없었다.

마르크스주의가 바로 교수, 대학원생, 대학생의 전유물이었고 그것의 주요 소비층도 그들이었지만 그것이 해결하고자 하는 과제는 총체적이고 근본적인 것이었다. 또 분단 이후 거의 최초로, 강력한 탄압 속에서 받아들여졌다는 점을 염두에 둔다면 한국 마르크스주의가 어째서 완고한 교조주의에 경도되었으며, 또 얼마 되지 않아 급격하게 청산되거나 문화 이데올로기 현상에 대한 관심으로 경도되었는지를 짐작할 수 있다. 따라서 이러한 현상은 한국의 '역사적 시간'과 한국 사회의 객관적 조건 속에서만 살펴보아서는 충분하지 않고 지식 재생산의 과정을 동시에 살펴보아야 그 진면목이 드러난다. 즉 한국의 마르크스주의는 정통주의를 표방하면서도 실제 내용은 서구의 네오마르크스주의와 마찬가지로 대단히 관념적이고 부르주아 학문의 형식을 그대로 모방한 것이었다.

자유주의 이론의 빈곤과 마르크스주의의 정통주의화

이론의 경직성은 지배체제의 이데올로기 통제 및 지식사회의 경직성과 함수관계를 가진다. 강한 '유토피아'는 엄격한 '이데올로기' 속에서 형성된다.

사상의 자유를 억제받고 특정 사상으로 인해 엄청난 불이익을 당하는 한국과 같은 조건에서는 진정한 의미의 지적인 논쟁이 가능하지 않다. 마르크스 이론은 제도화된 학문사회에서 시민권을 갖지 못했으므로 마르크스주의의 이론적 논쟁은 공개된 장소와 지면에서는 제대로 이루어질 수 없었다. 반마르크스주의 사회과학자가 마르크스주의 이론가와 대결하려면 소설가 이병주가 말했듯이 "푸줏간에 매달린 고기 앞에서 칼춤을 추는" 정도의 용기만 있으면 된다. 그와 반대로 이론적 비판과 논의가 차단된 상태에서 마르크스주의 이론은 더욱 '양보할 수 없는' 원칙이 되고, 거기에서 벗어나는 논리는 체제를 도와주는 이론의 혐의를 뒤집어쓰게 되었다. 마르크스 사상이 탄압을 받고 배제되는 조건에서 마르크스주의적 관점을 순수하게 견지하는 것만이 모든 사고와 행동의 면죄부가 되고 찬양받을 가능성이 높다. 즉 사상의 자유가 허용되지 않는 조건에서 기존 체제가 허용하는 사상은 이론적이고 방법론적인 논쟁을 벌일 상대가 없으므로 진정한 '사상'이 되지 못하고, 역으로 그것을 반대하는 논리는 공개적 단련 과정을 거쳐서 사상으로 확립되기보다는 '교조'가 되기 쉽다.

한국의 마르크스주의는 자유주의 이론과의 철학적·방법론적 대결을 통해 성장하지 못하고, 자유주의 이론에 대한 철저한 부인 속에서 존재했다. 이것은 마르크스주의자의 선택의 범위를 넘어서서 마르크스주의 이론을 풍부하게 만드는 데 부정적인 요소로 작용했고, 마르크스주의 이론을 튼튼한 이론적·방법론적 무기로 세련하기보다는 그것의 단편적 명제와 가설에 집착하는 얼치기 마르크스주의자를 양산했다.

이런 의미에서 한국 마르크스주의의 정통주의화는 자유주의 학문전통의 결여, 체계적 논리와 현실 적합성을 가진 자유주의 이론의 결여, 사상사적 기반의 결여, 자유주의 이론가들의 마르크스주의에 대한 학문적 언급의 부재에서 기인한다고 볼 수 있다.

결국 1980년대 학생과 지식인들이 마르크스주의에 경도된 현상과 1980년대 후반 이후의 급격한 이탈은 사실상 동일한 현실의 다른 면에 불과하다. 그것은 권위주의적 정치체제와 엄격한 사상 통제, 사회민주주의를 포함한 계급적 노동운동의 부재, 학생운동 및 대학사회의 발전과 그 산물로서의 마르크스주의, 권위 있는 자유주의 이론의 부재 등의 조건에서 복합적으로 설명될 수 있으며, 때이른 후퇴와 탈마르크스주의화는 때늦은 정통주의의 열병에서 어느 정도 예상할 수 있는 일이었다. 왜냐하면 마르크스주의의 수용이 노동운동의 연장선에서 이루어진 것이 아니며 지적인 토론과 훈련을 거친 것도 아니었으므로, 그것의 폐기와 청산 역시 실제로 전개되는 '노동운동'과 계급모순의 존재와 무관하게 진행되고 또 그 청산이 정당화될 소지를 애초부터 안고 있었던 것이다.

이 시점에서 우리가 확인할 수 있는 것은 한반도의 분단체제는 사회주의 이론과 사상의 등장을 차단하는 효과뿐만 아니라 체계적이고 깊이 있는 자유주의 이론과 사상도 억제한다는 점이다. 그리고 자유주의 이론의 빈곤은 또다시 성숙한 사회주의 사상의 등장을 제약하는 이중적인 효과를 갖게 된다. 즉 분단체제에서는 어떠한 발전적이고 체계화된 사회 사상도 존립하기 어려우며, 현재 마르크스주의의 급격한 전도는 이를 다시 한번 확인해준다.

마르크스주의의 변신과 분화

실용주의와 탈마르크스주의

우리 사회에서 마르크스 이론으로부터 가장 급진적으로 이탈한 이론가는 이병천 교수다. 그는 자신의 포스트마르크스주의 노선으로의 전환을 단순한 수정이나 전향이 아닌 지적 용단의 차원에서 추진해나가고 있다. 그의 주장의 특징은 우선 에르네스토 라클라우Ernesto Laclau와 샹탈 무페 Chantal Mouffe가 그러하듯이 기존의 마르크스 이론을 본질주의, 형이상 학, 환원주의, 합리주의로 규정한 다음, 그 반대편에서 다원성과 비고정 성의 원리를 경험적 차원에서가 아니라 철학적이고 권위적인 형태로 제 시한다는 점이다.

그러나 그의 주장이 라클라우나 무페와 다른 점은 다음과 같다.

첫째, 라클라우와 무페의 담론적 주체 형성을 비판적으로 보면서도 주체의 형성을 다원성과 비고정성의 차원에서 설정함으로써 이론적인 비일관성을 드러낸다는 점이다.

둘째, 라클라우와 무페를 따라 전통적 노동계급의 존재론적 특권성 을 부인하지만, 이들의 논의가 주로 그 방법론적 측면을 강조하는 데 비 해 이병천은 노동세계의 변화와 지식노동자의 비중을 강조하면서 사실 상 '자본주의' 개념의 폐기로 나아간다는 점이다.

셋째, 라클라우와 무페가 마르크스 이론의 이원성을 인정하면서 자 신들의 포스트마르크스주의를 마르크스 이론의 위기와 헤게모니 개념 의 발전사 속에서 그것의 연장이자 최후의 지점으로 주장하는 데 비하 여, 이병천은 모든 책임이 마르크스 자신에게 기인한다고 보면서 사실 상 마르크스의 역사관 전체를 부정하고 있다는 점이다. 따라서 '포스트' 라는 개념은 라클라우나 무페와 달리 마르크스 이론의 역사적 도정에 서 정의되기보다는 "마르크스의 죽은 것과 산 것을 준별하고, 비마르크 스주의적 유산을 계승한다"(이병천)는 전혀 다른 차원의 개념으로 정의 된다.

결국 그는 포스트마르크스주의를 새로운 세계관, 새로운 노선, 새로운 과학이라는 당위적이고 높은 위상을 갖는 보편이론으로 승격시키고 자 한다. 그가 자신의 주장을 입증하기 위해 사용하는 '정정'訂正, '빛과 어둠' 같은 용어나 프롤레타리아 독재론에 대한 비판의 방식, 마르크스 주의 역사관에 대한 비판의 방식 등은 다원주의, 상대주의 등을 흔들릴 수 없는 새로운 '진리'로 변화시킨 가운데 진행되는 것이어서 과거 정통 의 이단에 대한 비판을 연상시킨다.

이처럼 이념을 기초로 현실을 이해한 다음 그것에 부합하는 경험적 현실의 변화를 결합시킨 그의 사고방식을 나는 '이념주의ideologism적 실 용주의'라고 표현하고 싶다. 즉 이병천은 포스트마르크스주의의 기반을 사회주의 붕괴와 노동계급 구성의 변화, 노동운동의 위축 같은 경험적 사실에서 구한다는 점에서 경향적 현실에 충실한 모습을 보여주지만, 이 것을 이론적 탐구와 해석의 과정을 거치지 않고서 곧바로 '마르크스 책 임론'이라는 이념의 체계로 흡수·통합시킨다. 그는 사회주의 붕괴라는 경험적 현실을 사회주의의 역사적 과정에서 보기보다는 마르크스의 이 념에서 구하고 있다. 따라서 사회주의 붕괴라는 경험적 현실을 보면서 사 회주의화의 경제사 연구에 치중하기보다는 마르크스 이론의 한계를 찾 아내는 데 치중하게 되는 것이다.

이병천은 역사를 강조하면서도 역사를 단순화하고, 역사보다 논리 를 앞세운다. 한국의 경우 그가 강조하듯이 노동운동의 헤게모니가 새 삼스럽게 약화되거나 요구가 관철되지 않은 것이 아니라, 노동운동이 가 장 활발했던 1987년 당시에도 사실 그러했다. 손노동자 중심의 노동운 동의 쇠퇴가 지식노동자 중심의 노동운동의 활성화를 수반하고 있지 않 으며, 그것이 노동-자본 간의 타협으로 나아가는 경향이 발견되지 않는 다. 그럼에도 불구하고 노동운동의 '쇠퇴'(사실은 애초부터 지극히 취약했다) 라는 표피적 현상을 통해 그와 유사한 경로를 걸었던 서구의 경우처럼 한국에서의 자본·노동의 객관적 현실을 포함한 사회현상이 그렇게 구조화되어가고 있다고 보는 것이다. 즉 노동운동의 약체성을 통해 역으로 사회구조와 자본주의 체제의 질적인 변화를 정당화하고 있다. 내가 아는 범위에서 한국 사회는 정통주의가 위세를 발휘하던 1980년대 중반에도 전형적 계급모델로 설명될 수 없는 경우가 많았으며, 후기자본주의 사회로 접어들었다는 지금도 동시대의 서구보다는 오히려 1980년대 중반의 한국과 더 큰 연속성을 보인다.

진화론과 변증법을 부정하는 그의 대안은 구체적인 역사, 경험적 현실, 사회주의가 살아 있던 당시에도 그것의 문제점을 끈질기게 비판했던 설득력 있는 이론이 아니라, 단순히 진화론과 변증법을 대체하는 다원주의의 새로운 절대성과 추상성이다. 인간적인 것과 다원적인 것, 반본질주의, 반근본주의의 대립물은 구체적인 역사와 구체적인 인간이 아니라 추상적 다원성과 추상적 인간이다. 따라서 여기서 그가 주장하는 다원성과 탈중심성은 개념적 위상에 있어서 환원론 및 '노동계급 메시아론'과 대립되는 것이 아니라 그것과 동일한 차원에 존재한다. 왜냐하면 여기에서 다원성이 도출되는 과정이 변증법과 실제의 역사를 대치하는 데서 기인한 것이 아니라, 오로지 변증법의 '논리 자체'를 비판하는 과정에서 이루어지기 때문이다. 아직 체계화되지 않았지만 그의 전략노선이 더 자유주의적이고 애매한 성격을 띠는 것도 라클라우와 무페가 유럽의 전통적 노동운동의 쇠퇴와 신사회운동new social movement에 기초를 두는 데 비해, 그의 이론은 한국의 역사적·사회적 조건과 사회운동의 현실에 기반을 두고 있지 않기 때문으로 보인다.

따라서 그가 사회주의 붕괴와 자본주의 세계 질서, 노동세계의 변화에 그렇게 민감하게 대응할 수 있었던 것은 그의 선견지명이라기보다는 실용주의에 기인한다고 볼 수 있다. 경험적 현실을 일정한 이론적 추상 과정을 거치면서 받아들이거나, 이론을 역사 속에 정박시키는 경우 새로운 경험적 사례들은 기존의 이론을 전면적으로 파괴하지 않는다. 그런데 실용주의 태도를 가지면 원칙 없이 모든 이론의 장점만을 선택하게 된다. 그의 주장에 일관성이 결여되어 있으며, 매우 상이한 철학적 지향을 가진 이론가들이 그의 '포스트마르크스'의 입론을 강화하는 소재로 동원되고 있으며, 서로 모순되는 사실이 들어 있는 것도 그의 실용주의에 책임이 있다고 본다. 그가 주장하는 마르크스 이론의 보존론과 극복론, 탈근대와 한국적 특성의 결합은 그야말로 관념적 조합에 불과하다는 비판에서 벗어나기 어렵다. 그가 마르크스 이론을 급진적으로 비판하면서도 미국에서 유행하는 분석적 마르크스주의로 나아가지 않은 것은 그가 진정한 경험주의자가 아니기 때문이며, 그의 경험론이 사실상 이념주의의 인도를 받고 있기 때문이다.

그의 이론의 내용은 180도 변했지만 그의 정신구조는 변하지 않았다. 이는 한국의 탈마르크스주의가 왜 1980년대 중반의 정통주의의 재판이며, 동전의 다른 면에 불과한 것인가를 잘 보여준다.

알튀세르 이론의 무비판적 수용과 그 문제점

우리 사회에서 이러한 이론적 경향을 대표하는 또 한 사람이 윤소영 교수다. 그의 표현을 빌리면, 그는 1980년대라는 정세적 조건에서 독점과 종속의 논리적 결합을 바탕으로 한 신식민지 국가 독점자본주의론을 기초로 현실에 대한 이론적 '개입'을 시도했다.

그러한 주장은 그가 금과옥조처럼 여기는 알튀세르나 에티엔 발리바르Étienne Balibar의 입장과도 거리가 있을뿐더러 모순으로 가득 차 있다. 알튀세르는 마르크스주의의 위기를 논하면서 그 원인을 제2인터내셔널 이후 부르주아 지식인의 주도에 의한 노동운동과의 결합성의 부재,

당 혹은 조직, 정치적 지배 이데올로기의 변질 속에서 마르크스주의의 이데올로기 비판으로서의 성격의 희석화와 절대화로 파악하고 있다. 그리고 위기는 철학자의 몫만이 아닌 모든 '투쟁의 시련'을 겪은 대중의 것이라고 이야기한다. 알튀세르의 이러한 위기 진단은 이론적 실천의 독자성, 역사에 의한 이론의 오염의 제거, 과학과 이데올로기의 단절 등을 강조한 그의 초기 철학적 입장과는 상이한 것이며 마르크스 이론을 현실 역사의 일부로 설정하려는 문제의식의 전환으로 보인다.

그러나 윤소영의 '전화'轉化의 개념에는 이러한 요소를 찾아볼 수 없다. 마르크스 이론을 역사로 파악하기보다는 '순환'으로 보는 그의 전화의 개념은 전화 이전의 그의 주장을 '정치적 진리'라고 규정하는 태도에서도 나타나듯이, 마르크스주의 운동은 물론 이론의 위기에 대해서도 전혀 문제의식을 느끼지 않는 듯한 인상을 준다. 그의 관심은 위기의 사실, 이론적 위기의 내용에 있는 것이 아니라 여전히 알튀세르가 위기를 이해하는 방식에 대한 해석에 머물러 있으며, 따라서 알튀세르가 오래전에 버린 반경험주의적 과학관을 견지하면서 마르크스의 몇 가지 요소를 아무런 근거를 제시하지 않은 채 고집하고 있다. 그는 위기의 비가역성을 주장하면서도 다른 한편으로 '순환'을 이야기하고, 그 순환이 어디에서 시작되어 어디에서 끝나는지 언급하지 않는다. 또 '정세'의 개념을 도입하면서도 이론의 상대주의를 인정하지 않고, 마르크스 이론의 반증불가능성을 주장하면서도 이론의 전화는 운동의 고양에 좌우될 것으로 보고 있다. 과거 자신의 주장에 대해서도 과거 '정세의 산물'로 정당화하면서 현재 이론의 지평이 되는 '현재의 정세'에 대해서는 언급하지 않은 채 오직 이론만을 언급하고 있다.

그는 한국 마르크스주의의 위기를 이야기하면서 그 이론이 '노동의 구체성', '프롤레타리아화 과정', '계급투쟁의 주체적 조건'에 대한 분석으로 나아가지 못했다고 반성하고 있으나, 내가 보기에 위기는 알튀세리안의 방법론 속에 이미 예비된 것으로 결코 시간과 노력의 문제가 아니다. 알튀세르의 과학관에 입각하면 마르크스에 반하는 경험적 사실들은 마르크스주의의 순수성을 훼손하는 부차적인 역사적 찌꺼기에 불과하다. 왜냐하면 그러한 것을 연구할 수는 없고 설사 연구한다고 하더라도 마르크스 이론의 '진리성'을 반박하는 자료가 될 수 없기 때문이다. 그나마 만약 이들이 이러한 대상에 대한 분석을 서둘렀다면 국가론과 이데올로기론을 연구한 영국의 알튀세리안들(베리 힌디스Barry Hindess, 폴 허스트Paul Hirst 등)이 그러했듯이 알튀세르적 방법론에 대한 청산이 더 빨리 이루어졌을 것이다. 알튀세르, 발리바르에게 존재하는 현실이란 언제나 이데올로기적인 현실, 당의 노선이며 실제 현실은 별 의미를 갖지 않았는데, 한국의 제자들도 이를 동일하게 반복하고 있는 것이다. 마르크스주의자가 노동운동에 무관심하다는 것은 매우 기이한 일인데, 그것은 바로 구조주의적 인식틀이 갖는 반역사주의, 논리주의를 인정한다면 이해할 수 있는 현상이다.

우리 사회에 알튀세르가 소개되고 읽힌 것은 마르크스 텍스트에 대한 학습이 본격화된 시기와 일치함에도 불구하고 오히려 1980년대 후반에 학생과 지식인에게 널리 받아들여졌다. 이는 1987년 이후 한국 사회에서 형식적 민주주의의 정착 및 민중지향적 학생운동의 쇠퇴 속에서 이데올로기적 요소, 담론적 요소가 더 의미를 얻게 되었기 때문이다. 즉 초기에는 알튀세르의 레닌주의적 요소와 계급투쟁적 측면에 대한 강조 때문에 한국에서는 정통주의와 구분되지 않은 채 수용되었다. 그러다가 1987년 이후 노동운동의 약화 등 한국 사회의 변화와 맞물리면서 정통주의적 요소를 바탕으로 한 알튀세르의 네오마르크스주의, 문화주의적 요소가 부각되었다. 알튀세르의 개념은 그것이 아무리 마르크스주의의 순수성의 언술을 갖고 있다고 하더라도 실제 대상과 노동운동에 대한 관심의 부재, 현실정치에 대한 침묵의 대가로 주어지는 순수성이며, 이러한 의미의 순수성은 대단히 아카데믹하고 정적주의靜寂主義에 머무를 수밖에 없다.

따라서 '철학자' 알튀세르에 대한 관심의 증대는 노동운동의 후퇴와 대학생과 연구자들의 정신적·존재론적 체제 포섭 상황을 반영한다. 알튀세르의 영향을 받은 한국의 지식인들이 대부분 철학적 논의나 한국의 '현재' 후기 산업사회적 문화현상에 관심을 갖게 되는 것은 스승인 알튀세르의 이론과 방법론에서 이미 예비된 것이며, 더 근본적으로는 노동운동에 관심을 가지기 어려운 대학인들의 존재조건을 반영하는 것이다. 즉 톰슨E. P. Thompson이 말한 것처럼 이들의 의식을 통해서 우리는 "존재가 의식을 결정한다"는 명제를 역설적으로 확인할 수 있다. 즉 알튀세르 이론에 대한 추종은 이론적 실천의 개념이야말로 자신의 존재조건상 아무리 해도 세계가 노동에 기초한다는 것과, 사회의 변화가 노동과 정치, 집합적인 사회운동에 좌우된다는 사실을 이해할 수 없는 대학인들의 존재를 반영함과 동시에 그들에게 '이론 내의 계급투쟁'이라는 투사의 지위도 부여해준다. 그들이 접할 수 있는 유일한 현장은 대학이므로, 그들의 눈에 존재하는 것은 모두 지식세계이며, 이념과 담론으로 구성된 세계에서 담론에 대한 비판과 새로운 담론의 수립이야말로 정치활동이자 노동이자 실천이 된다.

이들에게 순수성과 정통성 혹은 '올바른 입장'은 바로 역사에 대한 침묵의 대가로 얻어진 것이며 현실의 빛을 쪼이지 않은 그늘 속의 '순수성'일 따름이다. 이들은 오직 이론 밖의 현실을 언급하지 않는 범위에서만 계급적일 수 있다. 그것이 바로 한국 자본주의의 재생산구조 및 노동운동에 대한 관심과 구체적 분석이 결여된, 극히 희화화된 마르크스주의를 낳게 한 요인이다.

한국의 알튀세리안은 이론가와 대중을 짓누르는 권위에 도전하지 않은 채, 이론가들 내부의 논쟁에 정력을 소모했다는 점도 심각한 문제다. 한국에서는 이론의 상대적 독자성이 아니라 이론 일반의 독자적 생존공간의 확보와 실천과의 결합, 이론의 이데올로기 투쟁과의 결합이 우선적인 과제였으며 이를 통하지 않고서는 어떠한 이론의 권위나 독립성도 확보될 수 없는 조건이었다.

최근 발리바르가 제기하는 민족 문제, 인권과 억압과 정치의 탈소외 문제는 우리 사회에서는 더욱 절실한 형태로 오랜 세월 동안 대중을 짓눌러왔고 그 짓누름의 정도는 프랑스 같은 선진자본주의 사회와는 비할 바가 아니다. 그런데도 이 같은 절실한 사회적 과제조차 발리바르 등의 문제 제기에 대한 학습을 통해서 마치 새로운 것인 양 '이론적으로' 제기되는 희극적인 사태가 발생하지 않을까 우려스럽다.

한국 사회과학은 왜 우리의 '현실'에서 출발하지 않는가

한국 마르크스주의의 이념주의

앞서 언급한 실용주의적 경향과 알튀세리안 마르크스주의는 모두 이념주의에 기초하고 있다는 공통점이 있다. 1980년대 마르크스주의에서 현재의 포스트마르크스주의 주장과 구조주의적 마르크스주의 주장은 모두 이념주의에 기초하고 있는데, 이들은 실제 현실보다는 이념을 더욱 중요시하고 일차적이라고 보기 때문에 문제의 출발을 언제나 해당 이념에 둔다.

1980년대 이후 한국의 마르크스주의 이론가들이 한국의 정치·사회

현실을 비판하기보다는 오히려 마르크스주의 진영 내 다른 노선의 운동 세력을 비판하는 데 정력을 소모한 것도 이념을 실제 현실과 동일한 지평에서 받아들이고 이념의 변화가 곧 현실의 변화라고 여겼기 때문이다. 현재의 포스트마르크스주의 주장이 '교조주의'적 마르크스주의라는 표적을 설정하여 그것을 비판하는 데 사활을 거는 것은 모두 사회운동과 사회현실의 변화가 이념에 좌우된다고 믿는 전형적인 이념주의의 표출이다. 알튀세리안 마르크스주의 이론가들에게 이것은 '이론적 실천'의 이름으로 집약된다. 그들에게는 이념을 논하는 것이 정치적인 의미를 지닌 것으로 과대해석되며, 이론적 입장을 세우는 것이 곧 변혁에 참여하는 것으로 해석된다. 그러나 이들이 자신의 이론에 따라 행동한다고 간주되는 대중은 사실상 이념을 행동의 준거로 삼는 학생과 일부 지식인에 국한되어 있다.

사상을 현실과 동일시하고 현실 속에 살고 있는 대중이 이념에 따라 행동할 것이라고 가정하는 이념주의는 스스로 구체적인 현실이라고 생각하는 이념의 지형 속에서만 '전투성'을 가질 수밖에 없다. 그리고 이러한 이념주의야말로 사회변동이나 변혁운동과 연결고리를 갖지 못한 채 대학사회와 지식인 사회를 유일한 현실로 받아들이는 서구 마르크스주의의 한국적 표현인 셈이다.

기반의 힘—민중운동의 힘—과 반비례하여 마르크스주의는 이념화될 것이며, 결국 '학원 마르크스주의'로 남게 될 뿐이다. 노동자정당은커녕 영향력 있는 노동운동조차 존재하지 않는 한국에서는 지식인들의 논의를 조직적으로 검토할 수 있는 매개장치가 없어서 이념주의가 더욱더 강화될 소지가 크다. 서구 마르크스주의는 서구 공산당의 우경화, 서구 노동운동의 현저한 변화 등 구체적인 현실에 바탕을 두었다. 이에 비해 한국 마르크스주의의 이념주의는 한국 사회의 현실과 한국 노동자가 처한 구체적인 상태와 노동운동의 현황, 역사와 문화적 토양과 괴리된 채 겉으로 보이는 한국 노동운동의 약화 현상과 한국 사회에 대한 약간의 검증되지 않은 가설을 기초로 오로지 서구 마르크스주의자들의 단편적인 언명만 조합하고 있다는 점에서 더욱더 비실천적이고 관념적이다. 그리하여 약간의 이론적 비판과 역사적 도전에도 무너질 정도로 폐쇄적이고 '퇴영적인 연구체계'로 변질하고 있다.

진정한 '과학'과 '비판'의 부재

서구 마르크스주의자들이 인종·환경·여성 등의 새로운 쟁점으로 연구 중심을 옮기는 데 비해, 한국의 사회과학자들은 우리에게 매우 구체적인 현실인 민족·국가·분단·지역 문제 등에 거의 관심을 기울이지 않았다. 최근의 노동 문제나 한국 자본주의 문제에도 관심을 기울이지 않는다.

1980년대 후반 이후의 탈마르크스주의 경향이나 알튀세리안 마르크스주의 이론 모두 '과학'의 이름으로 '비판'에 인색하며, 생산현장이나 사회현장에서 일어나는 일은 물론 자신이 속한 대학사회나 지식인 사회에서 필요한 이데올로기 투쟁도 수행하고 있지 않다. 근대 이후 우리 민족이 당한 민족적 수모와 자존심의 훼손, 분단체제가 가져온 엄청난 고통, 민주주의가 제약받는 가운데 저질러진 온갖 정치적 비리나 억압, 생산현장의 비민주성과 억압적 노동 통제가 낳은 수많은 희생에 대해 비판한 사람들은 '과학'을 앞세운 마르크스주의자이기보다는 소박한 민주주의와 양심을 앞세운 사람들이었다. 사회적 모순의 피해자들에 대해 마르크스주의 '과학'은 언제나 멀리 떨어져 있었다.

서구에서는 자본주의적 사회관계가 구조화되고 합리적 관행이 정착함에 따라 비판의 영역이 문화의 영역으로 이전하고, 사회 분화가 고도화되어 지식인이 자신의 울타리 안에서 '과학'의 수립에만 몰두할 수 있게 되었다. 이와 달리 한국의 대학은 역사적·사회적 과제로부터 자유로울 수 없으며 대학의 창문을 통해 보더라도 비판할 것들이 수두룩하다. 정상적인 이성과 감성을 가진 사회과학자라면 학자이기 이전에 양심적인 국민, 시민이 되기를 요구받으며, 반지성주의와 권위주의에 대해 분노하고 저항하지 않을 수 없다. 이를 떠난 지식의 추구가 대단히 어려운 곳이 한국이다. 이러한 조건에서 사회과학자, 특히 마르크스주의 지식인이 오로지 이념과 씨름하고, 또 그것을 하나의 실천으로 생각하는 것은 사회의 구체적 맥락과 크게 단절된 것이며, 정신구조적으로 보면 오히려 마르크스의 문제의식으로부터 크게 이탈한 것이다. 한국 마르크스주의의 위기는 마르크스와 알튀세르 이론의 위기가 아니라, '과학'적 탐구도 엄격한 '비판'도 행하지 못한 마르크스주의 지식인의 도덕적 지도력의 위기다.

주체적이지 못한 한국 사회과학의 현주소

앞에서 논의한 한국의 두 경향의 마르크스주의 이론—그중에서도 이병천 교수의 포스트마르크스주의—은 내용은 상이하지만 그 정신구조는 주류 패러다임으로 한국 사회과학의 지주가 되어온 1960년대 이후의 근대화 이론과 깊은 유사성을 지닌다. 나는 그것을 다음과 같이 요약해보았다.

첫째, 민족 문제를 거론하고는 있지만 엄밀히 살펴보면 여전히 일국적 관점을 버리지 못하고 있으며, 세계체제world system의 문제의식이 결여되어 있다. 특히 이병천의 포스트마르크스주의는 전형적인 일국적 관점에 서 있으며 남한 사회를 독립된 사회 발전의 단위로 가정하고 있다.

둘째, 한국의 근현대사는 물론 분단체제의 위상이 주변적으로만 고려되고 있다. 분단은 남한 사회에 영향을 미친 외적 변수로만 설정된다.

따라서 민족 문제와 분단 문제는 오직 경제적 종속, 정치적 비민주성 강화의 차원에서만 언급될 따름이며, 그것이 봉건적 제 관계를 유지·온존시키는 측면이나 남한 내의 사회적 주체 형성을 차단하는 사회적·문화적 효과에 대한 사고가 결여되어 있다.

셋째, 근대화 이론이 서구 자본주의의 발전 모델을 찬양하고 있다면 한국의 포스트마르크스주의는 실제 주장과 무관하게 한국 자본주의의 성과를 다른 형태로 찬양하고 있다.

이런 점에서 아직 한국 사회과학자들은 정신적 국적이 없는 상태다. 한국의 근대화 이론과 1980년대 후반 이후의 마르크스주의 모두 자신의 이론을 정박시킬 주체를 찾지 못하고 있다. 과거의 근대화 이론이 권리의식과 책임의식을 견지한 근대적 시민을 정박지로 상정했다면, 마르크스주의 이론은 노동자계급을, 포스트마르크스 이론은 암암리에 지식 노동자를 이념적 정박지로 상정했다. 그러나 이 주장들은 거의 자신이 설정한 가공의 현실 속에서 '주체'를 연역한 것이다.

이러한 이론들의 한계는 바로 민족 현실, 분단 현실 및 전근대적 연고주의, 가족주의, 지역주의를 더욱 의미 있는 일상적 현실로 받아들이는 한국 민중의 잠재적 가능성과 현실적 한계를 정확히 꿰뚫어보고 그것을 전제로 하여 주체 형성 문제를 설정하지 못했다는 것이다. 21세기 한국 사회과학이 당면하게 될 최대의 역사적 도전인 민족 통일, 민족 단위의 사회 발전 전망, 세계화의 문제에 접근하는 데 이러한 점이 해결되지 않는다면, 한국 사회과학은 계속 서구의 꽁무니만 쫓아가는 이류, 삼류 학문으로 전락할 것이다.

우리의 경험과 현실, 역사와 대면하는 사회과학을 꿈꾸며

1980년대 지식사회를 대표한 한국 마르크스주의는 사회주의 붕괴와 1987년 이후 한국 사회의 변화에 의해 급속히 분화·해체되었다. 만약 그러한 사건이 없었더라도 그와 유사한 경로를 걸었을 것이다. 따라서 사회주의의 붕괴는 앞의 두 경향의 한국 마르크스주의의 굴절을 촉진·강화하는 요인이었지 그것을 결정적으로 좌우한 조건은 아니었다. 탈마르크스주의화, 마르크스주의 전화론의 등장은 1980년대 이래 지속된 이념적 마르크스주의가 겉으로 드러난 결과로, 정통주의와 탈마르크스주의가 동전의 양면을 이룬다고 볼 수 있는 근거를 여기서 찾을 수 있다. 그것은 사상의 차원으로 심화되지 못한 '대학 마르크스주의'의 귀결이었다.

이제 한국의 사회과학계는 근대화 이론과 마르크스 이론으로 대표되던 분단 기간 양대 지성사의 한 시기를 마무리했다. 같은 차원에서 비교하기는 어렵지만 이 이론들은 모두 외세에 종속된 상태에서 자신의 것보다 외국의 것을 먼저 배워야 했던 한국 사회 및 한국 지식인의 고충을 보여준다. 지금까지 사회과학도의 일차적인 관심은 우리 현실이 아니라 서구의 유행 여부 혹은 이론의 선진성 여부였다. 국내에서 연구를 수행한 마르크스주의 이론가들도 예외는 아니었다. 이들의 주장이 아무리 새롭고 선진적인 이론의 인용에 기초한다고 하더라도, 그것들은 여전히 역사의 표층을 맴돌고 있으며, 통일 문제나 민족 문제처럼 한국 사회를 뒤흔드는 근본적인 문제가 제기되면 먼지처럼 날아갈 정도로 취약한 기반 위에 있다.

'지금의 시점에서' 경험적 현실 및 역사와 대화하지 않는 이념주의는 더 이상 설 자리가 없을 것이다. 그리고 구조주의적 독해의 방법을 완전히 전도시켜야 할 시점이라고 본다. 즉 마르크스 이론이라는 광맥에서 광석을 채집할 것이 아니라 연구실 밖에 흩어져 있는 광석과 씨름하며 그 속에서 광맥을 찾아내야 한다. 물론 이론 없이 경험적 지식만을 추구하는 것은 1980년대 이론 논쟁의 성과를 뒤로 돌리는 것이다. 그러나 '지금의 특정한 국면에서는' 내실 있는 연구의 축적이 더욱 강조되어야 한다. 모든 창조적이고 생산적인 것은 구체적인 것에 충실할 때 가능하다고 한다면, 우리의 조건에서 역사와 경험적 현실을 더욱 강조해도 될 것이다. 철학적 탐구와 경험적 연구의 역할 분담, 이론과 실천의 적절한 역할 분담과 매개고리 설정을 통해서 훈련되고 비판적 안목을 지닌 지식인이 되는 것이 우리가 추구해야 할 목표다.

II

1990

1991

1992

1993

1994   **1996**

1995   **1997**

2001

1998   2002   2005

1999   2003   2006

2000   2004   2007

2008   2015

              2011   2013   2016

2009

              2012   2014

2010   2017

1994

/

세계화와 한국의 민족주의

세계화와 민족주의 문제

근대화가 시작된 최근 200~300년 동안 인간의 삶의 조건을 규제해온 국민국가의 틀을 넘어서는 초국가적 제도와 질서가 구축되면서 더 이상 국가와 민족을 중심으로 변화된 세계 질서를 바라볼 수 없다는 사고가 지배하고 있다. 로버트 라이히Robert Reich가 지적한 것처럼 "우리는 누구인가"라는 자기정체성에 관한 의문이 제기되고 이중적 정체성dual identity이 논의되는 지금, 국가 또는 민족의 성원 내에 동일한 이해 기반이 존재할 가능성은 그 어느 때보다 약화되고 있다. 그러나 다른 한편에서는 강압적인 중앙권력과 이념에 의해 억제되었던 민족분리주의, 인종주의가 급작스럽게 부활하고 있다. 소련의 붕괴로 말미암아 강제로 연방에 편입되었던 동유럽 민족들의 분리·독립의 기운이 일어나고, 이들 간의 분쟁이 계속되고 있다.

한반도에서 민족, 국가, 민족주의 문제는 이 두 유형의 어느 쪽에도 포함되기 어려운 복잡한 성격을 띤다. 왜냐하면 냉전체제의 붕괴로 한

김영삼 정부는 '국제화' 또는 '세계화'라는 어젠다를 소리 높여 외치기 시작했다.

편으로는 독일과 마찬가지로 1945년 무렵에 이루지 못한 근대적 민족주의, 민족 형성의 과제가 부활하면서 민족국가의 수립이 본격화될 국면에 놓이게 되었는가 하면, 다른 한편으로 이미 남한 자본주의의 발전 수준과 남한 자본의 능력이 전통적인 민족국가와 민족경제의 기반이 되기에는 지나칠 정도로 세계화되었기 때문이다. 즉 한반도의 분단체제가 오래 지속되면서 민족국가의 형성이라는 근대적 프로젝트가 민족국가의 이중적 약화라는 새로운 세계 질서 속에서 논의되지 않을 수 없는 국면을 맞은 것이다. 현재 한국에서 세계화의 걸림돌로 과도한 민족주의가 비판받는가 하면, 냉전 질서가 붕괴되었는데도 통일을 이루지 못하는 현실, 즉 민족주의의 결여에 대해 저항하는 행동이 동시에 나타나는 것도 한국 민족 문제의 이러한 복잡성을 보여준다. 실로 한국의 민족 문제는 근대적 과제와 근대 이후의 과제가 공존하는 현대 세계 역사의 희귀한 예라 하지 않을 수 없다. 그렇다면 세계화의 질서 속에서 한반도에서의 민족국가 형성이라는 프로젝트와 그 이데올로기로서의 민족주의는 어떠한 기반과 성격을 가지고 있으며, 또 현재 한국 정부와 기업이 소리 높여 외치는 세계화 전략과 민족주의가 어떠한 관계에 있는지 살펴볼 필요가 있다.

한국 근현대사와 민족주의

개항 이후 한국의 국가 형성 운동과 민족주의는 국제 정치질서 및 경제 질서로부터 자유로운 적이 없었다고 해도 과언이 아니다. 그러나 세계체제에 편입되기 이전 단계의 조선은 "문화적 전통, 언어·혈연·정치적 공동 운명에 있어서 세계사상 희귀한 단일민족"이었고, 오랜 세월 중앙집권적 통치를 경험했기 때문에 강력한 민족국가와 민족주의가 형성될 수 있었다. 개항 이후 100년 이상 우리는 근대적 민족국가를 형성하기 위해 줄기차게 노력했음에도, 주변 강대국의 영향과 국내 정치 세력의 분열로 민족국가를 형성하지 못했다. 민족주의 혹은 민족국가 형성의 측면에서 볼 때, 한국 근현대사를 세 단계로 구분할 수 있다고 본다.

첫째, 민족의 생존을 폭력적으로 제약해온 열강과 일본 제국주의의 침략에 맞서 민족국가 형성을 시도한 시기다. 이 시기의 민족주의는 기본적으로 저항적 성격을 지녔으며, 반침략·반봉건의 과제를 안고 있었다.

둘째, 일제가 물러가고 국민국가의 형성이 가시화되었으나 미국과 소련을 축으로 하는 냉전 질서의 고착으로 남한과 북한이 분단되어 '민족 없는 국민국가'nation-state without nation가 수립된 시기다. 이 시기의 과제는 남북 간 대립의 극복과 민족 통일이었다.

셋째, 통일된 민족국가가 수립되지는 않았지만 분단을 강제하는 국제적 조건이 사라지고, 민족 통일이 민족 내부의 문제로 집약되는 1980년대 말 이후부터 현재에 이르는 시기다. 이 시기에는 남한 내 계급 분화와 자본의 세계화가 현저히 진척되어, 민족국가의 형성이 새로운 차원에서 논의되었다.

첫째 단계에서 일제를 물리치고 국제적으로 인정받는 민족국가를 새롭게 건설하는 과제가 있었다면, 둘째·셋째 단계에서는 민족국가가 아닌 분단국가가 수립됨으로써 민족국가 형성이 분단국가 형성의 해소·약화라는 과제를 거쳐서만 가능하게 되었다. 한편 첫째·둘째 단계와 셋째 단계 사이에 구획이 생긴 것은 분단국가인 남한에서 공업화와 사회 분화가 진척되고 자본주의 세계 경제질서에 본격적으로 편입됨으로써, '민족국가 형성=부르주아 주도의 전통적 민족국가' 모델이 설정되기 어려워졌기 때문이다. 즉 민족국가의 형성은 역사적 과제이지만 동시에 세계사적 변화 속에서 진행될 수밖에 없게 되었다. 한국 역사 발전의 시계와 세계체제의 시간이 불일치함으로써, 한국은 전통적 민족국가를 수립하기도 전에 국가에 대한 새로운 시각이 요구되는 시점에 놓인 것이다.

나는 첫째 단계가 고착되는 구한말·한일강제병합기와, 둘째 단계가 고착되는 해방 후 8년간이 한국의 민족주의 및 민족국가 형성에서 '유형 설정 시기'였다고 본다. 유형 설정 시기란 이후 역사 발전의 전환점이 되는 시기로서, 강대국의 한반도에 대한 규정력이 작용하기는 했지만 상대적으로 세계체제 내에서 우리 내부의 역량과 대응의 폭이 비교적 넓었던 시기라는 의미다. 특히 구한말에서 일제강점기로 이행하던 시기는 특정 강대국의 이해관계가 결정적으로 개입하기 전이라는 점에서 이후 100년간의 근대사를 틀 짓는 가장 중요한 유형 설정기였으며, 해방 후 8년(1945~1953)의 기간은 민족주체 역량의 개입 폭이 이보다 훨씬 좁았다고 판단된다.

세계 질서 속에서 약소국이 민족국가를 수립한다는 것은 곧 침략주의에 대한 저항과 내부의 근대적 개혁이라는 양면적인 과제를 수행한다는 것을 의미하고, 국가 건설은 대외적 독립의 문제이자 대내적인 시민·국민의 형성을 의미한다. 이러한 조건에서 민족국가를 형성하기 위해서는 ①물리력을 기초로 침략 세력에 저항·투쟁해야 하고, ②강대국의 힘의 균형과 힘의 공백을 활용하는 정치전략이 필요하다. 또 대내적 민족(국민)의 형성을 위해서는 ③반봉건 민주주의 개혁과 ④근대적 제도와 문화의 도입이 동시에 요구된다. 이 중에서도 ①, ③은 약육강식의 국제 질서 속에서 민족의 힘을 바탕으로 독립을 유지하는 실질적인 초석이 될 것이다.

19세기 말에서 20세기 초에 이르는 전환기나 해방 후 8년의 전환기에 우리 민족은 대외적 독립을 추구하는 세력과 대내적 민주개혁과 국민 형성을 추진하는 세력이 불일치했다. 이것이 민족국가 형성의 실패로 이어졌다. 대체로 위정척사파에서 상하이 임시정부로 연결되는 반외세 민족주의를 굳게 견지했던 세력은 그들의 계급적 한계 때문이기도 하지만 대체로 국제 정세에 어둡고 복고적 성향이 있었기 때문에 국내의 민족역량을 동원해낼 수 없었다. 국내의 개혁을 적극적으로 추진한 동학 농민군이나 일제하의 사회주의 운동 역시 국제정치적 시야를 결여하고 있었으며, 민족역량의 동원에서도 한계를 보였다. 외교적 노선과 근대화에 비중을 둔 개화파, 민족개량주의자들은 독립 의지가 있었지만 특정 강대국에 의존하는 행태를 보였고, 급기야 제국주의 침략을 용인하기에 이르렀다.

분단에 이르는 과정에서 한국 민족주의가 실패한 것은 주관적인 민족의식의 부족 때문이 아니라, 민족적 역량 동원의 실패(지도 세력 내의 통합 실패, 민중에 대한 적대시 등이 포함된다)와 반외세·반봉건 세력의 국제정치적 감각과 내부 정치역량의 결여에 기인한다. 결국 남한에서의 분단국가는 더 이상 민족주의 진영에 서지 않고 외세에 의존한 세력을 중심으로 만들어진다. 이러한 역사적 경험은 민족주의의 견지와 민족 이익의 확보가 반드시 일치하지는 않는다는 것을 보여준다. 이것은 한반도가 처한 국제정치적 위상이나 힘의 논리, 자본주의의 논리가 한국인들의 민족 보존의 의지를 넘어서는 영역임을 의미한다. 즉 민족국가의 수립과 민족 이익의 확보는 민족주의의 강도에 좌우되는 것이 아니라 그것을 현실화할 수 있는 역량의 문제인 것이다.

분단, 국가 숭배와 민족주의 억압의 기제

분단은 미·소를 양극으로 하는 세계 정치체제의 한국적 실현 형태다. 남한과 북한은 이 두 '제국'의 첨병이었다. 분단국가의 수립은 곧 민족주의의 좌절을 의미한다. 그리고 분단국가가 냉전적 세계 정치체제의 산물이라는 것은, 국가의 행동이 민족의 이익이 아닌 냉전적 이데올로기, 즉 체제 대결의 논리에 따라 움직였다는 것을 의미한다. 따라서 논리적으로 볼 때 분단국가는 민족의 이익보다 서로 민족의 대표자임을 자처하는 남북 양측의 국가의 이익을 우선한다.

남·북한 국가 간 대결은 미국 대 소련 혹은 체제가 다른 인접 국가 간의 적대적 대결과는 양상이 다르다. 한반도의 분단은 부분적으로는 일제강점기의 민족운동 노선 대결의 연장선에 있으며, 따라서 양 분단국가는 스스로 민족공동체의 정통 혹은 국제체제(유엔)의 인정을 받는 민족국가임을 자임하면서 상대를 '민족의 대표자', 즉 민족국가로 인정하

1989년 제13차 세계청년학생축전에 참석하기 위해 방북했던 전대협의 임수경이 8월 15일 문규현 신부와 함께 판문점 남측 지역으로 내려오고 있다. ⓒ민주화운동기념사업회

지 않으려 하기 때문이다. 양 국가가 호전성과 적대성을 가지는 것도 같은 민족임에도 '불구하고'가 아니라 매우 동질적인 민족이기 '때문'이다. 지난 분단의 역사는 남·북한이 상대를 점차 국가로 인정해온 역사이지만, 여전히 상대를 민족의 한 '배신적' 구성원으로 간주하는 행동을 하면서 서로 불신을 증폭시켜왔다.

　　남·북한의 역사는 모두 민족주의의 언술을 사용하면서도 실제로는 국가주의의 원칙하에 민족주의를 억제해온 역사였다. 북한은 일제강점기의 저항적·배제적 민족주의를 견지했으나, 그것은 내부의 단결을 위한 통치 이데올로기의 성격을 지녔다. 남한의 경우 박정희 정권은 집권 초기에 민족적 민주주의의 논리를 표방했으나 실제 외교정책이나 국내 통치에서는 민족주의를 억제했다. 최상위의 지배 논리는 국가 질서 유지이며, 국가 질서 유지에 반하는 '민족주의=통일, 민족 자주성'은 부정되었다. 남·북한이 국가 질서의 유지를 우선하면서도 민족주의를 중요시한 예외적 사례가 있다. 바로 1970년대의 남북회담이다. 이 경우 남·북한 최고권력자 모두 각각 미국과 소련을 불신하게 되었으며, 민족적 자존심의 훼손을 느끼고 있었다. 그러나 남·북한이 곧 더 엄격한 국가주의를 고착시키는 방향으로 나아간 것은 분단체제가 국가 질서를 정당화하는 명분으로 작용했음을 보여준다.

국기, 애국가, 국화, 국민교육, 국민징병제, 예비군제도 등으로 표상되는 국가에 의한 체계적 동원은 파시즘하의 독일이나 일본 이상으로 철저하게 진행되었으며, 남한의 한민족은 남한 국민으로 철저하게 사회화되었다. 칼 폴라니Karl Polanyi가 주장했듯이 영국의 자유주의와 시장경제가 독일에서 파시즘으로 귀결되었다면, 프랑스의 자유·평등의 시민권이라는 근대 국가의 이념은 20세기 후반기에 들어서 가공할 만한 국가 숭배로 남·북한에 정착했다. 한반도에서 국가성은 민족성에 우선했으며, 남한 국민은 같은 민족으로서 북한 사람을 대하지 않고 적국의 백성으로 대했다. 남한 국민은 북한이 궁지에 몰리는 것을 기뻐하고 미국 등의 자유진영이 북한을 혼내주어도 환영한다는 정서에 길들여졌다.

여기서 주목할 점이 있다. 분단국가는 기본적으로 냉전체제의 산물인데 냉전 질서가 점진적으로 와해되고 있음에도, 스스로 생명력을 지니게 되었다는 점이다. 1960년대 후반 이후 세계 냉전 질서의 와해, 세계 질서의 다극화와 국익 중심주의의 발전에도 불구하고, 한반도에서는 오히려 체제 대결적 분단국가가 더욱더 완성되어가고 있었다. '남·북한 분단국가의 완성=민족 분단의 고착화'는 제국주의 세력의 의도 혹은 세계체제의 강요가 아니라, 분단된 국가의 자기논리, 남한에서의 자본주의적 공업화와 부르주아 계급의 성장이라는 내적인 발전 논리에서 기인했다. 이 과정에서 남·북한 간 경제력의 격차가 역전되었다. 과거에는 북한이 '이념'으로 민족의 대표자임을 주장하고 남한이 수세적인 입장이었으나, 이제는 남한이 '경제력'으로 민족의 대표자임을 자부하고 있다. 북한은 '민족'으로 자부하면서 남한과의 통일을 추구하기는커녕 반쪽 국가의 틀을 유지하는 데 만족해야 하는 수세적 입장이 되었다.

전환기의 한국 민족주의

1980년대 말, 1990년대 초 소련과 동유럽 사회주의의 붕괴와 냉전체제의 와해는 한반도에서 체제 대결의 논리 대신에 민족주의 논리를 부활시키는 분기점이 되었다. 냉전 질서의 붕괴는 남·북한으로 하여금 국가논리 대신에 민족의 논리가 우선할 수 있는 객관적인 조건을 조성했다. 미국과 소련이 더 이상 민족주의의 억제력으로 작용하지 않게 되면서 민족 형성은 상당 부분 남·북한 당사자의 의지에 달린 문제로 바뀌었다. 이러한 변화는 미국에 대한 전통적인 의존 논리의 전환을 요구하며, 그동안 한국과 적대관계를 유지해왔던 중국, 러시아 등과 전혀 새로운 각도에서 관계를 설정할 필요성을 제기했다. 한편 경제의 세계화와 세계각 지역에서의 지역경제 통합 경향의 강화에 따라 시장 논리가 중요시되면서 이념에 의한 국가 간의 적대는 시대착오적인 것이 되었다. 세계는 새로운 질서에 편승하기 위한 내적인 정비를 서두를 것을 요청하고 있다. 한국에게 이러한 변화는 곧 대미의존적 외교 노선의 탈피, 체제 대결을 전제로 한 군사비 지출의 억제, 국가정체성 강화를 위해 마련된 각종 교육 내용의 개정, 냉전적 법률과 사회제도의 개혁, 민족의 통일을 대비한 경제정책과 사회정책의 수행, 국토 재구조화 계획 구축 등을 의미한다. 이 모든 조치는 '통일=민족국가 형성'의 기반 조성이라는 목표 아래 추진될 수 있을 것이다.

그러나 한반도에서 민족주의를 자극하는 외적 조건은 남한 내의 내적 조건을 통해서만 현실화될 수 있고 구체적인 모습으로 나타나게 될 것이다. 여기서 내적 조건은 고착화된 분단국가의 존재 및 분단국 내에서의 사회 분화와 계급·계층의 분화라고 할 수 있다. 즉 분단된 국민국가가 그 성원들에게 충분한 물질적·정서적 만족감을 제공해준다면, 국가를 버리면서 '민족'을 추구하는 민족주의자는 입지가 좁아질 수밖에 없으며, '민족 일반'을 강조하는 통일운동은 낭만적인 생각으로 치부될 것이다. 남한 국가 형성과 자본주의 발전에 따른 국민적 동질성의 강화 및 내부의 특권, 준특권계층의 성장은 남한 내 민족주의의 기반을 점진적으로 약화시켰으며, 통일 민족국가를 지향하는 정치적 민족주의를 경제적 재생산 과정에 기반을 두지 않는 학생과 지식인의 전유물로 만들었다.

국민 교육수준의 향상, 공업화에 의한 농촌공동체의 해체, 도시화와 소비문화, 대중매체의 발달은 정서적 민족주의의 기반을 약화시키는 요인으로 작용했다. 그리고 내부의 심각한 계급 분화는 민족적 공동 운명체성은 물론 국가 내의 공동 운명체성, 시민적 동질성마저 회의하지 않을 수 없게 만들었다. 대자본은 이제 자신을 길러준 국가를 거추장스럽게 여기게 되었고, 국민·국가·민족이 성장에 걸림돌이 되지 않기를 바란다. 중간층은 자신이 가진 약간의 기득권을 전면적으로 재편할지도 모르는 민족 통일보다는 국가 질서의 유지에 점점 더 집착하게 되었다. 노동자, 농민도 민족이 세계화된 경제질서 속에서 점점 불리해지는 자신의 입지를 구원해줄 것이라는 전망을 보지 못한다면 민족을 '추상적 공동체'로 간주할 가능성이 높다. '민족 일반'이 아닌 '어떤 민족국가'인가가 중요해진 것이다. 민족주의는 과거에는 남한의 권위주의 정권을 공격하는 진보의 논리로 작용했으나, 이제는 세계화를 가로막는 보수적이고 퇴행적인 논리로 비판을 받게 되었다. 만약 남한의 국민이 모두 안정된 생활을 누리고 있어서 통일이 곧 생활조건의 하락을 의미한다면, '민족주의=통일'의 동력은 오로지 이들의 정서에 남아 있는 관념적 요소에만 의지하게 될 것이다. 자본주의 발전에 따른 수혜자가 증가하면서 대다수 남한 국민은 이해관계의 측면에서만 보자면, 생활수준의 하락을 수반하는 통일에 대해 부정적인 태도를 취할 가능성이 높다. 따라서 남한 정부가 민족주의 노선을 내세우지 않는다고 해서 비판하지도 않을 것이다. 우리는 독일의 통일이 서독과 동독 국민의 민족주의에 대한 열망으로 이루어졌다기보다는 동독의 붕괴로 인해 이루어졌음을 상기할 필요가 있다.

여기서 당위적인 차원에서가 아니라 현실적인 차원에서 의문이 제기된다. 통일, 민족국가의 형성이 바람직한가. 바람직하다면 어떤 의미에서 바람직한가. 그렇게 시급하게 통일을 달성해야 하는가, 남한 국민은 희생을 각오하고서라도 통일을 지지해야 하는가. 냉전 질서의 와해가 민족주의의 공간을 확대시키기는 했지만, 그것의 구체적인 내용에 대한 합의의 부재로 '통일=민족국가'의 수립이라는 논의는 요원하다. 새로운 민족국가의 모델을 추구하지 않을 수 없는 것이다. 현재의 세계 질서는 한국의 민족 문제가 해결될 수 있는 조건적인 상황과 내용을 규정하고, 민족국가의 형식은 한국의 역사적 조건에 의해 규정된다. 즉 한국의 민족국가는 한국 역사 발전의 요구에 의해 촉진될 수 있지만, 19세기 유럽의 민족국가나 1945년 이후 신생독립국과 같은 내용이 될 수 없다. 통일된 민족국가는 배타적 주권과 단일한 시장권을 가진 국가가 되지 않을 것이다. 이미 한국은 세계 경제질서에 깊이 편입되어 있고, 한국 내의 사회관계도 세계 경제질서로부터 자유로울 수 없기 때문이다. 지방화·분권화 추세는 시민생활에 대한 중앙권력의 독점을 제한할 것이며, 민주주의는 국가 차원에서 논의되기보다는 지방 차원에서 주로 거론될 것이다. 서로 다른 체제에서 오랜 기간 살아온 남·북한 국민은 민족이라는 추상개념 속에서 하나의 공동체를 이루는 과정에 상당한 진통을 겪지 않을 수 없을 것이다.

세계화와 한국 민족주의의 진로

이제 세계시장으로부터 숨을 공간이 없는 질서 속에서 방어적·폐쇄적 자국 중심주의는 설 자리가 없다. 김구의 민족주의 노선, 북한의 주체사상 노선은 한국인에게 정서적 만족감을 줄 수 있을지 몰라도, 과거나 현재의 국제 정치·경제질서 속에서 한국의 위치를 생각해보면, 성공하기 어려운 대안이었다. 이 점에서 최근의 세계화 논자들이 주장하는 한국인의 지나친 폐쇄성과 과도한 자국 중심주의는 일반적 진실이 있다. 북한이 보여주는바 '강한 자존심이 밑바탕에 깔려 있는 민족주의'는 외세로부터 수많은 침략과 설움을 당하면서 민족적 자존심의 훼손을 뼈아프게 자각했던 우리 선각자들의 자화상이자, 사고의 잔재다. 이러한 민족주의는 내적인 단결을 위해 필요할지는 몰라도 지나친 자국 중심주의와 배타성을 가져올 수 있고, 내적으로는 비민주적인 행태를 정당화할 위험이 있다. 단군릉 발굴에 대한 북한의 대대적인 선전은 북한 민족주의의 정치적 의미와 기능의 실체를 보여주는 사례다.

그렇다고 해도 세계화와 민족주의 일반이 서로 대립하는 것은 아니다. 우리에게 결여된 것은 '정치적 민족주의=민족국가'의 수립 의지이며, 정치적 민족주의의 결여가 오히려 자국 중심주의, 민족적 폐쇄성의 정서를 조장했다고 볼 수 있다. 이념을 바탕으로 한 체제 대립으로 국민을 몰아감으로써 우리는 타민족과 타인종의 문제에 공감하며 그 해결을 위해 함께 노력하고 세계 정세의 변화를 똑바로 보고 이해할 수 있는 기회를 놓쳤으며, 또 그럴 필요를 느끼지도 않았다. 세계화의 걸림돌로 지목되는 자국 중심주의는 사실상 민족의 분단과 민족주의의 결여라는 현실에서 강화된 것이다. 구한말의 지식인들이 중국 중심의 세계관에서 벗어나지 못한 채 일본과 서구에 대한 극도의 배타성에 사로잡혀 그들의 침략 의도를 파악하지 못한 것처럼, 한국인들은 미국에 대한 절대적 의존과 북한에 대한 적대감 속에서 세계의 변화하는 모습을 제대로 파악하지 못하고 있다. 우리의 현실은 민족주의가 과잉되었던 것이 아니라 전진적이고 개방적인 민족주의가 결여된 것이었다.

현재 한국의 국가 목표로까지 승격되어 논의되는 세계화는 일제강점기 전후의 문명개화론, 1950년대의 근대화론의 연장선에 있는 것으로 보인다. 과거의 문명개화론, 근대화론과 마찬가지로 세계화는 민족의 발전을 도모하기 위한 전략임에 틀림없다. 문명개화론과 근대화론이 후진 국가로서의 정체성에서 나온 것이라면, 현재의 세계화론은 좀 더 진취적인 측면이 있다. 세계 경제 내에서 한국의 위상이 그만큼 높아진 것이다. 그러나 세계화론은 문명개화론이나 근대화론과 닮은 점이 있다. 첫째 서구 선진국의 표준을 추종하는 것이 곧 민족의 발전으로 간주된다는 점, 둘째 보편주의적 정서에 경도되면서 실제로는 특정 외세에 의존하는 경향을 띤다는 점, 셋째 민중의 역량을 동원하기보다는 민중을 배제하면서 엘리트의 자각에 비중을 두고 있다는 점 등이다. 문명개화론이나 근대화론의 과오를 되풀이하지 않으려면 세계화를 추진하는 동시에 민중적 에너지를 바탕으로 전진적·개방적 민족주의를 확고히 견지해야 한다.

따라서 우리는 말 그대로 '국제적 표준'global standard에 맞추면서 실질적으로 민족의 이익을 도모하고 범세계화의 문제에 대처할 수 있는 세계화 노선과 개방적·전진적 민족주의 노선을 함께 견지해야 할 것이다. 한국의 입장에서 국제적 표준에 맞추는 노력은 탈냉전시대의 국제적 표준—그것은 곧 한반도에서의 국가주의 극복과 민족주의 강화를 의미한다—을 거치지 않을 수 없다. 민족 우선의 노선은 북한과의 적극적인 대화 노력, 국내의 냉전적 사회관계의 청산, 대미의존 외교 노선의 탈피와 주변 4대 강대국과의 적극적이고 실리적인 균형외교의 추구로 표출되어야 할 것이다.

　그리고 또 다른 국제적 표준은 한국 내부의 개혁과 민주화다. 만약 민주화를 철저히 진행하지 않은 상태에서 자본의 경쟁력 강화에만 치중할 경우, '복지 없는 시장주의'를 더욱 강화하여 내부의 불평등과 사회갈등이 심화될 것이고, 통일은커녕 선진국가로 진입할 수 있는 역량 구축에도 실패할 가능성이 크다. 내부의 개혁과 민주주의 훈련이 결여될 경우 한국의 기업가들은 동료 국민과 다른 민족의 삶, 환경의 문제를 무시한 채 무한대의 이윤추구에만 몰두할 가능성이 크고, 외국인 노동자들에 대한 비인간적 대우를 반복하여 국제적으로 한국의 위신을 추락시킬 것이다. 민주주의 훈련을 받지 못한 한국의 졸부들과 중간층은 지금 중국에서 한국인들이 벌이고 있는 행태—가난한 사람에 대한 무시—를 반복할 가능성이 큰데, 이들은 북한 사람들을 2등 민족으로 취급하거나 무시하여 결국 민족 내부의 갈등과 적대감을 증폭함으로써 통일 비용을 높일 것이다.

　기업 경쟁력 강화를 축으로 하는 세계화 노선이 일정한 성공을 거둔다면 민족국가 형성의 토대 구축에 상당히 기여하겠지만, 정치적 민족주의와 내부의 민주화, 사회개혁이 뒷받침되지 않을 경우 민족국가를 형성하는 데 들어가는 비용은 오히려 기업의 능력을 훨씬 넘어설 것이다. 구한말과 해방정국의 역사적 과오를 되풀이하지 않기 위해서는 이 점을 깊이 고려하고 논의해야 할 것이지만, 현재의 세계화 추진 세력이 구한말 개화파나 분단국가 주도 세력과 마찬가지로 국가 형성의 기반인 민족주의, 민주주의 노선을 추진해본 경험이 일천하다는 점에서 세계화의 앞날은 여전히 불투명하다.

1995

/

남·북한 사회의 이질성과 동질성

남·북한 사회의 다름을 이해하는 일

지난 50년간의 한국 역사는 곧 남·북한 분단의 역사다. 냉전체제 붕괴 후 독일이 통일된 것과 달리 한국은 아직 초보적인 남북교류조차 전면적으로 전개하지 못하고 있다. 이는 남·북한 정부의 적대관계가 지속되고 있기 때문이기도 하지만, 그 내면에는 양 체제의 현격한 이질성이 도사리고 있다는 것을 부인할 수 없다. 만약 민족의 통일이 궁극적으로 남·북한의 정치·경제·사회적 통합을 통해 더 발전된 사회체제를 건설하는 것을 의미한다면, 통일은 곧 지난 50여 년 동안 서로 다른 경제체제와 법과 제도 속에서 발전해온 남·북한 간의 이질성 극복을 수반하는 새로운 사회의 건설을 의미한다. 따라서 남·북한이 서로 얼마나 다른가를 파악하는 것은 민족공동체의 형성을 향한 교류, 통합, 통일의 도정에 어떠한 난관이 가로막고 있는가를 파악하는 작업이 될 것이다. 그리고 남·북한의 사회질서 혹은 사회를 움직이는 논리가 지난 50년 동안 얼마나 달라졌는가를 살펴보는 것은 다가올 21세기에 지혜롭게 대처할 수 있는 민족적 역량을 구축하고 통일국가의 비전을 설정하는 데 있어서 매우 시급한 작업이다.

독일 통일 이후 한때 정부 당국이나 민간 차원에서 통일의 경제적 비용을 계산하는 것이 유행이었다. 그러나 동·서독 통일 과정과 통일 이후에 계속되는 진통을 지켜보면, 통일의 경제적 비용보다 더 중요한 것은 보이지 않는 사회적 비용이다. 왜냐하면 경제적 비용은 어느 정도 계산할 수 있지만, 사회적 비용은 계산하기가 어렵고 더욱더 치명적일 것이기 때문이다. 경제통합과 사회통합의 괴리는 양 체제의 결합 과정에서 쉽게 적응하지 못하는 수많은 사람들의 좌절, 도피, 범죄, 정서적 혼란, 가족 파괴 등을 수반할 것이기 때문이며, 이러한 사회적 손실은 오랜 기간 통합을 지향해온 사회에 짐이 되고 그 건강성을 위협할 것이기 때문이다.

독일의 경험에서 보았듯이 자본주의 경제제도가 구舊사회주의 지역으로 확대·이식되는 것이 불가피하다고 하더라도, 제도의 이식은 '인간'에 대한 고려 없이는 이루어지지 못할 것이다. 즉 한반도 통일 도정에 문제가 되는 것은 바로 서로 다른 체제에서 살아온 양 국민이 얼마나 같은 국민 혹은 민족으로서의 정체성을 가질 수 있느냐다. 특히 어느 한쪽이 자신의 사회체제의 논리를 그대로 상대편에게 이식하려 할 때, 치러야 할 대가는 더욱 클 수밖에 없다.

이 글은 이러한 문제의식에 입각하여 남·북한 사회를 움직이는 기본 논리를 비교하는 데 초점을 둔다. 특히 남한에 살고 있는 우리로서는 북한 사회를 제대로 이해하고 우리와 비교하는 데 어려움을 느낄 수밖에 없다. 그러나 우리의 잣대를 가지고 일방적으로 북한을 보는 태도를 지양하고, 남·북한 사회를 더 과학적으로 비교하고, 양자의 이질성을 추론한다면 좀 더 유의미한 결과를 얻을 수 있을 것이다.

남·북한 사회의 지배 논리

사회질서의 기본 논리를 구성하는 가장 결정적인 요소는 경제체제다. 북한은 사회주의적 계획경제를, 남한은 자본주의적 시장경제를 채택하고 있다. 이 점에서 양자는 여타 사회주의 혹은 자본주의 국가들과 동일한 사회 운영 원리를 견지하고 있다.

북한 사회는 소련식 사회주의 국가가 그러하듯이 근본적으로 스탈린주의를 기본 논리로 삼고 있다. 스탈린주의 사회의 기본 특징은 당과 최고권력자가 모든 현실 해석과 지식을 독점하면서, 위로부터 각종 이념, 계획, 방향, 목표를 설정하면 일사불란하게 사회가 운영되는 관리사회administered society라는 것이다. 당이 사회의 요구를 집약하고, 국가와 당이 일치됨으로써 '사회'가 완전히 '국가화'된다. 따라서 사회 운영의 기본 논리는 국가의 논리에 의해 움직인다. 결국 스탈린적 '현존 사회주의'는 마르크스가 생각했던 것처럼 순수한 공동체적 요소(이념형 사회주의)에 기초하기보다는 오히려 관료적 통제를 기본 요소로 삼는다. 그러나 이러한 위계적 통제체제는 사회주의 이전의 잔재, 즉 시장적 요소를 완전히 불식시키지 못하고 있으며, 자본주의적 개인주의를 극복하려 하기 때문에 공식적으로는 공동체적 요소를 강조한다.

결국 북한 사회를 이끌어가는 기본 논리는 성원 '개인'의 분산된 경쟁을 극도로 억제하고, 자발적인 연대와 '사私'에 대한 '공公'의 우선을 강조하는 종적인 통제라고 볼 수 있다. 북한은 세계 자본주의 질서에 포위되어 있으며, 게다가 남한 및 남한에 주둔하는 미군과 군사적으로 대치하고 있다는 외적인 위협의 현실을 사회 운영 원리로 내면화했다. 이것은 사회의 군사화를 가져왔으며 국민들에게 강한 전투성과 헌신성 그리고 일사불란한 행동과 전체에 대한 복종을 요구했다. 헌법에 명시된 것처럼 북한은 인민의 이익을 대표하는 자주적인 사회주의 국가다. 그러나 내외에 '적대분자'들이 존재하므로 노동자, 농민 주도의 프롤레타리아 '독재'가 실시된다는 것이다. 이 집단주의 논리 속에서 국가 혹은 전체와 일체화되지 않는 개인은 존립의 정당성을 갖지 못할뿐더러 개인이나 특정 분파적인 집단의 형성 자체가 금지된다.

사회주의적 집단주의는 권유되거나 자발적으로 확립되는 것이 아니라 다분히 강요되는 것이고, 그것을 어기는 사람은 심각한 통제를 받는다는 점에서 명령적이고 권위적인 성격을 지닌다. 이것은 스탈린주의적 지배체제의 전형적인 모습이다. 집단주의는 성원에 대한 감시와 통제, 연좌제, 정치범 수용소와 공개처형 등을 동반했다. 북한에 연좌제와 신체형 제도가 존재한다는 것은 북한의 통제방식이 매우 전근대적이고 보복적인 성격을 지니고 있음을 말해준다. 정치범 수용소와 신체형의 존재는 미셸 푸코Michel Foucault를 원용하자면, 북한의 공공질서가 실제로는 '민'에 대한 감시 체계이자 병영의 원리에 따라 움직인다는 의미다.

남한은 다른 '현존 자본주의 국가'가 그러하듯이 시장경제와 선거를 통한 정치권력의 교체를 사회질서 유지의 근간으로 삼기 때문에 형식적으로는 자유민주주의 원리를 도입하고 있다. 모든 사람은 자유롭게 직업을 선택할 수 있으며, 자유롭게 기업을 설립할 수 있다. 시장에서의 계약관계나 정치사회에서의 이익 표현은 이익집단이나 정당을 통해 가능하며, 그것이 위로부터의 강압이나 명령에 의해 일방적으로 억제되지 않는다. 그러나 다른 현존 자본주의 국가에서 시장에 대한 국가의 개입이 보편적이고, 공동체적 사회관계의 잔존물이 시장질서와 일정하게 결합되어 있듯이 남한 역시 순수한 시장 모델이 사회질서의 기본 논리를 구성하고 있지는 않다. 우선 경제 성장 과정에서 국가는 취약한 민간자본 축적의 기반을 조성하는 역할을 해왔을 뿐만 아니라 경제 성장의 조종자 역할을 해왔다. 경제 성장의 견인차가 된 대기업을 육성하고, 그들이 자금을 확보하고 시장을 개척하고 기술을 개발하는 데 국가는 후원자 또는 보조자가 아니라 사실상 주관자로서 개입해왔다. 기업과 개인들 간의 자유로운 경쟁의 논리가 국가에 의해 크게 왜곡되었던 것이다.

남한의 시장질서는 출발부터 전근대적 가족주의 논리와 강하게 결합되었다. 전통적인 가족주의, 연고주의, 지역주의 등 전근대적 유대감을 바탕으로 한 공동체적 요소는 엘리트 형성, 기업의 소유구조, 직장에서의 승진, 사회적인 기회구조를 크게 좌우하고 있다. 그러나 국가와 공동체 논리에 의한 시장 왜곡이 곧 경쟁을 바탕으로 하는 시장질서가 근본적으로 억제되고 있음을 의미하지는 않는다.

남·북한 모두 사회질서의 기본 논리는 구 '현존 사회주의', '현존 자본주의'에 입각해 있다. 자본주의 세계체제가 현존 사회주의를 국가사회주의, 명령체제로 만들었듯이 북한 역시 사회 논리가 국가의 논리에 의해 식민화되었으며, 기존의 자본주의 국가 역시 시장 모델에 대한 국가 개입이 다양한 방식으로 이루어졌듯이 남한의 시장질서는 국가 논리, 공동체 논리와 결합되어 있다.

자본주의와 사회주의 질서의 남·북한식 변형

북한과 남한이 다른 '현존 사회주의' 국가 혹은 '현존 자본주의' 국가의 발전 경로와 상이한 점은, 북한에서 사회주의의 완전 승리가 곧 '우리식 사회주의'라는 민족적 사회주의의 형태로 나타나게 되었으며, 남한에서는 공업화와 시장질서의 발전이 경쟁적인 정치질서를 가져온 것이 아니라 고도로 억압적이고 권위주의적인 정치체제를 가져왔다는 것이다. 따라서 남·북한 각 사회의 공식적인 논리는 다른 자본주의 혹은 사회주의 국가와 기본적인 내용을 공유하면서도 상당히 차별적인 요소들을 포함하고 있다.

남·북한의 분단과 상호 적대관계는 위르겐 하버마스Jürgen Habermas가 말한 내적인 축적 위기와는 다른, 그 자체가 이미 '외생적인 위기' 상황이고, 남·북한은 모두 외적 위기에 대처하는 일종의 안보국가, 전쟁국가라고 볼 수 있다. 그러나 1960년대 말 1970년대 초의 국내외적인 위기는 그런 만성적 위기를 더욱더 노골적인 형태로 드러나게 했다. 그것은 자본주의 세계체제 내에서 북한이라는 고립된 섬의 '생존'을 압박하는 힘으로 작용했으며, 남한은 북한의 군사화와 호전적 태도를 '생존'의 절대적 위협으로 받아들인다. 이것이 겉으로는 남·북한의 상호 적대와 호전적인 분위기로 나타났다. 그러한 위기를 받아들이는 남·북한 측의 체제 내적인 성격은 그 이후 양자의 경로를—현상적으로는 유사하지만—서로 다른 방향으로 나아가게 만들었다.

분단체제의 남·북한은 내부의 경제적 위기와 정치적 위기를 국가 바깥으로 돌릴 수 있는 조건을 갖지 못했을뿐더러, 위기 극복과 갈등 해소를 위한 전략 선택의 폭이 대단히 협소한 조건이다. 따라서 위기는 사회개혁과 엘리트의 교체를 통해서가 아니라 안토니오 그람시Antonio Gramsci가 말하는 엘리트 주도의 '수동적인 혁명'과 물질적인 유인을 통해서 미봉적으로 해결할 수밖에 없다. 남한에서는 더욱더 경직되고 억압적인 정치체제와 대기업 주도의 중화학공업화 및 경제 개방과 자유화 등을 통한 시장경제 논리의 강화로 나타났다. 그 결과 1972년 이후 남한은 정치적으로는 대단히 억압적이고 권위적인 사회가 구축되었지만, 경제 성장의 과실은 대기업뿐만 아니라 중간층이나 노동자계층에게도 부분적으로 돌아갈 수 있었다.

북한의 경우는 다르다. 사회주의 계획경제가 초기 단계의 활력을 상실하고, 1960년대 전쟁 위기에 대처하기 위해 군사비를 과도하게 지출한 결과 북한의 경제는 1970년을 전후하여 점차 침체상태에 빠져들었다. 이러한 침체는 자본주의 국가와 달리 소외계층의 반발로 나타나지 않고, 권력층 내부의 다툼 정도로 현상화된다. 이 경우 사회주의 국가가 대처했던 전통적인 방식은 시장경제와 시장적 유인체계의 도입이다. 그러나 시장경제의 도입은 상당한 위험부담을 안고 있을뿐더러 북한과 같은 조건에서는 체제 위기를 불러올 수 있는 위험한 대안이었다. 따라서 사회주의 경제의 위기와 대외적 위기에 대처하는 북한의 방식은 현실을 바꾸는 것이 아니라 이데올로기를 변형하는 것이었다. 북한이 당과 김일성의 권력을 더욱 강화하고, 이데올로기를 강화한 것은 위기에 대처하기 위한 전략적인 선택이었다. 1970년대 이후 북한 통치 이데올로기의 변화는 결국 밖으로부터의 '생존의 위협'과 안으로부터의 '공업화의 위기'에 대한 북한식 대응이었던 것이다.

이러한 시도가 1972년의 헌법 및 이후 일련의 사회질서 원리의 변화과정에도 나타난다. 여기서는 "주체사상을 자기활동의 지도적 지침으로 삼는다"(제2조)라고 명시함으로써 마르크스-레닌주의 지도 이념과의 차별성을 강조했으며, 국가주석제를 도입하여 국가주석에게 국가원수의 지위와 함께 국가권력의 실질적인 중심으로 그 위상을 부여했다(제89조~제99조).

집단주의, 군사주의, 민족주의, 대중주의, 유교적 권위주의를 각각의 지도 이념이 강조하는 공식 규범이라고 본다면, 그러한 규범은 '주체형의 공산주의자의 품성'으로 집약·통일되며, 주체형의 공산주의자는 '수령에 대한 충성'으로 집중적으로 표현되어야 한다. 따라서 문제가 상충하는 일이 발생할 경우, 그가 수령의 명령에 절대적으로 복종하는가를 가장 중요하게 따진다. 즉 스탈린주의적인 집단주의와 민족주의, 군사주의는 유교적 권위주의로 발전하고 있으며, 가치 중심적인 사회질서는 종교적 형태로 변화되고 있다. 김일성주의는 현존 사회주의 논리가 지닌 종교적(이상주의적). 권위주의적 성격이 가장 극단적인 형태로 발전한 것이다.

국가를 하나의 거대한 전근대사회의 가족적 상징으로 개념화했다는 점에서 북한의 지배질서는 다른 사회주의 국가와도 구별된다. 김일성 부자에 대한 충성과 효도, 혁명적 동지애, 의리 등 동양적인 도덕률이 하나의 체계를 이루고 있다. 북한 역시 과거의 소련처럼 어느 정도는 강요된 공동체임에 틀림없으나, 사회를 이끌어나가는 질서가 가족과 같은 절대적인 충성과 헌신, 완전한 일체감과 운명 공동체성, '아버지'에 대한 절대적 권위 부여 등을 강조한다는 특징이 있다. 그것이 과거 유교질서와 다른 점은 아버지, 스승, 왕, 연장자로 분할되었던 권위가 이제는 국가와 최고통치자에게 집중되며, 가공할 만한 '국가 숭배'의 형태로 나타나고 있다는 점이다. 국민의 의사는 국가, 즉 '아버지'인 최고통치자의 의사를 통해 대표된다.

북한이 초기에 스탈린주의적인 국가사회주의 체제를 거의 그대로 받아들였던 것처럼, 남한 역시 초기에는 5·16쿠데타 이후에 비해 서구식의 자유민주주의적 사회질서가 더 강조되었다. 어떤 의미에서 1950년대의 한국은 형식상의 헌법, 정치적 절차 등에서 보자면 '사회 발전 수준을 오히려 앞지를 정도로' 자유민주주의의 이상에 근접해 있었다. 그러나 5·16쿠데타를 기점으로 1972년의 유신헌법과 1980년의 제5공화국 헌법에서 국가 질서를 위해 개인의 자유와 권리를 유보할 수 있다는 조항이 확대되면서 국가주의적인 요소가 더욱 강화되었다. 이후 이는 1984년 제5공화국 시기의 유화 국면과 1987년 6·29선언 이후 점차 약화되었다. 즉 공식적인 논리만으로 볼 때 북한 사회는 직선형의 변화 과정을 보이는 데 비해 남한은 곡선형의 변화 과정을 보여준다.

북한과 달리 남한에서는 지배 논리의 변화가 헌법 조문에 뚜렷하게 나타나지 않는다. 1948년 이후 한국의 헌법은 '자유민주적 기본질서'와 '재산권 보장'을 원칙으로 한다는 점을 명시함으로써, 개인의 자유와 시장경제 질서를 사회질서의 근간으로 삼는다고 밝히고 있다. 그러나 1948년의 헌법에서는 '질서 유지와 공공복리'를 위해서만 국민의 자유와 권리가 유보될 수 있다고 밝히고 있으나, 1972년 유신헌법 이후 '국가 안전 보장'을 위한 경우를 추가하면서 국가의 필요와 요구에 의해 개인의 자유가 축소될 수 있음을 밝혔다. 국가 통제적 측면을 강화한 것이다. 노동자의 단결권에 있어서도 1972년부터 1987년까지 적용된 헌법 조항과 그 전후의 헌법 조항은 의미 있는 차이를 보여준다. 1948년의 헌법은 '사기업에서의 근로자의 이익균점권'(제16조)과 더불어 단체행동 제약에 대해 언급하지 않았으나, 1972년 헌법은 단체행동권이 제한되는 근로자의 범위를 더욱 확대했다가 1987년 헌법에서는 약간 축소한다.

남한의 지배질서 논리는 자유주의와 개인주의를 근간으로 삼고 있으나, 1972년 헌법에서 국가 통제적이고 집단주의적인 성격을 강화했으며, 1987년 이후 국가 통제적 요소가 완화되면서 민주주의적 요소를 강화했다. 헌법을 통해 보면 1972년에서 1987년 사이에 국가주의 지배 논리가 강력하게 실시되었다는 사실을 알 수 있다.

1972년 남한의 유신헌법과 유신통치, 북한의 사회주의 헌법과 '우리식 사회주의' 건설 노선에서 양자는 외양적으로는 가장 근접한 형태를 보여준다. 이 시기 공식적인 사회질서 논리는 국가 통제를 가부장적 공동체 논리와 결합한 것이다. 남한의 경우 여전히 시장 경쟁에 기초하고 있기 때문에 정치시장에서의 경쟁(대통령 직접선거)을 제한했다고 하더라도 그것이 국민의 모든 일상사를 통제하는 전체주의적 체제를 의미하지는 않았다. 1980년대에 북한은 이러한 질서의 논리가 '온 사회의 주체사 상화', '사회정치적 생명체론'으로 더욱 확대·강화·변형되는 데 비해, 남 한의 경우 1984년을 기점으로 점차 개방화·자유화로 나아간다는 점에 서도 차별적이다. 1980년대 이후 남한은 전근대적 충효 논리나 국가 명 령주의 대신에 시장 논리가 더 확대·전면화되었다면, 1980년대 이후 북 한은 역으로 공식적으로는 공동체적 가족주의를 오히려 강화하는 현상 이 발생했다. 공식 논리의 측면에서 1980년대 이후 남·북한의 이질화는 주로 남한의 자본주의화, 계층 분화 및 민주화 등에 의해 전면화되었다 고 볼 수 있다. 이것은 사회주의 질서는 변화의 폭이 크지 않을뿐더러 북 한이 아직 전면적인 개방을 실시하고 있지 않다는 점을 고려하면 당연 한 귀결이다.

남·북한은 어떤 인간형을 요구하는가

북한은 유교적·기독교적 가치관을 철저하게 파괴한 뒤에, 그 자리에 오 직 하나의 도덕률, 즉 사회주의적 집단주의를 정착시켰다. 1972년 헌법 이후 북한이 강조하는 '주체형의 공산주의'적 품성을 가진 인간형은 수 령에 대한 충성, 사회와 동료에 대한 인정·의리·헌신, 미제국주의에 대 한 적개심을 가진 인간형이다. 초기 북한이 공식적으로 요구하는 인간형 은 타인과 집단에 봉사하고 타인 혹은 집단과 대립하거나 이해를 앞세우 는 인간이 아닌, 집단을 위한 활동으로서 노동을 자유롭고 영광스러운 일로 받아들이는 전형적인 공동체 모델의 '새로운 인간'이었다. 그러다가 사회주의 체제가 확립되고 명령주의적인 요소가 강조되면서 집단주의적 인 인간형 중에서도 명령과 권위에 복종하는 인간형이 더욱 강조되기에 이른다.

'사회정치적 생명체론'은 모든 구성원을 하나의 통일체로 만든다는 정치적 청사진이라기보다는 거대한 확대가족의 한 구성원으로서 모든 노동자들이 공동 운명체성을 자각하여 '가족'을 위해 헌신하고 봉사하며, 윗사람(아버지)에게 복종할 것을 요구하는 지도체계, 거대한 사회교육체계이다. 여기서 국가는 최고 교육자로서 개인적 이해에 대한 관심을 질타하면서 국가 성원들에게 하나의 일관된 가치를 일사불란하게 내면화하도록 끊임없이 주입한다. 따라서 사회정치적 생명체론은 사회구성원을 실질적으로 동일한 조건에서 살도록 하고, 동일한 운명 공동체성을 가지도록 유도한다.

북한에서는 의리, 성실, 정직, 예절, 복종 등의 동양적 도덕성을 강조한다. 북한 사람들이 일상생활에서 취하는 태도는 동유럽권 사회주의 국가의 집단주의보다 의리와 인정을 중요시하고 '공'을 위해 '사'를 양보하는 한국식의 유교적 인간형에 더 가깝다고 볼 수 있다. 그리고 정서적인 유대관계를 중요시한다는 점에서 한국의 전통적인 인정주의를 강하게 견지하고 있으며, 이것은 연고주의로 연결되기도 한다.

북한 주민의 이러한 행동양식에 대한 평가는 이중적이다. 노예 같은 습성이라고 혹평하는가 하면, 비타산적이고 헌신적인 인간다운 품성이라며 긍정적으로 보기도 한다. 결국 이러한 노예적 습성과 비타산적·집단주의적 품성이 공존한다고 보는 편이 타당할 것이다. 그들은 권위 혹은 전체를 '민족'의 '적'에 대한 방어를 상징하는 중심으로 생각하고 있어서, 권위에 대항하기보다는 권위를 자신의 일부로 여긴다.

한편 남한에서는 공식적으로는 합리적이고 민주적인 인간형을 강조하고, 부수적으로는 국가의 이념에 충실한 인간형을 요구했지만, 사회적으로 요구되는 인간형은 북한의 경우처럼 획일적이지 않고 다차원적으로 착종되어 있다. 대체로 자본주의적 시장 논리를 충실히 따르고, 국가 혹은 정치질서에 순응하는 시장지향적 권위주의를 지닌 인간형이 장려되었다. 급속한 자본주의적 공업화로 인해, 가족과 국가를 위해 헌신적으로 일하면서 개인의 현세적 이익을 앞세우기보다는 가족과 국가의 미래를 위해 일하는 인간형이 장려되었다. 집단적 가치를 중요시하고 '사적 이익'에 집착하는 인간을 부정적으로 본다는 점에서 북한과 비슷하지만, 실질적으로는 목표 달성을 위해 수단과 방법을 가리지 않는 이기적인 인간형이 암암리에 장려되어온 측면도 있다.

인간형의 내면화

특정한 인간형이 사회적으로 강조되고 교육된다는 것과, 실제 사람들이 그러한 질서의 논리를 윤리로 내면화하는 것은 별개의 문제다. 특히 북한에서는 "백두산족이나 아부꾼이 아니면 출세하지 못한다"는 말이 떠도는 것처럼 이타적이고 집단주의적인 행동을 수행한다고 하더라도 충분한 보상을 받지 못할 경우, 주민들은 '은폐된 저항'의 형태로 지배 논리를 거부할 것이다. 남한에서는 아무리 능력이 중요하다고 하더라도 요즘 일부 대학생들이 생각하는 것처럼 출세하는 데 연줄이 가장 중요하다고 여기고 있다면, 사람들은 합리적인 경쟁에 의존하려고 하지 않을 것이다. 그것은 결국 공식적인 논리와 현실 간의 괴리, 지배질서가 개인의 요구를 충족시킬 수 없는 현실의 모순에서 기인한다.

집단에 대한 헌신보다는 개인의 편안함을 추구하는 경향은 자연스러운 일이며, 이미 북한에서도 과거부터 이런 태도가 상당히 문제가 되었다. 김일성은 "노동규율이 해이해지고 매우 문란해지고 있다", "일부

근로자들이 일을 열성껏 하지 않으며 또한 힘든 일을 하지 않고 헐한 일만 하려는 현상이 나타나고 있다"라고 경고했던 것은 집단주의의 이완 현상이 존재함을 암시한다.

북한 내부에서 집단주의 내면화의 정도 차이는 인텔리와 노동자 간에, 그리고 세대 간에 가장 뚜렷하게 나타날 것으로 추정된다. 특히 중요한 것은 학생, 지식인, 관료층과 생산계층 간의 차이이다. 농민과 노동자는 오히려 이러한 가치를 더 깊숙이 내면화할 가능성이 높고, 현실을 지적으로 판단하고 합리적으로 계산하는 기술관료, 지식인, 학생들은 더 개인주의적인 태도를 취할 가능성이 있다. 북한에서는 인텔리를 '사상교양이 요구되는 계층'이라고 규정하고 있는데, 이 규정이야말로 바로 인텔리층이 지배질서의 변경에 있음을 말해준다.

남한에서 대다수의 사람들은 집단적 가치나 공동체 의식보다는 시장에서의 물질적 보상과 개인적 성공을 가장 중요한 행동 준거로 삼는다. 이들은 금전적 보상을 받기 위해 일하는 전형적인 '이익사회'의 인간이다. 실제로 시장지향성은 가족질서의 중심성을 강조하고 인정하는 태도 및 국가와 정치적 권위를 중요시하는 태도와 결합되어 있다. 그러나 1980년대 이후 자본주의 시장질서의 확대 발전과 도시화에 따른 농촌공동체 유대의 약화, 고학력화와 소득 향상 등으로 말미암아 국가, 직장, 권위 등 집단적인 것보다는 개인을 중요시하는 태도가 점차 확산되고 있다. 1960~1970년대의 경제 성장 과정에서 빈곤 탈피를 위해 일과 직장 그리고 공동체적 질서에 헌신했던 사람들이 이제 자본주의 시장질서가 뿌리내림에 따라 더 현실주의적이고 개인주의적인 시장지향성을 갖게 된 것이다.

그럼에도 남한은 여전히 더 선진자본주의 국가와는 다른 몇 가지 특징을 갖고 있다. 우선 남한의 생산직 노동자들이 페르디난트 퇴니에스

Ferdinand Tönnies가 이익사회의 전형적인 인간형으로 언급한 철저한 '상인적 속성'을 지닌 인간은 아니라는 점이다. 물론 이들도 자본주의적 계약관계가 정착하고 시장질서가 뿌리내리면서 노동을 대하는 태도에서 점차 도구주의적 성향을 보이고는 있다. 그러나 아직 선진자본주의 국가에 비해서는 훨씬 덜 시장지향적이고 덜 개인 중심적이다. 남한 노동자들의 노동 동기는 여느 자본주의 국가의 노동자들과 마찬가지로 국가 혹은 집단에 대한 봉사가 아닌 개인적인 물질적 보상이겠지만, 일 자체에 큰 의미를 부여하며 동료들과의 인간관계를 중시하는 경향이 있다.

한편으로 서구 자본주의 사회와 달리 남한 사람들은 가족을 매우 중요시하며, 개인의 요구보다 가족의 요구를 더 우선시하는 경향이 있다. 남한과 일본의 청년 의식을 비교해보아도, 남한의 청년들이 일본의 청년들에 비해 여전히 가족과 국가에 대해 훨씬 강한 귀속의식을 가지고 있으며, 가족을 위해 더 많은 시간을 할애해야 한다고 생각한다. 가족은 남한 청년들에게 가장 중요한 생활의 단위이며, 개인을 중심으로 하는 삶의 방식은 시장 모델이 더 깊이 뿌리내린 선진자본주의 국가에 비해 훨씬 낮은 수준에 있다. 남한 사람들이 견지하는 출세지향성, 시장지향성은 경제시장과 정치시장에서의 개인적 성공 이전에 가족의 성공을 의미한다. 한국의 재벌구조와 족벌경영체제, 사회 곳곳에 만연한 연고주의와 지역주의는 자유로운 경쟁과 계약이 여러 가지 위험을 안고 있는 조건에서 행위자들이 선택한 '한국식 합리성'이었다고 볼 수 있다. 그것은 시장지향성과 가족 중심성이 결합된 남한 자본주의의 독특한 행동 방식이자 문화이다.

북한의 시장지향적이고 개인주의적인 그룹, 즉 '은폐된 저항' 그룹과 남한의 새로운 세대의 지향은 공동체의 논리와 국가의 논리로부터 벗어나려 한다는 공통점이 있다. 남·북한의 '핵심'층에 비해 이들 양자 간의 거리는 그다지 멀지 않다. 따라서 북한이 개방될 경우 이들은 가장 쉽게 의사소통이 가능한 층이 될 것이다. 특히 북한에서 사회주의적 사회화 과정에 물이 덜 든 20대 이하의 젊은 세대와 독일의 경험에서 나타났듯이 경제 엘리트는 시장 논리에 더 쉽게 적응할 것이다. 노동자들의 경우 일부 사람들은 현재 중국의 자영업자나 노동자들이 그러하듯이 '돈을 줘야 일을 하는' 적나라한 시장지향적 행동을 보일 가능성이 있다. 결국 북한의 새로운 세대와 '제2차 경제'와 접촉하는 층은 여건의 변화에 따라 '민주주의 의식과 권리의식 없는 적나라한 시장지향성'을 보일 가능성이 높고, 남한 신세대의 다수도 공동체를 고려하지 않을 뿐만 아니라 합리주의적인 균형감각을 잃고 시장지향성에 기울어질 가능성이 있다.

현재 조건에서 이들 세대의 동질성이 크다고 하더라도 이들이 곧 남·북한 사회통합의 주도 세력이 된다는 보장은 없다. 공동체 논리, 국가 논리의 부정 및 시장 논리에 대한 추종이 남·북한 통합의 사회문화적 기초를 형성하는 도덕적 내용을 지닌다고 보기 어렵기 때문이다.

남·북한에게 '민족'은 무엇인가

남·북한 관계가 과거의 동·서독과 가장 다른 점은 '사회주의적 민족론'을 정식화한 동독과 달리 북한은 자신들의 사회주의를 민족해방운동의 연장선에서 보면서 국가 운영을 완결된 것으로 보지 않고 '민족'이라는 이상의 중간항으로 본다는 점이다. 그것은 북한의 정치질서나 사회관계가 바로 민족해방의 이상과 목적을 향해 조직화되고 있다는 것을 의미한다. 반면 남한은 과거 서독이 유럽 혹은 서방진영의 일부로서 정체성을 구축해나갔던 것처럼, 통일 그 자체를 지상과제로 설정하기보다는 자국의 발전과 미국 및 일본과의 관계에 더 관심을 기울이는 경향이 있었다.

북한의 '주체' 논리는 남·북한의 분단과 미국을 맹주로 삼는 자본주의 세계체제의 위협에 대항한다는 의미를 지니지만, 소련과 중국 사이에서 자주적인 노선을 걷는다는 의미를 동시에 포함한다. 따라서 단순한 반자본주의적 민족해방운동 노선에 국한되지 않고 중국에 대한 정치문화적 의존을 상징하는 과거의 사대 논리에 대한 안티테제로서의 의미를 지닌다. 즉 주체는 반자본주의적 민족주의를 넘어서 조선이 지정학적 위치 때문에 감내해야 했던 중국, 일본, 미국 등의 열강에 예속되었던 역사에 대한 전면적인 부정과 극복을 함축한다. 따라서 주체 논리의 뿌리는 식민지 경험과 조선의 오랜 역사로 거슬러 올라간다. 조선이 외세의 틈에 끼여 당해왔던 민족적 자존심의 훼손이 주체 논리라는 극단적이고 엄격한 민족주의 논리로 '저항', '부활'하고 있는 셈이다. 주체 논리는 지배 이데올로기 이전에 북한 '인민'들에게 역사적·정신사적 기반으로서 정당화되고 있다.

북한이 그토록 강조하는 민족적 자존심과 정체성의 기반은 혈연적 요소와 문화적 전통 등 종족적인 측면을 일차적인 민족 개념으로 정의하고 있기 때문에, 거대가족super family으로서의 의미를 지니고 있으며, 성원에게 주는 정서적인 효과와 동질의식은 서구의 민족 개념과는 비교할 수 없이 강렬하다. 이러한 민족 개념은 내적으로는 강한 결속력을, 외적으로는 배타성과 폐쇄성을 보일 가능성을 배태하고 있다.

북한에게 '민족'은 반외세, 민족해방, 민족자주 등의 정치적 의미를 포함하고 있으나, 남한의 경우 '민족'이라는 말에는 정치적 의미가 거의 없으며 '민족문화와 민족적 동질성'과 같은 맥락의 문화적 의미가 내포되어 있다. 그런데 이러한 민족문화는 근대화, 자본주의 시장 논리와 길항관계가 될 수 있기 때문에, 남한에서 민족은 사회질서 기본 논리의 요소가 되지 않는다. 특히 남한에서는 반공 이데올로기의 지형에서 '정치적인' 민족의 논리가 탄압을 받았다. 이 경우 민족은 오로지 이상으로만 존재하고 현실적으로는 억제되거나 무시된다.

북한에서 민족은 공식적인 이데올로기이고 국가의 존립 근거다. 민족은 북한에 '혁명전통'으로서 체제의 정당성과 명분을 부여해주는 상징이다. 즉 북한 주민에게 민족적 정체성과 국가의 정체성은 연결된다. 그러나 민족의 상징과 관련하여 별로 내세울 것이 없는 남한 지배층에게는 과거의 경험과 업적보다 현재의 성과와 미래의 희망이 사회질서의 정당성을 부여해주는 기반이 된다. 과거를 정당성의 자원으로 삼는 북한의 지배층과, 현재의 성공을 정당화의 자원으로 삼는 남한 지배층에게 '민족'의 의미는 다를 수밖에 없다. 따라서 북한 주민이 일상생활과 사회화 과정에서 견지하게 되는 민족적 정체성과, 남한 주민이 갖는 민족적 정체성도 다를 것이다. 민족보다는 경제적 성공에 더 관심이 많다는 점에서 서독과 남한은 비슷하지만, 통일을 곧 '민족해방'으로 이해하는 북한은 '사회주의적 민족론'를 주창했던 과거의 동독과 크게 다르다.

남한 군부정권의 몰락과 남북 대화와 협력적 분위기의 진전, 냉전체제 붕괴 등으로 남한에서 정치적 민족주의는 활력을 띠게 되었다. 반공주의에 기초한 북한에 대한 혐오감이 사라진 공간에서는 같은 민족이라는 동질감이 확대되었다. 그러나 남한에서 전통적 사회관계의 영향을 덜 받을 뿐만 아니라 경제 성장의 과실을 누리고 있는 20대 이하의 신세대에게 '문화적' 차원에서의 민족적 정체성은 갈수록 희박해질 것이고, 베네딕트 앤더슨Benedict Anderson이 말하는 것처럼 민족은 점점 더 '상상의 공동체'가 될 가능성이 높다. 정도의 차이는 있겠지만 북한의 젊은이들도 마찬가지일 것이다. 그들에게도 '민족'의 상징은 체험된 것이 아니라 학습된 것이기 때문이다.

서로를 비추는 거울로서의 남·북한

사회질서 논리의 측면에서 볼 때 북한은 스탈린식 국가사회주의의 한 유형으로 파악할 수 있으나, 구체적인 작동 논리를 보면 가족주의 요소와 와다 하루키和田春樹가 말하는 유격대적 요소의 결합체로 이해할 수 있다. 즉 북한의 지배 논리는 사회주의적 집산주의와 국가 통제 논리에 의해 움직인다는 점에서 스탈린주의적 국가사회주의의 성격을 띤다. 한편 세계체제의 위협과 압력, 국내의 역사·문화적 조건, 남·북한의 대치상황 등 국가를 위협하는 압력에 맞서서 과거 항일유격대 시절에 적용되었던 논리를 차용하여 사회질서의 규칙과 자원으로 삼았으며, 전통사회의 가부장적 논리를 사회주의적 집단주의와 결합했다. 그것은 북한 사회의 기본적인 질서가 국가사회주의적 명령주의에 기초하면서도 항일무장투쟁의 경험을 바탕으로 하는 '반제국주의' 민족해방투쟁의 필요성에 근거하고 있고, 전통적 가부장제와 가족주의를 활용하고 있다는 것을 의미한다. 이러한 유격대적 요소와 가족주의적 요소 때문에 집산주의와 명령주의에 의해 움직이던 다른 사회주의 국가가 붕괴했음에도 불구하고 북한이 현재까지 건재하다고 볼 수 있다 .

일찍이 찰머스 존슨Chalmers Johnson은 1968년 체코 사태 이후 사회주의 국가들 사이의 차별성이 현저해지고 있다는 점을 주목했다. 그는 사회주의 국가 간의 차별성이 뚜렷해지는 요인으로 경제 발전 수준, 정치문화의 특성, 권력 장악 방식을 꼽는다. 북한은 정치문화적으로 유교적 가부장제(공동체 논리)의 전통을 갖고 있으며, 권력 장악 과정에서 스탈린식 국가사회주의를 이식하고 민족해방운동의 연장으로서 사회주의 국가를 건설했기 때문에 민족사회주의 유형 중에서도 중국과 더불어 유교적 민족주의의 하위 유형에 속한다. 또 남한과 분단된 상태에서 국가 존립의 정당성을 민족해방에서 찾고 있다는 점에서 스스로 지칭하는바 '주체형 사회주의' 국가다. 그것의 특징은 시장 논리를 극도로 축소하고, 공동체 논리와 국가 논리를 극대화한 사회체제라는 것이다.

　남한의 경우는 북한과 대척점에 있다. 남한은 시장에 대한 장애물과 위협요소를 시장의 합리성으로 극복해나간 것이 아니라 국가권력을 동원하여 강압적으로 제거했으며, 국민을 시장에 철저히 복종하도록 하면서 정치적인 문제에 관심을 두지 않게 만들었다. 여기서 공동체 논리가 시장 논리와 결합하면서 가족주의와 연고주의가 비합리적인 시장질서에 굳건한 뿌리를 내리게 되었다. 따라서 한국의 자본주의는 경쟁원리를 존중하는 자유주의적 자본주의나 국가가 시장 논리에 개입하는 복지자본주의, 기업에서는 공동체의 논리를 작동시키는 일본식 자본주의와도 다른 시장 전제주의market despotism가 국가주의 및 가족주의와 결합한 권위적 자본주의의 한 유형이다.

　북한이 스탈린식 명령주의와 집단주의를 극단화했다면, 남한은 시장 논리를 극대화하고 공동체와 연대의 요소를 극소화했다. 북한은 동유럽 사회주의 국가들이 1960년대 사회주의 경제의 위기를 시장경제 도입으로 해결하려다가 결국 붕괴의 길로 이른 것과는 전혀 다른 경로를 걸었다. 같은 시기 남한에서는 사회운동이 성장하면서 점차 시장 논리에 대한 비판이 제기되었다. 북한이 국민을 시장에 의존하지 않도록 하면서 그 질서를 유지하기 위해 철저한 감시와 통제, 인신적인 처벌을 실시하는 데 비해, 남한에서는 국가가 시장질서에 깊숙이 개입하면서 국가안보의 이름으로 개인의 행동을 통제해오다가, 공업화와 사회 발전으로 인한 국민의 권리의식 향상으로 점차 개인의 자유와 권리를 확대해왔다는 특징이 있다.

　남·북한 사회는 고유한 사회 내적인 논리보다 국제정치·경제 조건의 규정 속에서 발전해왔다. 칼 폴라니가 영국의 자유주의 경제질서가 어떻게 독일에서는 파시즘으로 귀결되었는가를 국제 정치·경제질서의 맥락에서 잘 설명했듯이, 남한의 자본주의 질서와 북한의 사회주의 질서는 바로 범세계적인 차원에서의 냉전 질서와 군사적 대결, 미국 주도의 자본주의 질서와 시장지향적인 공업화 및 그것에 대한 반정립으로서의 폐쇄적이고 자립적인 공업화 노선의 귀결로서 설명될 수 있다. 남·북한은 세계 질서의 규정을 받으면서 서로가 서로를 강력하게 규정하고 있는 것이다.

남·북한 사회에서 공통적으로 나타나는 현상은 '사회질서의 국가질서화', '사회와 국가의 완전한 일치' 현상이다. 북한에서는 작업장에서의 게으름과 노동규율 위반이 국가규율과 법을 어기는 범죄행위가 되며, 남한에서는 노동조합의 쟁의활동이 국가 질서를 위반하는 행위가 된다. 북한 주민의 기본적인 행동양식이 집단주의/강한 복종주의로 짝을 이룬다면, 남한은 시장주의/약한 복종주의로 결합되어 있다.

한국의 사회관계는 기본적으로 종적인 인간관계다. 남·북한 사람들 대다수는 여전히 "안정을 위해 정치적 관여를 기피하고 사태 추이에 민감하게 외관상의 적응"을 한다는 점에서는 공통적이다. 이들은 권력에 대한 두려움과 공포를 갖고 있어서 초보적인 권익이 침해되더라도 쉽사리 대항하지 못한다. 이 점에서 북한 주민만이 신민臣民적 인성을 지닌 것은 아니며, 정도의 차이는 있지만 남한의 기성층 그리고 일본을 비롯한 동아시아 여러 나라의 국민 역시 이와 유사한 상황에 처해 있다. 이러한 권위에 대한 복종과 민주주의 의식의 결여는 일차적으로는 '사'적인 것을 억제하고 '개인'을 앞세우는 것을 꺼리는 유교문화의 영향에 기인한다고 볼 수 있지만, 정치적으로 냉전과 국가 위기를 핑계로 끊임없이 대중에게 복종을 강요해왔기 때문이라고 볼 수 있다. 북한에서는 물론 남한에서도 철저한 개인주의나 민주주의 지향을 가진 사람은 여전히 드물다.

북한은 남한의 거울이고, 남한은 북한의 거울이다. 남한 사회에 결여된 것이 극단적인 형태로 북한에서 나타나고, 북한 사회에 결여된 것이 극단적인 형태로 남한에서 나타난다. 사실상 북한은 남한 사회 속에 들어와 있고, 남한은 북한 사회 속에 들어가 있다. 남·북한을 별개의 사회로 보아서는 안 되는 이유가 여기에 있다. 북한을 제대로 볼 때 남한을 잘 볼 수 있고, 남한을 제대로 보아야 북한을 잘 볼 수 있는 것도 이 때문이다. 이러한 점을 고려하지 못한다면, 남·북한 사회질서의 진면목을 보기 어려울 것이다.

남·북한 사회를 특징짓는 중심적 개념은 '가족'이다. 공식, 비공식 차원에서 남·북한 사회를 지탱하는 강력한 요소는 여전히 유교적 가족주의이다. 북한에서는 그것이 '국가의 가족화'로 나타나며, 남한에서는 비공식적 사회관계를 관장하는 논리로 자리 잡고 있다. 북한이 유교적 정서와 가족주의를 국가의 지배 논리로 변화시켰다면, 남한은 공식관계 이면에서 공식관계를 유지, 재생산하기 위한 기제로 이를 활용하고 있다.

21세기 통일 한국의 미래는 어떤 사회질서 논리를 구축할 것인가. 현재로서는 남한 사회질서의 논리가 북한으로 확장되는 방향으로 통일이 이루어질 가능성이 높다. 남한의 취약한 시민사회 역량과 시장 논리, 북한 주민의 순응성이 아무런 매개 과정 없이 뒤섞일 경우, 시장주의와 권위주의가 결합한 최악의 '고삐 풀린 자본주의'를 가져올 가능성이 있다. 그렇게 된다면 독일의 통일에서처럼 남·북한 사람들 간의 동류의식은 실종되고, '승패 의식'이 만연하면서 대다수 북한 사람들은 통일 후 구동독인들처럼 정치적 소극성과 좌절감, 도피적 태도 등을 보일 것이다. 이는 결국 오랜 세월 민족의 통합을 저해하는 요소가 될 것이다. 특히 강한 민족적 자부심과 자존심을 가진 북한 기성층의 좌절감은 더욱 클 것이다.

따라서 남·북한에 공히 남아 있는 유교문화의 부정적 측면이 사회통합의 자원이 될 수는 없다. 종적인 사회관계와 취약한 권리의식, 복종의 문화는 그것이 남·북한에 공히 존재한다는 이유로 통합의 매개고리가 될 수는 없다. 남·북한이 공통적으로 지닌 가족주의, 인간 존중 등 공동체 논리의 긍정적인 측면을 어떻게 발전시키며, 그것을 어떻게 생명 존중, 민주주의와 참여의 확대 등 21세기적 가치와 결합할 것인가를 진지하게 탐색해야 한다. 남·북한 이질화의 극복은 우선 남·북한 사회의 발전적 개혁을 통해서만 가능할 것이다.

/

세계화 시대에 다시 생각하는 '진보'의 의미

변화의 아찔한 속도와 '진보'와 '보수'의 헷갈리는 의미

동·서독 장벽이 무너지고 동유럽 사회주의가 무너진 지 7년의 세월이 흘렀다. 짧은 시간이라고도 여겨질 수 있지만, 생각해보면 이 시간 동안 참으로 많은 일들이 일어났다. 그리고 그만큼의 변화가 있었다. 무엇보다도 역사의 종말이니 자본주의 문명의 전 세계적 제패니 하는 시장 문명을 찬양하는 목소리가 높아지고, 그것을 비판하거나 회의하면 시대의 추세를 따라가지 못하는 사람으로 치부되는 현실이 바로 그것이다.

오늘날 노동운동은 기업의 발목을 잡고 국가 경쟁력을 낮추는 구시대적 운동으로 비판받게 되었으며, 전 세계를 무대로 공장을 세우고 물건을 팔기 위해 동분서주하는 재벌 총수들은 국가의 미래를 짊어진 애국자 또는 국가 발전의 첨병으로 칭송되고 있다. 일간지들은 이제 인터넷을 모르면 시대에 뒤처지는 사람이라고 아침마다 우리를 '협박'한다. 신문의 광고 지면은 이 세계화 시대에 '영어를 능숙하게 구사하지 못하고서 어떻게 살아가려 하는가'라며 윽박지른다.

현기증을 느낄 정도로 세계의 진보를 우리는 체험하고 있다. 여행이라고는 신혼여행으로 제주도에 가본 것이 고작이던 가족이 사이판, 발리, 오스트레일리아, 뉴질랜드로 여행을 떠나게 되었고 수천만 원씩 들여 대학생 자녀를 미국에 1년씩 어학연수를 보낼 수 있게 되었다.

어디 그뿐인가. 뒷골목 자취방에서 한국 사회의 변혁을 고민하던 친구들 중 누구는 한 달에 수백만 원씩 버는 영어 과외교사가 되었고, 끝까지 한국을 떠나지 않을 것 같았던 누구는 미국의 유수 대학에서 학업에 정진하고 있다. 세계의 문은 넓어졌고, 넓어진 문을 자유롭게 출입하는 사람을 우리는 부러운 눈으로 쳐다본다. 나도 언젠가는 저렇게 되겠지 하면서 자꾸만 왜소하게 느껴지는 자신을 달랜다.

1980년대의 '진보'는 이제 '보수'가 되었다. 거꾸로 1980년대의 '보수'는 '진보'가 되었다. 오늘날 보수적이라는 말은 시장의 작동을 억제하는 낡아빠지고 비효율적인 관료기구, 국가 간섭주의, 복지 등의 개념과 함께 사용되기에 이르렀다. 과거의 진보와 보수가 하나로 합쳐져 우리를 혼란스럽게 한다. 저 '민족해방'의 전진기지라고 칭송되던 굳게 닫힌 '공화국' 북한을 방문하여 그 우두머리와 악수하면서 상호협력을 약속한 사람은 남한의 운동권 인사가 아니라 바로 보수의 상징인 기업의 총수였다. 나진, 선봉 경제특구를 드나들 수 있는 사람은 남한의 주사파 학생이 아니라 바로 기업인과 기술자들이다.

북미자유무역협정NAFTA 비준을 둘러싸고 극우 정치인들과 노동조합이 힘을 합쳤다. 미국의 극우 정치인 패트릭 뷰캐넌Patrick Buchanan이 미국의 국가 이익을 주장하고 공장 이전을 반대하는 연설을 하자 노동자들이 열렬하게 박수를 보냈다. 공장을 과감히 외국으로 이전하여 후진국의 값싼 임금을 활용해야 돈을 많이 벌 수 있는데, 그것을 반대하는 노동자들이야말로 보수가 아니고 무엇인가? 기술을 도입하고 경영 합리화를 해야 돈을 더 벌고, 기업이 돈을 벌어야 세금을 많이 내고 일자리도 만들 수 있는데, 그것을 반대하는 노조는 보수가 아니고 또 무엇인가? 공기업의 방만한 경영구조를 전면적으로 쇄신하기 위해서는 민영화가 불가피한데, 민영화를 반대하는 노동자들은 보수가 아니고 무엇인가?

다시 말하지만 어제의 진보는 오늘날 영락없는 보수가 되었다. 사회과학 서적 읽고 팸플릿 작성하느라 영어 배울 생각도, 또 그럴 여유도 없었던 어제의 진보적인 청년들은 지금 영어를 가장 못하는 보수적인 인사가 되었다. 오로지 민족 문제나 한국 사회의 변혁에만 관심을 기울이면서 젊은 시절 열정적으로 몸부림치던 사람은 세계 정세에 가장 눈이 어두운 우물 안의 개구리, 가장 보수적인 인사가 되었다. 인터넷 사용할 줄모르고 PC통신 사용하는 데도 불편을 느끼는 사람은 확실히 시대의 변화를 따라가지 못하는 보수적인 인사다.

미래를 개척하기 위해 토플 공부와 영어 회화에 열심인 젊은이들에게 청년의 사명, 대학의 의미, 사회 정의를 거론하면서 오늘의 세태를 한탄하는 1980년대 말 학번의 늙은 복학생 선배는 확실히 시대의 변화를 읽지 못하는 보수적인 사람이다. 이들은 매일 전 세계에서 쏟아져 들어오는 정보를 접하면서 기업의 생존과 자신의 발전을 결부시키는 일류 기업에 입사한 진보적 동료들 앞에서 낡고 뒤처진 자신을 발견한다.

'해방'을 몰아내고 '기술'이 차지한, 진보라는 자리

진보란 무엇인가? 말 그대로 앞서가는 것이다. 앞서간다는 것은 무엇인가? 우리의 삶과 생각이 더 발전적인 방향으로 나아가는 것이다.

1980년대의 진보가 왜 지금은 보수가 되었는가? 1980년대에 보수라고 생각했던 것이 왜 지금은 진보가 되었는가? 앞으로 가다가 갑자기 뒷걸음질쳤다는 말인가? 그것은 아닐 것이다. 그렇다면 무엇인가? 답은 오직 하나다. 진보의 개념이 바뀌었기 때문이다. 그렇다. 진보에는 이매뉴얼 월러스틴Immanuel Wallerstein이 말한 것처럼 두 종류가 있다. 하나는 '해방으로서의 진보'이고, 다른 하나는 '기술로서의 진보'다. 두 가지 모두 우리의 삶을 좋은 방향으로 인도한다.

굶어 죽어가는 사람에게 밥을 주는 것, 몸이 아파서 사경을 헤매는 사람에게 약과 의술로써 병을 낫게 해주는 것, 그것은 진보다. 기술은 인간을 가난, 고통, 질병, 죽음, 불편함으로부터 점차 벗어나게 해주었다. 1960년대 이전의 우리나라를 생각해보자. 얼마나 많은 아기들이 세상에 나오기도 전에 사라졌으며, 미처 철들기도 전에 몹쓸 병에 걸려 발을 동동 구르며 지켜보는 부모 앞에서 죽어갔는가? 그리고 얼마나 많은 사람들이 굶주림의 고통을 받았으며 또 지긋지긋한 배고픔을 이기지 못해 범죄, 무작정 상경, 비관자살을 택했는가?

기술은 생산력을 높여주었을 뿐 아니라 각종 운송·통신 수단을 발전시켜 거리의 장애를 극복하게 해주었고, 인간을 짓누르던 온갖 미신으로부터 해방시켜주었다. 그것은 분명 인간을 더 인간답게 만들어주는 데 기여했다. 그러나 기술로서의 진보가 반드시 인간을 신분적 차별, 인격적 모독, 계급 간의 격차, 사회적 소외와 배제로부터 해방시켜준 것은 아니었다.

자유와 평등은 기술로 가능해진 것이 아니라, 인간이 인간다운 자존심을 갖고서 살기 위한 투쟁으로 얻어진 것이다. 인간은 빵이 없으면 살 수 없지만, 빵만으로는 살 수 없다. 돼지의 행복, 노예의 행복은 인간이 누릴 만한 행복은 아니다. 인간은 하나의 독립된 인격체로서 대접받고, 원하는 일을 할 수 있으며, 이유 없이 처벌받거나 배척되지 않을 때 비로

소 인간다운 행복을 누릴 수 있다. 물론 배고픔과 질병은 인간을 인간답지 못하게 만드는 중요한 원인이다. 그러나 배고픔과 질병으로부터 해방되었다고 해서 인간이 인간적 자존을 회복하는 것은 아니다. 바로 이러한 점에서 진보의 다른 차원, 즉 해방으로서의 진보가 존재한다. 해방으로서의 진보는 프랑스 대혁명 이후 인간이 줄기차게 추구해온 바이며, 우리의 경우 조선조 말기 농민들의 저항에서부터 시작하여 지금까지 계속되어왔다.

기술로서의 진보와 해방으로서의 진보 모두 필요하다. 하지만 양자 어느 쪽도 일정하게 충족되지 않으면 인간은 진보의 성과를 누릴 수 없고, 한쪽이 충족되었다고 해서 곧 진보가 달성되었다고 말할 수는 없다. 생산력 발전과 물질적 풍요는 야만과 차별, 폭력을 수반할 수 있으며, 물질적 궁핍 속에서 누리는 인간으로서의 자존심 회복은 초라한 선물일 뿐이다. 인간다운 삶의 도정에서 차별과 억압은 죄악이지만, 배고픔 역시 죄악이다.

1980년대에서 1990년대로의 이행은 바로 진보 개념의 역전을 의미한다. 즉 해방으로서의 진보가 기술로서의 진보로 완전히 대체된 것이다. 이제 해방의 편린들은 모두 부정되고, 기술과 관련된 진보가 찬양된다. 오늘날의 혼란은 여기에서 기인한다.

'소수를 위한 진보'의 뒤편에 남겨진 것

오늘의 진보는 바로 기술의 진보, 그것을 통해 사람들이 경제적 혜택을 누릴 수 있다는 신화에 기초한다. 그러나 기술이 진보했다고 해서 모두가 기술 진보와 경쟁력 강화의 혜택을 누릴 수 있는 것은 아니다.

요즘 요란스럽게 들려오는 정보화의 문제와 관련지어 이 문제를 살펴보자. 1995년 현재 세계의 인구는 60억 명이며, 1억 8,000만 대의 퍼스널 컴퓨터가 사용되고 있다. 그중 3퍼센트만이 인터넷 네트워크 접속이 가능하다고 한다. 또 1월 현재 인터넷에 접속된 950만 대의 컴퓨터 중 60퍼센트가 미국에 속해 있다. 세계적으로 2,000만 명에서 4,000만 명이 인터넷을 사용하는데, 미국·오스트레일리아·스칸디나비아 나라들에서는 1,000명당 10~18개, 캐나다와 일부 서유럽 국가에서는 5~10개의 선로를 확보하고 있고, 라틴아메리카·아프리카 등지에서는 1개의 선로도 확보하지 못하고 있다. 1995년 현재 미국에서는 4,000만 가정이 컴퓨터를 소유하고 있다. 그런데 5만 4,000가구를 대상으로 실시한 최근의 조사에 따르면, 소득이 1만 달러 미만인 가정에서는 4~8퍼센트, 소득이 3만 4,000달러인 가정에서는 20~30퍼센트가 컴퓨터를 소유하고 있다고 한다. 소득이 7만 달러를 넘어야 일상적으로 컴퓨터를 사용하는데, 그들의 60~65퍼센트가 컴퓨터를 갖고 있다는 것이다.

이 정도라면 인터넷 열풍은 미국에서도 다분히 과장된 것임을 단번에 알 수 있다. 그리고 이들 인터넷 사용자 가운데 절반 이상은 기업이라고 한다. 즉 인터넷 정보는 제1세계의 중간층 이상의 고학력자, 기업인들에게만 유통되고 있고, 나머지 대다수의 사람에게 인터넷 정보는 그림의 떡에 불과하다. 19세기의 철도가 그러했듯이 인터넷 정보의 원활한 이용은 기업활동의 편리함뿐만 아니라 일상생활의 편리함을 가져다줄 것이다. 그러나 정보화는 그 기술을 통해 더 많은 이득을 보는 사람들과 그렇지 않은 사람들 간의 불평등을 심화시킬 것이다.

정보화는 정보에 접근할 수 없는, 더욱더 불리한 수많은 인구를 남겨두게 될 터이고, 우리는 정보화의 그늘에서 벗어나는 데 더 많은 비용을 지출해야 할지 모른다. '문명의 쓰레기'가 쌓여가면서 새로운 불평등과 소외가 생겨나고, '소수를 위한 진보'의 뒤편에는 여전히 다수의 사람들이 고통받고 신음하고 있다.

새로운 '진보'의 개념이 필요하다

전 세계적 차원에서 기술적 진보가 진행되면서 쓰레기가 축적되고, 이는 환경 파괴로 이어지고 있다. 소비자인 우리 모두는 환경 파괴에 일말의 책임이 있다. 그리고 지구 온난화와 사막화, 이상 기온, 삼림 황폐화 등은 19세기 이래 성장 전략을 채택해온 세계의 사람들이 주로 조장한 것이다. 그중에서도 주요 책임자는 자본가들이다. 자동차를 만들어 파는 기업에게 공해는 관심 밖의 일이다. 소비자의 기호에 더욱 접근하기 위해 병 대신 팩에 음료수를 담아야 하고 이로 인해 아름드리 원시림이 베어진다. 유럽 사람들이 배불리 먹고 편리한 생활을 누리는 데는 아프리카의 사막화라는 엄청난 대가를 치러야 한다. 식량과 물 부족으로 신음하는 아프리카 사람들은 필사적으로 유럽으로 탈출하거나, 살아남기 위해 전쟁을 벌인다. 르완다나 소말리아의 비극, 프랑스 지하철 폭탄 테러 사건 등은 유럽인의 제국주의 침략, 그로 인한 아프리카 국가들의 정치적 불안, 환경의 황폐화 등이 맞물려 전개된 결과다. 선진국이 자행한 악행은 테러와 이민자 범죄 등의 업보로 되돌아오고 있다. 희망을 상실한 사람들은 근본주의적 종교운동, 마약과 범죄, 선진자본주의 국가로의 이주 등을 통해 절망적인 상황에서 벗어나려 한다. 자국도 이들을 어루만져줄 수 없고, 유엔이나 국제인권단체는 너무나 힘이 미약하다. 그리하여 오늘날 세계화된 자본주의는 바로 과거의 조직된 노동자 대신 전 세계의 조직되지 않은 저항, 즉 게릴라식 항쟁인 범죄와 테러, 인구 이동

등에 직면하여 신음하고 있다.

이른바 세계화 시대. 이제 진보라는 개념은 오로지 기술, 경쟁력으로만 표상되는가? 우리는 지금 자유민주주의의 승리라는 역사의 종착점에 와 있는가? 나의 대답은 결코 그렇지 않다는 것이다. 단지 우리는 기술 및 국가 경쟁력에 대항할 수 있는 새로운 '진보'의 개념을 체계화하지 못하고 있을 따름이다. 따라서 세계화 과정에서 발생하는 '쓰레기'를 해결하고, 인간을 인간답게 살게 해주는 사회를 건설하기 위한 새로운 진보의 개념을 이제 만들어야 한다.

우리가 이 시점에서 확인할 수 있는 것은 한 나라의 진보만으로는 그 진보의 열매를 딸 수 없다는 점이다. 새로운 불평등과 소외, 환경, 인구이동, 범죄, 인권 등의 문제는 그 자체가 이미 세계적인 것이 되었기에 세계적인 차원에서 해결해야 할 사안이다. 물론 진보의 개념에는 아직도 우리 학교 현장이나 사회 전반에 뿌리 깊게 남아 있는 세계화 이전 사회의 낡은 병폐들을 삼제芟除하기 위한 기획까지 포괄되어야 할 것이다.

/

노동자 대투쟁과 한국 노동계급의 형성

노동자 대투쟁 10주년을 맞아

1987년 노동자 대투쟁(이하 대투쟁)은 우리 현대사상 최대 규모의 노동자 저항운동이었다. 3,000건이 넘는 쟁의가 전국의 사업장에서 발생했고, 당시 상용근로자 10인 이상 사업체 노동자 333만 명의 37퍼센트인 122만 명이 쟁의에 참가했다. 노동자들은 그동안 억눌려 살아왔던 세월을 보상이라도 받으려는 듯이 '임금 인상, 노동조건 및 복지 개선' 등을 요구했다. 그 밖에 사무직원과의 차별 철폐, '관리자들의 생산직 노동자에 대한 반말 금지', '두발 자율화', '공해환경 방지시설 설치' 등 노동자를 '인간'으로 대접하지 않는 작업현장을 민주적이고 인간적인 곳으로 바꾸자는 요구도 제시했다. 그것은 거대한 인권선언이었으며, 6월 항쟁에서 나타난 정치적 민주화를 경제 민주화, 사회 민주화로 전환시키려는 물결이었다.

10년이 지난 지금 대투쟁의 성과는 어떻게 구체화되었는가? 우선 50만 명의 활동 조합원을 거느린 전국민주노동조합총연맹(이하 민주노총)의 설립을 들 수 있다. 생산직과 사무직의 임금 격차 축소, 제한적이기는 하나 고용보험제 도입과 각종 노동복지의 확충, 집과 차를 소유하고 여가에도 관심을 갖는 새로운 노동자층의 형성, 사용자의 전횡을 제한하는 작업장에서의 노동조합 설립과 단체교섭의 제도화, 개선된 작업장 환경과 노동시간 축소 등도 그 성과다.

나는 부르주아 혹은 중간계급 주도의 시민혁명을 거치지 않은 후발 공업국의 노동계급 형성을 '사회 세력화와 정치 세력화의 이중적 과정'으로 보고자 한다. 이들 국가에서 사회 혹은 시민사회는 강하게 잔존하는 가족적·친족적 유대, 한편으로는 식민지 경험과 국가주도 경제 개발 과정에서 과잉 성장한 국가, 일정 정도 발전한 자본주의 사회의 상품 소비 문화 등에 의해 이중 삼중으로 압박당하고 있다. 군부독재가 후퇴했다고는 하나 억압적 통치시절에는 전면에 부각되지 않았던 이런 요소들 및 억압의 잔재들이 여전히 살아남아 노동자의 사회·정치 세력화에 심대한 영향을 미쳤다.

한국은 자본주의 공업화가 본격화되기 이전에 이미 제도화된 민주주의 정치가 수입 실천되었기 때문에 동시대의 동아시아, 남미 노동자들과 마찬가지로 노동자가 사회집단으로 형성될 시점의 정치적 환경(보통선거권의 완전한 획득)이 19~20세기 초 유럽 노동자와는 근본적으로 판이하다. 이러한 조건에서는 노동자가 계급특수적 이해보다는 중간계급 및 사회 일반의 요구를 수용하여 자신의 이해와 결합하게 된다. 이와 동시에 처음부터 기성의 정치적 대표체제나 지역구 단위 정치의 장에 적극적으로 개입함으로써 작업장 단위의 경제적 이익은 물론 사회 세력화의 지평을 열 수 있다는 특성을 지닌다.

이 글에서는 대투쟁 이후 노동자가 한편으로는 조직화된 세력으로 결집되나 다른 한편으로는 노조 설립과 단체교섭의 제도화로 말미암아 새롭게 분열, 보수화되어가는 과정을 분석함으로써 한국의 맥락에서 노동자의 사회·정치 세력화를 진전 또는 억제하는 힘의 역학을 입체적으로 살펴보고자 한다.

대투쟁의 발생 배경과 역학

한국의 대투쟁은 신흥공업국의 노동운동과 유사한 점이 많다. 그러나 민주화 국면에서 필리핀과 더불어 아시아에서는 사실상 유일하게 대규모 전국적 파업을 경험한 한국은 몇 가지 독특한 특징을 보여준다

첫째, 한국의 대투쟁은 브라질이나 남아프리카공화국에 비해 훨씬 제한된 시간 내에 폭발적으로 발생했으며, 그 전개 과정에서 지역적 차별성이 거의 없었다. 두 나라는 거의 10년에 걸쳐 수백 건의 파업이 매년 꾸준히 발생했으나, 한국은 1987년의 3개월에 집중되었다가 1989년을 고비로 급격히 감소했다. 즉 한국이 훨씬 폭발적이었으나 지속성은 약했다.

둘째, 파업 과정에서 한국의 국가권력과 사용자는 노동자들에게 훨씬 호전적·억압적인 태도를 보였다. 한국의 대투쟁은 노동쟁의라기보다 거의 전쟁에 가까웠다.

셋째, 한국의 대투쟁은 브라질의 경우와 달리 육체노동자들에 의해 주도되었으며 야당과 직업정치가, 중간계급, 교회, 학생운동의 조직적 지원을 거의 받지 못한 채 정부, 기업과 기업가단체, 언론에 의해 매도당하면서 사실상 고립무원 상태에서 진행되었다.

넷째, 이와 연관된 것이지만 한국 노동자들은 파업 과정에서 지역공동체와 거의 연대하지 못했으며, 주로 제한된 이익만을 요구조건으로 내

걸었다. 즉 한국의 대투쟁은 브라질과 남아프리카공화국의 경우에 비해 사회운동의 성격보다는 경제주의적 성격을 띠었으며, 전국적인 목소리를 내지 못했고, 국가경제나 정치 일반에는 무관심했다.

더 근본적인 차이는 이들 국가는 노동자들이 군사정권, 독재정권의 붕괴 이전 민주화 과정에서 하나의 정치 세력으로 등장했으나, 한국은 군사정권이 후퇴한 공간에서 본격적으로 등장했다는 점이다. 한국 노동자들은 브라질의 경우와 달리 정치적 공간 확장의 주체 혹은 민주화의 주동 세력으로 등장한 것이 아니라, 중간계급 혹은 외부 조건에 의해 만들어진 공간 속에서 나타났다. 한국 노동자는 정치적 주체로서 파업에 참가한 것이 아니라, 순수하게 탈정치화된 존재로서 정치의 장에 나타났다. 이러한 현상은 1987년 이전 한국의 역사문화적·정치경제적 조건 및 정치적 노동운동의 역사적 경험이 다른 신흥공업국과는 크게 다른 데서 기인한다.

한국은 이들 나라와 비슷한 시기에 공업화를 겪었기 때문에 보통선거권이 노동자층 형성 이전에 도입되었고, 중간층의 성장이 제조업 노동자의 성장과 병행했으며, 국가가 노동 통제에 훨씬 적극적으로 개입했다는 점에서 이들 나라와 공통점이 있다. 하지만 분단국가 수립과 반공체제의 등장, 억압적인 국가권력, 수출지향적 공업화, 상대적으로 낮은 불평등지수와 도시중간층의 급속한 성장, 노동자들의 높은 교육수준 등에서는 큰 차별성을 보인다. 이 점을 고려하여 대투쟁에서 나타난 한국 노동정치의 양상과 그 구조적 배경을 더 구체적으로 이해할 수 있을 것이다.

한국 노동정치의 구조와 역학

대투쟁에서 나타난 한국 노동정치의 양상은 사회운동 정치의 모습을 일부 띠기는 하나, 그와 다른 특징을 보인다. 노동자들은 파업이라는 무기에 호소하여 요구를 관철하려 했지만, 당시 국민에게 초미의 관심사이던 군부정권 청산과 정치적 민주화 문제에 대해서는 거의 관심을 표명하지 않았으며, 오히려 자신들의 행동은 "외부세력의 사주를 받지 않은" 순수한 것임을 강조했다. 나는 그것을 '전투적 경제주의'라고 명명하고자 한다. 전투적 경제주의는 1987년 대투쟁에서 새삼 확인된 한국 노동자들의 권익 표현 방식이었다. 탈정치성, 이념적 온건성, 비타협성, 자연발생성은 1960년 4·19 직후와 1980년 '서울의 봄' 시기 등 역사적으로 노동자가 폭발적 저항을 감행했을 때 나타나는 특징이다.

한국 노동자의 요구 표현 방식인 전투성은 노사관계가 정착하지 않은 산업화 초기에 전형적으로 나타나는 현상이다. 이는 "수단과 방법을 가리지 않고 돈을 벌기 위해 '머슴'의 피땀을 짜냈던" 한국의 1세대 사용자들의 억압적·비인간적 노무관리, 국가의 억압적 노동 통제, 노동자에 대한 사회적 천대와 무시 또는 무관심에 대한 도덕적 분노와 인간적 모멸감에서 비롯한다. 한편 한국 경찰은 노동자나 반정부 세력을 모두 '적'으로 취급했던 역사적 전통을 갖고 있다. 한국의 상당수 사용자들은 기업의 성장이 자신의 노력의 결과라고 주장하고, 재산권을 건드릴 수 없는 권리라고 생각한다. 한국의 중간계급은 투쟁을 통해 민주주의와 권리를 획득한 경험이 없기 때문에 극히 기회주의적이고 억압적인 권력에 대체로 순응한다. 한국 개신교회나 각종 종교단체는 이웃의 고통에 동참하자고 외치면서도, 다른 나라의 교회보다 시장주의적이고 자기집단 중심적이다. 한국 언론에는 소비자, 즉 시민사회의 입김이 거의 작용하지 않는다. 사회적 기반이 없는 학생과 일부 지식인만이 노동자의 우군이다. 결국 일하는 사람을 천시하는 사회 풍토와 정치 엘리트, 언론의 반노동자적 태도에 포위된 상황에서 노동자들이 타협적 대화를 예상하면서 자신들의 요구를 주장하기란 대단히 어렵다.

그런데 한국 노동자들은 전투적이기는 했으나 정치적으로는 대단히 온건했고, 오히려 정치적 구호를 내거는 것을 기피했다. 이러한 탈정치성과 온건성은 1970년대 이래 반국가 혐의로 체포된 학생이나 지식인들이 순수성을 강조하면서 자신을 옹호했던 방식과 유사하다. 일찍이 공산주의의 위협에 노출된 적이 있는 한국의 지배계급은 학생·지식인 등 반정부 세력에 대해 매우 적대적이었으며, 1970년대 이후 노동쟁의가 발생하면 일단 '빨갱이', '외부 세력 사주'의 논리를 들이댔다. 결국 탈정치성은 분단체제가 조성한 체제의 허용 기준에 대한 노동자들의 자발적 내면화의 결과였다. 분단체제가 낳은 정치적 공간에는 오직 좌익과 무관하고 사회적 이해관계와 관련이 없는 직업정치인들만이 진출할 수 있었다. 이렇게 만들어진 문턱은 대항운동에 대한 공안당국의 엄격한 통제, 선거와 정치활동, 공교육에 의한 조직적 학습이 수십 년 동안 계속되면서 넘을 수 없는 장벽이 되었다. 노동자의 정치활동 차단은 파시즘 혹은 군부독재 체제에서 전형적으로 나타나는 민중 배제 이데올로기이며, 노동자의 정치활동은 분단된 한국에 엄존하는 전근대적 금기였다. 대투쟁의 탈정치성은 이러한 배경에서 이해할 수 있다.

정치에 개입하지 말 것을 강요하는 체제에서 노동자들의 행동은 이기적·자기중심적이 될 수밖에 없다. 이기주의는 법과 원칙 대신에 국가폭력과 엄격한 시장 논리, 억압과 배제만으로 약자를 순치시켜온 체제가 만들어낸 하나의 '모순' 덩어리다. 사용자는 노동자들이 파업에 돌입하여 위기에 몰리면 임금 인상과 복지를 약속하지만, 상황이 바뀌면 곧 그

약속을 헌신짝처럼 내던진다. "공권력 투입을 하지 않겠다"고 약속한 정부와 경찰은 노동자들이 흩어지면 곧바로 힘으로 밀어붙이곤 했다. 오랜 세월 동안 속임과 무시를 당해온 노동자들은 국가나 회사가 "사정이 어렵다"고 말해도 거의 받아들이지 않을 것이다. 이들에게 미래의 약속은 무의미하며 당장의 보상만이 중요하다. 결국 노동자의 경제주의적 탈정치성, 이기주의는 루쉰魯迅이 말한 것처럼 민중을 '적'으로 취급하는 권력하에서 오랜 세월 살아오고 지원군과 안락한 후원자를 가져보지 못한 약자의 자기보호를 위한 무기인 셈이다. 연례적으로 반복되는 사업장 단위의 임금 교섭과 쟁의는 사용자로부터 가시적 혜택을 얻어내고자 하는 한국 노동정치의 전형적인 행동방식이다.

전투적 경제주의 혹은 탈정치적 계급전략은 노동자 노동운동 지도자의 이데올로기일 뿐 아니라, 친노동자적 지식인의 노선이기도 하다. 지식인은 통상 냉엄한 권력투쟁이나 자본 축적의 세계로부터 상대적으로 독립되어 있기 때문에, 이념과 원칙의 관점에서 노동 문제에 접근하는 경향이 있다. 이때 노동 문제는 실천의 대상이라기보다 유토피아 실현의 대상이 되는 경우가 많다. 이것은 당장의 현실에서 약간의 진전이라도 수용해야 하는 보통 노동자의 입장과는 크게 다르다.

분단 반공체제, 억압적 노동 통제, 노동자의 사회적 고립에서 초래된 '전투적 경제주의', 그것의 제도적 표현인 기업별 노조체제는 하나의 관성으로 굳어져 있다. 여기서 노조 간부가 조합원의 즉자적 요구에 호응하기 위해 임금 인상 위주의 노조 운영을 반복함으로써 일시적 지지는 얻어낼 수 있지만, 결과적으로 노동자의 사회정치적 관심의 확대를 가로막고 교섭력 있는 노조의 실질 이익을 증대하지 못하고 노동시장을 분절하여 전체 노동자의 정치적·계급적 통일성을 약화시켰다.

대투쟁과 노동자의 사회 세력화

사회 세력화는 일차적으로는 노조 조직화를 의미한다. 유럽의 경우에도 그러했지만, 노조 조직률의 급격한 성장은 대규모 노동쟁의가 발생한 직후에 주로 이루어진다. 그것은 파업을 거치면서 노동자들이 자신과 자신을 둘러싼 세계를 새로운 각도에서 보기 시작하고, 하나의 사회적 집단 혹은 계급으로서의 정체성을 획득하기 때문이다. 노동자들은 단순히 가족·지역·인종·종교집단의 구성원이 아닌, 노동조합의 구성원이라는 인식을 갖게 되고, 구성원으로서의 책임감과 헌신성에 더 비중을 두게 된다.

1987년 대투쟁 당시나 그 직후에 노동자들이 우선 사업장 단위로 연대감을 갖게 되고, 나아가서는 인근 다른 사업장의 쟁의에 직접 행동으로 지원한 것은 노동자 사회 세력화의 의미 있는 진전이었다. 그런데 연대감과 우발적 연대 행동은 제도적 힘을 가진 노조 조직화로 연결될 때만이 힘을 발휘한다. 브라질과 남아프리카공화국에서는 1970~1980년대의 파업을 거치면서 노조 조직률이 거의 두 배로 늘어났다. 1995년 당시 남미 국가 가운데 브라질의 조직 노동자 수가 1,600만 명으로 가장 많은 것도 우연한 일은 아니다.

한국의 경우 1987년 이후 조합원 수가 약 100만 명이 늘어났다. 대투쟁의 성과가 거의 조직화로 연결된 것이다. 그러나 남미 국가의 상당수가 25~30퍼센트 정도의 조직률을 보이는 것과 대조적으로, 한국 노조 조직률은 여전히 15퍼센트 이하에 머물러 있다. 동아시아에서는 이례적으로 노동투쟁이 발생했지만 노조 조직화를 통해 표현된 '질적인 사회관계'에서는 여전히 아시아의 후후발後後發자본주의 국가와 유사한 상황임을 보여준다. 만약 쟁의의 활성화가 곧 조직화로 연결된다고 본다면,

우리는 1987년 9월 말 이후 그리고 1990년 이후 쟁의가 왜 수그러들었는가에 대해 응당 의문을 가져야 할 것이다.

실제로 1992년 이후 노조 가입률은 오히려 감소하고 있다. 여기서 1990년대 이후 경기 침체, 자본의 세계화에 따른 유연화 전략 등을 고려하지 않는다면, 대투쟁과 같은 이례적인 정치적 국면이 아닌 시기의 노조 조직화 여부는 곧 사회적 역학관계에 달려 있음이 분명하다. 따라서 노골적인 군사주의적 억압이 뒤로 물러난 조건에서 노조 조직화와 활성화는 노동자나 노조 간부들이 얼마나 사용자에게 불이익을 당하지 않고서 노조활동을 할 수 있는가, 그리고 기성 노조가 미가입 노동자들에게 얼마나 부담 없이 가입할 수 있는 기회와 공간을 만들어주고 그들에게 실질적인 혜택을 제공하는가에 달려 있다.

1987년 대투쟁 당시 노동자들이 부딪힌 것은 표면적으로 권위주의 권력과 반노동자적 사용자였지만, 사실 노동자로서의 소속감도 없고 약간의 희생도 감수하지 않으려는 대다수의 동료 노동자 그리고 노동자에게 비우호적인 작업장 밖의 사회였다. 노조 조직률은 구조적으로 산업구조 등과 관련이 깊지만, 한국의 경우 대다수 영세 사업장 노동자들이 미조직 노동자라는 점을 고려해보면, 사용자 및 사회 일반의 노조에 대한 관용, 시민권리의 진전 정도와 관련이 깊다. 즉 노조가 법적으로 허용되어 있으나 사회적으로 부인될 경우, 노동쟁의가 법적으로 용인되나 사회 통념으로는 금기시될 경우, 생활을 해야 하는 보통의 노동자로서는 실직·감봉을 감내하는 무리한 투쟁을 감행할 수 없을 것이다.

노조 설립과 조직 확대의 사회적 장벽이 존재한다는 것은 노동자의 사회적 힘의 약체성을 말해준다. 1987년 대투쟁과 그 이후에도 계속된 사용자의 노조 설립 방해 등 부당 노동행위는 사실상 기존의 법에 의거해서도 막을 수 있는 것이었다. 그런데도 그런 일이 공공연히 벌어지는 것은 노동자의 조직적인 힘 그리고 시민사회의 힘이 법을 강제하지 못했기 때문이다. 1989년 이후 사용자 측이 노조 약화 방법으로 가장 흔히 활용한 것은 노조에 대한 손해배상 청구였다. 이런 일이 가능한 것도 사용자의 재산 형성에 대한 노동자의 기여를 전혀 인정하지 않는 '정글 자본주의'의 논리가 통용되기 때문이며, 또 대다수의 중간계급이 그것이 자신에게 어떤 의미가 있는지 무감각하기 때문이다.

노조 조직화와 가입률 증대를 노조 사회 세력화의 기초적인 지표로 본다면, 그것은 노조가 얼마나 가족, 지역공동체, 중간계급, 종교집단 등 노조 밖의 사회로부터 인정받을 수 있으며 노조의 활동에 그들을 후원자로 끌어들이거나 최소한 중립적 자세를 취하도록 할 수 있는가에 달려 있다. 오늘날 여전히 많은 노동운동가들은 이제 한국에서 계급적 이해와 시민적 이해(중간층의 이해)가 차별화되었다고 말하지만, 이는 사실의 일면만을 강조하는 것이다. 어느 면으로 보나 시민운동이 대중운동으로 확산되지 못한 것은 노동운동의 사회 세력화가 억제되는 것과 동일한 조건과 맥락의 산물이다. 이는 지하철의 한시적 파업에도 온 나라가 "파업은 안 된다"고 떠들어대는 낮은 시민의식, 관변단체가 아닌 어떤 사회단체에 참여할 경우 위험을 감수해야 하는 사회 상황이 바로 그것이다. 그리고 오늘날 한국인 모두를 강하게 사로잡고 있는 가족주의는 시민운동을 지체시키는 질곡인데, 노동운동 역시 그것으로부터 자유롭지 않다는 점을 주목할 필요가 있다. 적어도 20세기 후반 한국 자본주의 조건에서 노동조합의 역량 증대는 시민 권리운동의 힘의 상승과 배치되기보다는 함께 진행될 가능성이 크다.

후후발자본주의 국가에서 군부정권이 물러간 다음, 한층 민주화된 자본주의 사회는 바로 노동자의 정체성을 해체하는 법적 기제와 이데올로기로 충만해 있다. 선거제도, 지역주의, 인종주의, 소비문화 스포츠,

교육제도와 기회균등 논리, 가부장주의 등 자본주의 이전에 발생한 온갖 논리, 이데올로기, 편견, 관행과 자본주의 고도화 이후에 발생한 논리와 법적 장치 및 문화 등이 과거의 단순한 억압을 대신하여 노동자들을 분열시키고 정체성을 해체시키며, 노조의 존립 근거와 유용성을 의문시하도록 한다. 그것의 일부는 지배계급에 의해 조장된 측면도 있지만, 어떤 것은 역사가 너무 오래되었기 때문에 자연스러운 것으로 받아들여지기도 한다. 노동자에게 정체성의 형성, 즉 조직화는 곧 투쟁이다. 그것은 자본가와의 투쟁이기도 하지만, 애덤 쉐보르스키Adam Przeworski가 말한 것처럼 자신의 동료 혹은 자기자신과의 투쟁이기도 하다.

중간계급이 크게 확대된 20세기 후반 자본주의 체제에서 사회 세력화는 원군援軍의 획득을 위한 작업이기도 하다. 19세기 상황과 반봉건 혁명을 거치지 않은 채 뒤늦게 자본주의 대열에 들어선 20세기 후반의 국가에서 노동자들이 처한 상황이 전자와 가장 다른 점은 여기에 있다. 19세기 노동자들은 신흥 세력으로서 정치사회적 투쟁의 유일한 주체였지만, 20세기 후반은 수적으로 다수이며 따라서 사회적 힘의 역학을 좌우하는 데 중요한 변수가 되는 중간계급과 공존하고 있다. 중간계급은 정치적으로는 진보적이지만, 경제적으로는 보수적이다. 자본가들은 일자리 창출 등의 강력한 자원을 가지고서 경제 위기, 생산성 하락 등의 명분으로 노동자 임금을 삭감할 수 있고, 또 중간계급을 원군으로 확보한다. 그런데 노동자들은 무엇으로 중간계급, 아니 동료 노동자를 얻을 수 있는가? 즉 발전된 자본주의의 비대칭적 힘의 관계 속에서 자본가들의 이해는 국가 사회의 이해로 곧바로 연결될 수 있지만, 노동자의 이해는 중간계급을 설득해야 하고 노동자들의 조직력을 통해 과시되고 실현되어야 한다는 점을 염두에 둘 필요가 있다.

가장 큰 전투의 장은 정부의 경제정책을 둘러싸고 전개된다. 노동자는 정부나 기업가가 주장하는바, 임금 인상과 복지 확충이 경쟁력을 약화시킨다는 논리를 적절히 비판하거나 반대 논리로 중간층과 노동자를 설득하지 못하는 한, 중간층의 지지 획득은 물론 노조 조직화의 확대도 어렵다. 그리고 기업과 정부의 성장논리에 의해 뒷전으로 밀려난 세제 개혁, 환경오염, 교육 확충, 직업훈련, 교통망 개선 등을 해결하기 위해 소비자와 연대하고 그것을 입법화하지 않는 한, 노조 조직화와 노동자의 영향력 확대에 비노동자가 관심을 가지고 정부의 노동 탄압을 비판하는 데 동참할 이유는 없는 것이다. 즉 노동자의 사회 세력화란 노동자 조직인 노조가 사회적 여론 형성, 의제 설정, 문제 해결을 위한 토론과 결정 과정에 하나의 주체로서 개입하는 것을 의미한다.

1997년 1월 노동법 관련 총파업이 발생하기 이전, 지난 10여 년 동안 한국 노동자들은 자신의 계급적 이익을 보장받을 수 있는 노동법 개정 문제에 대단히 소극적이었다. 그러니 이들이 자신의 생활과 간접적으로 연결되는 제반 사회입법의 개혁에 무관심한 것은 더 말할 것도 없었다. 1987년 이후 지난 10년은 소수의 교섭력 있는 노조가 임금 인상과 복지 혜택을 누리면서 점차 정부가 용인한 기업별 노조체제의 포로가 된 대가로, 사실상 노동자 전체의 사회적 역량은 제자리걸음이었다. 1987년 대투쟁이 대규모 사업장 노동자의 복지에 과도하게 집중한 까닭에, 한국 노동자들은 브라질이나 남아프리카공화국 노동자들에 비해 경제적·문화적으로는 훨씬 높은 수준에 있지만, 국가 차원의 주요 정치사회적 의제 설정 협의 및 결정 과정에서는 더 심각하게 배제되었다. 정치 집단, 엘리트, 중간계급 등을 비롯한 모든 집단들이 힘을 발휘할 수 있을 때 앞뒤 돌아보지 않고 최대한의 이익을 챙기려는 한국 사회에서 노동자만을 탓할 수는 없는 일이다. 노동계급의 형성은 시민사회의 형성과 한국 사회의 총체적 변혁과 맞물려 있기 때문이다.

민주화 과정의 정치지형과 노동계급 형성

1987년 전후 민주화를 겪은 다른 남미 국가와 달리, 한국의 6월 항쟁과 7월, 8월, 9월 대투쟁은 이념과 주체에서 뚜렷하게 분리되었다. 또 이 '대중동원의 정치'와 12월의 선거정치가 완전히 분리된 것은 정치사회와 시민사회의 분리, 민중의 탈정치화를 특징으로 하는 한국 정치사회의 구조가 드러난 것이었다. 통상 사회는 정치의 기초이며 엄밀히 말해 정치적인 것과 분리되지 않지만, 한국에서는 분단국가 형성, 그리고 정당의 이념적·제도적 기반 강화가 반공·극우체제의 지형에서 이루어짐으로써 양자가 실제로는 거의 분리되었다. 그 결과 계급질서로서의 사회가 아닌 전근대적 친소관계, 지역 출신학교 연고, 가족주의, 종교 등으로서의 사회만이 선거정치로 대표되었다. 따라서 사회 세력 분포에 따라 각 정당의 의석이 분포되지 못하고, 분단 반공체제는 형식적 민주주의와 보통선거권 보장만 인정하는 정치적 게임 규칙을 만들어냈다. 거기에다가 대중적 정서, 가족주의적 친소관계 등도 선거정치에 강하게 작용하기 때문에, '사회적 조건'은 대통령, 정치질서, 정당의 의석 분포와 의회의 성격을 좌우하는 데 매우 기형적인 방식으로만 반영되었을 따름이다. 이런 조건에서 정치는 완전히 자율적인 힘을 갖고서 경제와 사회를 주조했으며, 정치는 사회에서 제기되는 문제를 독점적으로 흡인했다. 저항운동에서도 이러한 조건이 그대로 반영되었다. 즉 게임의 규칙 내에서의 반군부독재 투쟁은 학생과 재야인사 지식인의 전유물이었으며 간헐적으로 발생한 사회운동은 그것과 완전히 단절되었다.

1988년 총선에서 노동자들은 중요한 정치적 실험을 했다. 노동자 밀집 거주지인 울산에서 노동자 후보가 출마한 것이다. 다른 지역과 달리 이 지역에서는 야당이 출마하지 않아 노동자 후보가 중간층의 표를 흡

1987년 노동자 대투쟁 당시의 모습.

수할 수 있는 반여당 세력의 대표자였기 때문에 당선 가능성이 높았다. 그러나 재벌 대표자 후보에게 패배하고 말았다. 지역정치와 노동운동의 심대한 단절이 존재했고, 노동운동 경력이 지역적 이해관계를 가진 주민들에게 감동을 주지 못했다. 전국의 다른 어떤 지역도, 그리고 이후의 어떤 선거구도 노동자가 총선에서 이기는 데 이보다 더 유리한 상황은 없었다. 그러나 노동자 후보는 지역 개발이라는 자본의 위력이 갖는 중간층 포섭력, 노동자들 스스로 갖는 노동자의 정치적 능력에 대한 불신을 넘어설 수 없었으며, 노동자의 요구와 지역적 과제를 어떻게 결합할 것인가에 대한 사고도 결여되어 있었다.

대투쟁으로 나타난 집단행동을 제도적 힘으로 전화시키는 결정적인 두 계기였던 1987년 12월의 대선과 1988년 2월의 총선은 계속 참고할 만한 중요한 경험이다. 나는 그 실천의 결과 형성된 작업장 단위의 노사, 전국 단위의 노정 간의 역학이 이후 10년간 한국 노동계급 형성을 결정적으로 좌우했다고 본다. 지역주의는 노동자의 정치적 통일성을 해체시킨 가장 큰 장벽이었으며, 돈과 정보를 활용한 자본가의 자원 동원력은 노조의 성장을 훨씬 추월했다. 정치적 진출이 가망 없다고 생각한 대다수의 노동자들은 기업 단위의 노사교섭에 더욱 사활을 걸었으며, 교섭력이 강한 대기업 노조는 사용자로부터 상당한 양보를 받아냈으나 점차 기업별 노조체제에 안주하게 되었다. 그리고 선거 때만 되면 여지없이 출신 지역에 따라 분열되었다.

1987년 이후 한국 노동자들이 맞닥뜨린 상황은 바로 이런 것이었다. 그러나 순수 자유민주주의 혹은 순수 자본주의적 노동분열 이전에 1987년 이후 한국 정치는 지역이라는 자원을 동원함으로써 노동자를 분열시켰다. 이는 이민노동자로 이루어진 미국 사회에서 출신 나라별로 노동자들이 분열되었던 것과 유사한 상황이다. 그것은 미국 노동자들이 정치사회 내에서 영원히 소수로 남게 된 가장 중요한 배경이다. 즉 한국의 지역주의는 순수 사회적 균열이라기보다는 정치적 이해관계에 의해 의도된 사회적 균열이다.

노동자가 전국적 정치 세력으로 등장하는 데 가장 큰 일차적 장벽은 지역적 균열이다. 그런데 지역주의는 노동자의 노조 조직률 증대, 산업별 노조 조직화, 사회 세력화에 의해 극복될 수 있는 장벽이 아니라, 노동자의 정치활동, 나아가 선거를 통한 기존 정치질서의 재편을 통해서만 극복될 수 있다.

한국 노동계급 형성의 전망

20세기를 마감하는 오늘날의 정치·경제·사회 상황에서 아직도 형성 과정에 있는 한국의 노동자 집단이 과연 하나의 세력이 되어 시민권의 확대, 민주주의의 심화, 나아가 정이 오가는 미래 지향적이고 인간적인 공동체 건설에 기여할 수 있을 것인가?

내가 노동자의 사회 세력화와 정치 세력화를 구분한 것도 바로 학생이나 지식인의 선도적 투쟁의 뒷받침을 받지 않고 한국의 중간계급이 민주화 과정에서 시민적 주체로 등장한 경험이 없으며, 오늘의 시점에서 사회 형성의 과제가 노동자의 어깨 위에 짊어져 있기 때문이다. 노동조합의 결성과 운영, 노조 민주주의의 실천은 사실상 우리 사회에서 가장 주목할 만한 사회 형성, 참여 민주주의의 맹아적 실천이다. 불행하게도 그러한 실천 과정에서 형성된 맹아적 사회 형성의 힘이 제도권 정치의 엄청난 흡인력 앞에서 굴절되고 와해되고 망각되고 무시당하는 시련을 겪고 있다. 그러나 10년이 지난 지금 노조를 통한 사회 형성 작업이 결국 정치적으로 반영되고, 정치적 힘으로 전화되지 않으면 계속 답보상태에 머물 수밖에 없다는 점을 노동자들이 조금씩 자각하고 있다.

오늘날 한국의 사회정치적 역학의 중심고리가 되는 남·북한 문제, 지역주의 극복, 교육 문제 해결에 노동자들이 개입하여 적극적인 역할을 한다면, 노동자들은 사회적·정치적 주체로 등장할 수 있을 것이다. 설령 그것까지는 기대하지 않는다고 하더라도, 노동자의 재생산 영역과 직결된 경제정책, 세제, 주택, 교통, 환경 관련 사안의 정책 결정 과정에 노동자들이 주체로 개입할 것이 가장 우선적으로 요청된다. 한편 지방정치의 자율성이 약한 한국의 조건에서는 중앙정치에서의 활동이 지역정치보다 우선될 수밖에 없다.

어떤 경우든지 노동자들이 전국 단위의 정치적 조직인 독자 정당을 조직화하지 않고서는 정치 세력화를 이루었다고 말할 수 없다. 노동조합 성원으로서 노동자는 아직 노동자만의 집단적 이해에 매몰되어 있는 존재다. 그러나 정당의 구성원이 되거나 선거에서 노동자 후보를 지지할 때 그는 노동자의 문제뿐만 아니라 사회 전체 변혁의 문제를 사고하기 시작한다. 독자적 노동자정당은 노동자가 사회적 형성을 이루어내기 위한 고안물이었다. 그러나 반드시 노동자정당이 있어야만 노동계급 정치가 시작되는 것은 아니다. 초기 영국에서 그랬듯이 노동조합은 자체 의회위원회를 만들어 입법활동, 압력단체 활동, 선거연합 등의 정치활동을 추진할 수 있다. 여기서 정치 세력화와 사회 세력화를 차별화하는 것은 단순히 노조와 정당이라는 조직의 차이가 아니라, 노동정치를 노동계급 정치로 전화시킬 수 있는 노동운동 지도부와 일반 노동자의 정치적 능력의 존재 여부다. 즉 노동자들이 자신의 편협한 계급이익에서 벗어나 전체 공동체의 문제를 사고하고, 장기적 이익을 위해 단기적 과제를 양보하며 상충하는 이익들을 조정하면서 공동체의 미래를 보여주는 헤게모니 능력을 가질 수 있는가가 중요하다.

사업장 단위의 단순한 임금 인상 투쟁에도 이러한 헤게모니 능력은 문제가 될 것이다. 그러한 헤게모니 능력은 주로 노동운동과 지역운동, 중간층 주도 시민운동과의 연대 과정, 선거시 후보 전술 등에서 가장 중요하게 실험될 것이다. 민주노총의 설립은 헤게모니 능력을 발휘할 수 있는 가장 중요한 기초다. 중앙집중적 권력이 오랜 세월 지배해온 한국은 브라질이나 남아프리카공화국과 달리 지역공동체와 개별 노조의 연대보다 제도정치 혹은 중앙의 여론 형성권에서 중간층을 획득하기 위한 전략을 더 우선시해야 하며, 언론의 힘이 막강한 상황에서 노동운동과 관련한 우호적 여론 조성에 더 많은 노력을 기울여야 할 것이다.

헤게모니 능력은 문화적 능력을 통해서 완성될 수 있다. 정치적 역량은 곧 문화적 역량이다. 오늘날 국가나 작업장에서 이루어지는 게임의 방식을 넘어서는 새로운 삶의 태도와 사고방식, 일에 대한 관점, 인간관계, 미래에 대한 전망을 개척할 때, 노동자는 자본주의의 임금 '노예'가 아니라 진정한 사회적·정치적 '주체'가 될 수 있다. 그것은 결국 돈의 논리를 넘어서는 인간의 논리, 새로운 도덕성의 원칙을 생산대중이 어떻게 만들어내는가 하는 문제다.

I
II
III
IV

1990

1991

1992

1993

1994   1996

1995   1997

1998   2001   2005

1999   2002   2006

2000   2003   2007

2004

2008   2011   2013   2015

2009   2012   2014   2016

2010   2017

/

한국의 지식인들은 왜 오늘의 위기를 읽지 못했는가

위기를 읽지 못한 한국의 지식인과 사회과학

국가가 부도 위기에 몰려 국제통화기금IMF 구제금융을 받게 되자 "그동안 경제학자나 사회과학자들은 무엇을 했는가, 왜 이러한 위기를 진작 예측하지 못했는가"라는 비판의 목소리가 거세게 제기되었다. 이제 각 언론들은 오직 외신보도나 외국 저명학자들의 한국 경제에 대한 진단을 인용하기 시작했고, 한국의 경제학자나 정부연구소 및 지식계가 기능 부전 상태에 빠졌다고 소리 높여 비판했다. 물론 한국 경제에 대해 쓴소리하는 학자들의 주장은 아예 들으려 하지 않으면서, 지속적인 성장을 낙관하고 과소비를 부추겨온 보수 언론이 오늘의 IMF 사태에 훨씬 많은 책임이 있다. 그렇다고 하더라도 학자들이 책임을 면할 수 있는 것은 아니다.

외환 위기와 IMF 사태만 놓고 본다면 그것을 예측하지 못한 것은 한국의 경제학자들만이 아니었다. 미국의 세계적인 경제학자들도 이 사태를 예견하지 못했으니 그들의 이론을 따르는 한국의 주류 경제학자들이 경제 위기를 제대로 진단하지 못한 것은 당연한 결과인지도 모른다. 폴

크루그먼Paul Krugman이 말했듯이 한국의 금융기관이나 기업이 외국의 단기자본을 직접 끌어들이는 오늘날 세계화된 경제질서 체제에서 전통적인 경제지표에는 위험신호가 제대로 나타나지 않는 것도 사실일 것이다. 그러나 1980년대 말 이후 지가 상승으로 인한 자산가치의 증대가 갖는 위험성이나 1993년 전후 반도체 산업 호황의 실제 배경, 환율 평가절하를 실시하지 않는 데서 초래되는 위험성 등을 정확하게 분석하고 경고하지 않은 주류 경제학이나, 1996년 이후 기업의 이윤율 하락과 외채의 급격한 증대를 제대로 읽지 못한 마르크스주의 경제학, 그리고 사회현상을 경제현상과 결부시켜 파악하지 못한 정치학자와 사회학자들의 책임이 면제될 수 없다.

진보적인 사회과학자들이 재벌체제를 비판하고 한국 경제의 낙관론에 대해서 계속 비판하기는 했으나, 그들의 경고와 비판은 다소 원론적이었다. 금융연구원 등 일부 정부연구소나 몇몇 개별 연구자들이 한국 경제의 위기 가능성을 진단하기는 했으나, 어떤 연구자도 이 문제를 구체적이고 지속적으로 제기하지는 못했다. 나의 판단으로 경고 신호를 가장 지속적으로 보낸 매체는 『한겨레21』이다. 우리 사회의 어떤 사회과학자도 『한겨레21』만큼의 지적인 성실성이나 국가에 대한 책임의식을 갖지 못했다는 점에 대해서는 이론의 여지가 없다. 여기서는 우리의 무능이 어디서 기인하는가를 살펴보면서, 지식인과 사회과학이 제자리를 찾을 수 있는 길을 모색해보고자 한다.

신자유주의의 반격과 1990년대의 학문정치

1990년 이후 한국의 주류 사회과학계는 1980년대 한국의 인식지평을 주도한 사회구성체론과 좌파 사회과학을 일대 반격했다. 한국에서 좌파 이론에 대한 우파의 반격은 한편에서는 세계화론, 중진자본주의론과 유교자본주의론, 식민지근대화론으로 나타나기도 했고, 다른 한편에서는 계급이론에 대한 비판과 포스트마르크스주의, 포스트모더니즘에 관한 담론으로 나타나기도 했다. 김영삼 정권이 들어선 후 세계화, 정보화 담론이 늘면서 이제 지식인들도 세계화와 시장질서 속에서 어떻게 국가 경쟁력을 키울 것인가를 주요 쟁점으로 삼기 시작했다. 미국을 비롯한 다른 서구 국가에서처럼 신고전파 경제이론과 그에 기초한 합리적 선택이론 등 이미 기득권을 가진 자유주의-개인주의적인 시각이 더욱 발언권을 높인 것도 이러한 맥락에서였다. 그리하여 일각에서 자본주의, 민주주의, 계급, 국가, 노동운동, 빈곤, 통일 등을 이야기하면 "아직도 그 얘기냐"며 눈총을 주었고, 그러한 담론이 지식사회에 발을 붙이지 못하도록 공세를 퍼부었다. 그리하여 진보적인 지식인과 학자들이 대대적으로 변신을 했고, 이제 학문에 입문하는 새로운 세대의 학자 후보생들은 한국 사회의 딱딱한 사실보다는 문화, 여성, 시장 같은 부드러운 주제로 관심을 옮겼다.

단군 이래 최대의 땅투기가 벌어지던 노태우 정권 시절에 학문사회에도 거품이 끼기 시작했다. 이러한 거품은 바로 땅투기에서 부자가 된 사람의 심리가 그러하듯이, 우리 사회가 저임금 노동력에 기초한 고도성장기에서 질적 성장기로, 생산중심적인 사회에서 소비중심적인 사회로 진입하고 있으며, 지식보다는 정보가, 계급class보다는 차이difference가, 거대담론보다는 미시담론이나 생활정치가 더 중요하며, 노동운동보다는 시민운동이 주도적인 역할을 하는 사회로 들어섰다는 전제를 깔고 있었다. 확실히 정치적 조건의 변화는 학자들이 제기하는 질문의 내용을 바꾸었고, 나아가서는 예상되는 결론까지도 변화시켰다. 그리하여 이제는

"왜 한국 사회가 문제인가"를 묻기보다는 "한국이 21세기에 일류 국가가 되기 위해서는 어떻게 해야 하는가", "왜 이렇게 한국 사회가 잘살게 되었나", "잘사는 한국 사회에는 무엇이 주된 관심사인가"라는 질문을 던졌다.

학문 혹은 학자들의 인식과 실천이 학문정치politics of academics의 산물이며 넓게는 자본주의 문화현상의 일부라고 볼 때, 오늘날 한국의 사회과학자들, 특히 주류 사회과학자나 경제학자들이 한국의 경제 위기를 읽지 못한 것은 이론적인 한계보다는 정치적 한계, 즉 주류 사회이론이 갖는 체제 옹호적 성격, 비판적인 능력의 부재에 기인한 것이 아닌가 생각한다. 그들은 자본주의와 시장경제의 합리성이나 진보성에 대해서는 잘 알고 있으나, 자본주의 경제의 위기, 민주주의의 실패, 사회적 불평등과 긴장의 가능성에 대해서는 심각하게 인지하지 않았을뿐더러 경제 위기의 징후를 읽지도 못했다. 그러면서 직간접적으로 자본주의 경제 체제의 우월성, 다국적기업과 초국적기업의 자본 축적, 미국이 주도하는 새로운 세계 질서와 세계적 소비주의의 정당성을 선전하는 데 기여했다. 사회주의 붕괴와 '역사의 종언'이라는 담론의 거품 속에서 사태를 제대로 꿰뚫어볼 눈이 없었던 것이다. 특히 사회주의 북한과 대치하며 경쟁해온 한국에서는 자본주의의 완전한 승리, 한국 모델 혹은 동아시아 자본주의 모델의 승리라는 거품이 몇 배 증폭되어 나타났다.

뭐니 뭐니 해도 지난 4~5년 동안 지식사회를 풍미한 세계화 담론에서 우리는 지식사회의 위기의 연원을 추적할 수 있다. 한국에서 세계화 담론은 학술적 문제의식에서 출발한 것이 아니었고, 정치적 조건, 즉 학문정치의 산물이었다. 그것은 그동안 세계화가 우리 사회에서는 구체적인 현상 또는 사실로서의 측면보다는 세계화 전략의 의미로 주로 사용되었다는 점에서도 드러난다. 즉 지금까지 자본과 정보의 국경 이동과 다국적기업의 전 세계 지배라는 측면은 거의 강조되지 않았고, 오직 무한경쟁, 총체적 경쟁력 시대, 일류만이 살아남는 시대, 시장 개방, 자율화, 국가 규제 철폐 등 시장질서로의 개혁과 동의어로 사용되었다. 그래서 "국제적인 보편적 행위준칙을 따르자"는 어설픈 세계시민주의나 "서세동점의 문명의 대조류에서 이제 동세서점으로 나아가는 것이 국제화"라는 식의 민족주의적 해석에 이르기까지 전략 혹은 행위의 지향점으로서의 세계화만이 관심의 초점이었다. 더러 한국이 현재의 조건에서 개방체제로 나아갈 경우의 위험을 알리는 경고가 없었던 것은 아니나, 대체로 잘사는 한국이 이제 진짜 잘살기 위해서 해야 할 과제라며 세계화의 구호를 외쳤다.

이러한 세계화의 학문정치로서 세계화 담론은 과거의 문명개화론, 근대화론이 그러했듯이 민중주의적 대안에 대한 반격이었으며, 민주주의·민족·복지·공동체 같은 가치에 대한 '자본'의 정치적 공세의 다른 표현이었다. 따라서 한국 경제의 구체적 현황, 기업의 축적 조건과 금융의 상황, 남·북한 관계 등 이론적으로 검토해야 할 수많은 내용을 거의 생략한 채, 오직 바람몰이식으로 세계화·정보화론을 제기했다. 예를 들면 1996년 OECD 가입은 정책적 결정을 내리기 전에 학계에서 충분히 논의해야 할 중요한 쟁점이었으나 당시 신문을 눈을 씻고 보아도 논의다운 논의가 없었다. 다만 이필상 교수가 국회 공청회에서 성급한 개방의 위험을 지적한 것이 전부였다. 대우경제연구소에서 「한국 내 멕시코 사태 가능성 진단」이라는 보고서를 제출한 것을 제외하고는 자본시장이 개방될 경우 어떤 일이 발생할지를 냉정하게 분석한 논문이나 보고서도 거의 찾아볼 수 없었다. 설사 그러한 연구가 개인이나 정부연구소에서 이루어졌다고 하더라도 이러한 담론정치의 물결에서 먼지처럼 휩쓸려갔을 것이다.

김영삼 대통령이 1994년에 세계화를 제창한 이후 60여 권의 세계화 관련 서적과 수백 편의 논문이 쏟아져 나왔다. 그중 세계화된 경제질서가 아직 준비되지 않은 우리에게 엄청난 재앙을 가져다줄 수 있음을 지적한 책이나 논문은 극소수였다. 이는 연구자들이 세계 경제와 정치의 성격을 잘 인지하지 못했기 때문이라기보다는, 다분히 신자유주의적인 개혁과 시장 주도의 정치·경제질서를 옹호하는 이데올로기라는 정치적 거품에 압도당했기 때문이다. 정부 주도의 세계화추진위원회는 세계화 시대의 국가 과제로 무려 53개 항목을 제시하는 업적을 남겼으나, 그 내용은 일본이나 싱가포르에서 출간되어도 별문제가 없을 정도로 추상적이고 일반론적이었다. 대통령자문정책기획위원회 등에서 수많은 연구보고서가 쏟아져 나왔고 그중 참고할 만한 내용도 많이 있지만 지금 시점에서 그런 보고서들은 휴지조각처럼 보일 뿐이다. 한국의 정치적 역학이나 재벌구조, 계급관계, 남·북한 관계 등 예민하지만 반드시 짚고 넘어가야 할 아픈 지점들을 제대로 건드리지 않은 채 미래의 청사진만을 강조했기 때문이다.

자본주의 세계제패의 이론적 표현인 세계화론, 동아시아 발전론, 박정희 신드롬 등 실천적이고 이론적으로 중요한 쟁점들은 모두가 정치적인 배경에서 도입·확산되었다. 그 때문에 일관된 철학적·방법론적 기초가 없었다. 따라서 그것은 정권과 체제 옹호의 논리로는 기능할 수 있었을지 모르나, 우리 민족과 민중의 발전에 기여할 수 있는 생산적 결과를 가져오기에는 너무나 부족함이 많았다. 이들은 한국 경제, 한국인의 행동, 정치와 사회 등에 대해 부당한 전제에서 출발하는 경우가 많았고, 사실의 중요한 부분을 무시한 채 논증하고 결론을 이끌어냈다. 예를 들어 자본주의가 세계적으로 확산된 오늘날에 계급적·정치적 노동운동보다는 국민적 조합주의와 노사타협 체제가 필요하다는 주장은 한국의 축적 구조와 노사관계의 기본질서에 대한 사실이나 전제가 생략되어 있다.

1997년 12월 3일 이경식 한국은행 총재, 임창열 부총리, 미셸 캉드쉬 IMF 총재가 구제금융 협상 타결을 알리고 있다.

따라서 그러한 대안들은 노동자 및 노사문제 관련 당사자들에게 어떠한 생산적인 지침도 내려주지 못하고, 오직 진보적 노동운동을 탄압하는 명분으로만 활용되었다. 21세기론이나 정보화 담론 역시 때때로 계급지향적 노동운동을 비롯한 집합주의적 사회운동을 비판하는 무기로 활용되었다.

이러한 담론들은 정부나 언론, 기업체 연구소의 관련 연구자들에 의해 주도되었다. 이들이 유포하는 논리는 어떤 철학적 원칙이나 일관된 이론에 기초하기보다는 권력과 재벌의 이해를 대변하는 데만 일관되어 있다. 특히 기업체 연구소는 기업의 이윤추구 외에는 어떠한 사회적·공적 책임의식을 가지지 않는다. 이들은 시장경제를 옹호하면서 재벌체제를 고수하는 이율배반적 태도를 취하며, 국가경쟁·개방·세계화라는 명분을 내세우며 19세기적인 경영구조와 기업활동의 관행을 옹호한다. 공정한 경쟁이라는 논리는 오직 기업에 대한 정부의 간섭 축소를 요구할 경우에만 사용되었으며, 재벌기업의 부당한 시장지배를 논할 경우에는 거론되지도 않았다. 이들은 시장이라는 보편적인 잣대를 그렇게 강조하면서 "우리의 현실경제"는 소유와 경영의 분리를 전면적으로 수용하기 어렵다는 억설을 늘어놓고 "외채망국론은 기우"라고 주장하다가 IMF 구제금융을 받게 되자 국민 모두에게 책임이 있다고 몰아세우는 궤변을 남발했다. 시장 논리를 강조하는 재벌기업의 대변자들이 IMF에 대항하여 민족적 이익을 강조하는 것이야말로 희극의 극치라 할 것이다. 이것이 오늘날 지식인 사회를 주도하고 있는 우리의 사회과학 담론의 현주소다.

따라서 지식인 사회가 오늘의 위기를 읽지 못한 것은 어쩌면 당연한 결과다. 냉전 논리, 재벌 논리가 비판적·대안적 지성의 성장을 억제하고 자본주의를 비판하는 것 자체가 악이 되며, 학문정치가 학술연구를 압도하는 조건에서, 위기를 읽을 줄 아는 자율적이고 책임 있는 학문사회는 애초부터 성립할 수 없는 것이었다.

한국 학계의 식민성과 공리공론성

한국 자본주의의 성격 규명, 군부독재정권 이후 민주주의 심화와 발전 문제, 사회적 갈등과 통합 문제 등의 사회과학적 쟁점이 논의의 뒷전으로 밀려난 것은 무엇보다도 우리 학계의 고질적인 식민성 및 공리공론성과 관련이 있다. 식민성과 공리공론성은 상호 연관되지만, 하루아침에 생겨난 것이 아니다. 그것은 적어도 수백 년의 역사를 지니고 있으며 우리 모두의 뼛속 깊숙이 스며들어 있다.

나는 수년 전 동아시아 및 한국 경제 전문가라고 할 수 있는 앨리스 암스덴Alice Amsden이 『동아일보』 칼럼에서, 대기업이 가장 전형적으로 발달한 한국에서 한국 대기업을 전문적으로 연구하는 경제학자가 없다고 꼬집는 글을 읽은 기억이 있다. 대기업을 주제로 하는 국제학회에서 한국인 학자들이 거의 참석하지 않는 현실을 지적하면서 그런 가혹한 비판을 한 것이다. 암스덴이 지적한 대로 한국의 독특한 재벌기업에 주목하여 비교경제사적인 측면에서나 순수 거시경제적 측면에서 그 효과와 한계를 정리한 경제(사)학자가 있었다면, 경제학적인 인식지평을 여는 동시에 한국 경제가 안고 있는 문제에 대해서도 좀 더 과학적인 인식을 가질 수 있었을 것이다. 그러나 불행하게도 우리가 신문이나 잡지, 학술 논문에서 읽었던 주류 경제학자들의 글은 미국 사람이 썼다고 해도 이상하지 않은 내용 일색이었다고 한다면 지나친 생각일까? 막스 베버Max Weber가 갈파했듯이, 시장이란 본래 순수경제적 제도가 아니라 정치제도이자 사회제도다. 소비자의 행동이나 노동자의 행동은 더더욱 그러할 것이다. 그런데도 우리가 경제학자들에게서 듣는 내용은 오직 최대의 이익을 추구하는 합리적 행위자 모델뿐이다. 그들은 한결같이 국가의 개입을 축소하고 시장의 기능을 활성화하자고 주장한다.

정치학이나 사회학의 경우도 다르지 않았다. 민주주의 공고화consolidation의 이론이나 조합주의corporatism적인 계급타협론, 시민사회론과 신사회운동론 등은 1987년 이후 한국 사회의 변화와 발전을 다루는 데 가장 자주 동원된 개념이다. 그러한 개념들은 모두 소련과 동유럽 사회주의권 붕괴 이후의 사회 변화, 군부독재 이후의 정치사회 변동을 다룬 미국과 유럽 학자들의 개념에서 원용된 것임은 두말할 나위도 없다. 우리의 민주화나 자본주의 발전의 경로가 이들의 경험과 같은 맥락에서 진행되었다는 점에서 개념의 차용을 탓할 수는 없다. 그러나 문제는 1987년 이후 10년의 세월이 지나도록 개념과 이론틀에 대한 비판적 검토를 통한 재구성 작업 없이 그것을 반복적으로 사용함으로써 사실상 오늘의 위기에 이르는 정치경제적 역학이나 구조-행위 차원에서의 변동 과정을 거의 설명하지 못했다는 점이다. 이러한 개념들은 문민정부에서도 여전히 지속된 극우반공주의의 공세, 군부독재자를 대신해서 등장한 문민 지도자의 권위주의 독재, 민주화 이후에도 변함없이 지속된 전근대적 붕당정치, 대중의 지역주의 투표행태나 노동자들의 기업 이기주의 등 허다한 사회현상들을 오직 민주화 과정에서의 예외적 도정으로만 치부하면서 본격적인 탐구 주제로 삼지 않았다.

1990년대 중반 이후 한국에 만연한 유교자본주의론이야말로 식민성의 극치를 이룬다. 만약 그것이 과거 박정희 시대나 전두환 정권 시대에 한국의 경제학자들이나 사회학자들에 의해 제기되었다면 정권을 비호한다는 비난을 받았을지 모른다. 또는 아마 막스 베버의 『프로테스탄티즘의 윤리와 자본주의 정신』과 비견되는 이론적 문제 제기로 서구학자들의 주목을 받았을지도 모른다. 그러나 불행히도 그것은 일본 자본주의의 성공과 동아시아 자본주의 성공에 주목한 미국 학자들에 의해 먼저 제기되었고, 한국의 학자들이 그것을 역수입했다. 서양 사람들은 유교가 얼마나 성차별을 정당화하고 가부장적 노동 억압을 정당화하는 사상인지 '체험'하지는 못했다. '밖'의 눈으로 보면 성공은 아름답고, 그 이면의 고통은 보이지 않는 법이다. 그러나 유교적인 가족질서, 식민지와 군사독재를 알고 있는 학자라면 결코 유교를 그렇게 찬양하지 못할 것이다.

이론에서의 식민성은 정서와 문화에서의 식민성이 그러하듯이, 대세를 추종한다는 점, 자신의 눈과 관찰을 중시하기보다는 대국大國의 학자들이 무엇을 중요시하는가를 우선 고려한다는 점, 원칙보다는 표피적 현실에 지나치게 좌우된다는 특징이 있다. 지난 5~6년 동안의 한국 사회과학계를 돌아보면 우리는 이러한 특징을 쉽게 발견할 수 있다. 우선 실제의 현상과 사실을 대상으로 하는 연구가 거의 없다. 실물경제, 실물

정치, 실물사회에 대한 기초 연구가 완전히 실종되고 추상적인 언명들로 난무하다. 사회학의 경우 조사연구research가 거의 실종되었다. 농촌 조사, 노동 조사, 기업체 조사, 소비실태 조사 등은 석사·박사학위 논문이나 정부연구소의 프로젝트에서 조금 다루어질 뿐, 이론적 관점에서 출발한 본격적인 연구작업으로서 진행된 경우는 거의 없다.

공리공론성은 한국 학계가 안고 있는 가장 큰 병폐인데, 이는 이론의 식민성과 깊이 관련되어 있다. 문제의 출발이 자신을 둘러싼 현실이 아니므로 오로지 "누가 무슨 말을 했다", "요즘 서구에서는 무엇이 중요하다"라는 논의가 중요하게 고려된다. 자고로 사회의 미래를 조망하려면 나의 처지와 다른 사람이 제시한 훌륭한 생각들을 결합해야 할 터인데, 우리 사회에서는 나의 처지는 생략되고 오직 남이 좋다고 생각하는 것만이 나에게도 좋을 것이라고 가정한다. 그래서 그들이 중요하다고 말하면 곧바로 수입하여 우리도 그쪽으로 나아가자고 주장한다.

물질적 자원과 정보의 제약으로 구체적인 현장에 접근하기 어려운 진보 사회과학자들은 더욱더 공리공론주의에 빠져들 위험이 있다. 특히 경험적인 자료들은 반드시 이론에 반하는 내용이 많으므로 마르크스주의 원칙을 지키면서 경험적인 자료를 다루기란 보통 어려운 일이 아니다. 1990년대 자본주의 승리의 물결 속에서 완전히 주변부로 밀려나서 발언권을 잃은 마르크스주의 경제학자들에게 오늘의 책임을 묻는 것은 온당하지 않을 것이다. 그러나 최소한의 연구 여건과 논문을 발표할 수 있는 지면을 가졌다는 점에서 그들 역시 책임의 일부를 공유하고 있다. 사실 도덕적인 차원에서 보자면 그들은 더 많은 책임이 있는지도 모른다. 왜냐하면 그들이 한국 경제에 대한 연구를 포기하면서 우리는 오직 정부연구소나 기업연구소에서 만들어낸 자료를 통해서만 한국 경제를 읽을 수 있었기 때문이다. 마르크스주의자이기 이전에 그들 역시 오랜 공리공론주의 전통의 후계자임에 틀림없다.

대학의 부패와 기능 부전

이 정도로 이야기하면 언론에서 말하는 "그동안 학자들은 무엇을 했는가"라는 학자들의 직무유기론과 별 차이가 없다. 사실 더 중요한 것은 학자들의 재생산구조, 즉 대학과 대학교육을 담당하는 정부 당국에 있다. 즉 연구와 학문활동이 부재한 우리 대학이 이러한 결과를 낳았고, 앞으로도 낳을 수밖에 없는 것이다.

우리는 세계화·정보화로 상징되는 1990년대의 학문정치가 바로 대학과 학자들에 의해서가 아니라 정부연구소나 기업, 그리고 이들 기관과 가까이 지내는 학자들에 의해 주도되었다는 점을 주목해야 한다. 사실 우리 역사상 전무후무한 사회과학의 전성시대로 기록될 1980년대의 논쟁도 학자나 대학의 주도로 개척된 것이 아니라 사회운동과 출판운동의 진전으로 가능해졌다는 것은 주지의 사실이다. 따라서 운동이 약체화되면서 출판시장이 위축되고, 사회과학도 더불어 실종되었다. 대학은 과거나 현재나 이 흐름의 주변에 존재했다. 학문적 방법론이나 원칙, 학파의 형성에 중심적 역할을 해야 하는 대학이 우리 사회의 사회과학 논쟁의 주변에 존재하고 있는 것이다.

1998년 2월 17일 민주교수협의회와 학술단체협의회에서 "학문정책을 세우자"라고 제창했지만, 우리의 대학에는 교육은 있어도 학문은 없고, 교육정책은 있어도 학문정책은 없다고 해도 지나친 말은 아닐 듯싶다. 그리고 교육정책 중에서도 초·중등교육 정책은 있어도 고등교육 정책은 사실상 없는 것이나 마찬가지다. 특히 사회의 생산력 발전과 직접 연결되지 않는 것으로 보이는 인문 분야의 대학 및 연구 관련 정책은 최근 들어 약간의 연구 진흥을 위한 지원을 제외하고는 거의 찾아볼 수 없다. 한국의 대학원은 사실상 대학의 곁다리로 존재하는데, 가르쳐야 할 학문이 대부분 수입되므로 대학원은 연구의 전당이 아니라 오직 석사·박사 졸업장을 주는 기능밖에 하지 못한다.

한국의 대학 교수 집단은 경제적으로는 그렇지 않을지 모르나, 어떤 세력으로부터도 도전받지 않는 특권층 중의 특권층이다. 전문직 집단인 변호사 집단이나 의사 집단만 하더라도 자체의 직업조직이 있어서 자정自淨의 노력을 하면서 직업윤리를 세우려고 한다. 그러나 대학은 학생으로부터도, 그리고 아직 교수 집단으로 진입하지 못한 아웃사이더(시간강사)들로부터도 도전받지 않고 특권을 향유하고 있다. 한때 서울대의 자연과학계 교수들이 자체 평가를 제창하며 내부의 평가체계를 세우려는 시도를 해서 신선한 충격을 주었지만, 그것은 극히 일부의 움직임에 불과하다. 대다수 대학의 대학원생이나 연구조교는 사실상 교수에게 예속되어 있으며, 어떠한 비판도 제기하지 못하는 정신적 노예상태에 있다.

한국의 대학은 사실상 중병을 앓고 있다. 단지 구성원 그 누구도 중병이라고 공개적으로 떠들고 다니지 않기 때문에 마치 병이 없는 것처럼 보일 뿐이다. 교수 임용시 금전수수 같은 비리와 도덕적 타락은 응당 용납할 수 없는 일이다. 더 심각한 점은 우리 대학에서는 비판도 논쟁도 없다는 것이며, 대학을 움직이는 논리가 학문적인 논리가 아닌 정치의 논리와 경제의 논리라는 것이다. 우리의 정치가 그러하듯이, 자신의 사상과 입장을 세우는 것이 상당한 위험부담이 되는 한국의 현실에서 박사과정생이나 젊은 학자들이 선배들과 충돌할 소지가 있는 주장을 내세울 리 없다. 결국 수입한 이론의 권위에 기대는 것이 가장 안전한 길이다. 그러니 대학이 연구기관으로 우뚝 설 날이 까마득하고, 교수들은 그저 '교사'로만 만족해야 하는 실상이 계속된다. 본래 자기주장이나 이론을 강하게 내세우는 사람은 성격이 원만하기보다는 고집이 세고 (이론적으로) 공격적이 되기 쉬운데, 한국의 대학 현실에서 그런 학자가 자리 잡을 곳이 있겠는가? IMF 사태가 발생하기 훨씬 전부터 한국의 사회과학은 이미 태생의 한계를 안고 있었다.

교수 집단은 1990년대 들어서 기득권층의 일부로 확실히 편입되었다. 그나마 1970년대까지 일부 남아 있던 선비정신을 지닌 학자는 대학에서 거의 사라졌다. 1990년대 이후 사회과학자들이 정부나 기업 발주의 연구 프로젝트에 참여할 기회가 많아진 것도 지식사회가 붕괴된 것과 무관하지 않다. 즉 세계화 담론의 거품 속에서 생산적인 논의가 빈곤했던 것은 학자들이 덜 중요한 일(외부 용역)에 너무 많은 시간을 빼앗겼기 때문이다. 이것은 어떤 점에서 보면 학자들의 체제 포섭 과정이었다는 점을 주목할 필요가 있다. 재벌기업과 부패한 권력은 나팔수가 필요한 법이다. 기업이 발주하는 외부 용역은 학자들의 고상한 의견을 듣기 위한 목적보다는 다분히 자신들의 부정적인 기업활동을 정당화하기 위한 장래의 네트워크를 구축하려는 '정치적' 목적에서 추진되는 경우가 많다. 1990년대 들어서 과거에는 생각할 수 없었던 엄청난 액수의 기업 발주 프로젝트가 관련 분야의 학자들에게 쏟아졌다. 그리하여 우리 사회의 발전 전망을 수립하는 데 필요한 연구과제의 수행과 문제 제기, 토론은 오히려 뒷전으로 밀려나기 십상이었다.

어쩌면 한국의 기업이나 기업체의 경제연구소에서 대학에 몸담고 있는 연구자를 무시하는 것이 당연할지도 모른다. 기업체의 연구자들은 그래도 생생한 자료를 만지면서 기업을 위해 필요한 생산적인 성과라도 내놓기 때문이다. 여기서 "장사꾼의 지식이 무능한 학자의 지식보다 낫다"는 비판이 제기되는 것이다. 비록 이러한 주장은 온당하지 않지만 책상

머리에 앉아서 뭔가 중요한 일을 한다고 말하면서도 당면한 문제에 대해 전혀 도움을 주지 못하는 지식인들에게 강력한 도전장임에 틀림없다. 유신정권과 제5공화국 정권의 나팔수들은 여전히 건재하다. 그들은 스스로 정당성을 외치지만, 그들의 주장을 완전히 잠재우고 탈냉전·세계화 질서 속에서 한국 사회가 나아가야 할 길을 제시하는 이론은 보이지 않는다. "미국이 한국을 시장의 논리에 내맡기지 않고 IMF의 구제금융을 받게 한 것은 역시 양국이 맹방임을 입증하는 일"이라는 주장이 나오는 것이 우리의 현실이다.

새로운 사회구성체 논의를 시작하자

1998년 2월 25일 대통령 취임식을 전후하여 일부 방송은 1980년대 영국의 마거릿 대처Margaret Thatcher의 개혁을 특집으로 보도했다. 이는 한국 언론을 이끌어가는 사람들의 시각과 문제의식을 단적으로 보여준다. 즉 한국의 지배 엘리트나 지식인들은 위기의 한국 사회를 1980년대 로널드 레이건Ronald Reagan이나 대처가 추진했던 방향으로 끌고 나가려는 신자유주의적 시야를 보여주었다. 물론 그들의 신자유주의는 미국의 비위 거슬리지 않기의 냉전주의, 재벌 옹호론과 잡탕을 이루고 있으며, 일관된 철학이나 비전에서 나온 것도 아니다. 그러나 IMF 구제금융하에서 신자유주의 개혁을 추진한 멕시코, 칠레 등이 어떻게 일그러진 경제사회 시스템을 갖게 되었는지 우리는 잘 알고 있다. 따라서 신자유주의 개혁이 사회정치적으로는 물론 경제적으로도 유지가 가능하고 효율적인 체제를 만들어낼 수 있을지 의문이다.

위기에 처한 한국 현실에서 사회과학은 바로 이 문제에 답을 주어야 한다. 특히 진보 사회과학은 세계화된 자본주의 질서·시장주의가 어떻게 인류의 문명을 야만상태로 몰아넣을 수 있는지를 분명히 비판하여 밝혀낸 다음, 그러한 비판을 기초로 삼아 한국 사회의 발전 모델을 제시할 책무가 있다. 현재 한국에는 일관된 철학을 지닌 정치집단, 관료집단, 지식인 집단이 존재하지 않는 것 같다. 6개월이나 1년 정도의 시간이 흘러 대통령의 장악력이 떨어지기 시작하면 또다시 냉전주의, 천박한 재벌옹호론이 득세할 가능성이 높다. 이를 막기 위한 방법 중의 하나가 사회과학계나 지식인 집단에서 한국의 개혁과 발전 방향에 대해 나름의 원칙과 방향을 세우는 것이다.

따라서 우리는 한국 사회의 성격과 방향을 둘러싼 사회구성체 논의를 다시 시작할 필요가 있다. 1980년대의 거대담론 위주의 추상적 사회구성체론은 이제 쓸모가 없기 때문에 더 이상 반복해서는 안 된다. 그러나 경제·정치·사회를 총체적으로 파악하려 했던 문제의식, 실천적 과제를 학문적 논의와 연결하려 했던 문제의식은 발전적으로 계승할 필요가 있다. 어느 때보다도 사회과학자들의 분발이 요구되는 시점이다. 남·북한의 긴장이 완화되고 통일 문제가 본격적으로 제기되면, 통일된 사회건설을 위한 논쟁이 또 한번 벌어질 것이다. 그때 또다시 이러한 위기론과 책임론을 반복하지 않으려면 21세기의 통일된 한국 사회 건설 방향을 지금부터 모색해야 한다. 그것은 사회과학을 세우는 작업이 될 것이다. 대학과 지식인 사회는 오늘의 IMF 사태를 지식의 생산자로서 새로거듭나는 기회로 삼아야 한다. 그렇지 않을 경우 우리는 더 이상 희망을 가질 수 없을 것이다.

/

한국의 지식사회에 독립적 지성은 존재하는가

오늘의 대학과 지식인

1990년대 중반 이후 대학생들을 대상으로 강연을 할 때면 "오늘날 지식인의 역할은 무엇인가"라는 질문을 종종 받는다. 나는 그러한 질문을 받을 때마다 "오늘날 대학생이 아직도 지식인에 속하는가. 아니면 예비 지식인으로서의 역할이라도 할 수 있는 위치인가"라는 질문을 던져본다. 조지훈이 4·19 직후 "4년만 마치면 제군도 학사學士니 학사는 사士라, 제군은 민족의 힘으로 길러지는 선비"라고 말하면서 "이 혁명을 완수하고 밀고 갈 힘이 되고 그것을 계승할 사람은 대학생밖에 없다"라고 했을 때, 당시의 대학생은 분명히 지식인의 일원이었을 것이다. "자유의 종을 난타하는 타수의 일익"임을 자부했던 4·19 당시는 물론이거니와, "대학생들은 보이지 않는 민중의 염원에 부응하여 정치·사회·문화의 각 방면에서 한국 사회 내의 민족가치 실현을 추구해야 할 책임을 더욱 지는 것이다"라고 외치면서 반反유신의 가치를 내걸었던 1970년대 말에도 대학생은 분명 지식인으로서의 자의식을 가지고 그 시대의 정치적 요구를 받아들였을 것이다. 아마 광주의 비극적 기억을 '온 국민의 기억'으로 환기하려고 군사정권에 줄기차게 저항하면서 스스로 노동자의 일원이 되었던 1980년대 초반의 학생 투사들도 지식인과 민중의 관계에 대해 깊이 고민했을 것이다.

그러나 학생운동이 퇴조한 요즘의 대학 캠퍼스에서는 사회의 미래를 지고 나아갈 '청년', '예비 지식인'보다는 '오랜 입시전쟁에서 해방되기도 전에 불안한 장래 문제로 찌들어 있는 군상'을 더 쉽게 목격할 수 있다. 투사들이 사라진 학교에는 토론이나 힘찬 문제 제기가 사라졌고, 시 한 줄 소설책 한 권 읽지 않고 책보다는 영화를, 영화 중에도 명화보다는 만화영화를 즐기는 학생들이 넘쳐난다. 어떤 학생은 장학금을 받아야 하니 B플러스 학점을 A로 올려달라고 억지 쓰는 이기적인 행동을 보인다. 대학의 축제 마당은 술주정과 폭력이 난무하다. 지하철이나 버스에서 휴대전화로 큰소리로 떠들거나 강의 시간에 휴대전화를 켜놓고도 잘못되었다고 생각하지 않는 모습도 우리를 짜증스럽게 한다. 대학이 대중 교육기관이 되어버린 오늘날, 부모의 과보호와 입시의 중압감으로 정신적 성숙이 지체된 대학생들은 어떠한 문화에도 닻을 내리지 못하는 정신적 미아가 아닌가 하는 생각이 든다. 지식인, 지성인이라는 개념은 오늘의 대학생과는 너무나 거리가 멀다는 것을 실감하지 않을 수 없다.

그런데 곰곰이 생각해보면 학문적 능력의 부족을 부끄러워하기보다는 교수로서의 안락한 지위에 만족하는 '대학 선생'들이 더 문제가 아닐까. 자신이 뱉어놓은 말을 여반장으로 뒤집으면서도 해명 한마디 없고, 권력이 불러주면 평소의 주장과 소신을 내팽개치고 달려가지만 문제가 생기면 책임을 지지 않는 지식인들, 패거리 문화에 안주해서 약간의 변화에도 알레르기 반응을 보이는 대학 교수들이 학생보다 더 낫다고 말할 수 있을까? 학생들이 지배문화의 일부로 편입되었듯이, 이제 교수나 언론인들도 확실하게 지배체제의 한 구성원이 된 것일까? 소매에 물이 흘러 들어가는데도 머리 숙이기 싫어서 꼿꼿이 서서 세수하기를 고집하던 신채호 선생 같은 사람들의 행동이나, 해직의 고통을 당하여 내일의 찬거리 때문에 머리가 어지러울지언정 내키지 않는 글은 결코 쓰지 않았던 1960~1970년대의 언론인이나 학자의 행동도 이제는 역사책에서만 찾아야 하는가? 만약 이러한 유형의 전통적인 지식인들이 오늘날의 자본주의 시대에는 맞지 않는 옛날 선비의 잔영이라고 말한다면, 최저 임금 문제로 대통령과 의견이 충돌하자 더 이상 노동부장관직을 맡을 수 없다며 물러난 미국의 로버트 라이히 같은 '자유주의' 학자의 행동에 대해서 우리는 어떻게 평가해야 할까?

텔레비전이나 신문에는 수많은 학자, 언론인들이 이러쿵저러쿵 문제를 해석하고 진단하지만, 우리에게 새로운 시야를 열어주는 신선한 시각이나 주장이 드문 것은 무슨 까닭인가? 대학은 커지고, 대학생은 넘쳐나며, 대학 교수의 수는 늘어나고, 자고 나면 새로운 학술잡지가 만들어지고 있지만, 책방에 가면 과거에 그러했듯이 여전히 번역서가 판을 치는 것은 무슨 까닭인가? 외환 위기를 맞이했는데도 그런 국가적 대란을 극복하기 위한 힘찬 대안을 제시하거나, 이 문제에 대처하는 과정에서 유교적 지식인이 목숨처럼 중히 여겼던 사±의 정신이나 근대 서구의 전문직업인profession 윤리를 가지고 행동하는 사람을 쉽게 발견하지 못하는 까닭은 무엇인가?

OECD에 가입하고, 시장이 개방되고, 금융이 국제화되는 상황을 겪으면서도 어느 누구도 시장의 개방, 외국 금융자본의 유입이 한국 경제와 사회에 가져올 위험성을 본격적으로 제기하지 않았다. 그들에게 부족했던 것은 경제학 전문지식이 아니라 그 지식을 우리의 총체적 맥락 속에서 재해석하는 능력, 정치적 불이익을 감수하더라도 자신의 소견을 발표할 수 있는 지적 용기였다. 그것은 기득권의 단맛을 지식에 대한 책임 의식과 너무 쉽게 바꾼 결과가 아니었나 생각한다.

그렇다면 한국의 대학(생)과 지식인 사회가 이렇듯 정신활동으로부터 멀어진 이유는 무엇일까? 저무는 1990년대에 서 있는 오늘, 우리에게 여전히 지식인의 역할이 요구된다면, 그 까닭은 무엇이며 또 어떻게 해야 하는가?

왜 책임감 있는 지식인이 없는가

일찍이 한국의 대표적인 우익 언론인이자 문인이었던 선우휘鮮于煇는 "한국의 지적 풍토는 한마디로 지극히 래디컬하다. 그 사고가 근원적일수록, 그 행동이 과격할수록 더 잘 받아들여지는 풍토다"라고 탄식한 바 있다. 그는 "지성은 반드시 반항을 뜻하며, 그 행동은 반드시 현실 부정적인 것이어야 하는가"라고 물으면서, 끝내 "나는 왜 한국의 지식인이 그렇게 래디컬한지 이해할 수 없다"라고 답했다. 아마 한국에서 반공주의나 자유주의를 옹호하는 사람이라면 누구나 이와 비슷한 의문 혹은 불편한 심정을 가졌을 것이다. 군사독재 시절에는 적어도 반정부적 행위로 교도소 한번 가보지 않고서는 어디 가서 명함을 내밀지 못하는 분위기였던 것이 사실이기 때문이다.

돌이켜보면 일제강점기 이후 우리의 지배질서는 친일파, 군국주의자, 친미주의자, 반공주의자들이 이끌어왔다. 이들은 돈과 권력의 단물을 마음껏 누렸지만, 살아 있을 동안 전혀 존경받지 못했으며, 죽어서는 다산 정약용이 말했듯이 "시체가 미처 식기도 전에 그런 사람이 있었던가"라는 말처럼 기억되지 못하는 존재가 되었다. 반면에 일제강점기 이래 우리의 기억 속에 남아 존경받거나 추앙받는 사람은 하나같이 죽도록 고생하고, 살았을 때는 인정받지 못했던 사람들이다.

권력과 돈의 단물을 누린 사람은 왜 존경받을 수 없는가, 항변할지 모른다. 형식논리적으로는 편하게 살면서도 존경받는 인간이 될 수 있을 것이다. 그러나 실제 역사에서, 특히 한국과 같이 고난의 현대사를 겪어온 사회에서는 그것이 불가능했다. 즉 자신의 입장과 생각을 세우려는 사람, 민족과 국가의 미래를 고민하는 사람, 일관된 입장을 견지하려는 사람, 자신이 옳다고 생각하는 것을 가르치거나 글로 쓰려는 사람은 예외 없이 권력으로부터 탄압을 받았다. 설사 직접적인 탄압을 받지 않았다고 하더라도 생계 유지의 절박한 현실 앞에서 자신의 생각을 포기하는 경우가 많았다. 따라서 애초에는 올곧은 생각을 갖고서 출발한 사람도 변신과 훼절, 전향의 과정을 겪지 않을 수 없었다. 한국에서는 자유주의자이건 마르크스주의자이건 독립적인 지식인이 된다는 것은 투사가 되는 길이었다.

그러므로 선우휘가 품은 의문에 대한 답은 너무나 명백하다. 만약 일제강점기 체제가, 한국전쟁 중 남·북한의 위정자들이 그리고 분단 이후 남한의 권력자들이 자유로운 사고를 추구하는 지식인이 설 자리를 조금만 허용했더라도, 단지 래디컬하다는 이유로 존경하거나 반대로 보수적이라는 이유로 비판받는 일은 없었을 것이다.

그동안 역대 정권을 거치면서 권력의 정당성을 갖지 못한 지배자들은 '생각하는 사람'들을 대우해주기는커녕 그들의 '회의주의'를 못 견뎌했고, 인간의 사상과 양심을 통제하는 죄악을 저질렀다. 이 점에서 박정희가 저지른 죄과는 대단히 크다. 그는 '데모'의 비애국성, 언론의 무책임성, 지식인의 옹졸함을 질타하면서, 스스로가 국가와 민족의 장래를 책임지는 존재라 자임하고서 다른 방식의 애국의 길을 봉쇄했다. 학생들은 심심해서 데모하는 것이 아니고, 언론은 기삿거리가 없어서 비판하는 것이 아니며, 지식인은 국가와 민족을 사랑하지 않아서 군사정권에 협력하지 않은 것이 아니었다.

히틀러가 그러했듯이 독재자들은 언제나 책임성이라는 명분과 자신이 지식을 독점하고 있다는 자만으로 인해 사색과 토론을 통한 진리의 추구, 합의와 설득을 통한 대중적 지혜의 창출을 두려워한다. 그런 다음 그들은 학생, 지식인, 언론이 두려워서 침묵하는 것을 자발적으로 침묵하는 것으로, 먹고살기 위해서 협력하는 것을 적극적으로 협력하는 것으로 착각한다. 군사정권이 우리 역사에서 저지른 가장 큰 잘못은 바로 일제강점기를 거치면서 어떤 자생적 이념이나 사상도 만들어내지 못하는 불구가 되어버린 지식인들을 권력의 힘으로 또 한번 죽인 것이었으며, 그들에게 생각할 공간을 허용하지 않고 권력과 금력에 굴종해야 살아남을 수 있다는 '소시민의 철학'을 심어주었다는 것이다.

아카데미즘 혹은 자유롭고 독립적인 사고라는 것은 대다수 국민이 절대적인 빈곤과 고리채에 신음했던 1960년대 초의 상황에서는 사치였다고 말할 수도 있을 것이다. 그러나 더 심한 환란을 당한 조선시대에도 임금이 산중처사의 지혜를 구할 때는 장사꾼을 대하듯이 하지 않았다. 이들 역시 밥을 먹어야 하는 존재이기는 하나, 돈과 권력의 힘으로써 이들을 유혹하는 것은 참 배움과 지식을 추구하는 이들에 대한 인격 모독이었기 때문이다. 세상을 다스리거나 돈을 벌어서 사람들을 먹여 살리는 처지에 있지 않은 지식인이 당면의 현실에 대해 '무책임'한 것은 어느 정도 사실이다. 그러나 책임성을 현행 질서 유지에의 기여나 당장의 가시적 이윤 창출로 해석할 경우, 오늘의 질서 유지는 내일의 더 심한 무질서로 나타날 수 있고 오늘의 이윤은 내일의 고통으로 이어질 가능성이 커진다. 권력의 힘으로 을러대고 돈으로 유혹하면 넘어가지 않을 장사가 없을 것이다. 그러나 여기서 비극은 시작된다. 모두가 타락하고 변절하고 상식보다는 눈앞의 이익과 편의주의에 호소할 때, 누구도 자신의 목소리를 내지 못할 때, 그 사회는 붕괴할 수밖에 없다. 한국의 근대, 한국의 자본주의라는 것은 바로 그것이다.

사실 일제에 협력한 이광수와 최남선은 조선의 천재였으며, 박정희 정권 이후에 평가교수단의 일원이 되고, 국민교육헌장을 기초하고, 장관이 되고 정치인이 된 학자와 지식인들은 가장 우수한 인재였음이 틀림없다. 그러나 그 우수한 인재들이 민족의 장래, 사회의 장래를 밝히는 등불이 되지 못하고 권력의 하수인이 되어 민족과 사회를 잘못 이끌지도 모르는 권력의 서기가 되었다는 사실이야말로 우리 역사의 비극이다. 자신이 협력했던 정권이나 지도자가 무너졌을 때, 그들은 정신적으로도 육체적으로도 폐인이 되었다. 그것은 이들이 정치에 참여했기 때문이 아니다. 자신의 생각이나 소신과 무관하게 정치에 참여하고 지배 세력에 협조했기 때문이다. 만약 그들의 정치 참여, 정부에의 협조가 평소 생각이나 소신을 펴는 기회로 활용되었더라면, 그들은 다시 대학으로 돌아가서 학문적 업적을 쌓을 수 있었을 것이다. 일본의 개화 선각자인 후쿠자와 유키치福澤諭吉가 일본의 독립을 촉진하기 위해서는 학자들이 관리가 되기보다는 민간에서 독립적인 학자로 활동하는 것이 더 중요하다고 말했던 이유를 이제 우리는 이해할 수 있다.

지식인의 정신적 파탄은 개인적 불행으로 그치지 않고 지식인 일반, 나아가 사회 전체를 황폐하게 만든다는 점에서 심각하다. 일제강점기에도 이광수와 최남선의 변절을 본 식자들은 절망하고 회의하고 자학했다. 그들이 돌아서는 것을 본 상식 있는 평범한 사람들은 정치에 등을 돌리고 허무주의에 빠졌으며, 한편으로는 '살아남는 것이 진리'라는 한국식 생의 철학을 내면화했다. 그리하여 오늘날에도 어떤 사람이 신문에 나고 텔레비전에 얼굴이 자주 나오면 "저 사람 곧 정치권으로 가겠구나"라고 짐작한다. 정치권으로 간 다음 그의 행동에 대해서는 누구도 질책하지 않는다. 이러한 반응의 이면에는 "당신이 콩으로 메주를 쑨다고 해도 나는 나의 길을 간다"라는 지식인에 대한 엄청난 불신, 정치인이나 권력자에 대한 불신에서 비롯한 허무주의적인 다짐이 동시에 존재한다.

박정희를 비롯한 군사정권이 지식인을 능멸하고, 권력의 힘을 벗어날 길이 없다는 것을 간파한 영리한 지식인이 그러한 질서에 편승한 결과는 바로 오늘의 문화적·도덕적 위기, 나아가 정치·경제의 위기로 나타나고 있다. 책임성을 독점하겠다는 지배자들의 언명은 진정으로 책임지라는 목소리를 사회에서 없애버렸다. 선거에서 승리를 지상 목표로 삼는 정치인, 공무원의 무책임과 무소신, 상상을 초월하는 부패와 부정, 돈을 받고 교수를 채용하는 대학의 도덕적 타락이 바로 그것이다. 오늘날 한국이 문화후진국이 된 것도 바로 '생각하는 사람'이 생각을 체계화하고 유포할 수 있는 기회를 없애고, 그들을 기회주의자로 만들고, 대학을 국가의 부속품으로 여긴 결과가 아니고 무엇인가?

한국 지식사회의 황폐화란 바로 지배계급의 편에 서면서도 상대적인 독립성을 갖고서 지배질서를 옹호하는 양심적인 자유주의자의 부재, 바로 여기에서 기인한다. 따라서 한국에서 진리를 찾는 사람은 투사가 되었고, 이들 투사는 래디컬한 사상에 더 매력을 느꼈다. 일제나 대한민국이 만든 대학은 식민지 질서, 분단 질서, 자본주의 질서를 옹호하는 지식인을 길러내기 위해 설립되었지만, 그러한 기관에서 교육받는 일부 사람은 체제 비판적인 지식인이 되는 역설적인 결과를 낳았다.

지식의 역사를 경험하지 못한 한국 지식사회

그렇다면 지난 시절 정부를 비판하고 감옥에 간 사람들이 귀감이 되는 지식인이었는가? 1960~1970년대 민주화운동에 앞장선 학생과 지식인은 한국 지식인의 이상형인가?

물론 투옥과 해직을 각오하고 반정부 성명을 내거나 남북을 오가며 억압받는 대중 편에 선 문인, 학자, 종교인들은 그래도 우리 역사를 발전시킨 주체였다. 스스로 민중의 일원이 되어 그들의 삶을 개선하기 위해 노력한 1970~1980년대의 학생 출신 노동운동가들이야말로 스스로 견지한 철학과 이념, 세계 인식을 실천하려 했던 존재였음에 틀림없다.

그러나 비판의 논거, 행동을 뒷받침하는 일관된 입장과 사상이 갖추어지지 않으면, 그러한 행동은 일시적인 변화를 가져오는 데 기여할지 몰라도 궁극적으로 자신과 사회의 변화를 이끌어내기에는 역부족일 수밖에 없다. 여당이건 야당이건 운동권 출신 국회의원들이 보여주는 무기력한 모습과 아름답지 못한 행동, 사회의 씨줄과 날줄에 얽혀서 이상을 뒤로한 채 살아가고 있는 1970~1980년대 학생운동 세대의 모습이 이를 잘 보여준다. 이들이 한때 보여주었던 비판과 실천이 우리 사회의 변화에 기여했다는 점에 자족할 수도 있을 것이나, 그것은 아전인수격인 자위에 불과하다. 나는 이들이 그 후에도 어떤 형태로든 목소리를 내거나 계속 행동하지 못하는 것은 반드시 이들이 엄청난 정치적 억압을 받았거나 생존의 압박을 느꼈기 때문만은 아니라고 생각한다. 그것은 지식인에게는 생명과 다름없다고 할 바로 지식의 내용, 생각의 내용이 부재한 데서 기인한다. 래디컬한 지식인 역시 우리 역사가 낳은 자식들이라고 생각한다면, 그들의 행보 역시 한국의 지식 풍토, 대학사회, 교육체제가 길러낸 것임에 틀림없다.

사실 공부 안 하는 대학생, 공부 안 하는 교수, 공부 안 하는 공무원, 공부 안 하는 정치인의 모습은 어제오늘의 일이 아니다. 1950년대 대학가 서점에서 가장 많이 팔린 책은 연애소설과 법률 서적이었다. 이에 대해 당시 학자들이 개탄하는 글을 여기저기서 읽을 수 있다. 1960~1970년대의 대표적 지식인인 송건호 선생은 "지금의 대학생은 대체로 독서를 하지 않는다는 것이 공통 경향이다. 공부방이라는 것을 들여다보면 노트 몇 권, 학과에 필요한 교과서, 참고서 몇 권 꽂혀 있고, 어쩌다 달 묵은 잡지가 두어 권, 아니면 요즈음 베스트셀러라고 한창 화제가 되고 있는 묘한 이름의 책 한두 권이 꽂혀 있는 정도이다"라고 비판한 바 있다. 기성세대가 된 오늘의 30~40대는 예전 대학생들은 모두 독재정권에 반대하며 데모하고, 국가와 민족의 장래를 염려하고 정의감에 넘쳤다는 식으로 과거를 미화하는 경향이 있지만, 그것은 상당한 과장이다. 권력의 서슬이 시퍼럴 때 경찰에 잡힐 것을 각오하고 데모한 학생은 극히 일부에 불과했으며, 대다수의 학생은 당시의 유인물에서도 질타하고 있듯이 "카드놀이와 미팅에 열중했으며 학내 사태에 무관심한 채 극히 실존적이고 개인적인 문제에만 매달렸다."

교수들 공부 안 한다는 이야기도 1960년대 이후 오늘까지 줄곧 나온 소리였다. 미국에서 학위를 받고 돌아온 젊은 교수들도 초기에는 열심히 공부하지만, 자신이 배워온 것을 가르쳐서 먹고살 수 있는 기간인 5년을 넘긴 후에도 계속 새로운 분야를 개척하고 연구하는 교수는 거의 없었다. 젊은 학자들의 존경을 받는 원로 교수도 드물었다. 학생들은 과거에도 그랬고 요즈음에도 그렇지만 주로 젊은 교수의 강의를 찾는데, 그 이유는 그래도 젊은 학자에게 배울 것이 있다고 생각하기 때문이다. 한때 패기만만했던 교수들이 나이가 들어서도 학생들의 인기에 연연하지 않고 당당하게 가르치고 야단칠 수 있는 사람은 그리 많지 않다. 우리

학계에서는 스승과 제자의 관계가 성립하는 경우가 드물다. 교수에게 필요한 것은 인격 이전에 학문인데, 끊임없이 가르칠 내용을 만들어내지 못하는 교수가 스승이 되기는 어렵기 때문이다. 물론 카를 야스퍼스Karl Jaspers가 말한 것처럼 "학생들이 훌륭하지 못하면 아무리 훌륭한 교수도 무기력해진다"라고 본다면, 취업과 출세만이 관심사인 학생들에게 대석학이 나타난들 무슨 소용이 있겠는가?

한국처럼 유별나게 학생들이 공부만 하는 나라가 없는데, 공부해야 할 사람이 공부를 안 한다는 것은 무슨 소리인가? 그것은 한국에서 공부를 한다는 사람들은 입신출세를 위한 지식의 축적 외에는 관심을 기울이지 않았다는 말이다. 그들에게 필요한 것은 자격증과 졸업장을 따기 위한 공부였지, 그 이상도 이하도 아니었다. 이는 입신출세에 필요한 지식 외의 지식, 즉 어떻게 살아갈 것인가, 역사와 사회를 어떻게 올바르게 해석할 것인가 하는 물음에서 출발하는 공부는 애초부터 매우 희귀했다는 얘기다.

한국의 대학은 입신출세의 발판이었지 학문의 전당, 토론의 장, 사상의 진원지가 된 적이 없다. 1960~1970년대의 대학은 정치권이나 사회에 나가서 필요한 인적 네트워크를 만들고 졸업장을 따는 곳이었으며, 1970년대 말에서 1980년대 말까지는 반정부 투쟁의 근거지이면서 졸업장 따는 곳이었고, 1990년대 들어서는 다시 졸업장 따는 곳으로서 건재하다. 그래서 한국의 대학사를 쓰려는 사람은 데모의 역사 외에는 별로 쓸 이야기가 없다. 한국 대학의 역사는 지식의 역사가 아니다. 대학에는 지식인이 존재하지 않았다. 설사 대학 교수, 지식인이 존재했다고 하더라도, 그들은 잡지 등 학교 밖의 매체나 조직을 통해 역할을 했지 교수로서 역할을 한 경우는 많지 않다. 한국에서 대학의 진정한 권위는 애초부터 존재하지 않았다는 것이 내 생각이다.

1990년대 들어서 학생운동이 급격히 쇠퇴하고 데모에 참가했던 학생들도 쉽게 생각을 바꾼 것은 이제 상품의 질서가 한국에 본격적으로 뿌리내린 결과라고도 볼 수 있지만, 돌이켜보면 그동안 대학과 대학생들, 나아가 지식사회가 걸어온 궤적의 귀결이라고 할 수 있다. 지난 시절 학생들의 의식화 과정은 선배들에 의한 사상의 주입이지, 스스로 사고하고 판단하는 인간의 배양과는 거리가 멀었다. 그들은 왜 정부에 반대해야 하며, 자본주의는 왜 나쁜지를 치열한 논쟁과 탐구를 통해 깨닫는 기회를 갖지 못했다.

민족해방파NL는 계급론을 공부하지 않았으며, 민중민주파PD는 우리의 역사·문화와 민족 문제를 깊이 생각하지 않았다. 이들은 상대방의 주장을 통해 자신의 논리를 세우는 훈련을 받은 적이 없고, 자신의 주장만 독백처럼 반복하는 훈련을 받고서 데모하러 나갔다. 실존적 고민을 해결할 수 있는 사상적 지침 없이 얻은 철학 지식은 그들의 삶의 지표가 되지 못했다. 고등학교 때까지 주입식 교육을 받았듯이 대학에 들어가서는 선배들로부터 주입식 교육을 받았다. 그리하여 그 많은 학생운동가가 배출되었건만, 운동의 경험을 새로운 지식체계의 수립으로 연결시킨 운동가는 거의 없었다.

대체로 투쟁은 용감하고 자랑스러웠으나 사고는 지나치게 단순했다. 생각은 하늘에서 맴돌았으나 실생활은 관습과 전통에서 벗어나지 못했다. 권력을 비판하면서도 안이하게 권력을 통해 문제를 해결하고자 했다. 대중을 변화시키려 했으나 오히려 변한 것은 그들이지 대중이 아니다. 마루야마 마사오丸山眞男가 일본의 좌파를 향해 비판했던 것처럼, 한국의 래디컬은 "낡은 의식이나 인간관계를 이용하는 것이 쉽고 빠른 길이라 생각했다." 그러나 그러한 행동들은 운동이 퇴조하는 시점이 되자 뼈아픈 부메랑이 되어 돌아왔다. 세상을 바꾸기 위해서는 실천이 중요하지만, 실천을 위해서는 더 튼튼한 기둥이 필요했다.

이 점에서 나는 얼치기 서구화, 사상적·지적 전통의 단절이 우리 지식사회에 원죄처럼 작용하고 있음을 강조하고 싶다. 일본 제국주의는 전통적인 유교적 지식인의 단점은 물론 장점까지도 무참하게 짓밟았다. 미군정의 진주와 한국전쟁은 미국적인 것을 보편적인 것으로 이해하도록 만들었다. 앞에서 말한 것처럼 일제의 통치와 한국전쟁과 분단은 지식인을 기회주의자로 만들었다. 자신의 조그마한 생각조차 펼 수 없는 사회, 그리고 그러한 생각이 어디에서 연유한 것인지 깊이 천착해볼 수 없는 사회에서 배운 사람들은 자신의 머리로, 자신이 서 있는 입지를 살피려는 지적 용기를 갖기보다는 서구의 논리를 빌리는 전문가로서 자족했다. 학문사회는 서구, 특히 미국의 대학에서 배우고 돌아와서 그것을 전파하려는 사람들이 이끌어가게 되었으며, 그들로부터 배운 학생과 비판적인 청년, 지식인 역시 그러한 사고틀에서 벗어날 수 없었다.

자유, 민주주의, 계급의 개념은 우리 사회에서 비판적으로 검토된 적이 없다. 자유와 민주주의라는 근대적 개념은 파괴와 비판의 이념으로는 작용했으나, 건설과 교육의 이념으로는 체화되지 못했다. 1950년대 말 이후 수천 명의 학생들이 미국으로 유학 가고, 그들이 돌아온 1960년대에 우리 사회에는 서구의 자유주의를 학습한 학자들이 넘쳐났지만, 사상과 양심의 자유를 옹호하면서 군사정권을 반대한 사람은 거의 없었다. 역설적이지만 군사정권의 억압에 반대한 사람들의 대다수는 서구 자유주의의 세례를 받지 않은 민족주의자, 민족주의로 무장한 종교인들이었다. 결국 우리에게 자유주의는 실천으로 연결되는 사상, 혹은 지식이 아니었던 셈이다. 그것은 바로 자유의 이념이 우리의 존재조건, 사회 상황에 대한 깊은 성찰과 고민의 산물이 아니라 그러한 존재조건을 잊어버리기 위해, 절망과 허무에서 탈출하기 위해 택한 도피처로서의 성격이 강했음을 의미한다. 자유의 개념과 민주주의 개념은 학문적인 용어로만 사용되었을 뿐, 사상이나 철학으로서 현실을 해석하는 체계로 자리 잡지 못했다.

'구체'其體에 매개되지 않는 '보편'普遍은 삶의 철학으로 뿌리내리지 못하고, 생경한 관념의 나열로 그친다. 위기가 닥치면 그러한 관념들은 관습과 편의주의에 자리를 양도한다. 독립의 체험, 자유의 체험, 텍스트를 통해 생각의 밑천을 얻은 경험이 없고, 자신의 생각을 끝까지 밀고 나가는 문화적인 자신감과 용기를 갖지 못한 이들 불행한 지식인은 권력과 자본의 엄청난 흡인력에 쉽게 빨려 들어가버린다. 그리하여 한때 빛나는 현실 참여의 경력을 가진 한국 교회의 신학은 이제 너무나 보잘것없고, 세상을 뒤집을 것처럼 기세등등했던 1980년대 변혁의 이념은 이제 사람들의 뇌리에서 희미해지고 있다.

독립적 지성이 필요하다

우리 역사를 돌이켜보면 지난 30년간의 군사독재 기간, 아니 3·1운동 이후 80년 동안의 학생운동사는 바로 지식인으로서의 학생들이 주도한 근대 국가 건설 운동이었다. 그들을 민주화 투쟁으로 내몬 것은 전문성과 식견이 아니라 양심과 도덕, 책임감과 소명의식이었다. 그것은 근본이 서 있지 않은 사회에 근본을 세우기 위한 운동이었다.

그러나 우리는 근대 국가 건설의 과정을 제대로 거치지 않은 채 '만물이 상품화되는' 1990년대를 맞이했다. 즉 1987년 이전까지의 민주화 투쟁과 민족 통일운동이 일종의 국가 건설을 지향하는 혁명기적 운동의 연장이었다면, 그러한 운동의 성과는 1987년 이후의 민주화 과정에 제대로 착근, 체화되지 못했다. 그리고 그러한 조건에서 자본의 세계화, 신자유주의, 신세대와 소비문화의 출현을 맞이하게 된 것이다. 대학의 경우를 예로 들어보면, 어떠한 자생적 이론이나 학문적 전통을 수립하지 못한 채 출발한 한국의 대학은 '상품가치가 있는 성과물과 사람을 만들자'는 상업주의와 경쟁의 논리에 사로잡히게 되었다. 그리고 국가와 국민에 대한 개념도 수립하지 않은 채 지탱되어온 관료 조직은 이제 소비자의 요구에 부응하는 서비스 조직이 되어야 한다는 '작은 정부론'의 이데올로기를 무비판적으로 받아들이고 있다. 아직 민족문학, 민중문학도 제대로 수립되지 않았는데, 이제 말장난과 기교로 가득한 신춘문예 투고작들은 예술성과 사상적 깊이를 가진 문학의 시대는 지났다고 말한다. 사상은 없었는데 사상의 시대는 지났다고 하고, 지식이 없었는데 지식의 시대는 가고 정보의 시대가 왔다고 하며, 지식인을 보기 어려웠는데 이제 지식인의 시대는 가고 전문가의 시대가 왔다고 한다.

총체적 변혁을 지향하는 지식인의 시대는 지났다는 말에 어느 정도는 동의한다. 그러나 우리보다 훨씬 전문화되고 직업윤리가 확보되어 있는 미국 사회에서도 노엄 촘스키Noam Chomsky 같은 지식인은 사회의 양심으로서 역할을 수행하고 있으며, 프랑스에서는 피에르 부르디외를 비롯한 학자들이 가두에서 실업문제 해결을 외치고 있다. 이들은 기술 관료나 직업인이 자신의 일에 책임진다는 명분하에 파렴치하게 자행되는 국가의 부도덕과 부정의를 고발한다. 장 폴 사르트르가 강조했던 '지배자의 이데올로기에 대항하는' 비판적 지식인의 입지가 좁아지고 있는 것은 사실이나, 고도로 자본주의화된 사회에서도 지식인의 역할은 아직 종료되지 않았을뿐더러 새롭게 강조되는 측면이 있다. 그것은 바로 '일차적인 인간', 소비의 주체로 호명되는 인간들에게 자신을 인간으로 그리고 삶의 주체로 되돌아보게 하는 역할이 여전히 중요하기 때문이다.

혁명의 전위인 지식인이 당의 관료가 되었을 때 소련 사회주의의 붕괴는 예고되고 있었으며, 지식인을 자본의 노예로 만든 오늘의 자본주의는 심각한 정당성의 위기를 맞고 있다. 모든 사람의 소비와 기호가 동질화되는 사회에서는 이단자가 필요하다. 그들은 다른 세계의 존재를 보여줄 수 있는 존재다. 자본주의 사회에서 지식인이 완전히 독립적 존재가 되는 것은 대단히 어렵지만, 그들이 지적인 독립성을 지키려고 노력하면 할수록 지배질서를 뒤흔들고 새로운 질서를 창출하는 데 중요한 역할을 할 수 있다.

그러나 우리 사회는 이러한 동시대적 과제 이전에 여전히 근본의 문제와 씨름하고 있다. 역사의 발전 단계는 중첩될 수는 있으나 비약은 없기 때문이다. 그것은 소화되지 않는 개념과 관념의 편린들을 주무르면서 우리의 물질문명과 정신세계가 부정합적으로 지탱되고 있기 때문이다. 즉 우리는 그동안 외부에서 수입한 제도와 개념들인 '국가'를, '민족'을, '시장'을, '자유'를, '평등'을 우리의 것으로 고려하면서 선택해야 하는 과제를 여전히 안고 있다. 그것은 바로 우리의 '구체'에서 출발해서 '보편'의 정신을 갖는 지식을 만들어내는 일이다. 언론이 전통적인 지식 생산처인 대학을 압도하고, 오락과 소비문화가 젊은이들의 정신을 사로잡고 있는 오늘에도 인간의 삶이 존재하는 한, 그리고 현재가 역사에 의해서 이리저리 좌우되는 한 '생각'하는 집단은 있어야 하며, 그러한 집단에 의해 '생각'들은 계속 만들어져야 한다.

그러나 사고의 중심이 하나일 필요는 없으며 많으면 많을수록 좋다. 사고하는 사람은 정당에도 기업에도 노동조합에도 언론사에도 정부에도 시민사회 단체에도 필요하다. 이를 위해서는 사고하는 사람을 길러내는 대학 혹은 제도권 외곽의 지적인 서클이 바로 세워져야 한다. 또 대학 혹은 지적인 서클이 세워지기 위해서는 일관되게 사고하는 지식인이 존재해야 한다. 일관된 입장이나 생각을 가진 사람들이 있어야 비판과 토론이 가능하며, 비판과 토론이 있어야 대안이 만들어지고, 더 심오한 생각을 할 수 있다. 이러한 일관된 생각을 가진 사람이 수백 수천 명일 필요는 없다. 소수여도 좋다. 그러나 지식사회의 문화적 토양 없이는 이러한 소수가 만들어지지 않으며, 때로는 소수의 생각이 사회 전체를 움직일 수도 있기 때문에, 그것은 지식인 개인의 인식과 실천의 문제라기보다는 우리 사회 전체의 문제다.

이제 우리는 이 '상품'의 질서를 비판할 줄 아는 안목을 가진 신지식인, 구체와 보편을 결합할 수 있는 신지식인, 얼치기 서구화와 돌진적 근대화 과정에서 맹목적으로 수용해온 개념들을 하나하나 비판적으로 재해석하여 우리의 것으로 소화하는 능력을 가진 신지식인, 문화적 실천을 정치적으로 해석하면서 총체적 시야를 놓치지 않는 21세기형 신지식인을 창출해야 한다. 앞으로의 학생운동은 바로 그러한 지식사회를 만들기 위한 학술문화운동이어야 하며, 사회운동 역시 교육운동이자 문화운동이어야 한다. 그런데 다른 운동이 그러하듯이 그것은 바로 정치적인 투쟁일 수밖에 없으며, 대학사회, 지식사회와의 투쟁이고, 곧 자신과의 투쟁일 것이다.

2000

/

한국 사회운동의 현주소

사회운동의 분화

사회운동이란 무엇인가? 그것은 사회관계의 변화, 정치권력 담당 주체의
변화, 사회구성원의 이익과 권리의 분배체계의 변화를 지향하는 집합적
행동의 묶음이다. 사회운동의 성과는 정치권력 담당 주체의 변화 혹은
법과 제도의 변화를 통해 가늠할 수 있으며, 그것의 성패는 대중의 조직
화 능력, 운동 세력의 비전과 새로운 정치·사회질서의 건설 능력에 의해
좌우된다.

1980년대 말까지 국가 안보와 경제 발전을 위협하는 극히 위험한 운
동으로 탄압받던 새로운 노동운동이 크게 성장하여 전국단위의 조직화
(민주노총)에 성공했다. 그리고 각 영역에서 다양한 시민운동, NGO가 성
장하여 정치적 의사결정 및 시민사회 대항 세력으로 자리 잡았다. 법과
제도의 측면에서 보면, 자주적 노동조합운동과 노동자의 정치 참여를
억제하던 구시대적 노동법이 개정되었으며, 고용보험·산재보험제도의
확충, 국민연금제도와 국민기초생활보호법의 도입, 노사정위원회 설치

1997년 대통령 선거에 출마한 국민승리21의 권영길 후보.

등으로 노동자와 민중의 경제적·사회적 지위가 향상되었다. 한편 정보공
개법, 남녀고용평등법 등의 도입으로 시민과 여성의 권리도 크게 향상되
었다.

1980년대까지 정치적 민주화운동을 이끌었던 학생운동은 뚜렷이
퇴조했으며, 사회운동은 이제 노동운동과 시민운동으로 분화했다. 일각
에서 우려하듯이 이 분화 자체가 운동의 분열을 의미하는 것은 아니며,
오히려 한국 자본주의의 성격 변화 및 시민사회의 변화를 반영한 것이
다. 그러나 오늘의 시점에서 보면 두 운동은 구체적인 정치적 전망 혹은
국가 개혁의 비전을 공유하지 못한 채 개별적인 운동으로 존재하고 있
다. 특히 1997년 대선에서의 국민승리21, 그리고 2000년 4·13총선 이
전에 등장한 민주노동당은 운동의 정치화를 표방하고는 있으나, 사회운
동의 정치적 대표체로서의 위상과 지위를 갖추고 있지 못하다. 또한 사
회운동 세력은 신자유주의 세계화, 남·북한 정권과 남한의 거대자본 주

도의 남북 화해와 평화체제 구축의 움직임에 조직적으로 개입하지 못하고 있다. 따라서 이 시점에서 세계 경제나 한반도 정치에 급격한 변화가 오더라도 운동 세력은 그 변화에 주체적으로 개입하면서 물길을 돌릴 수 있을 만큼의 역량을 축적하지 못했다.

1980년대 이후 민주화 이행democratic transition을 겪은 남미 국가들과 비교해볼 때 한국은 군부를 완전히 퇴진시켰다는 점에서 민주화가 어느 정도 공고화된 사례라고 일부 정치학자들은 말한다. 그러나 한국의 경우 사회운동이 기존 정치적 균열구조의 변화, 즉 보수 독점의 정당 질서의 재편을 강제하지 못했다는 점에서 민주주의를 공고화하는 데 기여했다고 보기 어렵다. 즉 민주화운동이 군부정권의 퇴진을 가져온 것은 분명하지만, 퇴진 이후의 성과는 주로 군부정권하에서 육성된 세력이 독점했으며, 4·19 이후에 그러했듯이 운동 세력은 또다시 주변화되었고 일부만이 제도권으로 들어갔을 따름이다.

시대의 변화와 기로에 선 한국 사회운동

사실 우리는 한국의 1990년대를 어떻게 이론화 혹은 개념화해야 할지 잘 알지 못한다. 기성의 어떤 사회과학 이론에서도 세계체제의 반주변부로 성장한 한국의 1990년대를 정확하게 설명하지 못한다. 특히 1990년대의 한국은 다른 선진자본주의 및 후발자본주의 체제와 함께 지구적 자본주의의 영향권에 들어갔기 때문에, 개발독재 국가 주도의 자본주의가 정치적 민주화 과정에서 곧 지구화의 물결에 휩쓸려 들어간 사례가 된다.

1990년대 한국 사회가 전형적인 부르주아 사회, 즉 사람들을 더욱더

2000년 1월 30일 민주노동당 창당대회. 민주노동당은 운동의 정치화를 표방하고는 있으나, 사회운동의 정치적 대표체로서의 위상과 지위를 갖추고 있지 못하다.

시장의 법칙에 종속시키고 세뇌시키는 자본주의 사회임은 분명하나 자본은 단순히 물질적 능력으로만 구성원을 포섭하는 것이 아니다. 그것은 소비문화와 경쟁, 허구적인 선택의 자유와 개성의 공간을 더욱 확장함으로써 지배를 관철하고 있다. 그리하여 젊은이들은 이제 '옳고 그름'의 기준이 아니라 '좋고 싫음'의 기준으로 세상을 바라보며, 상품 내용보다 미학적 고려를 더 중시한다. 개성이 강조되고 자유가 구가되고 있으나, 심각하고 중요한 사회적 현상은 텔레비전 화면에 한번 스쳐가는 장면으로만 존재하게 되었다. 민중의 의사표현과 정치 참여의 기회는 확대되고 있으나 지배 세력의 기득권은 건재할 뿐만 아니라 과거와 다른 방식으로 지배권을 더욱 안정화하고 있다. 분노를 상실한 이 시대에 사람들은 하루 종일 전광판과 컴퓨터 단말기만을 들여다보는 주식 중독자가 되었다. 전투경찰을 향해 돌을 던지던 과거의 청년 학생들은 이제 거리에서 사라졌고, 오늘의 학생들은 학교 앞 PC방에서 혼자 주식시세를 체크하거나 사이버 공간에서 대화를 즐기면서 스트레스를 풀고 외로움을 달랜다.

이것은 재래의 권위주의적 가족자본주의에 오늘의 소비·정보자본주의, 주주자본주의가 불편하게 결합된 상태다. 논리적으로나 개념적으로 이들은 서로 상충하는 부분이 있다. 그러나 이 모든 현실은 한국 경제의 압축성장 및 자본주의 고도성장기의 후반부가 곧바로 전 지구적 경제질서로 편입된 사실들에 의해 규정된다. 그리하여 자본주의적 이윤추구의 극대화라는 목표 앞에서는 서로 상충하지 않는다. 봉건적 제왕이나 가부장적 전제군주의 정서와 문화를 가진 재벌 총수가 최신의 경영기법과 정보기술에 매진하는 데 어떤 모순이나 장애를 느끼지 않는다고 생각하면 될 것이다. 민주화에 대한 기대는 시장화·자유화의 담론과 자본의 지배에 눌려버렸으며, 사회의 집합적·중심적 주체로 등장할 것으로 기대되었던 노동 세력은 임금 상승의 신화, 마이카 붐과 마이홈주의, 주식투자의 열기 속에서 개인화·파편화의 길로 나아갔다.

운동공동체가 사라진 1990년대

1990년대 들어 1980년대 운동을 주도했던 청년, 학생 등 소시민적 출신 배경을 가진 운동 세력에게서 나타난 가장 두드러진 모습은 1980년대의 과도한 노동계급 대리자 의식 혹은 민족해방 주체의식에서 급작스럽게 사적·개인적 세계로 도피했다는 점이다. 정신적 소우주 속에 고립된 자아의 등장은 곧 부르주아 헤게모니의 사회적 전제다.

이제 나이 마흔을 바라보는 과거의 청년, 학생들은 돈을 많이 벌거나 정치권에 진출하여 그들이 그토록 비판했던 한국 사회의 전통적 지위 상승의 경로에 쉽게 흡인되었다. 더구나 주식투자의 열기와 벤처기업 창업 열풍 속에서 시장의 압력에 거의 백기를 들었으며, 아무런 도덕적 가책 없이 그렇게 비판했던 부정부패와 편법의 물결에 휩쓸려 들어갔다. 그리하여 시장에서 비교적 좋은 개인적 교환 능력을 가진 일부 청년들은 자신들이 비판했던 재벌기업, 자신들이 비판했던 판·검사나 변호사의 길을 모색하게 되었다. 화염병, 붉은 띠, 점거 등으로 상징되며 유례없이 과격하고 전투적이었던 1980년대의 열혈청년들은 상식적으로는 도저히 납득할 수 없을 만큼 빠른 속도로 지배질서에 흡수되었다. 그중 일부는 국가에 대한 요란하고 공개적인 충성서약을 통해 '거듭났다'고 선언하기도 했다. 운동의 논리보다는 운동가의 품성이 중요하다고 주장했던 그들의 논리가 결국 자신에게 해당하는 것임이 드러나는 데는 10년밖에 걸리지 않았다.

그런데 1980년대의 기억을 가지지 못한 1990년대의 청년과 학생들은 출발부터 인간이 사회적 존재이며 옳고 그름을 분별하는 것이 인간의 사고와 행동의 기본이라는 관념을 가지고 있지 않았다. 이들은 자본의 질서에 순응하되 운동의 집단주의를 거부하는 모습을 '주체의 확립'이라고 생각했으며, 기성의 소비문화에 의해 규격화되어가면서도 튀는 행동을 하는 자신을 개성을 추구하는 존재라고 자부한다. 거대권력의 비판 및 교체 같은 정치 문제는 자신과 상관없는 일이라고 생각하면서 경찰의 불심 검문에는 아무 생각 없이 주민등록증을 제시한다. 이는 사고와 삶의 영역에 역사와 권력이 어떻게 개입하는지에 대해 알지 못하기 때문이다. 젊은이들은 학생회 활동을 위해 필요할 경우 기업의 돈을 받는 것이 문제라고 생각하지 않는다. 이들은 합리적이고 효율적인 것은 '선'이라 생각하고, 사회를 위해 개인의 욕망을 억제해야 한다고 여겼던 1980년대 선배들을 도덕적·유교적 구습에서 벗어나지 못한 구시대적 인간형으로 몰아붙인다. 이들 개개인은 과거 세대 못지않은 고통과 스트레스로 신음하고 있지만 그것은 모두 개별화되고 파편화된다. 1990년대에도 여전히 존재하는 근본주의적인 학생 투쟁 조직은 기실은 학생 사회에서 운동 세력이 고립되어가는 전체적인 사회 상황의 다른 표현이다.

그리하여 정치경제 현실보다는 문화현상과 담론의 질서에 매력을 느끼는 새로운 세대가 출현했다. 그리고 과거 운동 세력 중 일부는 국가권력에 대한 투쟁, 추상적인 계급담론의 한계를 돌파하기 위한 새로운 운동을 모색했다. 1990년대 환경운동, 여성운동, 인권운동의 등장은 분명히 한국에서 새로운 세대의 출현과 맞물려 있으며, 구舊운동 세력이 가진 문제의식의 한계에서 출발하고 있다. 그것은 1980년대의 정치주의를 비판하고, 권력 비판의 담론에서 소외된 여성과 소수자의 권익을 주장하고, 중앙권력 패권주의를 비판하면서 지방의 반란을 주도하고, 노동 세력의 체제 통합의 위험을 지적한다는 점에서 분명히 새로운 진보의 내용을 포함하고 있다. 이는 외양은 서구의 신사회운동이지만 역사적으로 보면 정치적 민주화운동의 내용을 가진 기존의 한국 사회운동을 진정한 의미의 사회운동으로 변화시키려는 중요한 첫걸음이었다. 오늘날 시민운동이라 부르는 운동들은 실은 과거의 정치적 민주화운동을 다른 방식으로 확대한 것이기도 하고, 달리 보면 그것을 비판하면서 제기된 운동이기도 하다. 양자는 시민운동의 기치 아래 공존하고 있다.

1980년대 말부터 1990년대 초반은 절차적·형식적 민주주의가 확립되면서 그동안 독재권력과 미성숙한 자본주의의 이면에 숨어 있던 각종 이익집단의 요구가 표출된 시기다. 특히 사업장 단위에서 사용자와 노동자 간의 잠재적 갈등관계가 전면적으로 드러난 시기였으며, 민주화운동의 하위 영역에 자리 잡고 있던 노동운동이 민주화운동과는 별개의 운동으로 자립하는 시점이었다. 한국의 '민주' 노동운동은 과거의 산발적인 민주 노동운동과 임금투쟁, 그리고 1980년대에 노동현장에 진출했던 학생들이 닦아놓은 터전 위에서 성장했으며, 이제 후자를 노동조합운동의 현장에서 내보내면서 하나의 독자적 운동으로 자리 잡기 시작했다.

그런데 자신의 지위와 이익에 큰 영향을 줄 수 있는 선거정치의 국면에서 이들은 노동자'계급'으로서가 아니라 지역주의에 사로잡힌 보통의 한국인으로서 행동했다. 즉 과거 농민들이 그러했듯이 이들은 자신을 대리한다고 자임한 '정치적 노동운동가'들의 말을 듣기보다는 없는 자가 핍박받는 세상에서 살아가기 위한 현실적인 방도에 더 기울어졌다. 이는 1992년 울산의 현대 노동자들이 노동자 후보가 아니라 회사 측의 대표인 자본가 후보를 지지했던 데서 가장 두드러지게 나타났다. 물론 이러한 경향은 시간이 지날수록 약화되어 2000년 4·13총선에서는 노동자 후보가 국회의원 당선의 문턱에까지 가기도 했다. 그러나 노동자들은 아직 큰 이익을 위해 작은 차이를 무시할 수 있을 정도의 정치력을 획득하지 못했다. 그것은 노동자만의 특별한 결점 때문이라기보다는 1980년대까지 정치운동 혹은 권력투쟁의 전면에 나서본 경험이 없는 한국 민중 일반의 사고와 의식의 한계 때문이다. 그럼에도 일부 노동자들은 아주 느린 속도로 기업 이기주의의 틀에서 벗어날 필요성과 산업별 단결의 필요성을 자각하기 시작했으며, 정치 세력화의 필요성에 공감하고 있다.

전 지구적 자본주의의 압력과 1990년대 한국 자본주의의 성격 변화는 운동 세력의 변화에 더 직접적인 영향을 미치고 있다. 그리하여 노동자들도 주식투자의 열기와 소비주의 물결 속에서 한 사람의 시민으로 등장하고 있다. 이는 미처 집합적 주체로서 자각하지 못한 노동자들을 강력하게 개별화시키는 힘으로 작용한다. 아파트 평수와 자동차의 종류가 하나의 쇼윈도로서 개별 노동자들을 압박하는 상황에서 노동자들은 이제 더 잘살기 위해 '돈 버는 기계'가 되려 하고 있으며, 일부는 대박 신화에 사로잡힌 나머지 일터를 자신의 삶의 중심에 더 이상 두지 않게 되었다. 구조조정의 압박과 정리해고의 위협, 임금 삭감과 연봉제 도입의 압박으로 인해 차라리 과거 전제적 노무관리 시절을 그리워하기도 하지만, 더 큰 슬픔은 이 압박들을 개인이 혼자서 짊어져야 한다는 것이다. 다수의 노동자들은 이미 기업 차원의 어떠한 안전판도 갖지 못한 비정규직 노동자가 되어 동료 조직 노동자들로부터 외면당한다. 즉 신자유주의는 노동사회에서 가시적인 적을 제거하는 동시에 동료, 운동공동체의 의미도 사라지게 했다. 이 점에서 1990년대 노동자의 처지는 청년의 처지와 다르지 않다. 그러나 청년들은 더 이상 '생산'을 알지 못하고 노동자들은 자신을 둘러싼 '생활세계'의 변화를 성찰하지 못한다.

학생운동권의 현실정치 진출과 시민운동의 부상

민족민주운동의 대중적 영향력 상실, 시민운동과 노동운동의 분리, 학생운동의 퇴조, 사회운동의 정치적 개입과 지도력의 약화는 이러한 상황을 반영한다. 민족민주운동의 개념을 고집하는 어떤 운동가는 "1990년대는 고난의 행군이었다. 엄혹했던 군사독재 시절보다 한층 고통스럽고 슬픔에 가득 찬 것이었다"라고 한탄했다. 그러나 한국 사회운동이 이러한 양상으로 나타난 것은 단순히 운동가들이 타락하거나 변절했기 때문이 아니다. 그보다는 한국 자본주의와 지배질서의 변화가 너무나 거셌으며, 또한 그에 대해 1980년대의 운동 주도 세력이 적절한 대항담론과 정치적 비전을 제공하지 못한 것이 가장 큰 원인이다.

우리가 기억할 수 있는 가장 뚜렷한 사실은 1990년대 계속되는 선거 과정에서 과거 민주화운동 세력이 일정한 이념을 가진 독자적 정치 세력으로 결집하지 못했다는 점이다. 성급한 독자세력화의 움직임은 패배의식을 강화했으며, "정치는 현실이다"라는 철학 없는 현실주의는 운동의 성과를 보수정치를 포장하는 재료로 쉽게 변화시켰다. 결국 1990년대의 운동 진영 출신 정치가 후보생들은 기성의 보수정객과 보수적 정당 구조의 벽을 넘지 못하고 개인적 자격으로 보수정치에 흡수되었다. 특히 1988년, 1992년 총선부터 2000년 총선에서의 '386세대'의 정치 참여에 이르기까지 과거 운동 세력은 세대 및 민주화 상징, 더 정확히 말하면 '서울대, 연·고대 상징' 혹은 '학생회장 상징'을 이용하여 정치권에 진입하는 데 성공했으나, 구체적 비전을 제시하지 못했고 정책·집단적인 합의와 논의를 거쳐 선거정치에 대응하지 못했다. 이것은 당사자 개인에게는 자기실현의 불가피한 선택이자 출구였을지 모르지만, 어쨌든 우리 사회의 세속적 기준에 부합하는 자격에 편승한 것이다. 이런 모습을 보면서 일반 국민과 노동자들은 "역시 잘나가던 놈이 잘나간다", "운동의 종착점은 직업정치인"이라는 통념을 새삼 확인했다. 민중은 또 한번 좌절했다.

물론 과거 운동권에 있었다고 해서 계속 재야운동, 사회운동에만 종사하라는 법은 없다. 실제로 운동가의 고난과 실천은 정치인이 되기에 가장 적합한 경력이고, 또 사회운동가들이 더 많이 정치권에 진출해야 한다. 하지만 운동이 약화되고 제도권의 흡인력이 강한 현실에서 나름대로 운동의 연장선상에서 정치를 하려고 한다면, 그는 운동을 할 때보다 몇 배의 노력과 투쟁력이 필요할 것이다.

1980년대 우리 사회에서 대학생, 특히 명문 대학생은 작은 특권층이자 미래의 예비 지배집단이라고 할 때 학생운동의 경력이 엘리트층으로 올라가는 사다리가 된 것은 이상한 일이 아니다. 그렇게 본다면 이들의 행동 궤적은 사실 국가와 사회를 변혁하려는 행동이었다기보다는 기존의 질서에 일관되게 순응하는 행동이었다고도 볼 수 있다. 즉 이들은 사회 변혁의 과정을 통해 정치·사회의 변혁을 추구했다기보다는 정치사회 내에서 자리 이동을 한 것에 불과하다. 결국 우리 사회의 지배질서는 도전과 균열을 허용하지 않는 범위에서 저항 세력 일부를 파트너로 편입하는 데 성공했다.

1990년대 들어 과거 민주화운동의 주요 구성원이 이러한 길로 나아가면서 노동운동과 농민운동은 더욱더 반지식인적·조합주의적 방향으로 나아갔으며, 시민운동은 전체 사회의 변혁의 전망을 고민하지 않는 실용주의, 당면한 문제를 해결하려는 태도로 나아갔다. 주지하다시피 1980년대는 '주의'의 시대였다. 1980년대의 '주의', 특히 정치투쟁 일변도의 사고는 분명 극복해야 할 대상이었지만, 현재 대단히 이상한 방향으로 극복되었다. 즉 지식인의 '주의'는 민중이 겪는 고통을 이념의 재료로 삼는 위험성이 있다. 그것은 민중을 대상화하고, 결과적으로는 운동에 과도한 정치색을 입힌다. 그런데 '주의' 중심의 폐해를 의식한 1990년대의 운동가들은 이 주의 지향을 지나치게 반대편으로 돌려버린 경향이 있다. 그것을 경험주의 혹은 문제 해결 중심주의라 부를 수 있다. 노동운동이나 시민운동에서 공통적으로 이러한 양상이 나타났다. 노동운동에서는 1980년대를 풍미했던 이념논쟁이나 노선투쟁이 거의 사라지고 전략과 전술, 사리분별을 둘러싼 논의도 거의 사라졌다. 이제 무엇이 옳고 무엇이 그른가, 어떠한 점들을 고려해야 하는가에 관한 논의는 거의 사라지고 목소리 큰 사람, 더 투쟁적인 노선을 견지하는 사람이 상황의 주도권을 쥐게 되었다. 이론은 지식인의 전유물이 되었으며, 학습은 불필요한 것이 되었다.

1990년대 시민운동의 기조는 대체로 1980년대식 '주의'의 과잉에 대한 반발에서 출발했다. 시민운동은 법과 제도의 개정, 구체적 정책 대안 마련, 개인적·집단적 소송 등을 통해 문제를 해결하는 길을 추구함으로써, 1980년대식의 추상적 변혁론의 한계를 극복하려 했다. '조국의 절반에 대한 의리', '민중에 대한 헌신성'이 자본주의화된 사회의 민중에게 감동을 주지 못하는 시대에 시민운동은 분명히 변화된 정세를 적절히 반영하고 있다. 이제 한국 내의 미군 범죄는 단순히 반미反美의 문제로 집약되기보다는 인권의 제약으로 구체화되고 있으며, 프로그램 없는 재벌 해체의 주장 대신에 재벌의 불법행위에 대한 집단소송 노력이 더 호소력을 가진다. 구체적인 문제 해결과 고통의 경감을 지향하는 시민운동은 과거 민족민주운동이 가지고 있던 당위론적 문제 설정을 낡은 것으로 만들었다. 그것은 확실히 '주의'에 대항하여 '문제'를 앞세우려는 지적인 경향을 반영했다. 1990년대의 시민운동은 논쟁보다는 구체적 실천을, 장기적 방향보다는 당면한 문제의 해결과 가시적 성과에 비중을 두었다. 시민운동의 이러한 지향성은 부정적이고 투쟁적인 이미지에 갇혀 있던 사회운동에 새로운 지평을 열었다. 특히 언론이 제도 내적 개혁을 지향하는 시민운동을 크게 부각함으로써 시민운동은 실제 역량 이상으로 주목을 받았다.

그러나 운동이 이러한 방향으로만 나아갈 경우 대중 동원과 대중 의식화가 전제되지 않는 전문가 집단만의 정책 제안, 민원 처리 혹은 소송 대리로 전락할 위험성이 있다. 2000년 현재 시민운동은 분명히 정치적 대항진영의 헤게모니를 쥐고 있으나, 그것은 자체의 비전과 능력, 대중을 움직이는 힘에서 나온다기보다는 노동 세력이 정치적 역할을 수행하지 못하고 정부와 정당이 시민사회의 고통과 불만을 충분히 수렴하지 못하는 빈 공간이 크기 때문이다. 1990년대의 시민운동은 언뜻 보면 큰 성과를 이루었으나 2000년 4·13총선 당시 총선 연대의 활동에서 드러나듯이 시민들에게 실질적인 더 많은 힘을 부여하거나 그들을 변화시키는 데는 미치지 못했다. 어쩌면 시민운동은 실제로는 정부와 정치권력에 접근 가능하고 또 그들에게 받아들여질 수 있는 문제에 관심을 집중함으로써 체제 유지의 일부를 담당하고 있는지도 모른다.

누가 역사를 바꿀 수 있는가

1990년대 사회운동이 크게 좌초했다면 그것은 운동가들의 투쟁의지 부족에 기인한 것이 아니라, 이론과 사상의 부재에 기인한 것일 가능성이 크다. 정치는 그 사회의 지적 수준을 넘어설 수 없다. 마찬가지로 운동의 성과는 운동 세력의 지적인 능력을 벗어나지 못한다. 운동은 정책이 아니라 많은 사람들을 움직일 수 있는 사상이다. 30년의 군사독재, 50년의 분단체제, 100여 년 동안의 일제의 강점과 미국의 지배는 운동가들을 포함한 우리 사회의 지적인 능력을 완전히 마비시켰다. 한국에서는 자유롭게 사고하는 사람이 설 자리가 없다.

1990년대 들어 한국은 정말로 시장만능사회가 되었다. 그런데 시장경제가 왜 문제인지, 그것을 극복하기 위한 대안, 특히 교과서적인 비판이 아니라 삶의 양식의 차원에서 그것을 넘어설 수 있는 철학적 기반이 무엇인지에 대한 논의는 턱없이 부족하다. 특히 일상생활 차원에서 자본주의적 논리가 우리의 삶을 어떻게 변화시키는지, 우리가 추구해온 돌진적 근대화와 자본주의적 산업화는 무엇이 문제인지에 관한 성찰이 없다. 이는 바로 우리 사회운동 세력이 한편으로는 '의식' 이전의 '습관'의 영역에 대해 성찰하는 능력이 결여되어 있기 때문이며, 다른 한편으로는 일관되게 자신의 주장과 입장을 견지할 수 있는 지적인 능력이 부족하기 때문이다. 우리 사회운동은 지금까지 물질문명이 가져온 폐해와 비민주적 정치를 비판하기 위해서 서구적 보편성의 잣대를 활용해왔다. 서구주의에 대립하는 민족주의 역시 오리엔탈리즘이 그러하듯이 서구주의의 패러다임에 기초를 둔다. 따라서 계급투쟁론이나 민족해방론이 서로 다른 지평에 서 있는 것처럼 보이지만 논리구조는 동일하다. 이러한 사고는 자본주의 혹은 제국주의를 비판하는 데는 매우 유용한 무기가 되지만, 한국인들의 의식과 관습의 저류에 들어가서 그들을 움직이는 데는 한계가 있었다.

1980년대에 급진적인 비판자였던 사람들이 1990년대 들어 소비자본주의, 주주자본주의의 흐름에 쉽게 흡수되어버린 것도 서구적 잣대로 한국 사회를 비판하는 것 이상의 지적인 대안을 갖지 못했기 때문이다. 사회주의, 민족주의는 논리적으로는 자본주의, 제국주의의 안티테제이지만, 그러한 이념이 한국 사회에서 어떻게 현실화될 수 있을지에 대해서는 아무것도 말해주지 않는다. 사회주의가 어렵다면 현실적으로 사회민주주의는 가능한지, 그리고 최근 논의되는 공동체주의는 어떠한지 등에 대해 천착하기 위해서는 교과서적 비판론만으로는 부족하다. 그러한 구체성에 도달하기 위해서는 역사로서의 현실, 정치문화로서의 현실에 대한 감각이 필요하며, 그러한 감각은 대중의 의식과 생활을 어떤 방향으로 변화시키겠다는 이론적·정책적 전망과 결합되어야 한다.

지식은 구체적 정치·사회현실에 대한 총체적 시각이며, 발전 전망에 대한 사고이며, 민중의 정서와 의식에 대한 감각이다. 운동 세력이 이러한 지식을 갖추지 못하면 당면한 현실의 압박과 편의주의의 유혹에 쉽게 무너진다. 더 중요한 것은 주변 동료들이나 파편화된 문제의식을 가진 대중을 규합하거나 그들의 마음을 움직이지 못한다는 점이다. 그 근원이 어디에 있든지 1990년대 사회운동 세력은 우리 사회의 반지성주의, 실리주의, 편의주의, 정치주의의 톱니바퀴에서 벗어날 수 있는 지적인 용기, 자유로운 사고력, 학습능력을 결여했기 때문에 권력의 탄압과 생활의 압박이 닥쳐왔을 때 쉽게 주장을 철회하거나 입장을 바꾸게 되었다. 과거의 선배들이 그러했듯이 1990년대의 운동은 보통의 한국인들이 견지하는 습관과 의식의 단단한 껍데기 언저리에서 맴돌았으며, 결국 껍데기 속에 들어가는 것이 어렵다고 항변하면서 뛰쳐나왔다.

오늘의 시민운동과 노동운동, 그리고 진보정당운동은 모두 이러한 한계를 가지고 있다. 4·19를 출발점으로 삼는다면 분단 이후 사회운동의 경력도 40년이 되었다. 이제 불혹의 나이가 된 우리 사회운동은 성장이 멈춘 단계는 아니지만, 사회를 책임질 나이가 되었다. 냉전의 해체는 우리 사회 곳곳에서 또 다른 해체의 징후를 드러내고 있다. 지금이야말로 저항운동이나 반대운동에서 출발한 운동이 그동안의 실패와 오류의 경험을 반추하면서 대안 세력으로 등장할 수 있는 시점이다. 운동 세력만큼 민중과 민족, 그리고 인간을 사랑한 집단이 없었다고 본다면 그들이야말로 우리 사회를 책임질 수 있는 유일한 세력이다. 산업화 세력과 민주화 세력의 연합이라는 말장난에서 벗어나야 한다. 사회운동은 단순히 현실정치 권력의 문제가 아니다. 그것은 역사를 바꾸는 일이 되어야 한다. 운동 세력이 감히 역사를 바꿀 수 있을까? 나는 가능하다고 생각한다.

/

한국인의 자민족 · 자국민 중심주의

왜 한국인은 이방인에게 그토록 배타적일까

1990년대 들어 한국 자본주의가 외형적으로 팽창하면서 타민족 및 타인종과의 교류와 접촉이 더욱 활발해졌다. 그동안 독일, 일본 등 파시즘의 경험을 거친 나라의 일로만 알았던 폐쇄적 · 배타적 민족주의 현상이 한국에서도 나타나고 있다. 그리고 외세 지배의 일방적인 피해자, 경제 후진국, 혹은 자본 수입국의 위치에 있을 때는 나타나지 않았던 심각한 이방인 차별주의 현상들이 이러한 상황의 변화 속에서 점차 드러나기 시작했다. 국제사회에서 한국의 위상이 높아지는 데 비해 폐쇄적이고 배타적 민족주의가 공고해지는 모습을 보면서 한국인들이 그동안 얼마나 단일민족 신화에 집착하고 혈통 중심주의 사고와 행동을 견지해왔는지 새삼 확인할 수 있었다.

따지고 보면 한국의 정치인, 언론인, 학자와 문인 등 엘리트층 역시 지독할 정도로 한국 문제에만 집착하는 경향이 있다. 국가 차원의 대외 원조액은 세계 11위의 경제대국으로서는 부끄러울 정도로 낮은 수준이며, 정치권이나 외교가에서도 국제 문제, 특정 지역 문제 전문가는 거의 찾아볼 수 없다. 과거나 현재나 "한국 언론은 지나치게 자기 나라 정부와 국민만 옹호하는 경향이 있다"라는 비판을 면하지 못한다. 일본의 우경화와 교과서 왜곡을 공격하면서도 일본을 잘 아는 전문가는 거의 없을 뿐만 아니라, 일본에 대한 우리의 인식 수준은 거의 무지에 가깝다. 또 미국을 그렇게 선망하면서도 미국 전문가가 별로 없는 것은 물론 미국 사회에 대한 기초적인 인식도 부족하다. 그러다 보니 우리보다 못사는 동남아시아나 라틴아메리카 나라들에 대해서는 아예 관심조차 없다. 조선시대에 그러했듯이 오늘날 한국의 지배층과 일반인들은 입으로는 세계화니 정보화니 떠들지만 기실은 자신들만의 소우주에 갇혀 있다. 그 결과 중국과 일본이 어떻게 변하고 있는지, 미국이 탈냉전 이후 어떻게 변하고 있는지 제대로 인식하지 못한 채 미국에 기대고 북한을 적대시하면 모든 외교 문제가 해결될 것으로 착각하고 있다.

우리가 흔히 일본 정부의 재일교포 차별을 비판하지만, 이방인 차별에 관한 한 한국은 훨씬 더 심한 나라다. 한국 거주 외국인에 대한 지문 등록도 그러하지만, 한국은 지난 100년 동안 이 땅에서 동고동락하며 살아왔던 화교가 버티지 못하고 떠나간 거의 유일한 나라다. 이들은 거주, 재산 소유, 경제활동과 직업 선택에서 극심한 차별을 받았다. 결국 해방 전 최고 8만 명에 달하던 화교는 현재 2만여 명밖에 남지 않았다. 이는 중국 만주의 조선족이 중국 당국에 의해 소수민족으로 나름 대우를 받으면서 살아온 것과는 대조적이다. 한편 한국에서 혼혈인으로 살아간다는 것은 어떤 형벌보다도 가혹한 일이다. 화교가 그러했듯이 전쟁의 유산인 이 혼혈인들도 혹독한 차별을 견디지 못하고 거의 다 떠났다. 공무원으로 취직한 혼혈인은 한 명도 없으며, 25세 이상 혼혈인 중 결혼한 사람은 30퍼센트에 불과할 정도로 정상적인 가정생활도 불가능하다.

한국 내 조선족 집단 거주지의 모습.

1990년대 이후 나타난 가장 심각한 외국인 차별은 국내에 이주해온 동남아시아 출신 외국인 노동자에 대한 차별과 학대다. 이들은 한국인들이 기피하는 이른바 3D업종에 종사하고 있는데, 노동시장 피라미드의 최하층에서 저임금, 산업재해, 인권 탄압 등 인간 이하의 조건을 감내하고 있다. 모든 한국인 사용자들이 비인간적인 학대를 자행하는 것은 아니지만, 1995년에 이 문제가 크게 공론화되어 사회적 지탄을 받은 적이 있다. 하지만 이후에도 그런 관행은 계속되고 있다. 외국인 차별의 관행은 내 핏줄만 소중히 여기고 나와 다른 사람을 용납하지 않는 편협한 사고의 산물이다.

우리와 언어나 혈통이 같지만 우리보다 못살고 관습이나 사고가 다른 중국교포, 탈북자들에 대한 차별도 심각하다. 몇 년 전에 동포인 중국 조선족에 대한 환대, 좀 더 자유로운 왕래, 신중한 불법 입국자 추방 조치를 요구하는 시위가 발생한 적이 있다. 한국에서 쓰라린 경험을 한 중국동포는 "200만 중국 조선족도 용납하지 못하면서 2,000만 이북동 포들은 어떻게 용납하겠는가"라고 반문한다.

어째서 오늘날 한국 정부 그리고 다수의 한국인들은 이렇게 극도로 자기중심적이고 속 좁은 존재가 되었는가? 이것은 한국인들의 태도의 문제인가, 아니면 정부나 엘리트층의 정책적 문제인가?

자'민족'ethnic group 중심주의라기보다는 자'국민'nation 중심주의

한국인은 같은 핏줄에 속하지만 남한 사람보다 못사는 중국동포나 탈북 자를 무시하고 차별한다. 반면 이방인이지만 우리보다 잘사는 미국, 일 본 등 선진자본주의 국가의 국민에 대해서는 비교적 우호적인 태도를 보 인다. 지난해 대량의 국적 포기 사태에서 드러났듯이 우리 사회의 부유 층이나 엘리트층은 필요하다면 언제든지 한국 국적을 포기하고 미국으 로 건너가서 미국 시민이 될 준비가 되어 있다는 점에 주목해야 한다. 그 리고 미국에 건너간 한국인들도 미국 주류사회의 당당한 주체로서 등장 하기보다는 한인교회를 중심으로 뭉치면서 주로 한국인들만의 게토를 형성하고 있다는 점이 특징적이다.

한국인들은 과거 북한의 공산주의를 피해 넘어온 귀순자를 환영하 고 후하게 대접했지만, 최근 들어 이념 문제보다는 빈곤 탈피를 위해 대 량의 탈북자들이 들어오면서 더 이상 후한 대접을 하지 않는다. 남한 사 람들은 북측에서 넘어온 가난한 동포들을 사상적으로 의심하는 경우는 별로 없지만, 멸시하는 경향이 있다. 이런 이유로 탈북자들은 남한에 적 응하는 데 심각한 어려움을 겪고 있으며 결국 견디지 못한 탈북자는 다 시 북으로 돌아가려고 시도하기도 했다. 실제로 탈북자들은 북한 출신이라서 차별 대우를 받고 무시당하는 것을 매우 힘겨워한다. 이러한 태도는 중국동포에 대해서도 동일하게 적용된다. 현재 한국에 거주하는 중국동포는 불법체류자를 포함하여 6만 명이 넘는데, 이들은 폭행·사기·성적 학대 등 갖가지 유형의 고통에 시달리고 있다. 중국동포를 지원하는 서울의 한 교회 상담 창구에는 1년간 300여 건의 피해 사례가 접수될 정도로 이들이 받는 차별과 학대는 동남아시아의 외국인 노동자와 다를 바 없다.

즉 오늘날 한국인의 상당수는 단순히 한민족이라는 핏줄보다는 잘사는 나라 출신이냐 못사는 나라 출신이냐를 중시한다. 잘사는 나라의 국민에게는 우호적이거나 심지어 굴종적인 태도를 취하는 반면, 같은 동포라고 하더라도 못사는 국민일 경우 사실상 경제적으로 못사는 외국인과 똑같이 취급한다. 이러한 차별은 법제화되어 있기도 하다. 1998년에 제정된 재외동포법은 1948년 이전에 출국한 중국, 연해주 등지의 동포에게 재외동포로서의 법적 지위를 인정하지 않았다. 그래서 중국교포의 입국과 국내 재산권 행사, 기업활동은 크게 제약하면서도 재미교포에게는 외환 위기 직후 경제 위기를 극복하기 위한 외자 도입을 촉진한다는 명분으로 대단히 우호적인 태도를 취하고 있다. 같은 재외교포라고 하더라도 경제력 여하에 따라 법적 대우가 달라지는 것이다.

흑인 혹은 못사는 인종에 대한 무시는 미국의 한인들 사이에서도 나타난다. 한인들은 흑인 지역에 들어갈 때 백인의식을 갖고 들어간다고 한다. 일부 재미 한국인은 백인에게 차별당하면서도 흑인에 대해서는 우월의식을 갖는 이중성을 보인다. 그들은 주로 히스패닉계 사람을 고용하여 하인 취급을 하는 경향이 있다. 이는 한인이 경영하는 업종에서 잦은 충돌과 노사분규가 발생하는 원인이 되고 있다. 미국에서 한국인들은 흑인 사회에 들어갈 때 돈을 벌 생각만 할 뿐 흑인을 더불어 살 이웃으로 인정하지 않으며, 흑인 지역 경제에 거의 이바지하는 바가 없다고 한다. 이것이 1992년 LA 흑인 폭동이 일어난 중요한 배경이다. 중국에서 기업을 운영하는 한국인들 역시 마찬가지다. 이들은 중국의 현실을 거리낌 없이 비방하거나 비웃는 경향이 있으며, 가난한 중국동포에 대해 지배자 의식을 과시한다. 이렇듯 잘사는 사람들에게 굽실거리고 못사는 사람들을 함부로 대하는 것은 전형적인 마름의식이다. 그것은 억압받던 마름이 돈을 좀 벌면 옛날 주인 이상으로 자기보다 약한 사람에게 거들먹거리는 것과 유사하다. 즉 한국인이 친소관계 의식을 정하는 데 핏줄보다 더 중요한 단위는 현실로 존재하는 국가 혹은 국민이며, 사회 내에서의 우월한 지위 여부다.

지금까지 한국 정부는 재외교포에게 관심을 기울이거나 배려하지 않았다. 이웃 중국의 경우 중국을 다녀가는 화교가 거의 350만 명이고, 곳곳에 화교를 접대하는 기관과 단체가 있을 정도로 그들을 뜨겁게 포용한다. 그리고 이 네트워크를 기초로 화교경제권을 구축하고 있다. 그러나 한국에는 재외교포를 맞이하여 교육하고 적극적인 교류를 맺는 활동을 담당하는 기관이 없다. 최근 조금 나아지기는 했지만, 한국은 재외교포를 거의 버린 자식으로 취급해왔다고 해도 과언이 아니다. 정부만 그러한 것이 아니라 국민도 마찬가지다. 우리 국민은 재러시아, 재중, 재미, 재일교포들이 왜 그곳에서 살게 되었는지, 그들이 어떤 고통을 겪었는지에 대해서는 아예 관심조차 없다. 이 지역에 가장 빨리 진출한 교회나 종교기관은 이 교포들을 선교 혹은 지원의 대상으로만 파악하는 경향이 있다. 오히려 지난 냉전시절 동안 한국의 현지 주재원들은 그들이 남한 편을 드는가, 북한 편을 드는가에 대해서만 민감하게 반응했으며, 그들이 한국에 충성을 바친다는 소리를 듣는 것을 즐겨왔다. 또 보통 한국인은 중국동포들이 '우리 나라'라고 말할 때 그것이 중국을 지칭한다는 것을 이해하지 못한다. 즉 이들이 혈연적으로는 우리 민족에 속하나 현실적으로 중국 '국민'으로 살고 있으며 장차 그 나라에서 살아가야 한다는 사실을 알지 못한다.

종합해볼 때 분단 이후 남한 국가가 보여준 일반적인 정책이나 태도, 혹은 민간인들의 집단적인 지향은 자'민족'ethnic group 중심주의라기보다는 자'국민'nation 중심주의라 부르는 것이 타당하다. 왜냐하면 한국인들의 배타주의는 단순히 이방인, 재외동포에 대한 차별로 드러나는 것이 아니라, 한국보다 경제적으로 열등한 국가의 '국민'에 대한 차별과 잘사는 나라의 국민에 대한 선망과 존경, 즉 대한민국 국민이 아닌 자들에 대한 일반적인 의심, 그리고 사회 내에서 서로의 차이를 인정하지 않는 태도로 나타나기 때문이다. 여기서 우리는 전자의 다른 표현이 후자라 볼 수도 있다. 잘사는 외세에 대한 일방적인 추종과 열등감, 못사는 외국에 대한 무시와 차별은 이들 나라의 실체에 대한 정확한 인식과 객관적 고찰을 불가능하게 만들고, 그들과 우리의 차이, 더 나아가 우리 자신에 대한 객관화에 눈을 돌리지 못하게 만든다. 이 점에서 한국의 자국민 중심주의는 헤겔이 말한 것처럼 자유와 보편주의의 인도를 받지 못한 '정신적인 유아기' 상태라 부를 수 있다.

한국식 자국민 중심주의는 일제강점기와 반공주의 체제에서 형성된 국가 지상주의 연장선에 있으며, 경제주의·물질주의 가치관을 바탕에 깔고 있다. 즉 한국인들이 부자 나라 백성과 가난한 나라 백성을 대하는 이중적인 태도는 국가 간 경제력의 위계를 의식한 데서 출발한 것이고, 단순히 민족적·인종적 편견에서 나오는 것이 아니라 한국 사회에서 통용되는 자본주의 가치관 혹은 계급 차별주의를 다른 방식으로 표현한 것이다.

물론 한국인들이 세계 정세 혹은 외국 문제에 관심이 없는 것은 한국인 특유의 단일민족 신화, 혈통주의, 가족주의 가치관과 무관하지 않다. 그러나 오늘날 한국의 자국민 중심주의는 분단체제에서 지속되어온 극우반공주의와 국가주의, 노동자와 약자에 대한 차별과 배제, 천민적 자본주의를 정당화하기 위한 물질주의, 가족 이기주의 등 역사적·사회적 의식의 심층이 착종된 것이다.

한국 자국민 중심주의의 토양

1989년 동유럽의 사회주의 붕괴, 1980년대 이후 한국 자본주의의 발전, 한국 사회 내부의 계급 분화와 독자적인 부르주아 계층의 형성과 더불어 '반공국가=민족의 실질적 대표자'라는 인식이 차츰 일반화되기 시작했다. 그동안 경제 성장 드라이브가 저항적 민족주의의 콤플렉스에서 진행된 측면이 있는 만큼 이제 '국가'의 성공을 자랑하면서, 성공하지 못한 북한과 동아시아 민족을 향해 '물질적 성공'을 과시하게 된 것이다. 『무궁화꽃이 피었습니다』, 『남벌』 신드롬이 발생한 것도 이러한 맥락에서였다. 그것은 중국과 북한에 대한 경제적 우월감과 동남아시아 국가들에 대한 우월감을 통해 우리의 자존심을 상하게 한 미국 콤플렉스, 일본에 대한 식민지 콤플렉스에서 벗어나게 해준다. 신자유주의화와 자국민 중심주의는 이 점에서 서로 통한다. 국가주의, 민족주의는 기본적으로 남이 어떻게 되든 나부터 잘 먹고 잘살고자 하는 욕망의 체계다. 오늘의 신자유주의 체제에서 이를 극복하는 것은 쉽지 않다.

우선 오늘날 한국인의 집단심리에서 드러나는 배타주의, 편협한 자기애, 못사는 동포에 대한 멸시 현상은 단순히 한반도의 역사적 혹은 정치·지리학적 조건의 산물만은 아니다. 그것은 일제 식민지 지배의 피해의식, 미국에 대한 일방적 종속에서 온 열등감, 분단체제에서의 극우반공 획일주의 등 근대 이후의 정치적 경험이 혼합·착종되어 형성된 것이다. 세르비아계의 보스니아 이슬람에 대한 인종청소에서 볼 수 있듯이, 피해자 의식과 전체주의 체제에서의 획일주의 문화는 타민족이나 타인종에 대한 멸시로 나타난다. 그리고 정치적 반대 세력이나 고분고분하지 않은 사람에 대해서는 "사상이 의심스럽다"고 공격하거나 심지어 간첩으로 몰기도 한다. 국가 지상주의는 사회 내부의 이해관계의 충돌과 모순을 은폐하는 지배집단의 도구로 사용된다. 사회 내부의 다양한 의견 제시나 비판을 국론 분열, 좌경용공으로 공격하던 것이 바로 어제인데, 이렇게 길들여진 국민이 어떻게 콤플렉스로부터 자유롭고, 민족 간의 차이와 다양성을 인정하는 정신적 여유를 가질 수 있겠는가?

한편 자국민 중심주의는 극우 지배질서하의 한국 사회의 심각한 억압과 차별을 외적으로 표현한 것이다. 그것은 정의와 형평성의 부재, 사회적 민주주의의 결여, 즉 특정 지역 출신자, 노동자, 여성, 장애자 등 사회적 약자에 대한 편견 및 차별과 동전의 양면을 이루는데, 적자생존, 약육강식 등 자본주의적 생존논리, 사회적 약자에 대한 멸시와 천대 등 지배질서의 계급편향성에 기초한다. 지금까지 한국에서는 물질주의적 가치관과 성공관이 지배적이었고, 그 와중에서 공동체에 대한 배려는 거의 눈곱만큼도 없었다. 개인의 성공을 위해 강자에게 굽실거리고 약자에게 군림하는 이기적 인간이 사회의 지배층이 되었다. 권위주의 시대를 거치면서 민중이나 사회적 약자가 정치적·사회적 참여를 할 수 있는 기회가 제약을 받으면서 그러한 상황에 길들여진 국민은 신민臣民의식을 갖게 되었다. 그리고 자유로운 시민의식이 결여된 신민의식이 사회관계 속에서 표현될 때, 과거 전통시대의 마름과 같이 약자에게 군림하고 강자에게 고개를 숙이는 노예적인 퍼스널리티를 낳은 것이라고 판단된다.

자국민 중심주의는 한국 특유의 혈연주의, 가족주의의 발현이기도 하다. 자국민 중심주의는 가까운 사람 챙겨주기, 비슷한 사람 끼고돌기 식의 패거리 민족주의의 양상을 지니는데, 패거리 민족주의는 한국 시민사회의 취약성, 즉 가족주의와 그것의 사회적 발현 형태인 연고주의, 지역주의가 외적으로 표현된 것이다. 고향 사람 봐주기, 같은 학교 출신 봐주기 식의 패거리주의와 배타주의가 다소 이질적 관습을 가진 중국교포나 탈북자 등에 대한 배타심, 무관심을 낳았다. 단일민족, 단일혈통 신화는 패거리 민족주의를 뒷받침해주는 정서적 기반이다.

　한국인의 자국민 중심주의는 단순히 한국 내의 외국인, 이방인을 대할 때 나타나는 태도만은 아니며, 어떤 집단이나 개인을 적대시하고, 경제적 약자나 소수자를 업신여기는 태도와 동일한 것이다. 지난 한 세기 가까이 한국인의 정서를 사로잡았던 저항적 민족주의가 입지를 상실하게 된 이후, 그것의 집단주의, 보수주의 등의 문화적 요소만이 살아남아, 한국 자본주의와 국민국가가 정착된 1990년대에 들어 다른 방식으로 표현되었다고 해석할 수 있다. 원래 민족주의라는 것은 자신을 피해자로 자리매김하면서 세상에 대한 진정한 인식을 방해하는 이데올로기로서의 측면이 있는데, 저항적 민족주의에도 그러한 자기중심주의 요소가 강하게 들어 있는 셈이다.

　세계화, 글로벌 스탠더드 등의 구호 이면에 자리한 한국인의 자민족·자국민 중심주의는 분명히 제국주의와 냉전의 희생자로서 살아온 한국인의 정치·사회의식이 나타난 것이다. 그러나 근대 이후 거의 모든 나라에서 그러했지만, 민족주의·애국주의의 구호와 담론에는 우익 보수주의의 기본적인 가치, 즉 생존경쟁에서의 승리, 물질적 부의 추구 등의 내용이 착종되어 있다. 이렇게 보면 한국인의 과도한 물질주의, 자기과시욕, 부유층의 과시적 소비행태 등은 어쩌면 500년 유교 신분사회를 거치면서 형성된 신분 상승의 욕망, 40여 년의 일제강점기와 50년 동안의 미국 영향권하에서 '상처받은 자존심'에 대한 심리적 보상행위라고도 볼 수 있다. 중국에 진출한 상당수의 한국 졸부들, 일부 중소기업가들에게서 이러한 태도가 전형적으로 드러난다. 그들은 출세와 성공의 신화, 물질주의 가치관, 보수적인 사고와 편협함, 종업원을 하대하고 출신 지역 사람을 끼고도는 '성공한 한국인'의 전형이다.

결국 오늘날 한국의 자민족·자국민 중심주의는 여타의 민족주의가 그러하듯이 근현대 한국 지배 엘리트의 정서와 태도를 바탕으로 한 것이지만, 그들이 이끄는 국가의 정치권력을 통해 국민 일반에게로 확대되었다고 볼 수 있다.

국가주의 욕망의 관성을 넘어

오늘 한국 사회의 자민족·자국민 중심주의 현상은 단순히 반도에서 단일민족으로 살아오면서 형성된 사회심리, 집단적 멘털리티, 혹은 민족성이라기보다는 특정한 정치적 맥락에서 발생한 정치적 현상으로 보아야 한다. 그리고 지난 근대 100년간의 제국주의 침략과 대미 종속의 정치사와 무관하지 않다는 점에서 조선왕조 말기의 시대착오적 배타주의, 자기중심주의와도 통하는 바가 있다.

오늘날 한국의 자국민 중심주의는 사대事大의 세계관에 안주했던 전통사회 지배층의 편협한 소국주의적 자기중심주의에다 식민지 체험으로 인한 피해의식, 분단과 주권 이양의 경험이 준 지배층의 열등감과 외세 추종주의, 그리고 탈냉전 이후 보수화·우경화의 물결과 한국 자본주의의 성장에서 나오는 자신감 등이 반영된 민족주의 정서가 착종되어 있는 것이다. 따라서 이러한 자민족·자국민 중심주의에서 벗어나려면 국가 지상주의와 획일주의를 청산해야 하는데, 이를 위해서는 몇 가지 선결 과제가 있다. 우선 남·북한 평화체제를 구축하고 새로운 동아시아 정치공동체를 건설해야 한다. 그리고 친미 일변도의 외교관계를 청산해야 한다. 내적으로는 천민적 자본주의를 극복하고, 정치·사회의 민주화를 통해 성숙한 시민의식을 길러야 한다. 그리하여 21세기에는 명실상부 20세기 국가주의 욕망의 관성을 넘어서는 세계시민의식을 가진 한국인이 되어야 한다.

2002

/

대구에 대한 애증

대구·경북의 지역주의

나는 내가 태어나고 자란 경상도, 그리고 대구만 생각하면 마음이 답답하다. 사랑하지만 껴안을 수 없는 상대, 마음으로는 언제나 그리워하지만 선뜻 달려갈 수 없는 고향과 같다고나 할까. 대구를 생각하면 감정과 이성이 서로 충돌하고, 이성이 감정을 억누르는 고통을 맛보지 않을 수 없다. 지난 20여 년 동안 대구는 나에게 그런 곳이었고, 나는 고향을 가지지 못하는, 고향에서 대접받지 못하는 주변인이었다. 그것은 바로 지난 30년 동안 우리 사회를 찢어놓은 지역주의라는 두터운 벽 때문이다. 우리 모두가 알고 있듯이 지역주의는 단순히 내 고장을 사랑하는 마음이 아니라, 내 고장 출신 정치인을 옹호하고 다른 지역 출신자를 증오하는 정치적 태도다. 대구·경북 지역의 입장에서 보면 1980년대에는 주로 내 지역 사람을 감싸고 지지하는 태도로 표현되었지만, 이제 내 지역을 대표하는 정치적 상징이 사라진 1990년대 중반 이후에 와서는 다른 지역 출신 정치인을 미워하는 마음으로 변질했다.

지역주의의 허상

김대중 정부 들어 이러한 경향이 더욱 심각해졌다. 서울에 살고 있어서 잘 알 수는 없지만 대구 사람을 가끔 만나거나 들려오는 소문을 들으면 정말 말도 안 되는 이야기들이 대학교육을 받고 충분한 이성적 판단력을 가진 대구·경북 사람들의 입에 오르내리는 것을 보고 아연하지 않을 수 없었다. 김대중은 거의 악의 화신이 되었고, 대북정책, 언론 세무조사, 의약 분업 등 나름의 개혁을 추구하는 과정에서 발생한 현 정부의 실수나 문제점은 물론 시민단체의 낙선·낙천 운동까지도 모두 김대중 탓으로 돌리고 있었다. '전라도 음모론'이 대구 사람들의 모든 정치적 판단력을 지배하는 것이 아닌가 우려스러울 정도였다. 그 미움과 증오는 물론 현 정부 들어선 이후 대구 경제의 침체, 대구·경북 출신자들의 각종 인사 과정에서의 상대적 소외라는 현실이 작용했을 것이다. 그러나 그렇게 이해하기에는 대구 사람들의 김대중 증오가 위험수위를 넘었다. 이러한 증오의 공간을 누가 가장 잘 활용할 것인가 생각해보면 그 답은 명백하다.

김대중 정부가 대구·경북 지역민뿐 아니라 전라도 사람들에게조차 지지를 받지 못하게 된 데는 이유가 있을 것이다. 무엇보다도 인사정책에서 결정적인 실수를 했다고 생각한다. 정말 그동안의 고위 공직자 발탁 과정이나 각종 부패 스캔들을 보면 해도 너무했다는 생각이 든다. 옷 로비 사건, 진승현 게이트, 윤태식 게이트, 아태재단 비리, 김대중의 두 아들 문제에 이르기까지 권력 장악 이후 발생한 썩은 냄새 나는 돈잔치마다 김대중의 사람들이 개입했다. 전라도에서는 민주당이 '여당'이나 마찬가지이므로, 각종 부패한 인물들이 민주당 간판을 내걸고 공천을 받았으며 지역사회의 지배자로 군림했다. 오죽하면 광주의 시민단체가 민주당 공천 과정을 비판하는 목소리를 냈겠는가?

그러나 돌이켜보면 박정희, 전두환, 노태우 정권으로 이어진 30년 동안의 '경상도 지배'는 이보다 더하면 더했지 결코 덜하지 않았다. 다만 그때는 무시무시한 군부통치 시절이라 엄청난 비리와 부패가 있더라도 제대로 밝혀지지 않았고, 반대 세력도 지금처럼 제대로 조직화되지 못했으며, 또 감히 비판의 목소리를 내기도 어려웠다. 부정과 비리의 규모는 지금과 비교할 수 없었으며 그 방법도 훨씬 은밀했다. 경상도가 각종 고위직 인사를 독점하여 청와대나 고위관료 사회에서 30년 동안 경상도 말이 표준어가 될 정도로 심각했다. 그리고 실제로 지난 30년의 '경상도 지배'는 서울의 부자동네인 강남 지역 거주자 중 다수를 경상도 사람으로 채울 정도로 확고하게 자리 잡았다. 권력이 부를 가져다주는 세상에서 권력에 가까이 있던 사람들이 각종 이권과 특혜를 누렸고, 일단 확보된 이권은 흔들리지 않고 그들에게 안정적인 부를 보장해주었다. 김대중 정부가 들어서면서 경상도는 권력을 잃은 것처럼 보이지만 사실은 그렇지 않다. 전라도 출신 가운데 고위직에 5명 중 4명이 진출했다고 하면 다수가 출세한 것처럼 보이겠지만, 경상도 사람들은 상대적으로 인재 풀이 크기 때문에 절대 수에서는 전라도를 능가한다.

전라도 사람들이 갑자기 권력을 차지하다 보니 옥석이 구분되지 않은 채 엉터리 같은 인물들이 권력자의 자리에 올라서게 된 것도 사실이다. 김대중 대통령이 진정으로 지역주의를 철폐하는 정책을 폈더라면 더 좋았겠지만, 권력 기반이자 정치자금의 기반인 전라도 출신 후배 정치인이나 지인들의 요구를 무시할 수 없었을 테고, 그것이 결국 김대중 정부의 덫이 되었다. 그러나 문제의 본질은 김대중이 전라도 사람이라는 데 있는 것이 아니라, 30년 동안 우리 정치를 지배해온 돈 정치, 즉 고비용 정치에 상당 부분 기인한다는 데 있다. 그리고 돈 정치의 씨앗은 박정희와 전두환이 뿌린 것이다. 박정희를 비판해온 김대중 대통령도 정치적 입지를 다지기 위해서 박정희와 같은 방식을 쓸 수밖에 없었고, 이것이 결국 김대중 대통령의 족쇄가 되었다. 즉 김대중 대통령의 실패는 개발독재 시절의 잔재인 셈이며, 김대중 정부의 부패사건들은 바로 개발독재의 유산이 마지막으로 발현된 것이라고 볼 수 있다. 전라도건 경상도건 30년 군사독재와 권위주의 문화 속에서 살아남은 사람은 다 그렇고 그런 사람들이었고, 따라서 그들이 저지른 비리를 전라도 정권의 문제로 볼 일은 아니다.

많이 지적되어온 것이지만 지역주의는 경상도나 전라도 양쪽 모두에서 양심적이고 소신 있는 인재의 등장을 가로막았다. 전라도에서는 민주당이라면 막대기를 꽂아도 당선되고, 경상도에서는 한나라당 출신이 김대중을 공격하면 고양이를 갖다놓아도 당선된다는 자조적인 이야기가 어째서 나오게 되었는지를 생각해보면 이 점은 너무나 분명하다. 막대기와 고양이는 결코 국회에 들어가서는 안 될 존재다. 그런데 지역주의에 편승해서 난세에 광대가 영웅이 되는 일이 발생하는 것이다. 지역주의에 편승해서 3공 시대의 낡은 인물이 2000년에도 버젓이 국민의 대표로 행세하고, 군사정권 시절에 학생과 양심적인 인사를 사찰하고 고문한 반민주적·반인권적 인사들이 이 개명한 세상에서 변신하여 출세하고 있다. 지역주의의 사시斜視는 합리적 정치 토론을 봉쇄하며, 건강한 여론의 형성을 가로막는다. 의료 대란은 의사들의 집단적 반발에 의해 초래되었는데 그 잘못은 모두 정부에게 돌려지고, 탈세의 주범인 언론사 사주들은 세무조사가 정치공세라고 반격하면서 면죄부를 받기에 이른다.

냉정하게 보면 대다수의 대구·경북 사람들은 지난 '경상도 정권' 시절에도 별로 혜택을 입지 않았으며, 대다수의 전라도 사람들은 '전라도 정권'하에서도 별로 이득을 누리지 못하고 있다. 군사정권이 대구 서민들에게 별다른 혜택을 주지 않았다는 것은 각종 통계로도 확인된다. 전두환 정권이 끝날 무렵 노동자 평균 임금을 보면 광주가 94만 7,000원, 대구가 76만 5,000원이었다. 대구는 다른 어떤 지역보다도 저소득층이 많았다. 1990년 당시 월 30만 원 이하의 임금을 받는 노동자의 비율은 서울이 전체의 18.2퍼센트였으나 대구는 28퍼센트로 전국에서 가장 높았다. 1990년 당시 대구의 주택보급률은 48.9퍼센트로 전국 최하위였고 자가自家 보유율도 전국 최하위인 36.35퍼센트였다. 문화생활은 더욱 열악한 실정이다. 문화 시설 및 행사를 비교해보면 대구는 서울의 10분의 1에 불과하다. '경상도 정권'이 대구의 서민, 그리고 보통의 대구 사람들에게 가져다준 것은 거의 없다고 해도 과언이 아니다. 결국 경상도 정권, 전라도 정권이라는 용어는 부분적으로만 들어맞는 말이다. 정권과 이해관계가 밀접하게 결부된 사람들이 만들어 다른 사람들로 하여금 믿도록 유도한 것이다.

오늘날 외국 농산물의 무차별 도입, 중국과의 마늘 비밀협상으로 인한 피해는 전라도 농민이나 경상도 농민이나 다를 바 없다. IMF 경제 위기 이후 구조조정의 칼날은 광주의 기업이나 울산·대구의 기업을 동시에 위협했다. 대형 할인점 진입으로 생계의 터전을 잃어버린 동네 슈퍼, 동네 서점, 구멍가게 주인들의 한숨소리는 전라도나 경상도는 물론 전국의 중소도시에서 예외 없이 들려온다. 세계화된 경제질서하에서 정부의 역할은 갈수록 축소되고 있지만, 경제적으로 궁지에 몰린 대다수의 사람들은 여전히 자신의 고통이 정부의 잘못으로 초래되었다고 생각한다. 대구 섬유산업의 몰락은 현 정부의 대구·경북 차별정책의 산물이 아니라 섬유산업의 사양화에 기인한다. 그러나 대구·경북 지역의 고통을 현 정부 탓으로 선동하는 정치인들은 지역주의에 기대어 정치적 입지를 찾으려 한다. 실제 핵심 권력에 진출할 기회를 찾는 공직자, 정치인, 기업가들에게는 정권의 교체가 사활이 걸린 문제이지만 서민들에게는 그렇지 않다. 이들 엘리트층이 만들어낸 지역주의 선동에 서민들이 동원되고 있다는 사실이 안타까울 따름이다.

지역주의가 초래하는 지역사회의 황폐화

어떤 보도를 보니 대구에서는 학교와 학부모가 서울대 진학률을 두고 전쟁을 치르고 있다고 한다. 작년에 비해 대구 지역에서 서울대 입학생이 몇 명 늘었느니 줄었느니 하면서 학생과 교사, 학부모를 다그친다고 한다. 도대체 대구에서 서울대 진학생 수가 늘어나면, 대구가 더 좋아진다는 보장이 있는가? 대구에서 서울대에 들어간 사람들이 얼마나 대구를 위해 좋은 일을 했으며, 나라와 사회를 위해 무슨 기여를 했다는 말인가? 어처구니없는 지역주의로 인해 사학 비리 등 각종 학교 비리는 슬그머니 은폐되고, 평범하게 자신의 길을 갈 수도 있는 학생들을 열등의식으로 몰아넣는 비인간적인 입시교육이 더욱 기승을 부릴 것은 너무나 분명하다. 좋은 일 하려고 몸부림치는 시민단체를 김대중 정부의 홍위병이라고 공격하면 겉보기에는 정부를 비판하는 목소리로 들리고, 지역사회의 공적이 되어버린 김대중 대통령을 공격함으로써 얻는 정신적 카타르시스가 있을지는 모른다.

하지만 결국 권력에 대한 감시 및 견제 세력, 양심적인 목소리는 설 자리를 잃고 지역사회는 더욱더 황폐화하고 '인물'은 사라질 것이다. 갈수록 심해지는 수도권 집중과 지방의 소외가 지역주의에 불을 댕기는 것도 사실이다. 그러나 냉정하게 보면 지방의 소외는 대구만의 문제가 아니라 광주의 문제, 전주의 문제이기도 하다. 가끔씩 고향에 가보면 시장,

국회의원 등에 출마한 사람들의 면면을 보게 되는데, 이렇게도 사람이 없나 하는 탄식이 절로 나온다. 지역주의가 정치를 지배하니 참신하고 양심적인 인사가 힘 있는 자리에 올라설 길이 너무나 막막하다.

비이성적인 지역주의, 증오의 논리가 대구·경북 지역을 지배하면서 대구의 시민문화, 지역에 대한 진정한 자긍심과 자부심이 쇠퇴했다고 한다면, 과장된 생각일까? 오늘날 대구에서 의병운동, 국채보상운동, 4·19의 전통에 자긍심을 느끼면서 이를 계승·발전하려는 사람이 있는가? 일찍이 대구·경북 지역은 독립운동의 본산이었다. 안동을 비롯한 경북 지역은 전국에서 독립지사를 가장 많이 배출한 곳이다. 해방 직후까지 민족주의·사회주의 계열의 구별 없이 민족과 사회의 양심을 대표하는 곳이었다. 그 전통이 1960년 4·19까지 계승된다. 수많은 훌륭한 문인, 예술가, 사상가, 학자들이 대구에서 배출되었다. 그들은 결코 대구와 경북 지역만을 운운하며 자신의 정신세계를 구축하지 않았다. 오늘 대구의 젊은이 가운데 대구·경북 출신의 걸출한 문인, 예술가, 사상가, 운동가를 기억하는 사람이 누가 있는가? 대구와 경북은 보수적인 지역이지만 원래 그 '보수'는 엄정한 원칙과 자존심으로 무장되어 있었으며, 결코 증오와 배타의 논리에 지배되지 않았다. 그런데 오늘날 시장의 아낙네에게까지 침투한 이 지역주의라는 중병은 지역에 대한 자긍심과 자존심의 내용이 없는, 어떤 방향이나 원칙도 없는 생각의 찌꺼기가 아닌가.

지역주의를 극복한 '대구'를 기대하며

대구는 내가 태어난 곳은 아니지만 고등학교 3년이라는 극히 중요한 시기를 보낸 고향 같은 곳이다. 나는 청운의 꿈을 안고 대구에 와서 계성고등학교에 입학했고, 고등학교를 졸업한 후 곧바로 서울로 올라왔다. 서울에서 산 지 어언 25년이 되었지만, 대구에서의 3년이 서울에서 산 기간의 8분의 1에 불과하다는 것이 실감 나지 않을 정도로 내 정신세계의 큰 자리를 차지한다. 이는 인생에서 가장 중요하고 예민한 10대 후반의 청소년기를 바로 대구에서 보냈기 때문일 것이다. 지금도 대구에 가면 옛날 하숙하던 서현교회 근처 남산동, 밤늦게 학교에서 내려와 데친 오징어를 먹던 서문시장 골목 입구, 유도복과 체육복을 옆에 끼고 지각하지 않기 위해 허겁지겁 뛰어 들어가던 계성고등학교 정문, 아직도 변함없는 중앙통 네거리, 한일극장 옆, 소풍갔던 화원 유원지 등을 차를 타고 지날 때마다 주변의 거리를 두리번거리면서 설레는 가슴을 억누르곤 한다. 하지만 이내 정신을 차리면 다시 대구는 내게 멀게만 느껴진다. 고등학교를 졸업한 이후 나는 대구와 경상도를 잊었다. 서울생활에 적응하느라 바빠서이기도 했지만, 동년배의 대구·경상도 사람을 만나는 일이 점점 드물어졌기 때문이다. 그러나 대구에 대해 정신적 거리감을 느낀 더 중요한 이유는 내가 생각하고 행동하는 궤적이 '보수의 아성'으로 변해버린 대구의 그것과 점점 더 멀어졌다는 데 있다.

　나는 경상도 사람이다. 경상도 출신이라는 사실을 바꿀 수 없다는 말이 아니다. 경상도 문화를 나름대로 좋아하고 사랑한다는 말이다. 그러나 지난 30년 동안 정착한 이 지역주의 정서와 문화는 싫어한다. 이 작은 나라에서 경상도, 전라도 가리는 것이 못마땅할뿐더러 나라를 망칠 풍조라고 보기 때문이다. 나는 계성학교 출신임을 자랑스럽게 생각한다. 그러나 동문 중에서 계성학교 출신끼리 뭉쳐서 잘해보자고 제의하면 그를 만나지 않을 것이다. 서울에서도 계성학교 출신의 대학 선후배, 학계의 선후배끼리 만나는 일이 가끔 있다. 나는 그러한 만남을 마다하지 않는다. 추억을 공유한 사람들 간의 사귐은 얼마나 인생을 훈훈하고 풍요롭게 해주는가? 시민단체와 학계에서 활동하다 보니 모임이나 강연 자리, 회의 등에 참석할 일이 많은데, 가끔 모임이 끝난 후 누군가 조심스럽게 다가와서 "선생님, 계성 나오셨지요. 제가 계성 ○○회 졸업생입니다"라고 말하는 후배들을 만난다. 그들은 내가 계성학교 출신이라는 것을 소문으로 들어 알고 있지만, 내가 지역이나 출신학교 따지는 것을 싫어하는 것도 알기에 반가우면서도 그렇게 조심스럽게 표현하는 것이다. 그런 후배들을 만나면 정말 기분이 좋다. 그래서 다음에 꼭 다시 만나자고 말한다.

내가 활동하는 범위 내에서 고등학교 선후배를 만나는 일은 매우 드물다. 대구가 내 생활터전이었다면 얼마나 좋을까 생각한 적도 있다. 그래서인지 모르겠지만 이따금 나는 대구를 그리워한다. 나이가 들어갈수록 그리움은 점점 더해간다. 그러나 나는 오늘의 이 편협한 지역주의가 사라진 대구, 비리 사학재단 이사장, 부패한 시장, 악덕 기업주가 더 이상 지역의 대표로 행세하지 않고, 양심적인 인사, 정의롭고 소신 있는 시민, 지역의 전통과 문화를 소중히 여기는 지식인들에 의해 주도되는 대구, 그런 건강한 대구를 기대한다. 그런 대구를 만나기 위해 달려가고 싶다.

우리에게 미국은 무엇인가

한미관계 인식의 변화 조짐

김대중 정부에 이어 김대중의 햇볕정책을 지지하는 노무현이 대통령으로 당선되자 미국 정가와 언론에서는 한미관계의 긴장 가능성을 우려한 바 있다. 그러나 결과적으로 노무현은 예상했던 것처럼 한미 공조와 대북 공조 사이에서 김대중처럼 줄다리기를 하기보다는 오히려 한미 공조에 무게를 두는 입장을 취함으로써 미국의 부시 행정부를 안심시키고 있는 듯하다. 50년 동안 유지되어온 한미 간의 공조는 부시 정부 등장 이후 남·북한의 교류와 협력을 지향하는 김대중 정부에서 균열되기 시작했고, 한국 사회의 급격한 변화에 의해 밑으로부터 흔들리고 있는 것은 분명한 사실이다. 내년 미국 대선에서 민주당이 승리할 경우 약간의 변화가 예상되지만, 한국에서 보수 세력이 노무현 정부를 무력화해서 과거와 같은 일방적인 한미관계로 회귀하지 않는 한 향후 한미관계는 계속 변화할 가능성이 크다. 그리고 이러한 긴장을 초래할 가장 중요한 동력은 양국의 정치집단이나 엘리트들의 인식 변화가 아니라 한국 사회 밑으로부터의 변화다.

엄격히 말해 한국과의 관계에서 미국은 기본적으로 변한 것이 없다. 미국의 민주당과 공화당의 차이는 미국의 국익을 어떻게 정의하는가에 대한 관점의 차이, 미국의 세계 전략에 대한 입장과 방법론의 차이에서 기인하는 것이며, 따라서 민주당과 공화당의 한국에 대한 근본적인 입장에는 차이가 없다.

미국 시민들의 반응 역시 알기 어렵다. 미국인들은 기본적으로 미국이 한국을 전적으로 도와주고 안보를 지켜주어서 한국이 경제 성장을 이루었다고 생각한다. 따라서 브루스 커밍스Bruce Cumings 교수가 지적하듯이, 한국에서 촛불시위가 벌어졌을 때 "우리가 자기네들을 위해 군대까지 파병하고 있는데……"라는 생각을 하며 언짢아하는 미국인이 대다수였던 것 같다. 한국에 거주하면서 한국인의 미국에 대한 감정이 악화되는 것을 피부로 느낀 미국 언론사의 취재 기자나 일반인의 반응도 이와 다르지 않다. 이들은 대체로 "한국전쟁 때 4만 명의 미군이 희생되었고, 지금도 월 3억 달러의 국가예산으로 3만 7,000명의 미군을 주둔시켜 한국의 안보를 지켜주고 있는데, 한국인들이 이러한 반응을 보일 수 있는가"라는 생각이 지배적인 것 같다.

미국에게 한국이란 나라는?

결국 지난 몇 해 동안 한국에서 일어난 급격한 변화에도 불구하고 한국에 대한 미국의 인식은 거의 변하지 않았다고 해도 과언이 아니다. 그리고 미국 정부, 미국의 엘리트층, 미국인들 사이에서 그러한 변화가 일어나지 않는 것은 어쩌면 당연한 일이다. 왜냐하면 미국은 세계 여러 나라

중의 하나가 아니라 사회주의 붕괴 이후 세계의 유일한 패권국가이자, 그 자체로서 '세계'이기 때문이다. 즉 미국이 자국과 강력한 이해관계를 맺은 특정 강대국이 아닌 작은 주변 국가에 관심을 가질 이유가 없을 것이다. 더구나 한국은 일종의 '포로국'captive nation이다. 미국은 세계를 경영하는 '제국'일 뿐만 아니라, 한국은 오늘날의 아프가니스탄, 이라크와 마찬가지로 국가 건설의 전 과정에 미국의 손이 안 간 곳이 없을 정도로 미국의 작품이기 때문에 그렇다. 미국은 유럽 축, 중동 축, 아시아 축, 라틴아메리카 축 등 미국을 중심으로 세계를 연결하는 4개의 축을 가지고 있으며, 한국은 아시아 축에서 중국과 일본 다음으로 고려될 뿐이다. 한국 문제는 언제나 중국과 일본 문제를 푸는 과정에서 고려되지, 독자적으로 검토된 적이 거의 없다. 권용립 교수가 지적한 것처럼 "한국에게 미국은 공기와 같이 옆에 있는 존재이지만, 미국에게 한국은 그렇지 않다. 한국의 일상에는 미국이 있지만 미국의 일상에 한국은 없다. 그들에게는 한국전쟁, 당시 야전병원을 배경으로 하는 미국 영화 〈매시〉M.A.S.H나 고아 수출, 북한 문제 등이 작은 관심사일 뿐이다." 따라서 미국에서 외교·군사 부문에 종사하는 소수의 전문가들을 제외하고 압도적 다수의 미국인들이 한국에 무관심한 것은 당연한 일이다.

미국인의 한국에 대한 무지는 단순히 미국이 제국이며, 미국인이 외국에 대해 무관심할뿐더러, 한국이 인구나 시장 규모에서 별로 중요하지 않은 아시아의 작은 나라이기 때문만은 아니다. 한국에 관한 미국의 지식과 정보는 상당히 왜곡되어 있으며, 제대로 공개되거나 전달된 적이 없다. 우선 미국인들은 한국전쟁 발발 원인에 대해 1950년대식의 냉전적 사고 이상으로 지식이나 정보를 얻을 기회를 갖지 못했다. 베트남 전쟁과 달리 한국전쟁은 냉전의 정점에서 발생했기 때문에 단순히 소련 공산주의의 음모 정도로만 인식될 따름이지, 일본의 식민 지배 역사와 국가 건설을 향한 좌우 세력 간의 다툼과 그로 인한 사회적 진통, 그리고 내전 후의 한국 상황에 대해서는 거의 알지 못한다. 더구나 미국이 한국전쟁 당시 융단폭격을 가하여 북한 지역을 거의 초토화했으며, 다수의 민간인들을 살상했고, 그것이 미국에 대한 북한의 공포감과 적대감을 심어주었을 뿐만 아니라 북한을 세계에서 가장 고립된 반미 군사주의 국가로 만든 원인이었다는 점에 대해서는 거의 알지 못한다. 즉 오늘날 계속되는 팔레스타인이나 이라크의 자살테러가 미국의 이스라엘 편향적인 중동정책의 결과물이라는 것을 인지하지 못하고, 세계 각국에서 발생하는 테러가 미국 중심의 세계 질서가 낳은 하나의 결과이지 그 자체가 독립변수는 아니라는 것을 알지 못하는 것처럼, 남북 분단과 김정일 체제의 폐쇄성과 미국으로부터 체제 존립을 보장받아야 핵을 포기하겠다는 벼랑 끝 전술이 미국과 소련의 한반도 분할 점령과 미국의 한국전쟁 개입의 한 결과임은 더욱 모른다.

따라서 다른 나라에 대한 미국의 태도로 미루어 짐작해보면 미국이 한국의 안보를 책임져주고 한국의 상품을 구매해준 덕분에 한국이 지금껏 성장해왔는데, 이제 와서 미국을 반대하는 것이 배은망덕하다고 생각하는 것도 전혀 이상한 일이 아니다. 물론 한국은 미국의 개입으로 자유주의 체제를 지킬 수 있었고, 미국의 원조를 받아서 국가를 유지할 수 있었으며, 미국의 주선으로 일본과 국교정상화를 이루었으며, 미국이 한국의 노동집약적인 상품을 구매해주었기 때문에 경제 성장을 이룰 수 있었다. 그러나 이 모든 과정은 형식적으로는 한국 정부의 요청에 의한 것으로 보이지만, 냉정하게 말하면 한국인들이 선택한 것은 아니었다. 38선 분할은 한국인의 의사와 전혀 상관없이 이루어진 것이며, 미군정의 진주도 한국이 선택한 것이 아니었다. 한국의 선택으로 보이는 미국의 한국전쟁 개입이나 한미상호방위조약, 미군 주둔 모두 사실 한국의 선택 밖에 있었다. 그리고 1949년 여름의 미군 철수, 1950년 당시 이승만의 만주 지역 확전 요구와 1953년의 휴전 반대 요구, 최근의 미군 재배치 방침처럼 한국 정부나 엘리트 집단이 '간절하게' 한국 측의 요구를 전달한 경우에도 미국은 그것을 참고사항으로만 고려하면서 자국의 방침을 그대로 밀고 나갔다. 즉 미국이 한국에 베풀어준 것이 많지만 그것은 분명히 미국의 이익과 한국 엘리트의 이익이 부합하는 지점에서 이루어진 것이었다.

현재 미국에는 180만 명의 한국전쟁 참전자 중 150만 명이 생존해 있다. 한국 정부는 이들 모두가 한국의 안보와 발전에 기여한 것을 자랑스러워한다고 말하고 있으나, 모든 참전자들이 그렇게 생각하는 것은 아니다. 특히 북한군이나 중공군의 포로가 된 미군들은 사회주의에 물든 '반역자'로 지목되어 차별을 당하기도 했으며, 열아홉 스물의 철모르는 나이에 이 전쟁의 의미도 모른 채 한국전쟁에 참전했다가 호되게 당하고 이후 미국 사회의 모순에 눈을 뜨면서 미국의 전쟁 정책 일반에 대해 비판적인 생각을 갖게 된 사람들도 있다. 이들은 물론 소수이고, 완전히 파편화되어 있다. 그러나 한국을 체험한 미국인들 중 일부는 다른 각도로 한국을 바라본다는 점을 생각할 필요가 있다.

한국인은 미국을 어떻게 생각할까

한국인의 미국에 대한 생각은 어떻게 변하고 있는가? 우선 지난 50년 동안 한국인에게 미국은 '은혜로운 나라'이자 아버지와 같은 나라였다. 이러한 인식은 분단 후 한국 사회를 지배하게 된 엘리트들의 생각이 그대로 국민의 생각으로 확산된 것이다. 그리고 적어도 1960년대까지 미국은 '젖과 꿀이 흐르는' 가나안 땅이었다. 한국의 모든 것은 미국에서 왔고, 미국은 자애롭고 인심 좋은 '엉클 샘'이었다. 내 연배 이상의 한국인들, 초등학교 다닐 무렵 미국에서 온 옥수수빵과 급식을 먹고 자란 사람들은 기본적으로 미국에 대해 매우 긍정적인 인상을 가지고 있다. 그 경험은 그들의 일생 동안 미국의 이미지를 좌우할 것이다. 노무현 대통령이 미국 방문 때 한 '정치범 수용소' 발언("미국이 한국전쟁 때 우리를 도와주지 않았다면 나는 지금쯤 정치범 수용소에 있을지도 모른다")은 다소 과장된 것이기는 하나, 이승만과 1950~1960년대 한국 엘리트는 실제로 그러한 생각을 가졌고, 이는 어느 정도 진실이다. 혈맹이라는 단어는 미국이 선택한 것이 아니라, 한국인 정확히 말하면 한국의 대통령과 정치지도자들의 생각이고, '생사를 넘나드는' 전쟁 위기에서 구출된 체험으로부터 나온 '미국에 대한 의존심'을 표현한 것이다.

미국에 대한 우호적인 생각은 강요된 것이기도 하다. 지난 시절 한국에서 반미는 곧 용공과 동일시되었기 때문이다. 1980년대 초 강원대학교 학생이 성조기를 태웠다가 국가보안법 위반으로 구속되었을 정도다. 미국을 비판하면 한국을 비판하는 것 이상으로 강한 처벌을 받았기 때문에 미국에 대한 비판의 목소리를 제대로 낼 수 없었다. 한미관계에 대한 인식은 일방적 정보와 교육에 의해서 조성된 측면이 크다. 아직도 미국 정부기록보관소의 방대한 한국 관계 자료들은 기밀 사항이고, 여운형과 김구의 암살 등 현대사의 굵직한 사건들, 한국전쟁기 노근리 학살을 비롯하여 60여 건이 넘는 미군의 한국인 학살, 5·16쿠데타와 중앙정보부 창설 등에 관한 사실들, 푸에블로호 사건, 한미행정협정SOFA이 체결되기 이전까지 발생한 상당수의 미군 범죄에 관한 자료들이 공개되지 않고 있다. 또 미국인에게는 물론이고 대부분의 한국인에게 이런 사실은 거의 알려져 있지 않을뿐더러 교육 내용에도 포함되어 있지 않다. 역

2003년 3월 1일 서울시청 광장에서 열린 '반핵반김 자유통일 3·1절 국민대회'. 태극기, 성조기, 유엔기가 나란히 있다.

대 주한 미국대사의 상당수가 CIA 출신이라는 사실에서 드러나듯이 한국과 관련해서는 아직 대등한 국가 간의 외교관계에서는 찾아볼 수 없는 은밀한 그 무엇, 양국의 체제 존립과 관련된 그 무엇이 있다.

대체로 50대 이상 한국인의 미국 인식은 경험과 교육에서 나온 것이기는 하나 그 교육이라는 것은 주입식이었고 편파적이었다. 이들은 한국에서 민주화운동이 활발해지고 근현대사 연구, 비판적 사회과학 연구가 본격화된 이후 중·고등학교와 대학을 다닌 이후의 세대들과 달리 일제강점기 역사, 해방전후사, 한국전쟁 역사에 대해 제대로 배워볼 기회가 없었다. 일제 식민지화 과정에 대한 역사는 물론이고, 해방정국과 한국전쟁에 관한 연구 모두 1980년대 초반 이후 활성화되었기 때문에 이들의 머릿속에 각인된 미국은 초등학교 반공 교과서에 나온 이야기 이상이 될 수 없었다. 40대 중반 이하의 사람들에게 어느 정도 상식이 된 사실들도 이들에게는 생소할 뿐이다. 더구나 이들이 가진 미국에 대한 지식이나 정보도 한국 여론의 70퍼센트를 장악하고 있는 보수 신문들로부터 얻은 것들이다. 노무현이 '링컨을 존경한다'고 말한 것을 두고서 리영희 교수가 신랄하게 공격한 바 있지만, 50대 이상 한국인의 미국 인식은 아직 링컨 위인전 수준에서 벗어나지 못하고 있으며, 마틴 루터 킹에까지 미치지 못하고 있다. 미국은 자국의 이익을 위해서 극소수 한국 관련 전문가들을 육성하여 배치해놓고 있지만, 미국을 상대해야 할 대상으로 인식하지 않았던 한국의 경우 권력층에서도 미국을 제대로 알고 있는 사람은 극히 드물다.

경제 성장으로 자신감을 갖게 되고, 민주화 과정에서 어느 정도 비판의 자유가 허용되고, 더 많은 정보가 유통되면서 친미 일변도의 교육, 반공주의 교육의 효과가 무너진 것은 당연한 일이다. 수십 년 동안 미군 군사훈련 기지 옆에 살면서 식구가 귀머거리가 되고 환청에 시달려도 찍소리 못하고 살아오던 경기도 화성의 매향리 주민들이 문제를 제기하고, 자기 땅이 미군 시설지로 수용당하고도 아무 소리 하지 못했던 의정부를 비롯한 지역 주민들이 이제 목소리를 내기 시작했다. 그들의 목소리가 일부 진보 언론을 통해 전달되면서 과거 같으면 묻혀버릴 사건들이 세상에 알려지고, 이것이 한국인들의 자존심을 건드렸다. 1980년대 초의 반미 시위는 이 문제의 심각성을 가장 먼저 느낀 학생들이 투옥을 각오하고 벌인 일이었다. 이는 "미국을 반대한다"라는 것이기보다는 "한국 정부와 미국 정부에게 속았다"는 자각의 표현이었다. 반미운동의 확산을 체제 위기로 간주한 군사정권은 학생운동을 가혹하게 탄압했고, 그러한 탄압은 학생들을 오히려 북한의 입장에 더욱 경도되는 방향으로 유도했다. 이것은 이란, 인도네시아 등지에서 미국이 이미 겪었듯이 경제 성장과 민주화의 의도하지 않은 결과였다. 미국은 그동안 자본주의 경제 체제를 옹호하는 군사독재정권을 지지했으나, 그 정권 아래에서 자란 세대는 바로 그 독재정권과 이를 지탱해준 미국에 반기를 들었다.

사실 1990년대의 젊은이들은 1980년대의 젊은이들과 달리 맥도날드 햄버거를 먹고 디즈니 만화를 보면서 자랐기 때문에 미국 주도의 소비문화에 훨씬 익숙한 세대다. 영어에 대한 거부감도 거의 없고, 민족주의적 의식도 그리 투철하지 않으며 전통문화에 대한 애정도 강하지 않다. 이들은 이전 세대에 비해 영어도 잘하고, 생각도 국제화되어 있으며, 같은 공간에 사는 한국 사람들보다는 컴퓨터 게임을 즐기는 동시대의 다른 나라 젊은이와 더 많이 닮아 있다. 그러나 역설적으로 바로 이러한 점이 이들을 과거 세대에 비해 북한이나 미국을 훨씬 자유주의적 방식으로 보게 하는 기반이 되었다. 한국의 반공보수 세력이 전가의 보도처럼 휘둘러온 색깔 시비를 무시해버리거나, 월드컵 응원을 하나의 축제로 사고하는 방식도 이러한 태도와 관련된다. 즉 정치적 친미·반공은 이들에게 별로 설득력을 발휘하지 못한다. 이들은 문화적으로는 자연스럽게 미국 소비문화에 젖어들고 미국을 선망하기도 하지만, 과거 선배 세대가 강조한 것처럼 민족해방의 열정으로 통일을 희구하는 사람들도 아니다. 따라서 비합리적이고 비정상적인 한미관계가 부각되었을 때, 그것에 대해 자신의 생각을 거침없이 표현한 것이 촛불시위라 할 수 있다.

미국인의 눈으로 본다면 동계올림픽의 심판 편파 판정, 여중생 사망 사건 등은 국가 대 국가의 관계로 해석할 필요가 없는 단순 사고일 수 있다. 그러나 그간의 한미관계가 정상적이지 않았기 때문에 단순 사건일 수도 있는 것이 크게 부각된 것이다. 이것은 한국인의 다소 왜곡된 해석과 반응일 수도 있지만, 힘의 관계가 일방적으로 기울어진 상황에서 약자에게 합리적 판단을 요구할 수 없는 것과 같은 원리다. 즉 한국의 젊은이들은 단순하게 감정적인 반응을 보였을지 모르지만, 그것은 전 주한 미국대사 도널드 그레그Donald Gregg가 지적한 것처럼 반미라기보다는 '한국인들의 자존심 찾기' 시도로 볼 수 있다. 근대 100년 동안 한반도는 한 번도 자기 운명의 결정자가 되지 못했다. 젊은이들의 시위와 반미의 물결은 미국이라는 나라를 적대하겠다는 의지의 표현이 아니라, "우리의 것을 우리가 결정하겠다"는 극히 단순한 사고의 발로였다. 1980년대의 정치적 반미주의는 이제 전혀 다른 주체에 의해 다른 방식으로 연결되고 있는데, 이는 일종의 문화적인 자존심 찾기 운동이라고 볼 수 있다.

한국 사회의 한 축에서 미국을 객관적인 실체로 보고, 북한을 적이 아니라 언젠가는 통일해야 할 동족으로 보기 시작하면서, 북한을 여전히 적으로 규정하는 미국 및 한국의 전통적인 엘리트들과 이들 새로운 세력 간의 인식 충돌이 불가피해졌다. 1980년대는 한반도에 핵이 있는 것이 북한의 침략을 방어하기 위한 보호용으로까지 생각했으나 이제는 아무리 북한이 미워도 핵무기를 사용하는 전쟁은 일어나서는 안 된다고 생각하게 되었다. 이러한 생각은 민족국가의 구성원으로서는 극히 당연한 일이다. 그것은 북한의 핵무장이 남한 공격용이 아니라 자기방어용이라는 인식을 전제로 한다. 이러한 한국인의 인식 변화를 읽지 못하고 북한을 여전히 '상종 못할 사회주의' 적국으로 간주하는 한국의 구舊냉전 보수 세력과 일부 미국 보수 엘리트층의 생각이야말로 오히려 도착적인 것이다. 한국은 친미국가에서 반미국가로 변한 것이 아니라 비정상국가에서 정상국가로 돌아오고 있는 셈이다.

따라서 한편에서 반미 열풍이 불면서 다른 한편에서 미국을 선망하는 것은 모순이 아니다. 마찬가지로 젊은 세대가 한국전쟁이나 미국 원조의 역사를 모르고 철없이 반미를 외친다고 치부하는 것도 한국의 실상과 변화를 읽지 못하는 것이다. 한국인의 과반수 이상 그리고 젊은이들이 김정일보다 부시가 더 위험하다고 보는 것은 현재 전 세계에서 일어나는 반反부시·반미 정서를 반영하는 것이기는 하나, 다수의 한국인이 미국 보수 엘리트들의 기대와 달리 더 이상 냉전적 사고를 갖지 않게 되었음을 의미한다.

한국인들의 반미주의가 한국인의 자존심 찾기에 가까운 것이고, 실

2003년 이라크 파병 반대 비상국민행동 참가자들이 미국 대사관 앞에서 시위를 벌이고 있다. ⓒ오마이뉴스

제 미국의 정책에 대한 냉정한 인식의 결과가 아니라는 것은 2003년 5월 영국 BBC방송에서 시행한 각국의 미국에 대한 인식 조사 통계에서 확인할 수 있다. 이 조사를 보면 한국인들의 반미의식은 인도네시아, 브라질 등과 비교해서 그다지 높지 않다. 또 영어권 문화에 있는 오스트레일리아나 영국보다 약간 높은 정도이며, 프랑스나 러시아보다 오히려 낮다. 물론 과거에 일방적으로 친미적이었던 한국이 이렇게 변한 것은 놀라운 사실이지만, 오늘날 전 세계의 거의 모든 국가가 미국 부시 행정부의 일방주의에 비판적이며, 또 상당수의 젊은이들이 반미적인 입장으로 돌아섰다는 점을 생각해보면 이것은 한국만의 현상은 아니다.

이 조사에서 또 하나 흥미로운 점이 있다. 한국인들이 구체적인 미국의 대외정책과 관련한 질문에서는 유사한 태도를 보인 다른 나라의 시민들과 달리 미국의 정책을 상당히 지지하고 있으며, 빈곤·환경·에이즈 문제 등에 대해서는 심지어 미국인들보다도 후한 점수를 주고 있다는 점이다. 다른 나라 사람들은 미국에 대한 부정적 인식과 미국의 세계정책에 관한 인식에 일관성이 있는데, 한국인의 경우는 일관성이 없을뿐더러 오히려 반대의 결과가 나왔다. 이것은 무엇을 말하는가? 한국인들이 미국의 구체적인 세계정책에 대해서 거의 알지 못하며, 반미 의식도 다분히 감정적 반응이라는 것이다. 이것이 한국과 관계되는 정책에 대해서는 부정적인 태도를 보이지만 한반도 문제가 아닌 다른 문제에 대해서는 미국이 잘하고 있다는 인식을 보여준 이유이다. 한국인들이 미국의 구체적인 대외정책에 무지한 것은 교육과 언론의 영향 탓이라고 본다.

친미/반미의 이분법을 넘어

한국에서 친미인사, 친미집단으로 불리는 사람들 중에는 미국의 자유주의와 미국 문화를 정말로 좋아하는 '친미'인사도 있지만, 상당수는 한국 자본주의 체제를 지키고 자신의 이익을 보장받기 위해서는 미국이 한국에 대해 영향력을 계속 행사해야 한다고 생각하는 사람들이다. 프란츠 파농Frantz Fanon의 표현을 빌리자면, 한국 일부 인사들의 사고는 미국인보다 더 미국적이다. 그들은 미국이 자국의 이해관계에 기초해서 한반도 정책을 펴고 있다고 토로하면서도 "미국은 한국을 도와주었고, 한국전쟁에서 희생했다"는 점을 애써 강조한다. 그리고 실질적으로 한미관계는 대등한 관계이고, 미국과 맺은 조약은 모두 한국이 결정했다는 점을 강조한다. 그렇게 보면 한일강제병합도 고종과 대신들이 직접 도장을 찍은 것이고, 창씨개명도 조선인들이 자청한 것이라는 주장이 맞다. 이는 식민지 엘리트의 슬픈 자화상이다. "미국이 국가 안보에 중요하다"고 강조하는 한국의 일부 엘리트가 정말 국민과 국가를 걱정해서 그런 주장을 하는지는 의심스럽다. 안보는 언제나 경제와 연동되어 있다. 군사 위기가 경제 위기를 불러온다는 생각이 이러한 논리에 전제되어 있다.

이 점에서 '친미'라는 용어도 '반미'라는 용어와 마찬가지로 한국인의 정서를 표현하는 데는 부적절하다. 친미는 사실상 미국이라는 대상을 좋아한다는 것이 아니라, 이해관계가 투사된 개념이라고 보아야 하지 않을까. '반미'를 하면 난리 난다고 으름장을 놓았던 지난 시절 한국의 지배 엘리트는 미국이 성나면 자신의 이해가 위태롭다고 보았기 때문이지, 정치 이데올로기적으로 '반미'를 배척한 것은 아니었다. 이렇게 본다면 한국의 친미인사는 과거 사대주의자들과 마찬가지로 대세 추종주의 혹은 실리주의자라고 보는 것이 정확하다.

식민지 종속국 어느 나라에서도 마찬가지이지만, 한국 역시 미국에 대한 인식이 계층적으로 단층을 이룬다. 다른 사회에서도 그러하겠지만, 한국인들도 미국에서 학위를 받으면 한국에서 인정받을 수 있고 출세할 수 있고 부와 권력을 가질 수 있기 때문에 미국 유학을 선호하는 것이지, 정말 미국이 좋아서 미국의 선진 학문을 배워보려는 순수한 동기를 가진 사람은 그리 많지 않을 것이다. 미국 유학은 귀국 후 계층 상승을 위한 발판이지 그 자체가 주요 관심 대상은 아닌 셈이다. 따라서 분위기에 따라 반미 정서에 동조하는 것은 이상한 일이 아니다. 소수의 기득권 엘리트는 자신의 지위를 지키고 기득권을 보장받기 위해서 한미관계가 흔들림 없이 유지되어야 한다고 생각하지만, 다수의 한국인은 어느 쪽도 아니다. 그러니 미국인들은 한국에서 갑자기 반미 분위기가 확산된 것에 대해 놀랄 이유가 없다.

결국 한국에서 친미와 반미의 차이는 그리 큰 것이 아닐 수도 있다. 오히려 문제는 친미건 반미건 미국을 정확하게 이해하지 못하는 것이다. 즉 미국인들이 자신의 문제에만 관심을 갖듯이 한국인들 역시 양국

2003년 3월 17일 평화군축센터 발족을 준비하고 있던 박순성 초대 소장이 이라크 파병 반대 1인 시위에 나섰다. ⓒ참여연대

의 직선적인 관계만이 중요하다고 보고 있으며, 자기중심적인 이유에서 미국이 실제로 어떤 나라인지 깊이 생각해본 적이 없다. 에드워드 사이드Edward Said가 말했듯이, 사대주의와 민족주의는 같은 의식구조를 가진다.

한국인의 미국에 대한 태도는 BBC 조사에서 확인할 수 있었듯이 대체로 다른 나라 사람들이 미국에 대해 갖는 생각과 근본적으로 다르지 않다. 다수의 한국인들은 현실적으로 미국의 힘을 인정하고 또 미국을 선망하면서도 미국을 좋아하거나 미국에서 살기를 원하지는 않는다. 미국의 엘리트들이나 여론주도 집단이 한국인을 비롯한 세계 여러 나라 사람들이 왜 이러한 태도를 갖는지 제대로 인식하고 있는지는 알 수 없으나, 중요한 사실은 "힘이 정의다"라는 원칙을 강조하는 미국의 헤게모니가 기실은 모래 위의 성과 같다는 것이다. 미국이 한국을 비롯한 세계 여러 나라 사람들과 더불어 잘사는 세상을 만들기 위해서는 우선 과도한 자기애와 우월주의에서 벗어나서 자신을 객관적으로 볼 수 있어야 하고, 오늘날 인류의 고통이 미국의 풍요와 무관하지 않다는 것을 깨달아야 한다. 마찬가지로 한국인들은 지난 100년 동안 외세의 영향을 받으면서 그들을 추종하고 닮아가느라 돌아보지 못했던 자신의 얼굴을 돌아보고 스스로 생존할 수 있는 길이 무엇인가에 대한 지식과 지혜를 가져야 할 것이다. 자신을 정확하게 알아야 살아남을 수 있고, 남을 구체적으로 관찰해야 자신을 잘 알 수 있다. 오늘의 세계 질서에서 자기 인식과 상호 인식이 확대되어야 폭력과 갈등이 줄어들고, 평화로운 질서가 정착할 수 있다. 그러나 물은 높은 데서 낮은 데로 흐르는 법이므로 미국의 변화가 한국의 변화보다 훨씬 더 중요하다. 왜냐하면 한국인의 미국 인식은 한반도에만 영향을 미치지만, 미국인의 세계 인식은 전 세계에 영향을 미치고, 잘못된 인식이 전 세계 사람들을 불행하게 만들 수도 있기 때문이다.

그럼에도 한국 사람인 나의 입장에서 보면, 미국의 한국에 대한 무지를 탓하기 전에 한국의 정치·경제 엘리트들과 언론에 가장 큰 책임을 물어야 한다. 그들은 미국을 제대로 알려는 노력을 게을리한 채 미국만이 유일한 모델인 것처럼 착각하고, 한국의 국가 이익이나 민족 이익에 대해서는 깊이 성찰하지 않는다. 그러다가 문제가 터지면 미국 보수 언론의 주장에 편승하여 한국인 반대파에게 호통을 친다. 그들은 미국의 엘리트나 시민들에게 한국의 사정을 적극적으로 알리는 일을 게을리하고, 150만 재미교포를 장차 한미관계의 발전을 위한 밑거름으로 어떻게 활용할 것인지를 고민하지 않았다. 그들은 또 미국 역사는 물론 한국역사에 무지하고, 한국 사회 내부의 긍정적인 변화의 신호를 제대로 읽지 못하며, 한국의 미래 발전 모델을 어떻게 구축할 것인지에 대한 상상력이 빈곤하다. 50년 동안의 냉전체제와 그것에서 얻은 기득권이 이들의 사고와 상상력을 마비시킨 탓이다.

BBC 설문조사에 따르면 한국인의 61퍼센트가 "미국인들은 자신이 마음먹으면 무엇이든지 할 수 있는 초강대국이다"라고 생각했는데, 이는 11개국 가운데 가장 높은 비율이다. 한국인들이 그만큼 미국을 두렵게 여기고 있다는 의미다. 한국은 석유 한 방울 나지 않고, 안보와 경제를 미국에 크게 의존하는 나라인 만큼 미국을 두려워할 수밖에 없다. 더욱이 정치·경제의 중요한 의사결정을 내리는 사람들에게 그러한 두려움은 더욱 클 것이다. 그러나 노무현 대통령이 방미 당시 보여준 태도처럼 미국에 대한 막연한 거부감만 가진 사람들은 미국의 엄청난 힘을 피부로 느끼고서는 충격을 받아 갑자기 주눅이 들 수도 있다. 따라서 이러한 사정을 아는 한국 정부가 미국에게 'No'라고 말하는 것은 사실 '반은 죽을 각오'를 해야 하는 위험한 일이다. 그러나 지금과 같이 북한 핵 위기가 고조되어 한반도가 전쟁의 위험으로 치닫는 시기에는 민족의 생존을 위해서 필요한 경우에는 분명히 'No'라고 말할 수 있어야 한다. 한국인 다수는 국가의 존립을 위해서 현실적으로 미국에 의존할 수밖에 없다고 생각하지만, 이제 미국의 불합리한 요구를 일방적으로 받아들이는 데는 거부감을 가지고 있다. 북한이 아무리 원수처럼 밉고 수많은 동포를 굶어 죽게 한 그 체제가 구제불능의 실패한 체제라는 점을 인정하더라도, 미국이 자기 필요에 의해 한국인 수만 수십만 명이 죽고 한반도가 영구 분단될 수 있으며 민족의 현실을 황폐화시킬 수 있는 전쟁을 개시하는 일은 막아야 한다.

왜 전태일 기념관이 필요한가

전태일을 기억해야 하는 이유

이 지구상에 존재하는 한 사람의 고통이 우주 전체의 고통보다 작다고는 결코 말할 수 없다. 마찬가지로 한 사람의 죽음이 그 이상의 죽음보다 가볍다고 결코 말할 수 없다. 한 사람이 자연적인 이유에 의해서가 아니라 사회적·정치적 이유로 죽음을 당한다면 그의 죽음 속에 온 사회의 고통이 담겨 있다고 해도 과언이 아니다. 그리고 그 사회의 구성원은 모름지기 그의 죽음을 되새겨보아야 할 책임이 있다. 그의 죽음을 되새기지 않으면 사회 내의 개개인이 아니라 그 사회 전체가 불행해질 것이다. 그래서 우리는 전쟁, 폭력, 고문 등으로 인한 사회적 죽음에 대해 그토록 많이 거론하고 성찰하는 것이다.

사회적 죽음 중에서도 한국에서 가장 특이한 죽음은 바로 사회에 대한 고발과 항거의 표현으로서의 분신자살이다. 분신자살은 선택하지 않았을 수도 있는 죽음이기 때문에 전쟁이나 고문 등으로 인한 피동적인 사회적 살인과는 다르다. 그것은 적극적인 행위의 선택이며, 가장 목적

의식적이고 인간이 표현할 수 있는 가장 강력하고 절실하며 온 생의 무게를 담은 의사표현이다. 살기 위해 죽음을 선택한다는 것 자체가 인간 사회의 역설이고, 죽음을 통해 영원한 삶을 찾겠다는 가장 종교적이고 동시에 가장 인간다운 행위다. 이 사회적 죽음을 깊이 음미하고 성찰하여 후대의 교훈으로 삼는 것이 살아 있는 자의 고귀한 의무다.

한 인간의 죽음을 기억하는 주체는 가족 또는 친구일 수도 있고, 그가 몸담았던 조직 혹은 관련 영역일 수도 있고, 더 나아가 사회와 국가일 수도 있다. 때로 사회나 국가적으로 중요한 인물이지만 정치적 상황 탓에 가족 혹은 특정 부문이나 영역의 사람들만이 기억할 수도 있고, 반대로 가족에게만 기억될 정도의 인물이 정치적 의도에 의해 국가나 사회적 차원에서 기억되기도 한다. 사회적 죽음은 바로 가족과 친지에 의해서가 아니라 그가 속했던 집단과 영역, 그리고 사회에 의해 기억된다. 그 기억의 방식과 수준은 바로 당대의 사회적·정치적 상황, 그의 죽음을 생각하는 집단의 의지와 의식 수준 등에 달려 있다. 어떤 죽음이 아무리 의미 있더라도, 남은 사람들이 각성하지 않았다면 그의 죽음은 한동안 잊히고 말 것이다. 그래서 집단적 기억은 중요한 사회적 의미를 지닌 정치적 행위이며, 당대의 정치·사회질서와 그 성격을 보여주는 가늠자다. 누구를 어떻게 기억하는가는 그 사회의 지배적 인식과 사고의 틀 그리고 가치관을 보여준다. 그리고 어떤 죽음을 기억하자고 주창하는 것은 시간이 한참 지난 후에도 그 죽음의 의미가 여전히 살아 있기 때문이며, 또 그 교훈과 의미를 현재와 미래의 사람들에게 전달함으로써 살아 있는 자들이 어떻게 행동해야 할지 그리고 사회를 어떤 방향으로 변화시켜야 하는지에 대한 메시지를 담으려 하기 때문이다.

그래서 역사는 기억 투쟁이다. 자신들이 지향하는 가치와 부합하는 과거를 부활시키려는 사람들과, 그 과거를 지우고 다른 과거를 강조하려는 사람들 사이에는 쉼 없는 긴장이 있다. 박정희 기념관 건립을 둘러싼 지난 수년간의 공방을 상기해보면 과거 기억이 결국은 현재 살아 있는 사람들의 투쟁임을 알 수 있다. 기억할 과거가 없는 사람은 정체성이 없는 사람이다. 과거의 기억이 없는 사람에게는 현재의 삶이 황폐하거나 미래 구상이 없을 가능성이 크다. 기억은 공동체를 만들어낸다. 기억을 공유하지 못한 집단은 현재를 공통적으로 해석할 수 없고, 공동의 미래를 개척해갈 수 없다.

　오늘 우리가 전태일 기념관을 만들자고 제창하는 것은 바로 1970년에 있었던 전태일의 죽음이 오늘을 사는 한국 사람들에게 그리고 자본주의 한국 사회에 말해주는 그 무엇이 있기 때문일 것이다. 과연 우리가 가족의 이야기가 아니라 사회의 이야기로서 전태일을 기억하고, 그 시대를 기억해야 하는 이유는 무엇일까?

전태일과 조영래

지금 40대 이하 성인 가운데 대학을 다닌 한국인이라면 전태일을 모르는 사람이 없을 것이다. 그것은 거의 전적으로 조영래의 공헌이다. 아마 조영래의 『어느 청년노동자의 삶과 죽음─전태일 평전』(이하 『전태일 평전』)이 없었다면 사람들이 그 정도로 전태일을 기억하지는 못했을 것이다. 한 권의 책이 세상을 바꾼다는 말이 이보다 잘 적용되는 예는 없을 것이다. 조영래의 책이 세상에 모습을 드러내기 이전에 나에게 전태일을 알려준 것은 『씨올의 소리』였다. 1977년 11·12월 합본호에 「전태일의 생애」, 「전태일의 수기」, 청계피복지부의 「추도사」가 실렸다. 이듬해 11월호에는 이소선 여사의 「내 아들 전태일의 뜻」이 실렸다. 나중에 확인한 사실이지만, 전태일의 추도는 사망 직후 신구교 합동으로 거행한 '고故 전태일 추도 예배', 서울대 법대와 문리대, 한국외국어대, 연세대, 장로회 신학대 학생들의 추도 모임 등을 통해서 사회화되었다고 한다. 이 중에서도 신구 교회와 성직자의 역할은 가장 주목할 만한 것이었다. 당시 야당이었던 신민당은 "현 정권의 반근로자적 노동정책에 항의"한다는 성명을 발표했고, 이러한 행동들이 이후 민주화운동과 인권운동에 상당한 충격과 자양분을 제공해주었다.

전태일의 분신은 당시 언론에 보도되기는 했으나, 그의 생애와 생각, 분신을 하게 된 이유 등에 대해서는 일부 학생운동 진영, 함석헌 선생 같은 소수의 지식인들과 산업선교 관련 목사, 청계피복지부 등 동료 노동운동가들 사이에서만 공유되었던 것 같다. 즉 전태일의 죽음은 일부 지식인과 사회운동가들에게는 매우 중요한 사건이었지만, 일반인들에게는 단지 충격적인 사건이자 에피소드 차원에 머물러 있지 않았나 생각한다.

만약 조영래의 『전태일 평전』이 1983년에 출간되지 않았다면 전태일의 죽음은 우리에게 어떤 무게와 의미로 남아 있을까? 물론 조영래가 없었다고 하더라도 전태일의 일기 등의 기록을 통해 그의 죽음은 많은 사람들의 마음을 울리고, 이후 노동운동가들에게 어떤 열정과 운동 방향을 제시해주었을 것이다. 그러나 그의 삶의 무게는 오늘날과 같은 한국노동운동사의 아이콘으로서가 아니라 비슷한 시기에 산화한 노동자 김진수나 오늘날의 분신 노동자 배달호와 같은 반열에서 거론되었을지 모른다. 이 점에서 우리는 전태일의 삶과 죽음이 지니는 객관적인 무게와 크나큰 의미를 강조하기 이전에, 그의 죽음이 조영래라는 한 위대한 인물에게 깊은 충격과 감동을 주었다는 사실을 잊어서는 안 될 것이다. 어떤 사회적 죽음의 의미 부여나 되새김질은 결코 자연적으로 일어나는 것이 아니다. 살아 있는 사람들의 철저한 문제의식이 있을 때 비로소 그

전태일의 삶과 죽음의 의미를 알린 책 『어느 청년노동자의 삶과 죽음—전태일 평전』. 이 책을 쓴 저자가 조영래 변호사라는 사실은 나중에야 공개되었다.

의미가 부각되는 것이다.

다시 말해 오늘날 어떤 세력이나 집단의 노력에 의해 전태일의 사상 및 삶과 죽음의 의미가 새로운 시각에서 더 크게 다가온다면, 전태일은 21세기에 진입한 이 시점에서 또 다른 모습으로 부각될 수도 있으며, 한국의 전태일이 아니라 세계 노동운동사의 전태일이 될 수도 있다. 이것은 살아 있는 우리들의 몫이다. 왜 전태일을 기억해야 하는가. 21세기 젊은이들과 노동자들에게 전태일은 누구인가. 이런 질문이 다시 제기되는 이유가 여기에 있다.

오늘 누가 전태일을 기억하는가

전태일의 삶과 죽음은 1970년대 노동운동은 물론 1980년대 이후 민주노동운동의 정신적인 자양분을 제공해주었다. 1970년대 박정희 정권하의 지배적 담론이 '경제 성장'이었다면, 전태일은 그 '성장'의 그늘이었다. 그는 성장주의의 비인간화에 맞선 민주화 그리고 인간화운동의 상징으로 부각되었다. 1980년대 이후 많은 젊은이들이 『전태일 평전』을 읽고, 스스로 한 사람의 노동자가 되어 비인간적인 노동현실을 개선하는 데 앞장서기 위해 노동운동의 길을 나섰다. 그리고 노동운동의 길로 직접 나서지 못한 청년들도 전태일의 죽음을 삶의 지표로 삼아 민주화운동에 헌신했으며, 또 그 정도의 자기투신까지는 아니더라도 그의 죽음을 개인적 성찰의 지표로 삼아 스스로를 경계했다.

그런데 언제부턴가 전태일은 지금의 시대와는 맞지 않는 인물이 되었다. 그의 투쟁과 사상도 하나의 역사로서 읽힐 뿐, 변화된 시대에 어떤 가르침을 주기는 어렵다는 생각이 확산되기 시작했다. 우선 노동운동 진영에서 그러한 생각이 빠르게 확산되었다. 공공연하게 거론되지는 않았지만, 전태일의 노선은 자본과의 적극적인 대결 투쟁을 요구하는 1980년대 후반 이후 노동운동의 한 전사前史로만 다루어졌으며, 귀감은 될지언정 사표는 될 수 없는 것으로 받아들여졌다. 특히 1980년대 중반 이후의 정치투쟁적·사회 변혁 지향적 노동운동은 전태일을 지난 '역사'로 취급하기 시작했다. 1990년 전국노동조합협의회(전노협)의 창립 선언문은 "70년대 선배들의 피어린 투쟁과 87년 노동자 대투쟁 이래 수많은 단결 투쟁의 성과를 모아 전노협을 건설했습니다"라고 언급하면서 전태일에 대해서는 언급하지 않았다. 1995년 민주노총의 창립 선언문도 "70년대 이후 민주노동운동의 발전"만 언급할 뿐 전태일에 대한 언급은 전혀 없다. 요컨대 현재 민주노동운동 진영은 전태일의 분신 투쟁을 자기 역사의 일부로 간주하지 않고 있다. 노동운동 진영이 이러할진대, 노동 밖의 사회에서 전태일을 기억하고 기념하기를 기대하는 것은 애초에 불가능한 일일 것이다.

1960년대 말 청계천 중부시장에서 일할 당시 재단보조, 시다와 함께 찍은 사진. 가운데가 전태일.

현재 전태일을 기억하는 사람들은 대단히 열악한 사업장이나 극히 부당한 노동조건에서 고통받는 주변부의 노동자들, 주로 비정규직 노동자들과 하청업체 노동자들이다.

"전태일 열사가 근로기준법을 불태울 수밖에 없었던 당시의 현실과, 우리에게는 아무짝에도 쓸모없는 근로기준법이 있는 지금 우리의 노동 현실이 너무나 똑같다." 2004년 9월 30일 비정규직 문화제에 참여한 비정규직 노동자들이 근로기준법 화형식을 행하면서 한 말이다.

수원의 한 노무사 사무실에서 특수고용 형태 노동자들을 지원하는 활동가도 여느 때보다 30년 전 전태일 열사가 생각난다고 한다. "지금도 비정규직이나 특수고용 형태 노동자에게는 근로기준법이 있으나 마나 하다. 법이 있어도, 있는 법조차 제대로 지키지 않는 게 현실이다. 고용 형태가 더욱 불안해지는 요즈음 전태일 열사가 외쳤던 구호가 훨씬 절실 하다. 제발 있는 법이라도 잘 지켰으면 좋겠다."

한국통신 계약직 노동조합 대전·충남 이춘하 본부장은 이렇게 말한다. "전태일 열사는 열악한 노동환경을 개선하고 노동자의 권리를 찾기 위해 끝내 거룩한 죽음을 택했다. 계약직 노동자들은 목숨까지 버리진 못할지언정 권리 확보를 위해 선두주자 역할을 할 자세가 되어 있다. 현재 계약직 1만여 명을 비정규직으로 바꾸려 하고 있고, 전화교환원 5,000명 중 1,800명이 계약직인데 이 부분을 모두 비정규직으로 바꿨다. 이런 불합리함에 맞서 계약직 노동자와 비정규직 노동자들이 권리를 찾기 위해 나서겠다."

이들처럼 현재 자신의 처지에 견주어 전태일을 기억하는 사람들(대다수는 노동자이지만)의 목소리에는 공통점이 있다.

첫째, 현재 자신의 노동조건이 대단히 열악하여 1970년대의 상황을 추체험하면서 동질감과 유대감을 느끼고 있다. 둘째, 노사관계에서 탈법과 불법이 만연한 현실을 목격하고 있다. 전태일이 주장했던 근로기준법 준수의 요구를 실감하게 되는 부분이다. 셋째, 현재 자신의 처지를 개선하기 위해 투쟁하는 과정에서 주변의 냉대와 무관심 가운데 외로운 투쟁을 벌이고 있다. 여기서 주변이란 물론 노동조합운동까지 포함한다.

전태일의 죽음과 그 의미를 생생하게 기억하면서 삶의 지표로 삼는 사람은 대기업 노동자들이기보다는 주로 1970년대의 노동 상황과 유사한 처지에 있는 영세 사업장 및 비정규직 노동자들이다. 이들을 제외한 사람들에게 전태일은 점점 잊혀가는 존재가 되고 있다. 물론 일부 대학 신입생들은 선배와 교수들의 권유에 따라『전태일 평전』을 읽는다. 그러나 이제 그 수도 점점 줄어들고 있다. 지금의 대학생들의 생활세계와 전태일이 살았던 세계 간의 거리는 점점 멀어지고 있다. 노동 문제에 관심을 가진 학생은 극소수에 지나지 않는다. 시장에서 교환 가능한 가치만이 소중하게 여겨지는 이 시대에 인간에 대한 관심은 빛바랜 사진처럼 되어버렸다.

전태일에 관한 기억상실은 오늘의 한국 사회, 한국 사회 내에서의 노동에 대한 의미 부여, 그리고 한국 노동자와 노동운동의 현재 모습을 보여주는 것이다. 그 기억상실은 전태일이 행동하고 알리고자 했던 것, 그가 목숨을 포기하면서까지 이 사회를 향해 주장하고자 했던 것에 대한 망각이다.

왜 다시 '전태일'인가

지금까지 노동운동 진영에서 전태일은 '열사·투사'의 상징이었다. 그런데 아무리 열사일지라도, 그 사람이 사회적으로 어떻게 살다가 죽었는지도 모른다면 열사의 상징이 대체 무슨 소용이겠는가. 식구들 먹여 살려야 하고 매일 해고의 위협과 공포 속에 살아가야 하는 노동자에게 '열사의 위대함'이 무슨 의미가 있겠는가. 더군다나 할 수만 있다면 노동의 인간화를 추구하기보다는 노동으로부터 탈피하려는 노동자에게, 그리고 공부 잘해서 노동자가 되지 않도록 애쓰는 학생과 학부모에게 '열사'는 어떤 의미로 다가오는가. 만약 전태일이 불쌍하고 가련한 희생자의 이미지로만 남아 있다면 그를 기억하고 그의 죽음의 의미를 되새기자는 구호가 설득력이 있을까?

"투쟁, 투쟁!" 외치다가 '떠날 때는 말없이' 사라지는 수많은 노동자와 사회운동가들의 존재, 방향 없이 일상적 투쟁에 매몰된 노동조합운동, 돈을 수단이 아니라 목적으로 여기는 신자유주의적 자본주의 문화가 바로 전태일을 다시 불러낼 필요성을 제기한다. 그리고 전태일이 자신과 아무런 관련이 없다고 생각하지만 일터와 사무실에서 부당한 일을

평화시장 앞에 세워진 전태일 입상.

당하고 그 때문에 고통받는 수많은 일하는 사람들, 평범하지만 의미 있게 살아가려는 사람들에게 전태일은 여전히 살아 있다.

그러면 우리는 왜 전태일을 기억해야 하는가. 우선 노동자들이 혹은 노동운동 진영이 전태일을 기억해야 하는 이유는 무엇인가.

첫째, 전태일은 노동자를 이윤추구의 도구로 간주하는 자본주의 산업문명을 거부했다. 오늘날 노동자의 구성은 1970년대와 크게 달라졌지만, 자본주의 체제에서 상품 생산자로서 노동자의 처지는 근본적으로 달라지지 않았다. 그리고 임금노예로 만족할 것인지, 아니면 인간임을 선언할 것인지에 대한 선택의 문제는 여전히 현재 진행형이다.

둘째, 지금도 계속되는 산업현장에서의 '준準 신분 차별'(가령 정규/비정규, 갑을관계) 문제를 적극적으로 부각해야 한다. 그리고 일하는 사람이 대접받지 못한다면, 그리고 '일터의 인간화'가 이루어지지 않으면, 그 피해는 전 사회가 입게 된다는 것을 보여주어야 한다.

셋째, 전태일은 투쟁 이전에 가용한 모든 방법으로 자신보다 더 어려운 사람들을 도와주려 했다. 전태일은 비인간적 상황에 처한 사람들에게 투쟁을 호소하기 이전에 그들에게 필요한 그 무엇을 나누어주려 했다. 나눔의 정신이 없는 투쟁은 공허하다. 지지를 받을 수도 없고 감동을 주지도 못한다.

넷째, 제도권 학교에서 제대로 배우지 못했지만, 스스로 배움을 게을리하지 않았다. 어려운 처지에 있는 사람은 자포자기하거나 막연한 분노를 키우기 쉽다. 그러나 문제의 원인을 깨닫고 해결책을 마련하기 위해서는 학습만이 대안이다. 노동자의 가장 큰 병폐는 학습을 통해 문제를 파악하기보다는 경험적 지식을 과도하게 강조하면서 사고의 문을 닫는다는 것이다.

다섯째, 운동의 기초는 인간에 대한 사랑이라는 점을 몸소 보여주었다. 사랑이 없는 변혁론은 공허하고 도그마에 빠질 위험이 있다. 사랑이 없는 운동론은 주저하는 대중을 자기편으로 끌어들이지 못한다.

전태일은 한국에서 노동으로 생계를 유지하는 사람들에게 가장 큰 정신적 유산이다. 노동조합, 민주노동당 등 노동계 인사들이 전태일을 기억하여 크게 부각시키면 시킬수록 그들의 입지는 강화될 수 있을 것이다. 그렇게 본다면 전태일 기념관은 바로 후배 노동운동가들에 의해 만들어졌어야 한다. 한국의 노동운동 진영은 스스로 이 사회에 매우 중요한 존재이며 사회 발전에 크게 기여할 수 있다는 점을 증명하기 위해 전태일을 끌어들여야 하는데도, 이 무한한 자원을 스스로 포기하고 있다. 노동조합이 입지를 강화하고 사회적 영향력을 확대하려면, 그리고 민주노동당이 더 많은 의석을 얻고 지지를 받으려면, 노동자의 기여와 노동의 가치, 노동운동의 필요성을 비노동자들에게 설득할 수 있어야 한다.

그런데 여기서 가장 큰 걸림돌은 지금까지 산업화의 성과를 박정희의 개발독재, 혹은 기업(가)의 공으로 보는 시각이다. 즉 1960~1970년대를 경제 성장을 위한 국민 동원의 역사로 기억하고 노동자를 산업의 역군으로만 기억하는 시각을 균열시켜 그 과정에 노동자의 희생이 있었으며 노동자들이 인간다운 삶을 살기 위해 투쟁했다는 사실을 역사의 한 페이지에 넣지 못한다면, 한국 사회에서 노동자가 설 자리는 극히 협소해질 수밖에 없다. 마찬가지로 1970년대를 정치적 민주화를 위한 투쟁의 역사로만 기록해도 노동자가 설 자리는 극히 좁아진다.

한국의 노동운동 진영과 민주노동당은 1970년대 역사를 이와 같이 쓸 때 스스로 설 땅을 마련할 수 있다. 수출을 위해 불철주야 뛰어다닌 기업가 외에, 전태일과 같은 인간애를 가진 노동자가 있었다는 사실을 강조해야 한다. '성장 지상주의'로 집약되는 역사관을 재검토함으로써 성장 지상주의의 그늘에 고통받는 노동자들이 있었고, 성장의 과실을 일부가 독점했음을 알리는, '공식적' 1970년대가 아닌 '또 다른' 1970년대를 보여주어야 한다.

이를 위한 가장 좋은 수단이 바로 전태일 기념관이다. 전태일은 박정희와 반대편에 있는 1970년대의 또 다른 역사의 아이콘으로서 오늘날과 후대의 사람들에게 역사의 판단 자료가 되어야 한다. 지금까지의 한국 그리고 오늘날의 한국이 물질적 성장을 통해서만 유지되어온 사회가 아니라 인간 존중과 민주주의를 통해 버텨온 사회라는 점을 보여주기 위해 전태일을 불러내야 한다. 전태일 기념관은 한국 사회에 통용되는 가치와는 또 다른 가치와 질서를 보여주는 산 교육장이 되어야 할 것이다.

오직 노동자만이 전태일을 기억해야 할까? 그렇지 않다. 전태일 기념관은 자녀에게 삶의 전범을 보여주고자 하는 부모들, 그리고 학생들에게 인간의 가치를 심어주고자 하는 교사들에게도 좋은 교육 자료가 될 것이다. 그 시절을 살았던 기성세대에게는 자기 삶을 반성하는 기회가 되고, 젊은 사람들에게는 '어떻게 살아야 하는가'라는 질문을 던지는 성찰의 공간이 될 수 있다. 그리고 어려운 조건에서도 양심을 지키며 올곧게 살아가고자 하는 사람들은 자기존재를 확인하기 위해 전태일 기념관을 찾을 것이다.

전태일 기념관은 무엇이 되어야 하는가

이상의 이야기를 정리해보면 노동자 기념관으로서 전태일 기념관은 다음과 같은 것을 기억하고 보여주는 공간이 되어야 할 것이다.

우선 다른 자본주의 국가에서도 그러하지만 한국에서 노동자, 노동조합, 노동운동에 대해서는 일종의 스테레오타입, 즉 한편으로는 경제적 이익만 추구하는 이기적 존재라는 이미지와 다른 한편으로는 막무가내로 자기 요구만 제기하는 무책임한 존재라는 이미지가 있다. 그런데 전태일의 삶과 사상은 노동운동에 대해 편견을 가진 사람들의 통념을 여지없이 깨뜨린다. 노동운동은 언론에 비친 모습과는 상당히 다르다. 기념관은 개인적 출세나 욕망의 노예가 된 중간층이나 지식인보다 훨씬 더 훌륭한 영혼을 가진 노동자들이 이 땅을 지켜왔으며, 그들의 노동이 존중되어야 함을 보여줄 수 있다.

전태일은 어려운 현실에 안주하지 않았다. 처지를 개선하기 위해 할 수 있는 일을 하고자 했다. 친목회를 만들고, 대안적 기업을 구상하고, 탄원서를 내고, 호소하고, 동료를 규합하고, 스스로 동료를 도우려 했다. 그의 분신은 무모한 저항이 아니었다. 그것은 당시의 조건에서 상황을 돌파하기 위한 최후의 수단이었다. 그래서 그의 삶과 분신은 연결고리 안에 있다. 그의 삶의 궤적을 추적하게 되면 어려운 상황에 처한 사람이 어떻게 그 상황을 극복하려 했는가를 알 수 있다.

전태일은 불의와 타협하지 않았다. 그리고 대의를 위해서 끝내 자신을 희생했다. 이것은 자기만 생각하는 인간들에게는 참으로 어리석은 일로 보인다. 그러나 그러한 사람이 있었기에 사회·현실의 조건이 개선될 수 있었다. 이 정신은 빛바랜 과거의 일이 아니다. 지금도 그러한 사람을 찾아볼 수 있고 그러한 사람들로 인해 사회가 지탱되고 있기 때문이다.

전태일 기념관은 오늘날의 각박한 세태 속에서 부대끼며 살아가는 사람들에게 성찰과 반성의 기회가 될 것이다. 전태일 기념관이 없는 세계는 기성 질서에 매몰되어 맹목이 팽배하게 될 것이다. 우리 사회가 좀 더 인간적이고 문화적으로 성숙한 사회가 되기 위해서도 전태일을 기억하는 공간이 있어야 한다.

'자유주의자'들의 때늦은 반공주의

위험한 좌경화?

소설가 이병주는 한국에서 반공주의자가 되는 것은 푸줏간의 고기 앞에서 칼을 휘두르는 정도의 용기만 있으면 된다고 했다. 안기부, 기무사, 경찰이 좌경사상 소지자들을 이 잡듯이 뒤져서 잡아 가두고 국가보안법으로 처벌하는 세상에서 구태여 지식사회의 좌경화를 경고하기 위해 지식인이 팔을 걷고 나서는 것은 싱거운 일이고, 또 어용 지식인의 낙인까지 감수해야 하기 때문이다.

그런데 『디스토피아』의 작가는 "이제 세상이 달라졌다"고 외친다. 좌경사상을 가진 사람들이 국회와 행정부까지 침투했으며, 학계에서도 상당한 영향력을 발휘하면서 순진한 학생들을 의식화시키고 있고, 10만의 전교조 대군을 거느리고 수백만의 학생들에게 의식화 교육을 하고 인터넷 매체로 순진한 수백만의 사람들을 공공연하게 선동할 수 있게 되었으니 말이다. 좌경 국회의원들이 김일성 조문을 한다고 하지 않나, 젊은 이들이 시민단체의 이름을 내걸고 평양에 들락날락거리면서 공공연히 김일성 부자를 찬양하는가 하면 급기야 6·25를 통일전쟁이라고 부르고 맥아더 동상까지 철거하겠다고 나섰으니 이제야말로 소신 있는 '양심적' 반공주의자들이 용기를 내어 기회주의 반공주의자들을 비판하고 우리 사회의 좌경화를 온몸으로 막아야 하지 않겠느냐는 것이다.

그렇게 본다면 문민정부, 국민의 정부, 참여정부를 거치면서 실로 국가의 정체성을 위협하는 위험한 일이 많이 일어났다. 가장 큰 충격은 남북정상회담이었다. 6·25 '전쟁범죄자'이자 국가보안법상 적국의 '수괴'와 한국의 대통령이 남북의 화해와 평화를 논의하는 일이 발생했고, 청와대에서 〈임을 위한 행진곡〉 같은 운동가요가 울려퍼지는가 하면, 사회주의자를 독립운동가로 서훈하는 믿을 수 없는 일들이 일어났기 때문이다. 그리고 이런 어처구니없는 일들이 진행되는데도 그 수많은 '애국자'나 '반공투사'들은 현재의 권력으로부터 당할 불이익이 두려워 꿀 먹은 벙어리처럼 입을 다물고 있는 것이 현실이기 때문이다. 일부 섣부른 투사들은 이 정부를 뒤엎고 나라를 구해야 한다고 외쳐대고 있기는 하지만, 세상은 이들 '열혈' 투사들의 외침에 시큰둥한 반응을 보이고 있다. 실패한 공산주의의 그림자를 좇으면서, 지구상에서 가장 가난하고 실패한 체제인 북한에 대해 아직도 미련을 버리지 못하고 있는 이 덜떨어진 사대주의 좌파의 실상을 폭로하여 그들이 더 이상 젊은이들에게 영향을 발휘하는 일이 없도록 하자고 『디스토피아』의 저자 홍상화는 광화문 앞에서 피켓시위를 하는 심정으로 외롭게 나섰다.

김경동의 '좌경'인사에 대한 비판은 이보다 훨씬 온건하다. 그는 운동권 출세주의자들의 허상과 기회주의 지식인으로 알려진 인사들의 진면목을 폭로함으로써 민주화 경력을 내세우면서 저질러지는 부도덕과 가치의 전도를 고발하고 있다. 그리고 체제영합적인 인사든 반체제인사든 결국은 민중을 대상화하면서 그럴듯한 명분을 내세워 자신의 이익을 추구하는 것은 다를 바 없다는 씁쓸한 결론을 내리고 있다.

그렇다. 이들이 지적하듯이 민주화운동 경력자들, 과거 좌경 세력으로 분류되어 탄압받았던 사람들은 더 이상 수난당하는 존재만은 아니다. 그들의 일부는 분명 권력자가 되었다. 국회에서 국민 앞에 군림하는 권력자(국회의원)가 되었고, 대학에서 학생들에게 군림하는 권력자(교수)가 되었으며, 미디어의 내용과 방향을 좌지우지하는 총사령관(언론사 사장)이 되었다. 또 일부는 공공기관이나 사회단체의 수장이 되어 수백 수천 명을 거느리는 권력자가 되었다. 권력을 가진다는 것은 당연히 비판과 견제의 도마 위에 오른다는 것을 의미한다. 그러므로 출세한 운동권 인사들을 공격하는 지금의 반공주의는 군사독재 시절인 이병주 시대의 반공주의와는 분명히 다르다. 이들은 더 이상 푸줏간의 늘어진 고깃덩어리를 향해서 칼을 휘두르지 않고, 살아 움직이면서 여차하면 자신을 공격할지도 모르는 힘센 생명체와 맞서고 있다. 그렇게 본다면 출세한 운동권에 대한 이들의 비판은 과거의 반공주의와 같은 맹목적인 반공주의나 반북주의와는 분명히 다르다.

'상처받은 자유주의'로서의 반공주의

나는 한국의 극우반공주의를 '상처받은 자유주의'라고 표현한 적이 있다. 원조 극우반공주의는 월남한 기독교인들이다. 그들은 이북에서 사회주의 집단화의 피해자들이었고, 전쟁 때 겪은 북한 사회주의에 대한 부정적인 경험 때문에 반공·친미·친자본주의 성향을 확고하게 굳힌 사람들이다. '빨갱이'를 같은 하늘 아래 더불어 살 수 없는 '원수'로 생각하는 그들의 마음은 생생한 체험에서 비롯한 것이기에 타협과 조정이 불가능하다. 이들의 담론은 그 어떤 좌경 세력의 언사보다도 험악하고 공격적이다. 이러한 정서는 지난 50년간 대한민국을 이끌어왔다.

그런데 1980년대 이후 이 '순수한' 대한민국에 '오염' 물질이 유입되었다. 마르크스주의라는 외래 사상에 기댄 철없는 젊은이들이 바로 그들이다. 이들은 한국 사회에서 정치적 세를 얻고 지식사회에서 무시하지 못할 영향력을 획득하며 기성 지식인을 깎아내렸다. 여기서 두 번째 '상처받은 자'들이 생겨났다. 1990년대 이후 박홍 서강대 총장을 필두로 한 '주사파' 박멸 전위대는 처음부터 그렇게 공격적인 극우반공주의자는 아니었지만 '좌경' 운동권의 공격성, 권력 행사, 그리고 '일탈'을 보고 나서 반공주의자가 된 경우다.

'좌경인사'로부터 입은 상처의 성격은 첫째와 둘째가 다르다. 하지만 자기 체험을 일반화해서 자신을 불편하게 하거나 비판하는 세력을 '적'으로 규정한 다음 그들의 힘을 과대포장하거나 그들을 쉽게 스테레오타입화하고 자신이 느끼는 주관적 위기의식을 객관적 위기로 해석한다는 점에서는 마찬가지다. 이것은 객관적 사실에 기초한 것이 아니라 상처와 신경과민이 낳은 무리한 일반화이기 때문에, 헤겔의 말을 빌리면 상당히 '불행한 의식'이다. 흔히 눈에 보이지 않는 저항 세력이 자기 기득권을 위협한다고 느끼는 지배자에게서 이런 불행한 의식을 엿볼 수 있다. 마르크스가 "공산주의라는 유령이 배회한다"고 말했을 때, 그는 노동자들의 조그만 저항까지 모두 공산주의자들의 사주로 해석했던 부르주아들의 불안한 정신세계를 지적한 것이었다. 히틀러는 유대인이 독일을 삼켜버릴지도 모른다는 대중의 불안감을 조장해서 유대인 학살을 자행했다. 때로 지배자들은 체제 유지를 위해 적의 규모와 위협을 의도적으로 과장한다. 예를 들면 러시아 혁명이 일어났을 때 러시아 제국은행에 투자했던 미국 부르주아들이 유포한 공산주의에 대한 공포감과 혐오증이 대표적이다.

이 불행한 의식은 결과를 원인으로 오인한다. 그래서 어느 사회에서나 좌경화는 외래 사상의 주입 때문이라기보다는 사회 내부의 모순의 결과인데도 불구하고, 좌경화된 사람들의 정신세계에는 무언가 문제가 있다며 그 자체를 원인으로 파악한다. 그리고 자기와 주변 사람들도 원인 제공자인데 그 점을 알아채지 못한다. 원인이 사회로부터 온 것이며 자신이 원인 제공자 중의 하나임을 알지 못할 때, 그들은 성급한 결론을 내린다. 바로 적들의 행동은 증오감, 비뚤어진 생각, 그리고 주입된 사조들에서 나온다는 것이다.

현재 미국이 이슬람 테러리스트를 보는 시각도 이와 같다. 과거 영국의 제국주의와 중동의 석유자원 장악, 미군의 사우디아라비아 주둔과 패권주의가 이슬람 청년들을 테러리스트로 내몰았다는 것은 무시한 채, 이들 테러리스트는 원래 증오와 질투심, 폭력 선호 신앙에 물들어 있다고 보는 것이다. 법정에서 안중근에게 훈계하던 일본 판사들의 시각이 그러했고, 1970년대 운동권 학생들을 '원수' 취급했던 박정희의 정신상태가 그러했고, 1990년대 공개되었던 기무사의 사찰 보고서 내용이 그러했다.

'좌경화'는 이 사회의 모순이 만들어낸 것

1970년대 학생들은 서구나 일본의 좌파 이론가들의 책을 읽고서 급진화된 것이 아니라 박정희 정권의 억압성 때문에 급진화된 것이며, 1980년대 학생들은 북한 주체사상의 영향이나 소련의 마르크스 레닌주의 서적을 읽고서 그 사상에 오염된 것이 아니라, 광주 학살의 참극과 5공 초기의 폭압성과 각종 의문사 및 고문, 그리고 신군부 집권에 대한 미국의 방조 사실 등을 알고 나서 의식화된 것이다. 언제나 이론이나 사상은 현실을 해석하는 과정에서 매개 역할을 할 따름이지, 그것이 원인을 제공하는 것은 아니었다.

구태여 지식인의 영향을 따지자면 1970년대는 함석헌과 리영희가 학생들에게 더 많은 영향을 주었을 것이다. 나름의 지적 능력을 갖춘 대학생들이 영웅주의 투쟁 담론이나 강단 좌파들의 가르침에 일방적으로 좌경화되었다고 보는 것 역시 문제의 원인을 잘못 보는 것이다. 사람들은 동료와 선배, 스승의 구체적인 행동으로부터 배우거나 반면교사를 삼을 뿐 결코 그들의 말에만 이끌리지 않는다. 바로 1980년대의 젊은이들은 수십 년 동안 반공교육만 받아왔고 군사정권에 굴종한 교사나 스승으로부터 반면의 배움을 얻었고, 스스로 기득권을 포기하고 고난의 길을 선택했던 선배와 동료들로부터 가장 큰 영향을 받았다.

러시아가 그러했듯이 자유주의자들이 자유를 위한 투쟁을 포기할 때 젊은이들은 좌경화된다. 즉 자유주의자의 무기력과 비일관성이 바로 마르크스주의에 대한 호소력을 높이는 것이다. 폭압적인 권력에 의한 노골적인 인권 탄압이 눈앞에서 자행되는데도 침묵하고 굴종했던 자유주의 지식인의 비굴함, 세계에는 오직 미국밖에 없는 것으로 가르쳤던 한국 지식사회의 친미사대주의가 '순진한' 학생들을 왼쪽으로 기울게 만들었다. 반공주의 외에는 다른 사상을 일절 용납하지 않았던 질식할 듯한 1970년대의 유신독재가 좌파에 대한 호기심을 더욱 부추겼다. 북한을 무조건 나쁘다고 가르쳤던 극우 이데올로기가 그 반대편의 극단을 불러온 것이다. 1980년대 젊은이들을 좌경화한 주요한 원인 제공자는 마르크스·레닌도 김일성도 아닌 한국의 비겁한 자유주의자들이었다.

좌경 세력 배후에 누군가 있다는 음모론은 사태에 대한 이해의 부재에서 나온다. 그리고 사람들은 자신의 잣대로 세상을 보기 때문에 사태의 진면목을 잘못 이해하게 된다. 순진한 노동자와 청년들이 일부 음모적 좌파에 의해 오염되었다고 보는 것은 이들의 지적 능력을 무시하는 지나치게 엘리트주의적 발상이다. 좌파도 결국 출세가 목표라는 행간의 주장 역시 자본주의의 지배적 가치관에 입각해서 인간은 모두 이기적이라는 전제를 갖고 바라보는 것이다. 튀기 위해서 과격한 주장을 하고, 출세의 방편으로 운동권에 들어갔다는 주장은 사실 왜곡을 넘어서 사회와 공동체를 위해 희생했던 많은 사람들의 공로를 비웃고 허무주의적 가치관을 유포하는 것이다.

출세하기 위해 평생 후유증이 남을 고문을 감수하는 사람이 어디 있으며, 시기심과 증오감 때문에 또는 학생들에게 영향을 미치기 위해 감옥을 들락거릴 지식인이 어디 있겠는가? 해직 언론인 송건호는 돈이 없어서 자식 대학교도 보내지 못했고, 해직 교수 리영희는 독재에 저항한 대가로 출판사 외판원 노릇까지 하면서 처절한 삶을 맛보았다. 일부 출세한 민주화운동가나 구좌파가 있다고 해서 다른 사람들도 그럴 것이라고 판단하는 것은 역사에 대한 일종의 폭력이다.

외국 좌파에 대한 한국 청년들과 지식인들의 사대주의, 분명히 있다. 그러나 그들이 미국 언론이나 학자들의 논조를 그대로 옮겨다 쓰는 한국의 주류 지식사회만큼 사대적이지는 않다. 이론적 편식, 물론 심각하다. 그러나 젊은 시절에 마르크스 사상은 아예 한 번도 접해보지 않았던 60대 이상의 대다수 한국 지식인들만큼 편식이 심하지는 않다. 시기와 출세주의, 물론 심각하게 나타난다. 그러나 장관이나 국회의원이 되기 위해 전화통에 대기하고 있던 저 1960~1980년대의 어용 지식인들만큼 심하지는 않다.

더 중요한 사실이 있다. 한때 운동에 가담했던 청년들의 대다수는

아직도 과거 권력에 저항했던 일의 대가를 톡톡히 치르면서 이 땅에서
힘겹게 살아가고 있으며, 풀뿌리 곳곳에서 이름 없이 행동하고 있다는
것이다.

미국 네오콘의 세계 전략

네오콘은 누구인가

21세기 들어선 이후 한반도의 전쟁 위기를 고조시키거나 완화시키는 데 누가, 어떤 집단이 가장 결정적인 영향력을 갖고 있을까? 우리는 핵개발을 서두른 북한의 김정일이라고 생각하는 경향이 있다. 그런데 북한의 핵개발이 사실이라고 하더라도, 북한은 이러한 결정을 독자적으로 내릴 수 있는 독립변수일까? 그렇지 않으면 종속변수에 불과한 것일까? 전 세계 각지에서 빈발하는 테러는 과연 테러리스트의 악의에 기인하는 것일까? 아니면 지구적 빈곤과 소외, 미국의 패권주의와 친親이스라엘 정책, 혹은 미국과 영국의 서구문명 중심주의와 이라크 침략에 기인하는 것일까? 만약 그렇다면 한반도의 평화체제 구축을 위해서 우리가 가장 신경 써야 할 것은 무엇일까? 바로 미국의 핵심 정책집단과 그들의 세계 인식과 전략을 살펴보는 것이 아닐까?

그렇다면 부시 행정부가 들어선 이후 북미관계의 경색, 특히 한반도의 긴장을 일으키는 미국의 정책은 누가 좌우하는가? 부시가 이라크전을 감행하도록 뒤에서 부추기고, 전 세계를 미국 패권주의의 시험무대로 만든 미국 부통령 딕 체니Dick Cheney와 국방장관 도널드 럼스펠드 Donald Rumsfeld, 그리고 그들에 의해 발탁되어 조직적으로 그들의 결정을 뒷받침해주는 이른바 네오콘neocons(신보수파)을 들 수 있다. 네오콘은 2000년 대통령 당선 당시까지만 하더라도 국제 문제에 문외한이던 조지 부시George W. Bush를 집권 3년 동안에 두 번이나 전쟁을 벌인 전쟁대통령으로 만들어놓았다.

체니와 럼스펠드가 전형적인 냉전시대의 '현실주의' 외교정책 노선을 주장한 인물이고 또 기업가 출신이라면, 네오콘은 대체로 언론, 대학, 정책연구소 등의 경력을 지닌 지식인들로 강한 이념성을 견지하고 있다. 미국과 세계의 많은 논평가들은 이들이 바로 미국의 외교정책을 납치했다고hijacked 비판하기도 한다. 사담 후세인이 대량살상 무기를 가지고 있다는 것을 명분 삼아 미국이 전례를 찾기 어려운 예방전쟁preventive war까지 감행한 것은 모두 부시 행정부를 움직이는 실세, 즉 네오콘이 있었기 때문이다. 제2기 부시 행정부가 들어서면서 이들의 목소리가 다소 낮아졌지만 이라크 전쟁을 강행하려는 부시의 태도를 보면 그들이 후퇴했다는 증거는 찾아보기 어렵다.

그렇다면 부시 행정부의 막후 이데올로그인 네오콘과 그들의 목소리를 정책에 반영하는 체니와 럼스펠드 등이야말로 북한으로 하여금 무모하게 핵개발을 서두르게 해, 한반도에 전쟁 위기를 부르고 결과적으로 지난 수년 동안 한국에서 반미 감정을 고조시킨 장본인들이다. 그들은 동아시아와 한반도의 운명의 칼자루를 쥐고 있는 집단이다. 그래서 우리는 네오콘이 누구이고, 어떤 생각을 하는 사람들이며, 그들이 세계를 어떻게 변화시키고 있는지를 알아야 한다. 그것은 미국의 정책에 큰 영향을 받을 수밖에 없는 한반도의 장래를 모색하기 위해 무엇보다 필요한 일이다.

미국이 이라크를 공격한 진짜 이유

네오콘의 실체가 부각된 것은 2001년 9·11테러 직후였다. 다음 날인 9월 12일 미국 사회가 테러의 충격에서 아직 정신을 차리지 못할 때, 미국의 보수 신문인 『월스트리트 저널』은 기다렸다는 듯이 시리아, 수단, 리비아, 알제리, 이집트를 미국이 공격해야 할 국가로 지목했다. 그리고 15일에 부시 대통령에게 '테러와의 전쟁'을 더욱 확대해서 당장 이라크를 치고 후세인을 권좌에서 쫓아내자고 주장하여 부시 행정부를 경악하게 한 사람이 있었다. 바로 국방부 부장관인 폴 월포위츠Paul Wolfowitz였다. 곧이어 20일에는 헤즈볼라 본부, 시리아, 이란 등에 타격을 가하자는 공개 편지가 부시에게 전달되었다.

그렇다면 이들 네오콘은 어떤 명분과 논리를 내세워 이라크를 공격하자고 주장했는가? 그들은 왜 그렇게 후세인 제거와 체제 전환에 집착했는가? 1991년 걸프전 당시와 1992년에 이들은 「국방계획지침」Defense Planning Guidance을 작성했다. 잠재적 경쟁 상대의 등장을 '예방'해야 하며, 후세인을 제거하고 이라크 체제 전환을 시도하자는 내용이었다.

이때만 해도 이들은 아직 소수에 불과했고, 당시 대통령인 부시 1세 George H. W. Bush도 깜짝 놀라 그들의 입을 막았다. 만약 이라크 영토에서 전쟁을 벌일 경우 미국이 승리할 수는 있겠지만, 지상 전투에서 엄청난 미군 사상자가 발생할 수 있고, 후세인 추방 이후에 아랍 근본주의자들의 집권 가능성이 있다고 보았기 때문이다. 제2차 세계대전 참전 경력과 CIA 경력을 가진 현실정치인인 부시로서는 도무지 그러한 제안을 받아들일 수 없었다. 그런데 이들은 뜻을 굽히지 않고 계속 이라크 공격을 주장하다가, 결국 2000년 아들 부시가 집권하자 오랜 꿈을 실현할 기회를 갖게 되었다.

이들은「새 미국의 세기를 위한 기획」Project for New American Century 이라는 문서에서 탈냉전 이후의 새로운 방위 개념을 제기했다. 그것은 바로 상대방이 미국의 안보에 위협이 되는가를 기준으로 삼아 긴장관계를 설정하기보다는 조금이라도 독자적인 무장 가능성이 있으면 예방공격preventive attack을 가해서 조기에 그 세력의 싹을 자른다는 것이다. 이는 트루먼 행정부 이후 냉전체제에서 적에게 취해온 봉쇄와 억제의 전략적 기조를 전면적으로 수정한 것이다. 부시 정부 등장 이후 제기되었던 이른바 '더러운 전쟁 불사론', '미사일방어계획', '선제공격론', '일방주의 외교론' 등은 럼스펠드나 체니 같은 강경파나 네오콘이 이미 클린턴 행정부 시절부터 주장해왔다. 미국의 이익을 지키기 위해서는 실행 능력도 문제 해결 능력도 없는 유엔 혹은 국제사회 일반의 요구나 규범에 얽매이지 말고, 미국의 힘을 사용하여 미국의 안보 이해를 침해하는 국가의 정권을 과감하게 교체하자는 내용이다. 한마디로 적이 나를 치기 전에 내가 먼저 적을 치자는 것이다. 2002년 9월에 발표된 이 국방계획서는 "미국의 힘은 옳다. 그것은 미국적이기 때문이다"라는 미국 제일주의, 군사력 제일주의에 바탕을 두고 있다.

이들은 탈냉전 이후 새로운 적인 테러 세력은 가시적인 하나의 국가가 아니므로 국가 대 국가 간의 전통적인 전쟁 개념인 봉쇄와 억제는 적절하지 않다고 주장한다. 이런 이유로 어떤 사람들은 이러한 노선 변화를 '외교정책에서의 부시의 혁명'이라고까지 주장했다.

2003년에 시작된 미국의 이라크 공격은 부시 행정부가 들어서면서 이미 예고된 것이었다. 그리고 결국 예방공격으로 실현되었다. 부시 행정부는 이미 그 이전에 맺은 국제 협정이나 조약을 탈퇴하거나 무시했다.

　네오콘이 이라크의 후세인 제거에 집착했던 이유는 "이라크 점령은 중동에서 미국이 계속 머물 수 있게 해줄 것이다"라는 폴 월포위츠의 발언으로 집약된다. 오사마 빈 라덴의 저항이 바로 이슬람 성지인 메카가 있는 사우디아라비아에 미군이 주둔한 것에 대한 반감과 굴욕감에서 출발한 것이므로, 사우디아라비아에 미군이 주둔하는 것만으로는 중동을 안정적으로 통제하기 어렵다고 본 것이다. 네오콘의 구상은 이라크에 친미정권을 수립한 다음 안보 위험을 명분으로 삼아 미군을 주둔시키고서 이라크를 미국의 군사적·경제적 종속국으로 만들고, 그곳을 근거지로 삼아 이란, 시리아 등 주변의 아랍 국가를 체제 전환하려는 것이었다. 미국은 사우디아라비아가 민주화되어 이란처럼 미국의 영향권에서 벗어나는 사태를 가장 두려워했다. 미국은 겉으로는 자유와 민주주의를 외치면서도 반민주적이고 권위주의적이며 근본주의 이슬람을 신봉하는 사우디아라비아 왕가와 밀월관계를 유지해왔다. 부패한 사우디 왕가의 막대한 석유 판매대금이 미국 은행계좌로 들어오지 않고 유럽 은행으로 간다면 미국의 금융시장이 흔들리기 때문에 후세인 제거를 시작으로 사우디아라비아를 확실히 통제하려는 것이었다.

　미국이 중동의 심장부이자 세계 2위 석유 매장국인 이라크에 친미정권을 수립한다면 사우디아라비아를 비롯한 중동 전체를 통제할 수 있고, 그것은 미국 석유회사가 중동 석유자원을 통제할 수 있음을 의미한다. 이는 곧 중국과 유럽을 견제하고, 나아가 세계에서 미국의 패권을 확실히 다지는 길이다. 따라서 이라크 점령은 단순히 중동의 장악에서 끝나는 것이 아니라 유럽과 아시아를 꼼짝 못하게 하는 일과도 연결된다. 왜냐하면 중동 석유의 장악은 그것을 싼값에 구입해야만 경제를 운영할 수 있는 나라의 생명줄을 움켜쥐는 것을 의미하기 때문이다. 유럽과 일본이 대표적인 나라이고, 석유 의존도가 커져가는 중국도 예외가 아니다. 따라서 미국의 중동 장악은 석유에 의존하는 현재의 자본주의 경제 체제에서는 산소호흡기를 독점하려는 전략이라고 볼 수 있다. 리처드 펄 Richard Perle의 "이라크는 전술적 축이고, 사우디아라비아는 전략적 축이며, 이집트는 선물이다"라는 말은 네오콘의 중동 전략을 집약한다.

네오콘이 이미 1992년에 제출한 「국방계획지침」에서 유엔 사찰을 통한 이라크 무장해제보다는 애초부터 체제 전환에 초점을 둔 것은 부시 행정부가 주장한 대량살상 무기 폐기가 사실상 이라크 정권 붕괴였음을 말한다. 세계 1, 2위의 석유 매장국가를 미국의 영향력 아래 두는 한 석유 거래의 기축통화를 달러로 유지할 수 있고, 나아가 유로화의 힘이 커지는 것을 막을 수 있다. 결국 네오콘이 주도한 이라크 전쟁은 단기적으로는 탈냉전 이후의 유럽연합과 미국의 헤게모니 다툼, 장기적으로는 경쟁국으로 등장한 중국을 기선제압하기 위한 것으로 볼 수 있다.

미국의 보수주의와 신新보수주의

미국의 보수파에는 구舊보수와 신新보수가 있다. 네오콘은 '전통적 보수주의자'들과 자신들을 구별한다. 미국에서 현재 보수주의로 분류될 만한 세력이 있는지 의심스럽지만 구태여 거론하라면, 『아메리칸 컨서버티브』American Conservative를 중심으로 활동하는 전통적 보수주의자 패트릭 뷰캐넌 같은 사람들, 그리고 냉전적 현실주의 노선을 고집하는 헨리 키신저Henry Kissinger 등 구舊냉전 세력을 들 수 있다. 이들 전통적 보수주의자들은 1950년대 이후 미국 정치에서 거의 사라졌는데, 미국의 반공 팽창주의를 반대하고 베트남 침공을 반대했던 제임스 풀브라이트James Fulbright 상원의원, 냉전이라는 용어를 만들어낸 것으로 유명한 언론인 월터 리프먼Walter Lippmann 등이 이러한 보수주의 인물들이다. 이들은 19세기적 자유주의를 소중히 여기는 토크빌Alexis de Tocqueville 사상의 신봉자인데, 국제정치에 대한 이들의 입장은 미국의 외국 문제 개입을 반대하는 고립주의isolationism로 볼 수 있다. 이들은 미국의 자유주의 전통과 국가 이익을 중요하게 여기되, 무모하게 팽창정책을 펴거나 전쟁을 벌이지 말 것을 강조한다. 그래서 이들은 이라크 전쟁도 반대했다. 한편 헨리 키신저 같은 전형적인 냉전형 인물은 '현실주의적 보수주의자'라 할 수 있는데, 이들은 대체로 이라크 공격을 옹호했다. 이 모든 유형의 보수주의자들은 국가 이익을 지키기 위해서 강력한 군사수단을 사용해야 한다는 점을 인정한다.

구舊보수, 즉 미국 외교정책의 주류라 할 수 있는 현실주의적 냉전주의자와 네오콘의 가장 큰 차이는 구보수가 공산주의 혹은 미국의 적에 대한 봉쇄와 억제를 우선시하는 다소 실용주의적 입장을 취해온 데 비해, 네오콘은 무력을 사용해서라도 적을 없애고 미국식 자유주의를 이식해야 한다고 주장한다는 점이다. 네오콘의 철학적 스승인 레오 스트라우스Leo Strauss는 자유주의적 민주주의가 독일에서 히틀러의 등장을 가져왔다고 보면서, 자유주의 이상을 관철하기 위해서는 '고상한 거짓말'noble lies도 할 줄 알아야 하고, 공격을 막기 위해서는 군사적·민족주의적 국가가 필요하며, 만약 적을 찾을 수 없다면 만들어내야 한다고 주장했다. 이들은 미국을 일종의 자유주의 혁명의 거점으로 보고 '자애로운 헤게모니' 역할을 포기하지 말아야 한다고 말했다. 이들은 행정부의 의회에 대한 절대 우위, 정부의 비밀 유지의 필요성을 강조하기 때문에, 입으로는 자유주의 운운하지만 방법적으로는 대단히 반자유주의적이다.

냉전적 현실주의자들과 네오콘의 또 다른 차이점은 전자가 유엔 및 유럽과의 긴밀한 연대를 강조한 데 비해서, 네오콘은 유럽이 미국의 노선에 따라오지 않을 경우에는 유럽을 무시하고서라도 미국이 단독 행동을 감행해야 한다고 주장한다는 것이다. 부통령 딕 체니는 20세기의 전략을 지금의 위협 상황에서 그대로 고수할 수 없다고 말하면서 "유엔은 치명적 무기로 무장한 21세기의 불량국가rogue state의 도전에 직면하여 제대로 대응할 수 없다는 것을 보여주었다. 이러한 위협에 효과적으로 대응할 수 있는 나라는 미국뿐이다"라고 지적했다. 이는 사실상 국제기구의 존재를 부정하는 네오콘식의 사고를 드러낸 것이다. 존 볼튼John Bolton은 그전부터 반反유엔, 반反국제전범재판소 노선을 견지했는데, 코피 아난Kofi Annan 유엔 사무총장에게 미국은 국제전범재판소에서 아무 역할도 할 수 없다는 편지를 보내기도 했다. 즉 이들은 자체의 군사력이 없고 문제 해결 능력이 없는 유엔은 국제 질서 유지에 아무런 도움도 주지 못하므로 오직 미국만이 문제 해결 능력이 있다고 여긴다.

네오콘은 국가 이익을 추구하는 방식에 있어서도 현실주의자들과 달리 도덕을 강조한다는 특징이 있다. 네오콘의 이론가 중 하나인 『월스트리트 저널』의 맥스 부트Max Boot는 네오콘이 "우드로 윌슨Woodrow Wilson식의 이상주의와 헨리 키신저식의 현실주의의 결합, 혹은 강경한 윌슨주의다"라고 주장하기도 한다. 하지만 이것이 이들의 실제 노선이 이전의 보수주의자들에 비해 더 도덕적이라는 것을 의미하지는 않는다. 그보다는 군사·외교정책을 추진하는 데 있어서 단지 미국의 국익뿐 아니라 국제사회 질서 유지자로서의 미국의 도덕적 책임, 자유주의의 최종 승리자로서 미국의 도덕적 우위를 확고하게 밀고 나가야 한다는 것이다. 실제로 이들은 자유, 평화, 민주주의라는 사상이 절대적으로 우월하다는 것이 입증되었기 때문에 주저하지 말고 그것을 강요해야 인류에게 행복을 가져다줄 수 있다고 생각한다. 따라서 공산주의 혹은 테러 세력에 대해 단호한 입장을 취하지 않았던 린든 존슨Lyndon Johnson, 지미 카터Jimmy Carter, 빌 클린턴Bill Clinton 등 민주당 대통령들의 외교정책을 비판하고, 클린턴 행정부가 추진했던 세계화globalization 전략에 대해서도 비판적이다. 그 이유는 자유무역, 시장 개방 등 시장이라는 수단을 통한 세계화로는 다가오는 세계에서 미국의 입지를 확실하게 보장받을 수 없다는 데 있다. 예를 들어 윌리엄 크리스톨William Kristol은 중국의 소수종교(기독교) 탄압을 비판해온 기독교 근본주의와 장단을 맞추어 중국과의 자유무역은 세계 평화와 민주주의를 증진시키지 않을 것으로 보면서, 중국을 확실하게 굴복시키지 않으면 장차 미국의 안보에 위협이 될 것이라고 경고했다. 부시 행정부 들어서 미국이 중국을 비난하고 자국 농민에게 보조금을 계속 지급하고, 한국 등 외국산 철강 수입에 관세를 물리는 등 미국 이익을 우선하고 보호무역주의로 선회한 것도 다 이러한 배경이 있었다.

사실 이들의 노선을 자세히 뜯어보면 말로는 자유를 외치지만 영·미의 자유주의 전통과는 거리가 멀고 오히려 파시즘, 전체주의, 심지어 레닌주의에 가깝다는 것을 발견할 수 있다. 일각에서 폴 월포위츠를 비롯한 네오콘을 향해서 "이들은 보수파가 아니라 사실상 혁명파, 급진파"라고 공격하는 것도 이런 이유에서다. 즉 이들의 노선은 민주적 토론을 비생산적인 잡담으로 치부했던 레닌, 그리고 자본주의 세계를 단순하게 파악하고 영구혁명을 주장했던 트로츠키와 오히려 유사하다. 한국에서도 그러한 예를 찾아볼 수 있다. 좌파 급진주의자들이 과거 그들이 가졌던 관념적 과격성, 이상주의, 목적 지상주의, 선악 이분법적 정서 구조의 틀을 유지한 채 단지 그 내용만 바꾸어 극우파로 변신하는 경우다. 1960~1970년대에 활동했던 네오콘 선배들은 그들이 젊은 시절에 견지했던 사회주의라는 종교 대신에 애국심, 반공주의라는 종교를 그 자리에 앉혔다. 그러나 극좌파가 가진 전체주의적 요소는 그대로 견지했는데, 미국의 것은 무조건 옳고 그렇기 때문에 무리한 방법을 써서라도 상대방에게 강요할 수 있다고 보는 것이다.

네오콘이 추구하는 사상과 정책적 노선은 시장 근본주의, 애국주의, 미국 우월주의, 반공산주의, 반이슬람, 인종주의 등이기 때문에 사실상 급진보수적 혹은 반동적이다. 자신들이 추구하는 미국적 가치에 종교적 확신을 가지고 있으며, 홉스적 세계관에 입각해서 힘의 정치에 대한 신념을 고수할뿐더러, 정치적 목적에 도달하기 위한 대화와 설득, 타협 같은 방법을 비웃는다. 군사력을 동원해서 가시적 적을 제거하고 잠재적 적을 굴복시키려 하기 때문에 급진적이고 전체주의적이다.

역사 속에서 이들과 가장 근접한 정치노선은 당연히 파시즘이다. 국가 지상주의, 군사주의, 애국주의, 노골적인 친자본 노선을 견지한다는 점, 그리고 종교와 국가를 일치시키려는 기독교 근본주의 세력과 손을 잡으며, 이슬람을 단순히 문화적 배타심의 차원에서 증오하는 것이 아니라 거의 인종주의(백인 우월주의)적으로 멸시한다는 점에서 1930년대의 무솔리니와 히틀러의 적자다. 그래서 네오콘이라는 용어는 사실 그들의 파시즘적 성격을 희석하는 말이다. 과거의 파시즘과 마찬가지로 이들은 대중을 조종의 대상으로 보고, 과거의 파시즘과 유사하게 아프가니스탄과 이라크의 민간인 학살, 문화 파괴, 불법 점령을 정당화한다. 파시즘이 그러했듯이 이들이 추구하는 것은 자유가 아니라 힘을 통한 질서다. 네오콘의 사상적 스승인 레오 스트라우스는 파시즘 사상가인 니체, 하이데거, 카를 슈미트를 찬양한다.

이들 대다수는 기본적으로 기업가나 정치인처럼 실용적 노선을 추구하는 사람들도 아니고, 실제 전쟁을 경험한 군인들과는 거리가 먼 책

럼스펠드(왼쪽)나 체니(오른쪽) 등 부시 행정부의 강경파는 사실 전쟁의 문외한들이다. ⓒEPA

상물림의 지식인들이다. 일각에서는 이들의 과격함을 보고, 치킨매파 chickenhawks라고 비웃기도 한다. 즉 세상물정 모르면서 관념적으로만 용감한 돈키호테 같은 존재라는 것이다. 이들은 실제 전쟁터에 가본 적이 거의 없고, 전쟁의 비극과 비참함을 거의 모르는 사람들이다. 럼스펠드나 체니 등 부시 행정부의 강경파는 사실 전쟁의 문외한들이다.

한편 이들의 급진성을 이해하기 위해서는 이들이 대체로 유대인이라는 점을 간과해서는 안 된다. 월포위츠의 경우 공개적으로 말하지는 않지만 나치 학살로 가족을 잃은 것에 대한 피해의식이 그의 정신세계를 지배하고 있는 것으로 보인다. 이것은 홀로코스트로 가족 중 9명을 잃은 키신저가 가장 강경한 반공주의자가 되어, 칠레 아옌데 정권의 붕괴 등 1970년대 닉슨 행정부가 벌인 '더러운 전쟁'의 주역이 된 것과 유사하다. 오늘날 이렇게 비이성적일 정도로 자신에 대한 비판을 반유대주의라고 공격하면서 후세인 제거를 집요하게 주장하고, 미국의 친이스라엘 정책을 맹목적으로 지지하는 그들의 심리에는 이러한 역사적 기억이 깔려 있는 듯하다.

네오콘의 기만적 이중성

네오콘의 사고와 전략이 갑자기 하늘에서 뚝 떨어진 것은 아니다. 월포위츠 자신은 윌슨, 트루먼Harry S. Truman, 트루먼 시절의 국무장관이자 미국 역사상 가장 유명한 국무장관 딘 애치슨Dean Acheson의 추종자라고 말한다. 여러모로 이들은 냉전의 자식들이다. 애치슨은 냉전 전략을 선과 악의 투쟁으로 보았는데, 네오콘 역시 테러와의 전쟁에서 그러한 세계관을 견지하고 있다. 그들은 소련 및 동유럽의 사회주의가 무너진 후의 불확실한 세계 정세를 딘 애치슨이 제2차 세계대전 종전 후에 표현했던 '창조의 순간'과 유사한 상황이라고 보았다. 윌리엄 크리스톨은 이라크 전쟁을 앞두고 "우리는 새로운 시대에 진입했으며, 그것을 움켜잡아야 한다. 지금은 새로운 창조의 시점이다"라며 흥분한 어조로 역설했다.

냉전 후 미국 역사를 보면 이들처럼 잠재적 적을 선제공격하거나 제압해서 다시 도전할 수 없도록 기를 꺾자고 주장하는 극우 세력이 언제나 존재했다는 것을 알 수 있다. 이미 냉전 초기 미국의 힘이 압도적 우위에 있을 때, 공산주의 국가의 핵이나 대량살상 무기를 제거하기 위해서는 핵전쟁까지 불사할 수 있다는 생각이 미국 외교가에 끈질기게 잠복해 있었다. 따라서 이들의 전략은 한국전쟁 발발 이후 중국의 개입 징후가 보이자 중국 공산주의의 영향력을 묶어두기 위해 핵을 사용할 것을 제안한 한국전쟁의 영웅 맥아더Douglas MacArthur의 후계자들이다. 역사적으로 보면 네오콘의 세계 전략과 이라크 공격은 미국 지배층의 국제주의적 극우파의 공격성, 이분법적 사고가 전면에 부상한 것이라고 볼 수 있다. 이것은 바로 냉전의 한계를 탈피하여 미국의 힘을 마음껏 사용하고 잠재적 경쟁자를 완전히 굴복시키자는 요구나 다름없다.

네오콘의 '테러와의 전쟁' 노선은 과거 '반공 십자군' 전쟁 노선에 이은 미국의 제국 건설의 일환이다. 미국의 냉전 전략가들이 그러했듯이 테러와의 전쟁 노선은 국내용이자 동시에 국제용이다. 영구 군비확산 체제를 유지함으로써 군산복합체의 이해관계와 대자본의 요구에 부응할 수 있고, 대외적으로는 시장 확대, 자원 확보, 달러화 가치 유지를 도모할 수 있기 때문이다.

그럴듯한 명분으로 포장된 군사주의와 팽창주의는 과거에도 그렇고 현재도 그렇지만, 언제나 기만적이고 위선적이다. 미국은 세계의 자유와 민주주의를 확보한다는 이름으로 국가 이익을 노골적으로 추구하는 전형적인 이중성을 보여왔다. 냉전시절 미국의 노선이 그러했지만, 오늘의 네오콘 역시 마음속 깊은 곳에는 미국의 이익을 — 그들의 말을 빌리면 '세계 대다수의 사람들의 자유와 평화의 영구적 보장'— 위해서는 수만 수십만의 '열등민족'의 민간인이 목숨을 잃는 것 정도는 아무것도 아니라는 생각이 자리 잡고 있다. 따라서 네오콘의 노선은 전형적인 미국 팽창주의, 제국 건설 노선의 논리와 연결되어 있다.

가령 네오콘의 대표주자인 폴 월포위츠가 자신이 주장하듯이 이라크 사람들이나 제3세계 사람들의 인권과 민주주의에 관심이 있었는가 하면 전혀 그렇지 않다. 그는 레이건 시절 리처드 홀부르크Richard Holbrooke의 뒤를 이어 한국의 전두환 정권, 필리핀의 마르코스 정권, 인도네시아의 수하르토 정권하에서 저질러진 반대파 살해와 인권 탄압을 미국 '국익'의 입장에서 묵인 또는 지지했다. 특히 인도네시아 군부는 모든 면에서 미국의 '자식'이라고까지 할 수 있는데, 바로 이 군부가 1975

년 이후 월포위츠가 재임하던 시기, 그리고 1999년까지 미국이 제공해 준 무기로 동티모르 학살에 앞장섰다는 것은 주지의 사실이다. 그는 인도네시아 군부, 비밀요원들, 그리고 미국 투자회사의 기업인들과 함께 '미국 인도네시아 소사이어티'US-Indonesia Society라는 모임을 만들었으며, 주요 인도네시아 투자회사의 이사로 활동하면서 미국 기업의 입장에서 일한 바 있다. 더구나 현재 인도네시아 군부와 경찰은 수마트라, 파푸아 지역의 독립운동을 탄압하고 주민을 학살하는 등 인권 침해를 자행하고 있는데, 월포위츠는 부시 행정부의 막강한 실세로서 인도네시아 등 아시아의 이슬람 국가에서 '테러 전쟁'을 벌인다는 명목으로 인도네시아 정부와 군부를 지원하고 있다.

폴 월포위츠는 1983년 전두환 정권 시절 한국도 방문했다. 그는 전두환 정권에 한국의 헌법을 존중하고 임기를 마치면 퇴임하도록 조용히 권고하는 것이었다고 회고했는데, 1988년 전두환이 물러난 것이 한국의 인권 상황 개선에 가장 중요했다는 말로 자신의 행동을 정당화했다. 결국 그는 군부정권이 안정적일 때는 군부정권을 지지함으로써 미국의 국익을 추구하고, 군부정권이 대중의 저항에 직면해 불안해지면 다른 친미 세력이 집권하도록 압력을 행사하는 전형적인 냉전 외교 노선의 집행자 역할을 했다. 다른 네오콘이 그러하지만, 월포위츠의 경력 역시 냉전정책의 교과서적 사례이고, 현재 그의 노선은 냉전시절의 실용주의 노선보다도 더 위험하다.

네오콘은 아프가니스탄에서 탈레반 정권이 추방되면 마셜플랜에 버금가는 경제 지원을 해서 국가 건설을 하겠다고 떠벌렸으나, 실제 책정된 예산은 극히 미미하고, 아프가니스탄은 옛날과 다름없이 혼란과 실업, 마약 밀매가 판을 치고 있으며, 미군의 무차별 공습으로 산악 지역의 무고한 주민들이 목숨을 잃고 있다. 이라크에서도 후세인이 체포되었다고 하나 대량살상 무기를 보유하지 않았다는 것이 미국 CIA 당국에 의해 확인되고 있고, 후세인이 9·11테러와 무관하다는 점이 드러났다. 결국 네오콘이 주도하고 기획한 미국의 전쟁 수행은 미국의 안보, 즉 테러 세력 제거와는 무관한 미국의 국익 추구의 일환이었다.

향후 네오콘의 중동 전략과 제국 기획의 성패는 일차적으로는 이라크에 성공적인 친미정권이 수립되는가에 달려 있다. 그러나 미국을 해방군으로 반길 것으로 예상했던 이라크 사람들의 반미 감정이 점점 높아지고, 후세인 치하에서 탄압받던 시아파가 정권의 조속한 이양을 촉구하고 있어서 미국의 친미정권 이식은 순조롭지 않을 것이다. 미국이 물러날 경우 이라크에서는 구舊유고 지역에 버금가는 인종 갈등과 학살이 발생할 위험성도 있다. 더 큰 위험은 이라크와 중동의 젊은이들이 미국이 선전하는 '해방'의 위선과 이중성을 쉽게 파악했다는 데서 기인한다.

골리앗 앞에 선 다윗

네오콘이 주도하는 미국은 후세인이라는 '악마'를 제거하고 이라크에 미국의 중동 진지, 나아가 세계 진지를 구축하기 위해 이라크 민간인들의 목숨을 앗은 것에 대해 전혀 죄의식을 느끼지 않았듯이, 한반도에서 '악마'를 제거하고 중국과 일본을 미국의 통제 아래에 두기 위해서 한국전쟁 당시처럼 북한뿐만 아니라 남한까지 무차별 폭격하는 일을 기획하는 데도 주저하지 않을 것이다. 한국전쟁 때는 그래도 핵무기 사용에 대한 미국 내부의 견제가 있었지만, 부시 행정부 내에는 그러한 견제 세력이 극히 약화되었다. 그들은 정밀 집중타격의 여파로 남북 민간인 수만 명 이상의 목숨을 앗아가도 북의 '해방'을 위한 어쩔 수 없는 희생이라고 말할 것이다. 네오콘의 전략적 목표는 북한의 붕괴, 즉 체제 전환인데, 일단 유사시 북한의 예상되는 보복공격을 피하기 위해 미군을 한강 이남으로 이동시킨 바 있다. 백보 양보해서 북한이 '불량국가'라는 네오콘의 규정에 우리가 어느 정도 동의한다고 하더라도, 한반도에 전쟁이 일어나면 곧 수만 명의 목숨이 희생된다는 것을 알고 있는 우리는 네오콘식으로 불량국가를 전환시키는 전략을 도저히 받아들일 수 없다.

　네오콘은 사실 후세인 치하의 이라크가 미국의 안보에 심각한 위협이 되지 않는다는 것을 잘 알고, 북핵이 미국인의 생명을 위협하지 않는다는 것도 알고 있을 것이다. 그러나 세계를 완벽하게 미국의 패권하에 두는 로마식의 제국 건설 전략에서는 자신을 반대하거나 적의를 품은, 작은 저항 세력도 그냥 내버려둘 수 없다. 세계를 그들이 말하는 자유와 시장경제의 원칙이 일관되게 관철되는 '무균질'의 사회로 변화시키기 위해서는 모든 잠재적 반대자들은 '적극적 방어'라는 명분 아래 공격 대상이 된다. 여기서 우방인 한국의 엘리트들이 자국민이 입을 피해를 각오하고서 골리앗의 계획에 충성을 맹세한다면 문제는 더욱 간단해진다. 미국은 이라크와 달리 한반도에서는 어떤 형태로든 미군을 지상 전투에 투입하는 일을 피할 것이므로 전쟁이 발생하더라도 미국이 잃을 것은 국제적 지지 상실과 체면 훼손 정도일 것이기 때문이다.

　손에 칼 들었다고 그것을 마구 휘두르는 성질 고약한 '골리앗' 앞에서 돌멩이도 손에 쥐지 못한 '다윗'이 취할 방도는 무엇인가? '악마'로 지목된 '다윗'에게 납작 엎드려 싹싹 빌라고 권유하면서 같이 엎드릴 것인가? 아니면 항복하는 척하면서 일단 서슬 퍼런 칼날을 피하고 살길을 도모할 것인가? 납작 엎드려 빌어서 목숨을 부지할 가능성이 있다면, 아마 그렇게 해야 할 것이다. 그런데 전쟁 직전 후세인이 그러했듯이 전쟁을 피하기 위해 온갖 공식·비공식 라인을 동원해서 부시 행정부 및 네오콘

측과 접촉하고, 전쟁만 피할 수 있다면 뭐든지 다 들어주겠다는 신호를 보냈는데도 결국 그들의 공격 계획을 변경시키지 못한다면, 납작 엎드려 빌면서 '골리앗'이 하자는 대로 하는 것만이 능사는 아닐 터이다. '골리앗'의 사나운 성질이 어디서 왔는지 생각해보고 그것을 억제하기 위해 다른 사람들과 협력할 수 있는 길을 모색해야 한다.

네오콘의 논리와 전략은 그 행동의 결과, 즉 이라크 전쟁의 장기화와 계속되는 중동 지역에서의 테러에 의해 이미 군사적·도덕적·정치적 파탄 상태에 직면했다. 부시 행정부에서의 네오콘의 위세만이 현실이 아니라, 그들의 무모한 전략이 가져온 실책, 위선과 국제적 지지 상실도 현실이다. 이라크 불법점령을 해방이라고 보지 않고, 미국을 곧 국제사회라고 말하지 않고, 네오콘을 곧 미국이라고 여기지 않고, 유사 파시즘을 자유민주주의라고 강변하지 않을 수 있어야 한다. 다시 문제는 미국에 대한 우리의 정확한 인식이다.

/

사회의 기업화

기업사회와 병영사회

대선을 앞둔 오늘 한국 사회의 시대적 화두는 단연코 경제다. 한국인은 여전히 '배가 고프다'고 느끼며, 과거 실제로 배가 고팠을 때보다 훨씬 더 돈을 필요로 하고 또 돈 버는 일에 온 정신을 빼앗기고 있다. 흔히 비교는 사람을 불안하게 만든다고 한다. 자신의 수입이 전국 봉급자 중 어느 정도의 수준인지, 내 집의 자산가치가 어느 정도인지를 매일 의식하면서 사는 한국의 중산층은 과거보다 더 자주 자신의 경제력을 타인과 비교하면서 박탈감을 느끼고 있다. 그리고 일부 주부들과 노동자들, 심지어 대학생들조차도 주식투자자가 되었을 정도로 그들의 일상은 '투자와 이익'이라는 공식에 사로잡혀 있다. 그래서 조금 과장하면 이제 한국인은 모두 소자본가, 즉 경제인이 되었고, 중산층은 모두 재테크 전문가가 되었다. 이렇게 경제는 한국인들의 새로운 신앙이 되었다. 서점 매대는 '부자 되기', '투자비법' 관련 책이 점령한 지 오래이고, "부자 되세요"는 지인들 사이의 최고 덕담이 되었다. 야당 후보는 '국민성공시대', 즉 온 국민 부자 만들기를 대선의 캐치프레이즈로 내걸었다. 30년 전만 해도 '자나 깨나 안보'라는 구호로 도배했던 골목에는 '기업하기 좋은 나라'라는 플래카드가 걸렸다.

나는 이러한 한국 사회의 모습을 '기업사회'라고 부른다. 우리 사회의 집단적 '기업 따라 배우기' 열기는 '사회의 기업화' 현상이라고 요약할 수 있다. 사회의 기업화란 기업의 CEO가 사회의 우두머리가 되는 것이며, 모든 사회조직이 기업조직처럼 되는 것이며, 인간관계나 사회관계가 기업 내의 관계 혹은 경제적 관계로 변하는 것이며, 기업이 표방하는 가치가 곧 사회적 가치가 되는 것이다. 대기업 CEO가 사회의 우두머리가 된다는 말은 대통령보다 삼성 총수 이건희의 영향력이 커졌다는 것이며, 사회조직이 기업조직처럼 되었다는 말은 가족, 학교, 공공기관, 각종 협회나 단체, NGO 등 돈벌이와는 전혀 관계없던 사회조직이 이윤을 추구하는 기업조직과 같은 원리와 목표, 운영방식을 채택하고, 이들 조직의 리더는 기업의 CEO와 같은 역할을 하도록 요구받는 것이다. 그중에서도 가장 큰 특징은 공공성이 생명인 정부조직, 특히 지방정부나 중앙정부가 기업조직을 이상적인 모델로 삼게 되었다는 것이고, 사회의 변화를 지향하는 NGO나 교회 같은 종교단체조차 기업화되었다는 것이다. 사회관계의 기업화란 인간 간의 수고와 노력이 금전적 보상으로 대체되며, 지금까지 사람들 간의 관계에서 형성되는 사랑, 우정, 연대, 협동 등의 가치가 '이해타산'으로 대체되는 것을 의미한다. 그리고 기업의 지상 목표와 가치인 경쟁력과 효율성, 이윤 창출이 사회적 가치의 중심이 되는 것을 말한다.

우리는 기업사회의 특징을 이해하기 위해 그 대척점에 있는 '병영사회'를 대비해볼 수 있다. 즉 국가는 물론 학교나 공장 등 모든 사회조직이 거대한 군대 같았던 과거의 한국 사회 말이다. 그런데 이 병영사회였던 한국이 1990년대 이후 갑자기 기업사회로 변했다. 이제 국가를 비롯해서 우리가 접하는 조직들이 자본주의 시장경제하의 기업처럼 변했고, 우리는 어느새 기업에 고용된 종업원, 기업에 고용되기를 원하는 존재가 되었다. 청소년 10명 중 3명이 고등학교 때부터 취업 걱정을 하고, 초등학생까지도 '능력 없으면 잘린다', '일 잘하는 사람이 돈 많이 받는 건 당연하다'는 기업조직의 원리에 노출되면서 그러한 시대적 요구에 기꺼이 순응할 준비를 한다. 1980년대 이후 출생하여 21세기에 청년기에 들어선 젊은이들은 그런 사회를 당연하게 생각할지도 모른다. 그러나 한국에서 이러한 현상은 1990년대 이후 적어도 1997년 IMF 외환 위기 이후에 나타난 최근의 일이다.

한국이 식민지 자본주의 체제로 편입된 일제강점기, 그리고 본격적인 자본주의 발전 궤도에 진입했던 1970년대 이후 기업은 근대화를 선도하는 가장 중요한 사회조직으로 등장했으며, 기업가는 새로운 시대의 리더로 떠오르고, 금전은 인간관계의 중심적 매개가 되기 시작했다. 그럼에도 1990년대 이전까지 한국 사회에서는 정치인이나 관료들이 기업인들을 호령했고, 정부조직이 비효율적이라는 말은 없었으며, 각 조직은 나름의 독자적 목표를 설정하여 노력했으며, 투자와 이윤, 효율성과 경쟁력은 오직 비즈니스 활동에 종사하는 기업인과 기업 관리자들의 관심 사안이었다. 사랑, 연대, 우애, 정의 등의 가치가 존중받으면서 많은 젊은이들이 "나의 청춘을 조국에 바치겠다"는 각오로 민주화운동과 노동운동에 투신했으며, 도처에서 문학청년과 문학소녀를 만날 수 있었다.

토크빌은 "민주주의가 사람들 사이에 잠복해 있던 욕망과 이기심, 계층 상승의 열망을 폭발시켰다"라고 말했다. 이제 노골적 억압이 사라진 '자유'의 공간에서 가장 유리한 위치에 있는 사람은 구매력을 가진 사람들이다. 1987년 민주화는 민주화운동가들에게 겉으로는 권력을 안겨

1990년대 이전까지 한국은 국가나 학교, 공장 등의 모든 사회조직이 거대한 군대와 같았다.

주었지만, 따지고 보면 그들은 속은 것이다. 그들은 권력을 잡았다고 착각했지만, 권력의 실질적 원천은 이미 바뀌고 있었기 때문이다.

  기업권력, 이 보이지 않는 권력은 군과 경찰 및 관료조직보다 훨씬 더 심대한 영향력을 발휘하기 시작했다. 과거 군사정권은 오직 사람들의 공적 활동만 감시하고 통제했으나, 기업권력은 이제 사람들의 일상과 영혼을 지배하기 시작했다. 과거의 식민주의는 영토를 무력으로 지배했고, 과거의 군사독재는 조직, 법, 제도를 무력으로 지배했으나, 오늘날의 기업은 '부자로 만들어준다'는 장밋빛 약속으로 사람들을 지배한다.

사회의 기업화는 고용된 민주주의

사회가 기업화되었다는 것은 구체적으로 무엇을 말하는가? 사회학자 소스타인 베블런Thorstein Veblen은 이미 20세기 초 미국 사회가 기업사회로 변하는 것을 가장 날카롭게 주목한 사람이었다. 그는 자기가 몸담은 대학이 기업조직을 모델로 삼아 운영된다는 점에 주목했고, 주로 기부자로 구성된 이사회가 대학을 영리조직화하고 대학 구성원을 기업조직의 원리로 통제한다는 점을 강조했다.

이 시기는 처음으로 기업이 법률적 개인으로서 법적 지위를 획득한 시기였는데, 이제 법인은 일개 시민처럼 재산권이라는 무기를 갖고서 "사회를 지탱하고 정부를 통제하고 학교, 언론, 교회 그리고 여론과 국민대중의 세계를 통제하면서 현존하는 모든 제도와 기관을 침탈"할 수 있게 되었다. 죽느냐 사느냐의 적자생존 원칙, "빈부 간의 불균형은 자연적인 존재가 가진 질서의 일부다"라는 사회적 다윈주의Darwinism 원리 아래 노동자들의 요구는 폭력적으로 진압되었으며, 국민주권의 형식 아래 실질적으로는 법인체가 정치를 통제하는 이른바 코포크라시corpocracy가 확립되었다. 소비자에게 만족을 준다는 명분하에 시장의 무제한적인 작동을 자연의 원리이자 신의 원리라고 강조했던 법인체 자본주의 혹은 코포크라시가 그대로 존속할 수는 없었지만, 그것은 1990년대 이후 세계화 국면에서 전 세계 거의 모든 나라에서 부활했다. "시장은 정부보다 똑똑하다", "기업은 소비자를 만족시키기 위해 존재한다", "정부는 비효율적이지만 기업은 가장 유연하고 효율적이다" 등등의 기사가 주류 언론의 지면을 장식한다. 이는 바로 초기 법인체 자본주의의 부활판이라고 할 수 있다. 이러한 자본주의 체제에서 기업은 또다시 문명의 선도자이자 아이콘으로, 기업인은 현대판 군주로 등극했다.

이론적으로 기업은 주주, 경영자, 종업원으로 구성되어 있으며, 자본과 노동력, 원료를 결합하여 생산한 다음 소비자들에게 생산물을 판매하여 이윤을 남기고, 그 성과를 주주와 종업원에게 돌려준다. 순수한 논리로만 보면 기업을 움직이는 데는 시장, 금융, 주주, 소비자, 종업원, 경영자 등이 필요하지 공공영역, 정부, 시민사회, 노동조합은 필요하지 않다. 마거릿 대처가 말했듯이 기업들만의 세상에는 "사회라는 것은 없다"There is no society.

자본주의 시장경제 체제에서 기업의 원리는 적자생존이며, 기업의 존립 근거는 재산권이다. 기업의 활동 목표는 이윤 창출이고, 기업의 일상 업무는 이윤 창출을 위한 투자이고, 그 활동의 정당성은 소비자 만족이다. 법인체 기업의 소유자는 주주이지만 주주의 권한은 대체로 경영자에게 위임되고 주주는 1인 1표의 권리를 행사하지 않기 때문에 기업은 주로 대주주의 이해관계와 경영자의 전권에 의해 움직이는 권위적이고 독재적인 조직이다. 그리고 이러한 가치와 목표를 실현하기 위해 기업인 혹은 경영자는 노동자를 관리하고 소비자인 국민 혹은 잠재적 소비자인 세계시민을 상품 광고의 영향권 아래 두려고 한다. 그리고 기업은 목표를 달성하기 위해 노동자는 물론, 주로 기업의 자금력에 의존하는 정치권, 언론, 대학, 교회를 직간접적으로 통제한다. 기업은 이러한 '보이지 않는 힘'hidden power을 갖고 있음에도 여전히 소비자의 선택에 운명을 맡기는 불안한 존재이며, 생산과 고용을 통해 사회에 이익을 주고 있으며, 법적으로는 '개인'이라는 지위를 누리려 하기 때문에, 사람들은 여전히 선거를 통해서 새 대통령이나 정부가 집권하면 세상이 바뀐다고 생각한다.

사회가 기업화된다는 것은 정부 기능 축소, 민영화, 공기업의 사기업적 방식의 운영 등으로 공공영역이 극히 축소됨을 의미하며, 기업, 특히 몇몇 대기업이 국가와 맞먹는 힘을 갖게 된다는 것을 의미한다. 대기업의 실적이 국가의 세금 수입, 국민의 일자리를 좌우하므로, 대기업의 이해가 곧 국가 이익이라는 공식이 암암리에 자리 잡게 된다. 1980년대 이후 미국에서 이른바 '선두 기업집단' 담론이 언론과 보수 정책집단을 통해 확산된 바 있고, 이제는 전 세계적으로 확산된 것이 대표적인 예다. 신자유주의 경제학의 진원지인 시카고학파가 그렇게 강조하듯이 기업의 의무와 사회적 공헌은 곧 돈을 많이 버는 것이고, 기업의 일자리 창출은 최대의 사회공헌 행위이므로 시장 밖의 논리를 들이대며 기업의 사회적 역할을 강조하는 것은 적절하지 않은 주장으로 치부된다.

내가 말하는 사회의 기업화는 그동안 학자들이 많이 이야기해온바, 단순한 법인체의 영향력 확대와는 다르며, 사회구성원의 기업의 종업원화라는 의미에 가깝다. 과거에는 기업이 음성적 로비 등을 통해 정치권, 정부, 언론을 자기편으로 끌어들이려 했다면, 기업사회에서는 정치, 정부, 언론의 활동이 사실상 기업들이 외주 용역을 준 것과 같은 양상을 띠게 된다. 즉 기업의 정치부서, 기업의 행정·사법 담당부서, 기업의 홍보부서 일들을 기업조직 내에서 수행하는 것이 아니라, 중립성의 외양을 띤 별개의 조직이 수행하도록 하되, 그 방향은 기업의 이익에 부합하도록 한다는 의미다. 이를 위해서는 우선 정부의 조직과 인원, 기능을 최소화할 필요가 있다. 그리고 정부에 남아 있는 인력도 낮에는 공익적인 일을 수행하지만 밤에는 기업의 직원으로 역할하도록 하고, 언론과 대학을 최대한 사유화하여 기업의 원리에 따라 작동하도록 만들어야 한다.

마지막 남은 영역은 정치인데, 정치는 유권자들이 1인 1표에 의해 선출된 의원, 대통령에 의해 움직이기 때문에 정치인을 대기업의 직원처럼 만들기는 어렵다. 그러나 기업의 음성적인 정치자금이 그들의 당락을 좌우하게 하고, 로비에 의해서 입법활동과 정책 결정에 영향을 주면 소기의 성과를 거둘 수 있다. 법조인 역시 마찬가지다. 검은 거래를 통해서 이들이 기업과 총수들에게 유리하게 수사를 하고 판결을 내리도록 하면, 사법부는 공공기관의 성격보다는 기업 지원 기관으로 변하게 된다.

이것이 흔히 고용된 민주주의라고 부르는 현상이다. 즉 언론인, 정치인, 법조인 등 외형적으로는 별개의 조직에 종사하는 사람들이 내용적으로 보면 대기업에 '공동' 고용된 사람이라는 이야기다. 예를 들어 아침에 일간신문을 펴보면 광고가 최소한 40퍼센트를 차지하는데, 대부분이 기업 홍보다. 일간신문은 기업 홍보지라고 해도 과언이 아니고, 기자는 사실상 기업 홍보부 직원처럼 되어버린다. 최근 한국방송위원회에서 TV 방송 중간에 광고 넣는 문제를 논의 중인데, 미국에서는 이미 보편화되었다. 영화 한 편 보려면 다섯 번 이상 30분 넘게 광고를 봐야 한다. 이 정도면 영화 보는 중에 광고를 보는 것이 아니라 광고 보는 중에 영화를 본다고 해야 맞다. 그렇다면 기자나 PD를 먹여 살리는 것은 사실상 광고주인 셈이다. 정치인들 역시 마찬가지다. 그들이 의회에서 국민 일반과 관련된 입법활동이나 의정활동을 하는 것은 사실이나, 가장 중심적인 것은 결국 기업과 관련된 입법이다. 아직 한국은 그 정도까지는 아니지만 미국 정치인들, 특히 기업인 대통령 부시처럼 공적인 업무로 국내 출장을 가도 대부분의 시간을 그 지역의 후원자, 즉 기업인들을 만나는 데 보낸다면 그는 국민 혹은 지역구의 대표자라기보다는 기업들이 뽑아서 백악관에 보낸 사람이라고 봐야 할지 모른다.

결국 고용된 민주주의는 민주주의의 사망선고다. 따라서 사회의 기업화는 곧 민주주의의 사망, 혹은 파시즘의 도래를 의미할 수도 있다.

'삼성공화국' 현상

애초부터 대기업에 대한 법적·정책적 규제가 매우 느슨하고, 기업에 대한 이사회, 노조, 소비자, 주주 등의 감시와 통제가 제도화되지 않은 한국에서 사회의 기업화, 특히 재벌 대기업 논리의 무차별적 확산, 공공성의 약화는 더욱 노골적으로 드러나는 경향이 있다. 지난해 윤종용 삼성전자 부회장은 검사들 앞에서 "기업이 경제 발전의 90퍼센트 이상을 담당했다"라고 자신 있게 이야기했다. 그 논리를 조금 확장하면 기업은 경제가 제일인 시대에 최고 애국자이므로 앞으로는 기업을 수사 대상으로 삼지 말아달라는 말이 된다. 그리고 최근 법원은 범법행위를 저지른 기업 총수들을 이상한 이유를 들어서 집행유예로 석방했는데, 이것은 법원이 '경제를 지나치게 걱정한 나머지' 경제 살리기 전선에 총동원된 것으로 볼 수 있다. 즉 과거에 '안보'를 책임지던 군과 공안기관이 법 위에 있었듯이 이제는 '경제'를 책임지고 있는 재벌기업의 총수들이 법 위에 있는 것이다. 기업이 '경제 발전의 90퍼센트를 담당했다'는 주장이 먹히는 사회에서 법, 국가, 대통령은 물론이고 사회 일반도 기업에 '봉사'해야 한다.

한국처럼 선도 기업집단이 사실상 총수 일가에 의해 지배되는 재벌기업인 경우, 몇몇 재벌기업의 총수가 기업집단 자체를 대표하게 되고, 이들이 사실상 국가의 대표자가 되어 이들의 의사에 따라 국민의 운명이 좌우되는 독재체제가 성립할 수도 있다. 그리고 국가의 대표선수격인 재벌기업의 활동이 곧 국가 혹은 공공성과 동일시된다. 한국의 1등 기업 삼성은 곧 국가이자 공익이 되고, 삼성이 하는 일은 애국적인 일이 되며, 삼성을 비판하면 국가를 비판하는 일이 된다. 공정거래위원회의 감독과 규제는 시장경제의 적, 즉 '공공의 적'이 되어버린다. 국회나 검찰이 에버랜드 전환사채 편법 증여가 문제가 되고 있음에도 7년째 이건희 회장을 국회에 소환하지 못하는 일, 검찰이 삼성 엑스파일 문제를 제대로 수사하지 못하고 오히려 폭로한 기자만 구속한 일, 『시사저널』사태에서 드러났듯이 언론이 삼성 비판기사를 싣지 못하는 일은 우리 사회가 1등 기업

한국의 1등 기업 삼성은 곧 국가이자 공익이 되고, 삼성이 하는 일은 애국적인 일이 되며, 삼성을 비판하면 국가를 비판하는 일이 된다. 우리 사회가 1등 기업에 의해 식민화된 것은 아닐까.

에 의해 식민화된 현실을 보여준다.

담론은 곧 실천이고 현실이다. '기업이 최고 애국자'이고 정부는 비효율의 대명사라는 기업사회의 논리가 통용되면서 기업이 공권력을 무시하는 현상이 나타났다. 삼성의 무노조 경영, 편법 상속, 하도급업체에 대한 불법행위는 여기서 기인한다. 삼성자동차는 1998년 부당 내부거래를 조사하던 조사관으로부터 증거자료를 빼앗고 자료 제출을 거부했으며, 삼성카드는 조사관의 진입을 막고 공정거래위원회 출석 요구에 불응했다. 삼성전자는 2004년 하도급업체에 서류 조작을 지시했고, 삼성토탈은 2005년 부당 공동행위 혐의를 조사하던 공정거래위원회 조사관의 증거자료를 빼앗아 폐기했다. 이것은 빙산의 일각이다. 실제로 조사 방해와 거부는 내부 방침에 따라 훨씬 치밀하게 진행되고 있으며, 상부의 로비와 하부의 하도급업체 단속을 통해서 문제를 미리 차단하고 있다.

사회의 기업화는 한국 사회에 적자생존의 원리를 확산시켰다. 미국의 명문대학을 졸업한 영어 잘하는 일부 인재들과 대기업 정규직 자리를 차지하고 있는 소수의 사람을 제외한 '경쟁력 없는' 모든 국민, 즉 중소기업 사장, 영세 자영업자, 중소기업 노동자, 대기업 비정규직, 농민, 장애인, 노인과 아동 등 대다수의 국민은 점점 더 고통을 받을 것이다. 다수 국민의 밥줄인 중소기업은 대기업의 납품단가 후려치기에 속수무책인 처지에 놓여 있다. 최근에는 독점기업이 시장지배력을 남용하여 가격을 부당하게 높게 설정하는 것을 규제하기 위해 공정거래위원회가 칼을 빼들었다가 '기업하기 좋은 환경'을 만들어야 한다는 재계의 반발에 부딪혀 사실상 완패하고 말았다. 독점기업의 불공정거래를 규제하는 것이 '시장원리에 대한 부정'이라고 반발한 재계와 대다수 주류 언론과 학자, 심지어 산업자원부의 반발에 부딪혔기 때문이다. 그 결과는 어떠한가? 약육강식의 시장원리를 그대로 두자는 것이다.

그 결과 대기업에 납품을 하는 중소기업에게 정부, 법, 시민사회는 거의 무의미한 존재가 되고 있다. 비정규직 노동자나 외국인 노동자는 더 말할 나위도 없다. 성경에 나온 '부자 예수'가 '거지 나사로'를 야단치는 형국이니 나사로가 갈 곳이 없게 되었다.

노조활동을 통제하기 위해 노동자 파업을 경제적 손실로 보상케 하는 조치는 사실 새로운 것이 아니다. 그럼에도 다른 선진자본주의 국가에서 그 방법을 무차별적으로 사용하지 않는 것은 약육강식의 논리에 대한 사회적 견제로서 노조의 존립과 활동의 필요성을 인정하기 때문이다. 만약 법인과 개인을 동등한 존재로 보고 양자의 잘못에 대해 모두 돈으로 배상하게 한다면 경제적 약자는 파산하고 오직 법인과 부자들만 살아남을 것이다. 기업에 적용되는 논리와 노조에 적용되는 논리가 다르다는 것이 오늘날 서구 민주주의의 성과인데, 이제 그 모든 성과를 원점으로 되돌리려는 논리가 주요 일간지에서 공공연하게 거론되고 있다. 한국의 기업사회화는 섬뜩한 수준이고 브레이크가 없다.

소스타인 베블런이 언급했듯이 재산권의 원칙은 기업이 활동할 수 있는 근거다. 그러나 모든 자본주의 국가에서 재산권을 만능으로 보지 않는 것은 실제로 기업 재산의 대부분이 기업 자체의 노력만으로 얻어진 것이 아니기 때문이다. 기업의 재산은 국가의 세제 지원과 인프라, 즉 국민의 세금으로 만들어진 것이며, 사회의 기여, 토지 이용 등 모든 부문에서 인간의 노력 이전인 사회자원과 자연자원에서 온 것이라는 점을 인정하는 것이다. 특히 노동력과 자연을 재산처럼 다루어서는 안 되는 것은 기업의 이윤추구 행위를 적절하게 감시하지 않으면 사회가 붕괴할 위험이 있고, 장기적으로 후손의 삶의 터전이 무너질 수 있기 때문이다. 기업에 대한 노동 규제와 환경 규제는 바로 사회의 지속성, 아니 기업의 지속성을 위해 필요하기 때문에 지금까지 합의되어온 것이다. 그런데 오늘날 한국 자본주의의 브레이크 없는 신자유주의 논리는 이런 조항이 왜 생겼는가에 대한 반성을 결여한 채 지금 그런 규제들이 기업의 족쇄가 되고 있으니 풀어주자고 주장한다.

사회가 거대한 기업처럼 되면 노동자는 종업원, 시민은 소비자로 전락하고 '사회'의 입지는 극도로 좁아질 수밖에 없다. 그렇게 되면 지역사회 조직, 유권자 집단, 감시조직 등 경제적 이익과 무관한 시민 참여의 영역이나 조직들이 크게 위축된다. 1년에 무려 2,351시간을 일하는 세계 최고의 일개미인 한국인들은 시간의 대부분을 일터에서 보낸다. 회사가 한국인들의 시간을 지배하다 보니 그들이 지역사회나 시민단체에서 활동할 여유가 없다. 그나마 여가 시간에도 그들은 소비자로 호명된다. 그래서 사람들은 미디어를 통해 전달된 기업의 설득에 완전히 노출되고 기업이 원하는 대로 수요층, 즉 욕망의 주체가 되어간다. 기업은 점점 더 광고와 홍보에 많은 돈을 지출하고, 이 비용은 모두 소비자에게 전가된다.

소비자가 된 우리는 이제 돈을 더 많이 벌어서 더 많이 소비하는 것이 미덕이라는 생각을 가진 일 중독자가 되고, 다른 방식의 삶은 생각할 수 없다.

과거에는 공공적인 공간이었던 것이 이제는 상업 공간이 되고 있다. 대학 캠퍼스에는 프랜차이즈 매장이 들어섰고, 깔끔한 식당에는 대형 LCD 화면이 설치되어 기업의 이미지 광고를 쉴새없이 내보낸다. 중·고등학교에는 아직 대기업의 광고판이 들어가지 않았고, 중·고등학교 교재까지 기업이 만든 것을 사용하는 지경에 이르지는 않았지만, 지금 추세로는 그것도 시간문제다. 공교육의 보루인 교육부가 이미 기업과 합작하여 경제 교과서를 편찬해서 학교에 배포하고 있다. 기업가 단체들은 기존 경제 교과서가 시장경제를 제대로 설명하지 못하고 있다고 볼멘소리를 한다. 그러나 외국의 교과서를 두루 살펴본 다른 전문가에 따르면 한국 교과서만큼 반노동, 친기업적인 교과서가 없다는 지적도 있다. 결국 학교는 학생을 미래의 투자자, 미래의 소비자, 미래의 충성스러운 종업원으로 만드는 기관이자 공간이 되고 있다. 학생들의 머릿속에 노동의 가치가 자리 잡을 공간은 없다.

대학생들은 왜 대학 캠퍼스가 상업광고로 도배되는 것이 문제인지, 왜 대학 축제에 기업이 협찬광고를 하는 것이 문제인지 알지 못한다. 그들이 자라면서 만났던 사람들, 그들이 접했던 영상물과 교재, 그들에게 익숙한 공간은 모두가 경쟁에서 이겨 부를 얻고, 마음껏 소비하라고 장려하는 내용으로 가득했기 때문이다. 만약에 그들이 경쟁에서 탈락해서 원하는 것을 가질 수 없는 처지에 놓인다면 그들의 좌절감은 상상을 초월할 것이다. 한 번도 집단적으로 문제를 해결해본 경험이 없는 소비사회의 젊은이들은 자신의 행동이 결국 기업화된 사회에서 많은 탈락자를 만들어낼 수밖에 없고, 그것이 개인이 해결할 수 없는 문제임을 깨닫게

대학 캠퍼스조차 프랜차이즈 매장이 들어서는 등 상업 공간으로 변질되고 있다. 서울 시내 한 대학교의 모습.

될 때까지 개인적 성공의 신화에 집착할 것이다. 그러나 불행히도 그들의 처지는 점점 더 나빠지고 있다. 20대의 대부분은 비정규직으로 사회생활을 시작하고, 비정규직에서 정규직으로 전환되는 비율은 매우 낮다. 눈높이를 낮추라는 세간의 조언에 따라 중소기업에 취직해도 중소기업에서 대기업으로 진입할 가능성은 거의 없고, 임금 격차는 갈수록 커지고 있다. 그래서 결국 기업화된 사회에서 이들은 기업이 아닌 곳, 즉 공무원이 되거나 공기업에 취직하려고 노량진의 골방에서 청춘을 보낸다.

사회가 기업처럼 되면 사사건건 기업활동을 트집 잡는 노조는 불필요한 존재이거나 기업에 손해를 입히는 존재로 간주된다. 최근 조사를 보면 한국에서 노조에 대한 신뢰도는 밑바닥이다. 한때 우리 사회의 희망으로까지 간주되던 시민단체에 대한 신뢰도 역시 매년 하락하고 있다. 오늘날 시민단체나 노조가 영향력을 상실한 것은 실제 시민단체가 시민의 참여를 제대로 유도하지 못하고 있으며, 노조 역시 조합원의 경제적

이익을 중시하는 경제주의 노선을 걷는 데서 초래된 면이 크다. 그러나 신뢰도 상실은 시민단체나 노조가 특별히 잘못하거나 부도덕한 집단이 되어서라기보다는 주류 언론이 기업의 입장에 서서 시민단체와 노조의 조그마한 잘못도 침소봉대하며 노조활동을 기업에게 엄청난 부담을 주는 행위라고 악의적으로 공격하기 때문이다.

기업이 최고의 조직인 기업사회에서는 가장 우수한 인재들, 그리고 스스로 우수하다고 자처하는 사람들이 대기업에 들어가려고 한다. 자본주의 사회에서 가장 뛰어난 사람들이 경제적 보상이 높은 곳을 찾는 것은 당연한 일인지도 모른다. 하지만 일부 국가, 특히 일본 같은 나라에서는 최상의 인재들이 기업보다는 공직을 선호했으며, 비록 권력이 부를 얻는 통로였다고는 하나 한국에서도 젊은 엘리트들은 돈으로 보상받는 기업보다는 법조계 등 권력을 보장받는 조직을 선호했다. 그런데 이러한 인재의 배분 질서에 지각 변동이 일어나기 시작했다. 공직에 있던 엘리트들이 대거 기업으로 이동하기 시작했고, 설사 공직에 들어가더라도 나중에 기업으로 들어가기 위한 관문 정도로 여기는 경향이 나타난 것이다. 이제 최종 목적지는 기업이 되었다.

한국에서도 이런 현상이 두드러진다. 법조계와 행정부의 인재들이 대기업, 특히 삼성으로 몰려가고 있다. 2003년 이후 8명의 퇴직 검사가 삼성으로 이직했다. 최근 조사에 따르면 퇴직 법관의 95퍼센트 이상이 개업을 하고, 그중 상당수는 자기가 근무하던 곳에서 개업을 했다고 한다. 로펌으로 간 퇴직 판사·검사의 수는 2002년에는 22명이었는데, 2006년에는 48명으로 급증했다. 2003년 이후 퇴직한 법관 중 11명이 공직자윤리법상 취업이 제한된 사기업체에 들어갔으며 그중 6명이 삼성을 택했다. 이들은 자신이 법조인이던 시절 공직자로서 터득한 노하우를 반대로 활용하는 일, 즉 기업이 어떻게 하면 정부의 감독과 법의 규제를 피해서 이윤을 추구할 수 있는가를 가르쳐주는 일을 하고 있는 셈이다. 결국 영리행위 혹은 높은 보수가 애초에 권력을 선택했던 일부 법조인들의 최종 정착지가 된 셈이다. 이제 한국에서도 상당수 고위직 공무원들은 공직자로서의 의무감보다는 공직과 사기업을 비교하는 데 더 신경을 쓰고 있다. 일부 고위직에게 공직은 점점 대기업 임원 진출을 위한 경력 준비 과정이 되고 있다.

사회의 기업화가 가져올 위기

로버트 하일브로너Robert Heilbroner와 레스터 서로Lester Thurow는 "대기업이 생산의 핵심이 됨으로써 생기는 정치적·사회적·경제적 영향력은 자본주의 사회 또는 선진사회가 앞으로 직면해야 할 문제를 야기했다"라고 지적한 바 있다. 그러나 이제 우리 사회에서 대기업의 위상은 단순히 영향력이라는 개념으로 설명할 수 있는 수준을 훨씬 넘어섰다. 우리는 이제 대기업이 곧 국가이자 사회 그 자체가 되어버린 곳에서 정부와 법은 왜 존재하고, 공공성은 왜 존중되어야 하며, 사회가 직면한 실질적인 문제는 무엇인지 질문해야 할 지경까지 왔다.

세계화 그리고 고용 없는 성장의 시대에 대기업의 성공이 모든 사람들에게 안정적인 일자리를 보장해주지는 못한다. 나아가 양극화 문제가 점점 더 심각해지고 있어 기업 유토피아는 설득력을 잃고 있다. 경제가 삶에서 중요한 요소인 것은 맞지만 사람은 경제인으로만 존재하는 것은 아니며, 생산하고 소비하기 위해서만 태어난 것도 아니다. 정부나 사회가 없어지면 기업 또한 존재할 수 없고, 기업의 성공이 곧 국민의 행복과 일치하지는 않는다. 신자유주의 논리를 그대로 따르면 사회의 피폐화는 시간문제이며, 개별 기업의 존립도 위태롭게 된다.

　기업 구조조정의 이론적 무기를 제공한 마이클 포터Michael Porter도 "기업이 성공하려면 건강한 사회가 있어야 한다. 사회가 건강하려면 성공적인 기업이 있어야 한다"라고 말했다. 그런데 오늘의 한국은 마치 사회가 없어도 기업만 잘되면, 그리고 사회가 기업처럼 운영되면 잘될 것이라는 논리가 퍼져 있다. 미국발 반공주의가 한국에 들어와서 가공할 만한 학살과 억압과 독재를 낳았듯이, 미국발 기업사회의 논리가 한국을 거대한 주식회사로 만들고 있다. 기업사회의 승리자들도 사회의 기업화가 가져올 위기의 징후를 심각하게 살펴보아야 한다. 공공성이 무너지면 기업의 존립에 필요한 신용, 자원, 양질의 노동력, 소비시장도 없어질 것이기 때문이다.

I
II
III
IV

1990

1991

1992

1993

1994   1996

1995   1997

1998   2001   2005

1999   2002   2006

2000   2003   2007

2004

2008   2011   2013   2015

2009   2012   2014   2016

2010   2017

/

'건국절', 무엇이 문제인가

다시 8·15를 맞아

올해 8월 15일, 대한민국은 환갑을 맞는다. 1948년 5·10선거를 거쳐서 국회가 구성된 다음, 헌법이 제정되고 행정부가 구성되었다. 당시로서는 남·북한을 아우르는 통일국가를 건설하기 어렵다는 현실론에 기초해서 남한만의 단독정부, 즉 제헌헌법 제4조 영토 규정과 현실 영토의 불일치에서 나타난바 '남한'만의 정부를 수립했다. 그후 60년의 세월이 흐른 지금까지 남북은 통일된 국가를 수립하지 못한 채, 한반도에는 휴전선 이남의 대한민국과 이북의 조선민주주의인민공화국이 대립·공존하고 있다.

남북은 3년 동안 피비린내 나는 전쟁을 치렀고, 내전에서 출발한 전쟁은 국제전으로 비화되었다. 그러나 이 긴 세월 동안 남북에 흩어져 살아온 우리 민족 구성원, 그리고 1948년 정부 수립 당시 해외에 거주하고 있던 한민족 구성원은 분단으로 인한 억압과 시민권 제한, 일방적 충성을 요구하는 정부에 의해 온갖 신산을 맛보면서 용케도 잘 살아왔다. 특히 남한 사람들은 가족 상실의 고통과 처절한 가난을 겪으면서도 특유의 낙천성과 성실함, 잘살아보겠다는 열망으로 지난 60년 사이에 세계 최하위 국민소득 국가에서 어엿한 문명 부국의 문턱까지 이르는 데 성공했다. 과거 제국주의의 식민통치를 겪은 나라 중에서도 제2차 세계대전 종료 후 60년 동안 한국 정도의 민주주의와 경제적 부를 동시에 성취한 나라는 세계에서 찾아보기 어려운 것도 세상사람 모두가 잘 알고 있는 사실이다. 이 모든 성과는 우리 민족의 높은 문화적·지적 역량과 교육열, 국민의 투쟁과 헌신에 힘입은 것이다.

구한말에 이 땅을 방문했던 이저벨라 버드 비숍Isabella Bird Bishop 여사가 연해주로 이주한 한국인들을 보고 진단했듯이, 우리 민족은 "관리들의 악행에서만 벗어난다면", "길이 행복하고 번영할" 민족으로서 잠재력을 갖고 있었다. 이는 미국과 러시아를 비롯한 해외 곳곳에 흩어진 동포들의 눈부신 성공으로 충분히 입증된다. 그래서 우리는 분단과 전쟁을 겪었음에도 이 정도의 성공을 거두었다고 말할 수도 있지만, 분단과 전쟁이 없었다면 이보다 훨씬 수준 높은 문명을 누릴 수 있었으리라 평가할 수도 있다. 자본주의 체제를 택한 남한이 사회주의 체제를 선택한 북한보다 월등히 성공했다고 평가할 수도 있지만, 해방정국 당시 미국과 소련이 개입하지 않았거나 좌우 정치 세력이 경쟁과 대결을 지양하고 화합하여 통일된 국가를 수립했더라면 수백만 명의 인명 살상을 막을 수 있었을 것이고, 지금보다 훨씬 높은 수준의 민주주의·인권·복지·경제적 부를 누릴 수 있었을지도 모른다. 통일 이전의 동독과 서독이 그러했듯이, 남·북한이 정치의 통일을 아예 고려하지 않는 국가 대 국가로서 자기정체성을 가진다면 모를까, 그렇지 않다면 여전히 대한민국 정부 수립은 절반의 성공에 불과하며, 이후 남한의 성공도 '절반의 성공'이라는 이야기다.

축제일에 웬 딴소리냐고 할 수 있지만, 모름지기 한국인은 슬퍼하는 사람을 옆에 두고 축배를 들지는 않으며 음식은 즐기더라도 노래와 춤은 자제하는 최소한의 양심을 갖고 있다. 남북의 이산가족, 귀환하지 못하는 동포, 차별 속에 살아가는 재일동포, 한국전쟁 피학살 유족들, 굶어 죽어가는 북한 주민들, 하루하루 고통과 자살의 충동 속에 살아가는 남한의 수백만의 밑바닥 사람들, 이들은 모두 오늘 한국의 '건국' 60주년 축제에 제대로 초대받지 못한 사람들이다. 이들이 대한민국의 '건국'을 마음으로부터 축하하지 않는 한 국가 건설은 미완성이며, '건국' 축제는 유보되어야 한다.

건국절 논쟁에 대하여

국민이 국민으로서 자부심을 갖지 못하고, 국가의 이상과 비전이 부재하고, 국가의 안보정책과 전쟁시 군사작전을 스스로 결정할 수 없으며, 촛불시위로 자유로운 의사를 표현하는 국민을 잡아오면 경찰에게 '두당 5만 원'의 성과급을 지급하는 국가의 '정부 수립일'에 축제의 마당을 열 수 있을까. 누군가가 오늘은 '건국일'이니 힘차게 노래 부르면서 마음껏 즐기자고 권유하더라도 대다수의 국민은 신명이 날 수가 없다. 신명이 안 나는 사람들을 모아놓고 춤추라고 강요하는 것도 서글픈 일이고, 처벌받아야 할 사람은 풀어주고 오히려 칭찬받아야 할 사람을 유치장에 가두어놓고서 '국민 화합'을 제창하는 것도 떳떳하지 못한 일이다.

바로 이 지점에서 광복 63년, '건국' 60년을 맞이하는 오늘의 대한민국에서 국가의 정체성과 역사 및 정부의 성격을 둘러싼 심각한 충돌이 발생한다. 즉 8·15 광복절을 '건국절'로 부르자는 주장은 오늘날 대한민국의 높아진 국제적 위상을 반영하는 것일 수 있으나 실제 건국의 축제를 주도할 논리로서는 치명적인 결함이 있다. 더욱이 과거 60년을 성찰하고 미래를 개척하는 대사업에 국민의 자발적 참여를 유도하는 논리로서는 더욱 불구적인 억지 주장이다. 즉 8·15를 건국절로 삼자고 주장하는 사람들은 이제 우리도 "나라를 자랑하자", "국가에 대해 자부심을 갖자", "국가 건설의 지도자들을 존경하자"라고 외친다. 이런 주장은 수년 전부터 추진했던 이승만과 박정희의 나라 세우기 캠페인, 이들의 반공주의 노선과 경제 성장의 업적이 오늘날의 대한민국을 만들었다는 현실 인식과 역사 인식에 기초해 있다.

그러나 국가에 대한 자부심과 애정, 지도자에 대한 존경심이 어디 강요해서 나올 수 있는 것인가? 이승만과 박정희가 아무리 나라 세우기에 공로가 있다고는 하나, 이들은 재임 중에 수많은 국민을 죽음으로 내몰았다. 이승만이 4·19 당시 정권을 유지하기 위해 어린 학생들의 생명을 앗아갔으며, 박정희가 국민의 인권을 유린했다는 사실이 없어지는가? 건국의 아버지들이 민주주의를 외치는 학생과 청년들에 의해 추방당하거나 비극적인 최후를 맞이한 사례가 세계 어느 나라에 있는가? 이승만과 박정희의 업적을 완전히 무시하자는 것이 아니라, 그들의 과오도 함께 보아야 한다는 말이다.

당시 대한민국 제헌헌법이나 이승만의 대통령 수락 연설을 비롯한 문건에서도 '건국' 대신에 '재건'이라는 표현을 사용했다는 점을 들어 건국론의 오류를 지적할 수 있다. 하지만 역사는 언제나 지금의 시점, 보는 사람의 입장에서 재해석되는 것이므로 얼마든지 다른 주장이 나올 수 있다고 치자. 중요한 것은 지금의 건국론이 여전히 뒤틀린 냉전시대의 사고에 갇혀 있으며 미래 지향적이지 않다는 점이다. 즉 건국론은 언제나 이승만, 박정희 영웅론을 수반한다. 또 민주화운동을 묵살하고 경제 성

1948년 8월 15일 정부 수립 선포식. '대한민국정부수립국민축하식'이라고 적힌 플래카드가 걸려 있다.

장만을 주목한다. 이러한 주장은 정신분석학적으로 보면 이승만, 박정희 편집증이며, 1960년대 이후 국내 민주화운동, 더 거슬러 올라가면 항일독립운동에 대한 콤플렉스에서 기인한다고 볼 수 있다.

낡아빠진 반공주의, 반북 대결주의, 군사독재 불가피론, 미국 의존 불가피론이 '뉴라이트'를 표방하는 이들의 '올드라이트'적 속성이다. 1945년 해방 직후 주로 친일 지주들로 구성된 한민당(한국민주당) 세력이 취약한 정당성을 분칠하기 위해 임시정부 추대론을 들고 나왔듯이, 건국론의 원조인 '구舊우익'들은 항일독립운동 세력을 살해하거나 정부 수립 과정에서 배제했고, 민주화운동 세력을 심하게 탄압했으며, 항일운동과 민주화운동의 유령에서 벗어나기 위해 반공, 반북, 친미를 내세웠다. 이들의 후예인 오늘의 용감한 '건국'론자들은 민주정부 10년의 유령을 벗

만주국 소위로 임관하기 직전의 박정희.

어던지고 자신의 정치적 입지를 정당하기 위해, 과거 이승만의 단독정부 수립을 광복보다 더 중요한 세기적 대사건이라고 부각하고 있다.

1948년 8월 15일의 '건국', 정확히 말하면 남한 '단독정부 수립'이 잘못되었거나 무의미했다는 것이 아니라 불구 상태의 미완성 '건국'이었다는 이야기다. 대한민국을 나라답게 한 것은 1948년의 '건국'보다는 그 이후 4·19의 희생, 온 국민의 엄청난 노력과 열정, 그 결과로서의 경제 성장, 6월 항쟁 등의 국민적 투쟁이었다는 점이다. 제헌헌법의 정신인 민주, 복지, 인권 등은 이승만과 박정희에 의해 구현된 것이 아니라 나라를 나라답게 만들자는 수많은 국민의 희생이 있었기에 가능한 것이었다.

국민이 마음에서 우러나오는 존경심을 표현할 영웅이 없다고 영웅이 아닌 사람을 억지로 영웅이라 부르자고 강요해서는 안 된다. 건국이 미완성이었는데도 마치 완성된 건국인 양 간주하여 그 이전의 역사를 지워버리고, 우리가 나라를 완성하기 위해 해야 할 이후의 일을 생각하지 못하게 해서는 안 된다.

건국론을 제창하는 사람들이 일제의 식민 지배를 정당화하는 역설에서도 이들이 말하는 국가가 과연 나치가 말했던 국가나 팔레스타인 사람들을 서서히 죽어가게 만드는 이스라엘의 국가와 무엇이 다른지 알 수 없지만, 과연 우리 국민이 지녀야 할 정신과 가치가 국가 사랑, 즉 '애국'인지도 되물어야 한다. 일본의 애국자들이 독도를 자기 땅이라 하고,

식민 침략 역사를 교과서에서 지워버리고 있는데, 우리 애국자들도 과연 그들처럼 행동하는 것이 맞는 일인지 되물어야 한다.

지금 국가의 의미를 생각하며

아픈 과거는 잊어버리고 좋았던 시절만 떠올리고 싶어하는 것은 인지상 정이다. 그러나 아직 우리 국민 다수가 좋은 날을 충분히 즐기지 못하고 있다면 아픈 과거도 함께 돌아봐야 하고, 또 지구상에서 우리 민족만 잘 먹고 잘사는 것이 사실상 불가능하다면 우리의 60년을 세계사적 관점 에서 재조명해보아야 한다. '건국 60년'을 맞은 오늘 우리가 다시 제기해 야 할 질문은 우리가 지금까지 무엇을 향해 달려왔으며, 어디를 향해 가 고 있는가이다. 제헌헌법 전문이 명시했던바, '민주독립국가', '민주주의 제도 수립'의 내용은 무엇이었으며, 우리는 그것을 성취하기 위해 어디쯤 와 있는지 물어야 한다. 우리가 수립해야 할 민주주의 제도는 어느 나라 에서 가장 잘 구현되고 있으며, 만약 실체로서 구현되어 있지 않다면, 누 구의 이론, 누구의 사상에 가장 잘 나타나 있는가?

아직도 남북 대결 의식, 피해자 의식에서 벗어나지 못하는 권력층 은 서구의 강한 나라를 표준으로 삼고, 어떻게 그들에게 배울 것인가에 만 집중하지만, 이미 한국의 위상이나 세계의 정치경제적 국면은 그러한 단계를 넘어섰다. 우리가 어느 정도 경제적 성취를 이루었기 때문에 갖 게 된 생각일 수도 있지만, 우리는 이제 따라잡기의 정서보다는 지난 경 험을 성찰하여 새로운 동아시아 질서 그리고 지구 문명의 지평을 열어갈 주체로서 역할을 해야 한다. 우리가 안고 있는 문제를 통해 다른 나라의 문제점, 그리고 자본주의의 문제점을 살펴보아야 하고, 우리가 성취한 것에 자족하기보다는 그것을 다른 나라에게 어떻게 나누어줄지를 생각해야 한다.

오늘날 한국의 민주주의가 안고 있는 문제는 우리가 미국과 유럽의 민주주의를 덜 배웠기 때문이 아니다. 오히려 그 나라의 민주주의가 부딪치는 문제를 우리도 함께 겪고 있다는 관점, 동시에 그들이 성취하지 못한 것을 우리의 경험을 통해 거꾸로 그들에게 보여주고자 하는 용기와 시야가 필요하다.

더 나아가 '우리'의 개념도 재구성해야 한다. 미래는 우리 민족만의 것이 아니다. 우리는 오로지 현재의 경제 문제에만 신경 쓸 것이 아니라, 미래의 경제 문제가 될 지구적 식량 위기, 에너지 위기, 환경 위기에 대처하고 그것을 극복하고자 책임 있는 역할을 준비해야 한다.

지난 60년 동안 지식인과 정치인들이 우리 민족이 세계 문명에 어떻게 기여할 것인가, 우리 문화 가운데 인류의 미래에 기여할 수 있는 내용은 무엇인가를 고민하지 않았다는 것은 슬픈 일이다. '건국 60년'을 찬양하려면 적어도 그 정도의 시야나 사상은 가지고 있어야 한다. 그리고 그러한 시야나 사상을 가진 사람을 포용하고 칭찬할 정도의 배포가 있어야 한다. 8·15를 맞는 집권 세력의 꼴과 국민 형편이 이게 뭔가?

2009

/

끝나지 않은 전쟁 그리고 리영희

베트남 전쟁이라는 우회로

한국인 중 누가 이 20세기 한반도와 한국인의 운명을 가장 심대하게 좌우했던 전쟁이라는 '최고의 현실'을 정면으로 마주하고, 그것을 자신의 필생의 과제로 받아들였는가? 비록 베트남 전쟁이라는 우회로를 통해서였지만, '자유세계'의 최전선임을 자처했던 한국이 베트남에 한국군을 파병하게 된 현실과 대면했던 1960년대의 젊은 리영희가 그러한 사람 중 하나였다. 그는 미군사고문단의 통역장교로 복무한 것을 포함하여 무려 7년 동안 군에 몸담았던 사람으로서 한국전쟁을 누구보다 진하게 체험한 전쟁세대다. 그는 한국전쟁이라는 '최고의 현실'을 미군의 지휘를 받는 한국군으로 체험함으로써 한미관계, 남북관계, 한국 정치의 큰 물줄기와 만났다. 그러한 체험을 바탕으로 나중에 기자가 되어 베트남 전쟁을 정밀하고 진지하게 살펴볼 수 있었다.

1960년대 들어 베트남 전쟁이 확대되고 한국이 참전하게 되었을 때 지배하던 담론은 '보은론'이었다. 미국이 우리를 도와주어 자유를 찾았으니 우리도 그 은혜에 보답하기 위해 베트남에 가야 한다는 논리였다. 그런데 리영희는 여기서 명백한 논리적 허점을 발견했다. 제2차 세계대전을 겪으면서 미국의 '은혜'로 나치의 마수에서 벗어난 영국은 왜 단 6명의 의장대만 베트남에 보냈느냐는 것이다. 이렇게 본다면 한미관계를 설명하는 '혈맹론', 베트남 파병을 정당화했던 '보은론'은 명백한 허구임이 드러난다. 즉 한국군의 베트남 전쟁 참전은 한미관계의 실상을 드러내는 리트머스 시험지 같은 것이었다. 그리고 미국이 개입했던 베트남 전쟁은 사실상 '베트남 이전의 전쟁'인 한국전쟁의 연장이었다. 따라서 베트남 전쟁의 본질을 정확하게 본다는 것은 그 이전의 한국전쟁, 나아가 동아시아와 한미관계의 정치학, 한국의 정치와 사회를 새롭고 풍부하게 이해한다는 것을 의미했다. 다만 국내적으로는 냉전의 서슬이 퍼렇던 정치 상황에서 남·북한 분단, 한미관계, 그리고 한국 정치의 기원과 본질에 대해 정면으로 문제를 제기할 수 없었기 때문에 그는 베트남이라는 우회로를 거쳤던 것이다.

국가의 관점에서만 본다면 1960년대의 남베트남과 한국은 분명 북베트남과 북한으로부터 공산주의 위협을 받는 같은 처지였다. 그러나 한국을 헛되이 미국과 한몸이라고 보았던 당시의 '제1세계론'의 시각을 벗어던지면, 베트남 전쟁은 프랑스, 일본, 미국의 지배로부터 벗어나기 위한 민족해방투쟁의 일환이었으며, 남베트남 사람들이 당하는 고통은 군사독재와 부패, 그리고 종속국의 현실에서 기인하는 것이었다. 즉 그들은 강대국의 이해관계 때문에 자기가 살던 땅에서 죽음을 맞아야 했던 약소국 백성에 불과했다. 식민통치의 대리자들이 또다시 지배자로 군림하는 나라의 독재와 부패 그리고 정의롭지 않은 정치현실을 '자유'라고 말한다면 지나친 언어유희일 것이다. 이 오염된 언어, 잘못된 이름 붙이기에 발끈하지 않는 지식인이라면 역시 거짓 지식인일 것이다.

내전으로서의 한국전쟁. 식민지의 야만적 폭력에서 벗어난 지 5년도 안 된 시점에 발생한 한국전쟁은 양심을 가진 사람이 정면으로 대결하기에는 너무도 힘겨운 현실이었으며, 리영희가 직접 목격하고 체험했듯이 반인간성, 비인간성, 비생명성 그 자체였다. 그는 전쟁에서 잔인무도한 일을 저지르고도 아무런 죄책감도 없는 군대에 대해 증오감을 느끼면서 더욱더 평화를 열망하게 되었다. 전쟁이라는 '최고의 현실'은 그것을 뼈와 살로 겪어야 하는 소수의 맑은 사람들에게는 필생의 숙제를 던져주었다.

한국전쟁과 베트남 전쟁

리영희가 체험한 한국전쟁, 그리고 기자로서 취재하고 분석했던 1960년대의 베트남 전쟁은 매우 정치적인 것이었다. 한국과 베트남은 언제나 그러했듯이 전쟁의 주역이 아니었다. '전쟁 만들기'의 주역인 제국주의는 '문명'으로 대량의 살상을 포장하지만, 어떠한 가치로도 인도되지 않은 군대는 왜 전쟁을 해야 하는지에 대한 정당화의 기제를 갖고 있지 않다. 리영희는 한국전쟁 시기 군인들의 타락한 규율과 부정적인 모습과 후방에서의 환락과 사치, 극단적 이기주의를 체험했지만 한국인의 민족성을 개탄하는 식의 결론을 내리지는 않았다.

대신 제국 아닌 아류 제국 구舊일본의 천황 군대를 그대로 옮겨놓은 한국군의 실체, 즉 일본군 출신 지휘관들의 성향, 야만적인 일본 군대의 폭력주의를 그대로 이어받은 지휘관들, 그 사디즘 체계의 최말단에서 신음하던 사병들의 비참한 처지를 철저하게 인식했다. 한국전쟁에서 도시와 농촌의 힘없는 부모의 자식들이 죽음의 최전방에서 싸워야 하고, '빽'

이 있는 사람들은 전쟁터에서 살아남아 돈도 버는 현실이었다. 또한 국민방위군의 비참한 처지 뒤에는 이승만 정부의 반인륜적인 행태와 전쟁 때 민초들이 감당해야 했던 고통이 있었다.

　그는 미군 통역을 하면서 미군의 참전은 결국 그들의 정치적·경제적 이해를 위해서라는 것과, 미군에 절대적으로 의존할 수밖에 없던 이승만 정부와 한국의 적나라한 처지를 깨달았다. 결국 그가 목격한 한국전쟁은 그의 국가관, 전쟁관, 미국관, 한국 정치관 및 사회관에 코페르니쿠스적 전환을 가져다주었다. 경험보다 더 좋은 교사는 없는 법이다.

　과연 전쟁터로 변한 남베트남을 공산주의의 위협을 받는 '자유세상'이라고 불렀던 당시 한국의 정치 지도자들은 세상을 정직하게 본 것일까? 이 당연한 의문에서 출발한 리영희의 베트남 전쟁에 관한 논문들과 에세이는 베트남 전쟁을 통해 국제 냉전 질서, 한미관계의 국제정치학, 신新패권국가이자 자본주의의 맹주인 미국이라는 나라, 제3세계 민중의 처지, 그리고 바로 그 자신과 한국 사람들이 겪은 한국전쟁과 한국의 정치·사회현상을 우회적으로 다시 보려는 지적인 시도였다. 베트남 전쟁은 확실히 베트남 사람들의 전쟁이 아니라 제3세계 민중의 전쟁이었다. 1960년대 전 세계 지식인들에게 베트남 전쟁은 양심과 세계관을 드러내는 리트머스 시험지였다. 오로지 한국인들만 베트남 전쟁에 대한 국제적 논란을 전혀 알지 못했으며, 한국의 지식인들만 그러한 논란이 한국에는 무슨 의미가 있는지 묻지 않았다.

　베트남 전쟁은 '현대 모순의 집약적 표현'이었고, 베트남 전쟁에 대한 문제 제기는 곧 냉전체제, 미국과 소련이 주도하는 세계 질서에 대한 문제 제기였다. 한국 사람들이 그 전쟁을 이해하기가 어려웠던 이유는 '공산주의의 침략'이라는 매우 익숙한 공식으로 문제를 바라보기 때문이었다. 한국전쟁 체험을 일방적으로 재해석한 한국전쟁관은 한국의 역사를 바라보는 시각만 굴절시킨 것이 아니라 세상을 보는 시각도 굴절시켰다. 남베트남을 '월맹의 침략'을 받은 '자유우방'이 아니라, 식민지 역사를 청산하려는 항프랑스·항일·항미운동의 주체로 본다면 완전히 새롭게 문제에 접근해야 한다.

리영희는 프랑스의 베트남 진입을 "조선에서 패배한 일본이 종전과 함께 한국에 군대를 진주시킨 상황"으로 이해했으며, 지배 세력이 프랑스에서 미국으로 바뀐 후에도 그 본질은 변하지 않았다고 보았다. 이후 미국이 베트남에 개입한 명분은 도미노 이론, 즉 한 나라가 공산화되면 다른 나라가 연쇄적으로 공산화된다는 논리였다. 이 논리는 사실상 한국전쟁기 미군 투입의 명분이 되기도 했다. 한국은 천연자원도 부족한 가난한 나라였지만, 미국이 한국을 방관할 경우 전 세계의 공산주의 세력이 파상적으로 한국을 공격할 것이기 때문에 한국의 방위는 미국의 '자유세계' 방위의 시험대였다는 것이다.

베트남 전쟁기의 미국 국방장관 로버트 맥나마라Robert McNamara는 수십 년이 지난 뒤에야 미국이 베트남의 역사에 대해 아무것도 알지 못한 채 그 전쟁에 개입했다고 실토했다. 베트남 전쟁 당시 대학 교수였던 찰머스 존슨Chalmers Johnson 역시 학생들이 베트남 전쟁을 반대하는 이유를 이해하지 못했지만, 소련 사회주의가 붕괴된 이후에도 미국의 패권주의가 유지되는 것을 보고 비로소 과거의 무지를 실토했다. 그러나 한국전쟁을 겪은 한국의 청년 지식인들이 베트남 전쟁을 이해하는 데는 그렇게 많은 노력이나 우회가 필요하지 않았다. 만약 그들이 한국 현실을 정직하게 보기만 했다면 말이다. 한국인들에게 그것은 상식에 속하는 것이었기 때문이다.

한반도의 끝나지 않은 전쟁

1970년대 이후 미국과 소련의 화해, 일본의 부흥, 월남의 패망이라는 전환기적 사건들이 숨가쁘게 진행되는 동안에도 여전히 냉전의 단세포적 인식에 머물러 있던 남한에서는 유신체제의 억압이 세상 보는 눈을 더욱 외골수로 만들었다. 이는 주체의 사회주의 노선을 강화하는 북한의 대남 강경노선과 맞물려 전쟁을 종식시켜야 한다는 당위로부터 더욱 멀어지게 했다. 박정희 정권이 막을 내린 이후 더욱 경직된 전두환 정권의 등장으로 인해 이제 전쟁 문제는 국제적인 문제가 아니라 과거부터 지속되어온 남·북한 간 냉전체제 해체의 문제가 되었다. 1980년대 이후 리영희의 관심이 중국의 변화, 일본의 우경화와 침략주의, 남·북한의 군사적 대결 체제, 북한의 핵무장 등과 맞물린 주로 한반도 내부의 문제로 옮겨가는 이유도 지구적 냉전이 한미관계, 남북관계 문제로 집약되었기 때문이다.

그래서 리영희는 민주화 이후에도 여전히 변하지 않는 불평등한 한미관계, 남한 내부의 냉전 이데올로기, 북한의 위협을 과대포장하는 남한의 전쟁 지속론에 맞서 한미관계의 정상화, 냉전 이데올로기의 극복, 북한에 대한 정확한 이해의 필요성 등을 역설하는 일련의 작업에 나서게 되었다. 집약하면 민주화의 분위기에 위기의식을 느낀 나머지 냉전질서의 존속을 통해 지배체제를 유지하려는 극우반공주의 세력에 맞서 새로운 정치와 사회를 열어가기 위해서는 이 냉전 논리의 뿌리, 즉 미국 혈맹론과 미국 의존 불가피론, 북한 군사 위협론, 북한 핵 위협론 등에 대한 비판이 필수적일 수밖에 없었다. 한반도 전쟁 위협을 과장하고, 전쟁 지속을 강조하는 논리와 체제는 과거에도 그러했듯이 남한 기득권 세력의 경제적 이해와 결부되기 때문이다. 이것은 남한 사회의 진정한

민주화, 즉 남한 사회가 진정으로 전쟁의 흔적을 완전히 지우고 폭력의 논리 대신에 법의 논리가 작동하는 문명국가로 갈 수 있는가의 문제와 결합되어 있다.

냉전도 사실상 전쟁이나 다름없기 때문에, 한국 사회의 냉전체제는 국가보안법의 이름으로 다수의 정치적 반대자를 '빨갱이' 덧칠을 해서 정치적·사회적으로 매장할 수 있는 체제다. 냉전체제는 노동조합이나 시민단체조차 국가의 적으로 모는 자본 독재체제다. 선거에 의한 정권 교체와 제도로서의 민주주의는 작동하더라도, 매카시즘이라는 유령은 여전히 떠돌고 있으며, 반공과 국가 안보의 폭력, 국정원·기무사·검찰·경찰 등 수사기관의 권력화, 이들 정보기관이 지목하는 내부의 적에 대한 일상적인 사찰과 감시가 지속되는 체제다. 그래서 정치적 민주화가 달성된 1987년 이후에도 국가보안법 위반자는 양산되고, 사상과 양심의 자유는 여전히 제약을 받았다. 남·북한의 경계를 넘으려는 많은 사람들이 국가보안법 위반으로 체포되었다. 노골적인 고문과 폭력은 사라졌으나 '빨갱이 사냥'은 더욱 기승을 부렸다. 이제는 국정원, 기무사 같은 사찰기관 대신 언론과 검찰, 사법부가 그 기능을 대신하고 있다. 군사정권 시절 투옥되었던 사람들은 민주화 이후에도 투옥되었다. 민주화는 반공 이데올로기, 즉 전쟁의 현실 앞에 멈춰섰다.

1990년대 이후 국제사회에서 한반도 문제의 가장 중요한 의제로 등장한 북한의 핵개발 관련 의제는 한반도에서 여전히 전쟁이 지속되고 있음을 보여주는 실례다. 용산 미군기지의 평택 이전을 둘러싸고 한국인들 내부에서 벌어진 사실상의 전쟁 상태는 외적인 전쟁 상태가 내부에서 진행된 것일 따름이었다.

소련 사회주의 붕괴, 더 이상 적이 없어진 자본주의의 오만, 민주화·탈냉전이 가져온 정치적 자유와 권력질서 변동의 흐름에 두려움을 느낀 구냉전 세력의 기득권 수호를 위한 공격적인 대응이 1990년대 한국 사회에서 거침없이 나타났다. 즉 지구적 차원에서의 탈냉전 현상과 한반도에서 지속되는 분단 및 전쟁 위협 간의 불일치가 있었으며, 신자유주의적 자본주의 질서가 가져온 새로운 경제 위기 속에서 과거의 전쟁은 새로운 형태로 변형 지속되었다. 대중의 삶은 이 경제전쟁 속에서 더욱 피폐해졌다.

민주화 이후에도 방북 사건으로 또다시 감옥 신세를 지게 된 리영희는 국제 문제보다는 이제 남북관계와 북한 문제, 그리고 한국 사회 내의 이데올로기 전쟁에 더 많이 개입했다.

리영희가 동시대인들에게 던지는 질문

한국전쟁 후 60년 동안 한국 사회는 한국전쟁을 자신의 방식대로 되새김질하는 사람들에 의해 움직여왔다. 한국전쟁은 약소국의 서러움, 강대국이 짜놓은 장기판의 졸이 된 민족의 불행한 처지, 반공/친공 이데올로기의 허망함, 학살과 폭력의 야만성에 대한 절절한 반성과 남북 화해와 평화에 대한 열망, 외세에 대해 '아니오'라고 말할 수 있는 자주적 국가 건설의 필요성을 확실하게 각인시켜주는 방식으로 체험될 수도 있었지만, 휴전으로 끝난 전쟁은 북한 공산주의에 대한 적개심, 맹목적인 반공주의, 권력순응주의, 미국에 대한 무조건적인 의존성, 국가 지상주의 등을 강화하는 방식으로 체험·해석되었다.

오늘날 한국에서 일제강점기 말, 즉 제2차 세계대전 시기의 궁핍과 한국전쟁의 고통을 겪었던 80대 이상 인구수는 매우 적다. 이들은 가장 비참하고 힘들었던 두 전쟁을 겪은 세대로서, 한국 사회에서 그 누구보

리영희는 극우적인 한국 사회에서 반공과 반북, 국가주의라는 우상과 평생 싸웠다. 사진 출처: 『대화』(한길사, 2005).

다 공포와 충격, 고통과 배고픔, 절망과 소외, 차별과 억압, 굴욕과 분노, 무력감을 젊은 시절에 경험했다. 그런데 한국전쟁을 어떤 처지에서 어떻게 겪었는가, 그리고 전쟁 후에 어떤 위치에 서게 되었는가는 사람마다 천지 차이가 있다. 지금까지 전쟁 체험을 독점적으로 해석하고 있는 한국 사회의 주류의 체험과 해석은 평화의 열망보다는 "원수를 쳐부수고 압록강에 태극기를 꽂자"는 식의 전쟁 불사론에 가까운 것이었다. 북한을 침략의 책임자, 전쟁범죄자, 악의 원천으로 보고 오로지 북한만 없어지면 선에 도달한다는 사고방식이 바로 그것이다. 북한을 미워한 나머지 미국보다 미국적인, 그리고 미국인보다 미국의 국익에 더 신경을 쓰는 월남한 반공 투사들, 근본주의 기독교인, 한국 거대 언론매체와 지식인이 바로 이러한 시각의 소유자들이다.

리영희는 반공과 반북, 국가주의라는 우상과 평생 싸워왔고, 그로 인해 피해를 당했다. 이 우상은 60년 동안 세력을 유지해왔고 아직도 건재하다. 한국과 같은 분단국가인 대만과 중국 간의 화해도 급진전되고 있으며, 급기야 미국이라는 우산 속에서 전후 60년 체제를 유지해온 일본조차도 오키나와 미군기지 이전 문제를 둘러싸고 미국과 대립각을 세우면서 조심스럽게 주권을 내세우고 '국익'을 추구하고 있다. 그런데 우리 한반도에서 '사실상의 전쟁'은 너무 오래 지속되고 있으며, 그만큼 비정상적인 것과 비이성적인 것이 너무도 오래 정상적인 것과 이성적인 것을 압도해왔다.

미국이 개입한 이후 서방국 군 최대의 사상자가 발생하고 있으며, 급기야는 나토NATO도 철수를 서두르고 있는 아프가니스탄에 '국제사회'와의 공조를 운운하면서, 한국인 보호를 위해 파병을 하겠다고 나서는 외교부 수장의 모습을 우리는 바라보고 있다. 아프가니스탄이 어떤 나라인가? 한국과 마찬가지로 그 지정학적 위치 때문에 20세기 내내 제국주의 강대국에 시달려온 나라이고, 영국·소련·미국 등 주변 강대국의 이해다툼 때문에 수십 년 동안 전쟁 상태에 있는 나라이자, 내적인 균열과 정치적 부패가 만연한 나라다. 외신은 2009년 6월 19일 아프가니스탄 그라나이Granai의 이슬람 사원에서 기도를 마치고 나오던 140여 명의 민간인이 미군의 폭격으로 사망한 사실을 보도했다. 이곳에서 살아남은 일곱 살 소녀 노리아는 두 언니와 함께 고아가 되었다. 지금의 아프가니스탄은 60여 년 전 한국의 노근리다. 아프가니스탄의 부패한 카르자이 정부는 국제적인 신뢰를 상실한 상태이며, 이제 다시 전 국토의 상당 부분을 점령한 탈레반은 유엔 소속의 민간인 지원단에게까지 공격을 퍼붓고 있다. 그러나 아프가니스탄 민간인들에게 그들을 도와주겠다고 온 유엔 소속 사람들이나 '개념 없는' 한국 선교자들은 모두 문명의 이름으로 자기 땅을 침략하는 외세와 그 하수인들에 불과하다. 아프가니스탄 재건에 참여하는 한국 기업도 세 번이나 공격을 당했다고 한다. 버락 오바마Barack Obama도 부시가 만든 용어인 '테러와의 전쟁'이라는 말을 사용하지 않고 있는데, 충실한 우방인 한국은 여전히 '테러와의 전쟁'이라는 용어를 사용하면서 미국과 중국의 패권 경쟁의 들러리를 자처하고 있다.

리영희는 이미 1980년대에 이스라엘과 아프가니스탄에 관한 글을 쓴 적이 있다. 팔레스타인 문제, 아프가니스탄 문제를 분단 한국의 프리즘으로 분석한 선구적인 평론이었다. 냉전의 우상에 사로잡힌 한국의 외교관들이나 국제정치학자들은 팔레스타인이나 아프가니스탄의 문제를 오로지 '미국의 관점'에서만 볼 것이다. 여전히 한국 언론의 국제 면은 미국발 보도의 번역판이다. 응당 보아야 할 것을 보지 못하는 것은 탐욕이나 이해관계 아니면 무지 때문이다. 한국전쟁의 참화와 분단국의 서러움을 겪고서도 전쟁에서 완전히 벗어날 길이 무엇인지 알지 못하는 한국 보수의 허구적인 주류의식과 무지몽매함은 임진왜란 후 일본에 끌려가서 일본이라는 나라를 보고 와서도 일본의 기술과 생산력 발전에 전혀 주목하지 않았던 조선인 선비들이나, 청나라가 지배한다는 점만 중시했지 중국의 새로운 기술과 지식을 발견하지 못했던 조선 외교관이나 지식인들의 사대주의적 생각과 다를 바가 없다.

자기가 사는 터전에서 부모형제가 죽거나 집이 불에 타서 사라지는 장면을 목격한 사람들과, 남의 땅에 가서 전쟁을 하고 부상당해 고향에 돌아온 병사들을 통해서만 전쟁을 체험한 '제국'의 사람들이 과연 전쟁을 같은 무게와 깊이로 이해할 수 있을까? 제국주의는 대량살상 무기를 개발하여 주로 남의 나라 사람들 목숨을 빼앗는 데 사용하고, 식민지 종속국은 남의 나라 군대가 혈육을 살해하는 것을 고통스럽게 지켜보아야 하는 비극을 안고 있다.

위구르와 티베트 소수민족을 무력으로 진압하는 중국의 신군사주의와 '촌스러운' 제국주의는 21세기 우리의 일차적 경계 대상이다. 일본의 탈미·자주독립 노선, 하토야마 유키오鳩山由紀夫 총리의 아시아주의도 또 하나의 위협이다. 전쟁의 비극을 막기 위해서는 전쟁의 역사와 전쟁의 현실을 냉정하게 직시해야 한다. 지금까지 한국에서 극우반공주의의 전쟁 위기 조장은 냉정하게 생각해보면 냉전체제에서 나온 미국의 프로젝트였다. 물론 그 프로젝트의 우산 속에서 한국이 놀라운 경제적 성취를 이룬 것도 사실이고 중산층을 포함한 많은 사람들이 물질적 궁핍에서 벗어난 것도 사실이다. 그러나 리영희가 언제나 강조했듯이 군사·외교에서 스스로 결정할 힘을 갖지 못하면 힘없는 백성들의 '생명'은 외세의 무력에 내맡겨지게 된다. 그리고 시장과 자본주의의 미덕을 과도하게 찬양하거나 도그마로 받아들이면 시장의 실패자 또는 사회 약자는 빈곤의 늪에서 빠져나올 수 없다.

경제를 그렇게 강조하는 사람들의 주장을 십분 받아들여 순수하게 경제적인 득실의 차원에서만 바라보더라도, 한반도에서 전쟁을 완전히 종식시키고 남·북한을 평화체제로 전환하는 것보다 더 경제적으로 득이 되는 일이 있을까? 남·북한이 소모적인 군비 강화 경쟁을 끝내, 북한의 우수한 노동력과 남한 자본이 결합하여 북한 주민들이 좀 더 나은 생활을 누리고, 남한은 새로운 내수시장을 창출하는 것보다 더 획기적인 경제 전략이 있을까? 과연 남·북한이 분단된 상태에서 중국, 미국, 일본의 간섭으로부터 벗어날 수 있을까? 전쟁 상태에서 완전히 벗어나지 않은 채 남한이 21세기의 세계 문명을 주도하는 국가가 될 수 있을까? 국가라는 우상, 시장이라는 우상에서 벗어나지 않고서 민중이 행복해질 수 있을까? 리영희가 동시대의 사람들에게 던지는 질문도 이렇게 집약해볼 수 있을 것이다.

/

한국 교육 위기의 뿌리와 그 대안

지금의 교육 위기를 어떻게 볼 것인가

오늘날 한국의 교육정책은 1995년에 발표된 5·31교육개혁안이라 불리는 '세계화·정보화 시대를 주도하는 신교육 체제 수립을 위한 교육개혁 방안'에 기초한다. 이는 김대중 정부가 들어선 후 '창조적 지식 기반 국가 건설을 위한 교육발전 5개년 계획 시안'(1999)으로 구체화되었다. 이러한 방안은 정보사회, 지식사회에 부응하는 인력 양성과 국가 경쟁력 강화를 위한 국민의 지적 능력 개발에 부응하는 데 초점을 맞추고 있다.

이러한 정책은 세계화와 신자유주의 경제질서에서 새롭게 요구되는 인력을 어떻게 충원할 것인가라는 문제의식에 입각하며, 이를 달성하기 위해 교육 영역에서 경쟁의 원칙, 시장의 원칙, 수요자의 선택 같은 처방을 제시하고 있다. 그러나 나는 이러한 정책이 한국의 교육 위기를 보는 시각에서 문제의 핵심을 비켜가고 있으며, 그것을 해결하기 위한 수단 혹은 방법에서도 많은 문제가 있다고 본다. 그것은 1995년 이후 더욱 심각해진 교육계의 제반 위기 상황에서도 이미 드러나고 있다. 중·고등학교의 학급 붕괴, 학생들의 학력 저하, 학부모의 사교육비 부담의 가중, 교육 기회의 불평등 심화, 대학의 질 저하 등은 전혀 해결될 기미가 없다.

그렇다면 위기 진단에서 무엇이 잘못되었는가? 우선 교육 문제를 경쟁력 있는 인재 양성이라는 차원에서 접근하는 것 자체가 잘못이다. 나는 학교 교육이 사회의 발전과 복지 향상에 기여하기는커녕, 수많은 탈락자를 발생시키고 엄청난 국민적 부담을 가중시키는 이 현실이 바로 공교육 위기의 핵심이라고 본다. 소수의 경쟁력 있는 인재가 육성되지 않는 것이 문제가 아니다. 다수의 학생들이 이 교육제도 아래서 건강하고 실력 있는 인간으로 육성되지 못하고 있으며, 국민이 동등하게 누려야 할 교육 기회가 여유 있는 사람들의 차지가 되고 있다는 현실, 사회를 유지하는 데 필요한 지식의 인프라가 전혀 구축되지 않은 상태에서 영어나 컴퓨터 같은 수단이 목적이 되고, 정보가 지식을 대신하고 있는 것이 더 근본적인 문제라는 것이다. 그것은 바로 공교육의 위기, 학교 존립의 위기다.

다른 모든 나라에서 그러하듯 제도권 교육이 국가 지배질서의 기둥이라고 할 때, 일종의 태업 상태인 학생들의 수업 포기, 교육의 질 저하, 대학생들의 학습 포기는 단지 교육의 위기를 보여주는 것이 아니라, 한국의 국가 이념, 국가의 인력 양성 제도 및 지배질서 전반의 위기를 보여주는 징후다. 교육 문제는 정치·경제·사회·문화 등과 관련된 총체적인 현상의 일부다. 오늘날 학교 교육, 혹은 학교 교육제도라는 것은 바로 국가 혹은 사회 지배체제의 일부이며, 그것에 필요한 인력을 공급받고 엘리트를 충원하는 통로이자 동시에 사회의 지배적인 가치관을 전달하고 새로운 세대를 기존 질서로 편입시키기 위한 과정이다. 따라서 경제·정치·사회제도가 모두 공교육의 제도와 운영 방식에 직접 연관되어 있으며, 그러한 까닭에 교육 현상은 사회의 총체적인 작동 체계의 일부를 이

일종의 태업 상태인 학생들의 수업 포기, 교육의 질 저하, 대학생들의 학습 포기는 단지 교육의 위기를 보여주는 것이 아니라, 한국의 국가 이념, 국가의 인력 양성 제도 및 지배질서 전반의 위기를 보여주는 징후다.

룬다.

현상적으로 볼 때 이러한 위기는 분명히 학교와 사회의 부정합, 즉 학교의 교과 과정과 교육 이념, 교사들의 가르침이 학교 밖의 사회에서 진행되는 현실과 불일치하다는 데서 기인할 것이다. 이것은 학교가 자신의 문제를 해결할 수 없는 모순에 빠진 상황, 즉 학교가 기둥으로 삼고 있는 학력주의가 자본주의 사회에서 실질적으로 존재하는 학교 밖의 변화된 현실 상황과 충돌하는 현상이다. 그 결과 학교는 학생들의 학습 동기와 의욕을 불러일으키지 못하고, 학교에서 탈락한 학생들을 다시 일으켜 세울 수 없게 되었다. 그것은 학교의 붕괴에 그치지 않고 인간관계와 사회관계의 붕괴를 촉진한다.

비판적인 시각에서는 오늘의 교육 위기가 1995년 이후 신자유주의적 교육정책에서 유래한 것으로 본다. 나는 이러한 지적에 기본적으로 공감하지만, 문제의 뿌리는 훨씬 깊다고 생각한다. 위기는 이미 1990년대 이전부터 시작되고 있었다. 오늘의 위기는 바로 50년 한국 교육의 부실이 한꺼번에 드러난 것이다.

반공 이데올로기의 주입과 도덕적 진공 상태

극우반공체제에서 최고의 가치는 반공이었으며, 반공주의는 교육 내용의 중심 가치였다. 분단체제에서는 이데올로기가 교육을 지배하고, 국가 이성이 개인의 사고를 지배한다. 국가 이념은 의심할 바 없이 일방적으로 관철되어야만 했고, 교육은 반공국가의 체제 유지에 복종할 수밖에 없었다. 부정적 이념으로서 반공주의는 최고 최상의 진리였으며, 일제강점기 이래 황국신민화 논리의 연장이었다. 이러한 이유로 애초부터 한국에서는 국가 안보 지상주의와 입시경쟁의 논리 외에는 학생들을 이끌 어떤 가치관이나 이념이 없었다.

정부 수립 후 '홍익인간'이라는 교육 이념이 설정되었지만, 학생들의 행동에 직접 영향을 미치기에는 너무나 추상적이었다. 50여 년의 분단, 30여 년의 개발독재체제는 복종·경쟁·성공의 가치 외에 학생들에게 심어줄 어떤 가치체계도 준비하지 못했다. 사립학교 역시 특성화된 교육 이념을 갖추지 않았으며, 국가가 지정한 교과 과정과 교육 내용을 따를 수밖에 없었다. 이러한 국가 통제, 국가 이데올로기 주입식 교육체제에서 교사들은 단순한 지식 전달자였을 뿐 학생들에게 자율적으로 어떤 긍정적 가치관을 심어줄 수 없었다.

국가 안보를 위해서라면 어떤 것도 용납되는 한국 사회는 심각한 이중성을 갖고 있다. 반공의 우산 아래 친일파의 행각이 정당화되고 반공이 최고의 도덕이 되다 보니 정치, 법, 규범에서는 반사회적 행동이 만연했다. 이 때문에 학생들은 실제 사회와 도덕 교과서 간의 심각한 괴리를 느끼지 않을 수 없었다.

교육의 공공성 부재

한국 사회에서 교육은 출발부터가 공공재적 성격보다는 민간재, 즉 시장에서 구입해야 할 것으로 규정되었다. 초등 의무교육이 실시되었다고는 하나 국가는 교육에 투자할 재원이 없었으며, 국가 안보와 기업 지원을 위한 예산 배정이 우선시되는 상황에서 교육·복지 영역에 예산을 투자하기는 어려웠다. 그래서 국가는 출발부터 교육의 부담을 거의 수요자에게 전가했다. 중등 이상 교육의 40퍼센트 이상, 대학교육의 80퍼센트 이상은 사립학교에서 전담하다시피 하고 있는데, 국가가 공교육을 책임질 수 없는 상황에서 사립학교가 국가의 규제 아래 운영되고 있다. 교육 내용이나 제도상의 국가 통제는 교육 지출의 완전한 사적 성격과 공존한다. 국가는 사립학교의 자율성을 제한하는 한편, 사학재단의 소유권을 배타적으로 인정해주는 정책을 취하게 된다. 사학을 개인의 사유물로 간주하는 사고는 국가에 의해 보증되기도 했지만, 반공체제에서 재산 소유 문제를 건드리는 것은 반자본주의적이라는 지배 이데올로기와 맞물려 사학의 반교육적인 행태가 정당화될 수 있었다.

결국 교육에 대한 공적 투자의 부재는 입시 위주 교육과 맞물려 사교육 시장을 활성화하게 되었다. 사립학교의 높은 비중과 사교육비의 증대는 한국인을 정신적으로나 물질적으로 옥죄는 주범이 되었다. 오늘날 사교육 시장은 공교육 비용을 압도하는 수준으로 높아졌고, 이는 공교육에 대한 불신을 낳았다. 50여 년 동안 공교육의 낮은 질과 사교육 시장에의 용이한 접근에 길들여진 한국인들은 교육을 국가가 책임져야 한다는 관념 자체를 갖지 않게 되었다. 동시에 피교육자들은 자신이 획득한 지식을 사회 혹은 공동체와 나누어 가져야 한다는 생각을 거의 하지 못한다. 자신 또는 부모의 능력으로 구매한 것이기 때문이다. 1990년대 들어서 이 문제는 더욱 심각해졌다. 입시, 특히 명문 대학 입학이 점차 부유층 학생에게 독점되면서 교육의 공적 성격은 더욱 의문시되었다. 능력주의는 더욱더 도전받게 되었으며, 부의 세습은 교육 기회의 제한을 통해 관철되기에 이르렀다.

개발독재가 잉태한 학력주의와 과잉 교육열

교육과 선발의 체제는 지배계급의 입장에서는 기술과 노동력을 물질적·이데올로기적으로 재생산하기 위한 기제였고, 피지배계급에게는 새롭게 형성되는 지위를 획득하기 위한 방법, 즉 문화자본cultural capital의 획득을 위한 기제였다. 이것을 학력주의로의 유인 구조라고 말할 수 있는데, 학력주의는 자본주의 경제질서, 새로운 직업 구조, 지위 추구의 조건 및 논리 등과 맞물려 있다. 자본주의 경제질서의 확립과 국가기구의 확장은 정치·경제질서를 유지하는 데 필요한 인원의 충원과 보상의 원칙을 확립할 필요성을 제기했다. 따라서 근대 이전 기술자에게 주어졌던 것과 유사한 자격증을 배당할 필요성이 있었고, 여기서 국가 공인의 '학력'이 전통사회에서 '신분'을 대신하는 능력주의에 기초한 자격증, 다른 형태의 재화와 교환 기능한 자격증 혹은 화폐로 기능하게 되었다.

박정희 정권 이후의 근대화 정책에는 일정한 학력을 가진 많은 인력이 필요했다. 이는 국민의 지위 상승의 욕구와 맞물려 유례없는 교육열

일류 대학, 일류 학과로의 진학은 바로 여타의 재화와 교환 가능한 최고의 '자격증'이다. 입시 위주의 교육, 과잉 교육열은 그 자격증을 얻으려는 한국인들의 요구를 표현한 것이었다. 학력주의의 정점에 있는 서울대학교.

을 낳았다. 학력 자격화는 국가 주도 후발 공업화의 조건에서 매우 긴급하게 요청되는 것이었다. 국가 공인의 학력 외에는 개인의 능력과 업적을 평가할 기준이 전혀 없기 때문에 '간판'이 물신적인 효력을 발휘하게 된 것이다. 한 사회의 특징이 사회 이동을 '어떤 방식으로 인정하는가'에 달려 있다고 할 경우, 해방 이후 한국에서는 오직 국가 공인의 학력을 추구함으로써 사회 이동이 가능하도록 유도했다고 말할 수 있다. 일류 대학, 일류 학과의 진학은 바로 여타의 재화와 교환 가능한 최고의 '자격증'으로, 입시 위주의 교육, 과잉 교육열은 그 자격증을 얻으려는 한국인들의 요구를 표현한 것이었다. 이러한 입시 위주 교육에는 오직 실용적인 목적 외에 어떠한 교육 이념이나 가치관이 정착할 여지가 없었다. 입시 위주의 교육은 대다수의 탈락자들을 차별화하고 무시하고 이들의 열등감을 부추김으로써 피교육자를 비인간화하는 경향이 있다. 이 경우 교육에 대한 관심은 오직 가족 단위의 사회적 지위 상승을 위한 목적으로만 받아들여졌으며, 대학은 물론 중·고등학교에서도 학교 나름의 전통과 이념에 기초한 교육관이 설 자리가 없었다. 따라서 한국의 높은 교육열은 앞에서 언급했듯이 반공주의 체제의 교육 이념과 가치관의 부재 속에서 이루어졌다고 할 수 있다.

병영으로서의 학교

1960년대 이후 개발독재 과정에서 교과 과정은 획일화되었으며 학교는 병영화되었고 학생들은 산업화에 필요한 기술적 능력과 복종적 품성을 함양하는 입시전쟁의 전사가 되었다. 중·고등학교는 일류 대학에 많이 진학시키는 것이 유일한 교육 목표가 되었으며, 자식의 학업 성취를 가족적 지위 향상의 관문으로 여기는 부모들은 자식 교육에 열과 성을 다했다. 학생의 입장에서 볼 때 입시경쟁에 몰두하여 부모를 기쁘게 하는 것과 군사주의적인 학교 규율 체제에 복종하는 것은 사실상 같은 것이었다. 교육을 통해 '간판'을 획득하고, 그것을 통해 권력을 갖고 계층 상승을 꾀하는 행동은 기성의 질서를 충실히 따르는 것이다.

효율 지상주의, 국가 안보 지상주의 풍토에서 학교는 군사조직화되었으며, 교사는 학생에게 자애로운 스승이기 이전에 학교 방침과 교육 내용을 일방적으로 전달하는 명령자였다. 상급 학생과 하급 학생 간에는 엄격한 위계서열이 만들어졌으며, 이를 어기는 경우에는 폭력이 동원되었다. 이러한 규율 체제는 학생을 인격적인 존재로 간주하지 않고, 입시경쟁의 '전사'로, 국가의 충실한 '국민'으로 양성하려는 이념에 근거한다.

학교에는 과거 식민지 시절과 군사정권 시절의 규율이 여전히 잔존했다. 1989년 전교조의 학교 민주화 요구는 묵살되었으며 변화를 추구하는 움직임은 좌절되었다. 그 결과 교무실은 민주화되지 못했고, 나약한 말단 관료로서 교사는 여전히 학생들을 통제하는 존재가 되었으며, 학교장의 절대적인 권위는 도전받지 않은 채 건재했다. 전교생을 집합시키는 조회, 정해진 수업시간, 획일화된 교과서, 명령을 하달하는 교무회의 등 학교는 식민지적 통제의 망령이 살아 숨 쉬는 역사 박물관이었다. 이렇게 길러진 학생들에게 자유, 인권, 민주주의에 대한 개념이 자리 잡을 기회는 거의 없었다.

신가족주의의 재생산

한국 사회에서는 해방 직후의 짧은 시기를 제외하고는 사회적 '개방'과 '차단'의 기제가 동시에 존재했다. 즉 교육을 통해 일정 지위에 올라갈 수 있는 기회는 열렸으나, 미군정의 실시와 좌익 정치운동에 대한 탄압이 본격화되면서 극우 세력만이 정치적 지배자가 될 수 있는 자격을 부여받았다. 그들은 또 상급 학교에 진학하고 일류 대학 졸업장을 갖고서 좋은 회사에 취직할 수 있었다. 학교 진학과 미국 유학 선호는 분단된 국가와 미국 주도의 자유주의 질서에 순응한다는 전제에서 가능했다. 당시 진보적인 학생들은 진학과 사회운동의 갈림길에서 고민했는데, 대한민국 정부 수립, 국가보안법 선포, 전쟁 발발 이후 이러한 고민은 이제 극단적인 선택의 문제가 되었다. 즉 1948년 이후 개인주의적 지위의 경쟁은 집합주의적인 방식(사회 변혁)을 통한 지위 획득 기회의 '차단'과 동시에 이루어졌다.

1950년대에 한국의 학생들은 대학 입학과 취업만이 유일한 관문이었는데, 이는 한국전쟁으로 인해 이익집단의 참여 혹은 계급정치의 공간이 거의 폐쇄된 사실과 무관하지 않을 것이다. 한국의 근대성은 바로 한국전쟁으로 인한 저항 공간의 소멸과 맞물려 있다. 전쟁 후 부모들이 가난해도 자식에게 학교 교육을 시켰다는 것은 자녀 교육을 가족의 운명이 걸린 '생명보험'으로 간주했음을 의미한다. 이렇게 본다면 한국에서 학력, 즉 일류 학교의 간판은 단순한 문화화폐 이상의 것이었다. 그것은 다른 대안이 차단된 상황에서, 다른 방식으로 남한 자본주의 질서에 적극적으로 순응하는 길이었다. 그것이 오늘날까지 지속되고 있는 교육에 대한 가족주의적, 이기적 관념이다.

위기 1 ― 중·고등학교의 학급 붕괴

학교 해체 혹은 학급 붕괴는 학생들이 학교 수업을 노골적으로 거부하는 일종의 태업이다. 그것은 학생들이 학교의 규율 체제, 학교의 교과 과정, 학교의 도덕적 권위, 학교를 통해 얻을 수 있는 사회적으로 '교환 가능한' 자격증 획득을 거부하는 것이다. 오늘날 중·고등학교에서 상위권에 속해 있으며 장차 명문 대학 진학을 바라는 학생들은 학교 수업을 거부하지는 않지만, 학교가 아닌 학원 혹은 과외수업을 더욱 매력적인 교육기관으로 받아들인다. 반대로 성적이 하위에 머물거나 실업고에 진학하여 대학 입학은 물론 장차 좋은 일자리를 구할 가망성이 별로 없다고 생각하는 학생들은 학교 수업을 노골적으로 거부하고 있다. 결국 오늘날 학교는 이 두 유형의 학생들 모두에게 의미 있는 교육기관으로서의 역할을 하지 못하는 셈이다. 전자의 학생들에게 학교는 진학을 위한 '수단'으로서 어느 정도 기능을 하고 있으나, 학원에 비해서는 미흡하거나 심지어 부수적인 수단일 따름이며, 후자의 학생들에게 학교는 '수용소' 혹은 '감옥'과 다를 바 없다. 이것이 오늘날 학교 해체 혹은 학급 붕괴다.

학생들이 학교를 거부하게 된 데는 학생들의 사고에 훨씬 큰 영향을 미치는 사회 전반의 변화를 무시할 수 없다. 한국 사회에서 학력주의는 권력을 가진 자리를 정점으로 하여 돈을 벌 수 있는 정치계급으로 신분 상승하는 데 초점이 맞춰졌는데, 1980년대 후반부터 이러한 정치계급이 되지 않고서도 부와 명예를 누릴 수 있는 길이 열렸다. 프로 운동선수, 탤런트, 대중가수 등 사람들에게 인기 있는 대중문화 관련 직업이 억지 공부와 억지학력을 갖추지 않고서도 돈과 명예를 얻을 수 있는 직업으로 떠올랐다. 대중문화와 일상적으로 접촉하는 학생들에게는 그쪽이 훨씬 접근 가능한 길로 보일 수밖에 없다.

요즘 학생들은 정당한 권위를 존경하지도, 미래를 위해 현재를 인내하지도 않는다. 학생들을 과거처럼 군사주의적인 규율이나 학교 성적으로 통제하기는 어렵다. 이렇게 본다면 학교 해체 혹은 학급 붕괴의 징후는 파행적 한국식 근대화의 총체적인 귀결이다.

위기 2 — 교육 없는 대학교육

입시 관문을 통과하는 것이 일생에 가장 중요한 일이 된 사회에서 그 관문을 통과한 사람들은 더 이상 지적인 노력을 경주하지 않게 된다. 일류대의 경우 학사 징계를 겨우 면할 학점을 따더라도 일단 간판은 확보한 것이니 그들에게 학문의 참맛을 보여주려는 교수들의 애처로운 노력은 쓸데없는 일이 되고 만다. 법과대학의 고시학원화는 어제오늘의 일이 아니다. 고시 과목을 청강하기 위해 새벽부터 줄을 서고 신림동 고시촌을 가득 메운 전국에서 온 3만~4만 명의 현대판 유생들의 풍경이야말로 정보화 시대와 신분제 조선사회가 공존하는 희극적 현상이라 하지 않을 수 없다.

이 현대판 신분제, 학력주의의 정점에는 온 나라의 학생들을 일렬로 줄 세워 서열을 매기고 학벌 바코드를 부착한 다음 그것을 평생토록 지니고 다니게 하는 '서울대'라는 상징이 자리 잡고 있다. 서울대가 버티고 있는 한 우리 사회에서 '기타 대학'은 독자적인 브랜드를 만들어도 재벌의 자본력과 시장 장악력에 항복할 수밖에 없는 중소기업과 같은 신세다. 한국의 재벌과 언론이 스스로의 힘과 노력으로 성장했다기보다는 남북 분단·군사독재·국가 주도 경제 성장의 산물이듯이 서울대 역시 그러하다. 재벌과 언론이 돌진적 근대화의 견인차 역할을 했듯이 서울대 역시 그러한 성장 과정의 인력 공급 역할을 일정 기간 수행했다. 재벌과 언론이 국내에서는 누구도 감히 도전할 수 없는 무시무시한 공룡이지만 국제사회에서는 전혀 경쟁력이 없는 피라미에 불과하듯이 서울대 역시 그러하다.

일각에서는 이 교육제도를 혐오하여 이민을 떠난다고 하고 아예 자녀를 외국 대학에 보낸다고도 한다. 그러나 그것은 평범한 다수가 선택할 수 있는 길이 아니다. 교육부는 입시전형 방식의 다양화, 평생교육의 강화, 지방대학 특별법 등을 통해 해결할 수 있다고 주장한다. 그러나 지금까지 교육부의 처방이 그러했듯이 수술이 시급한데 임시처방으로 해결하려는 접근 방식은 문제의 본질에서 벗어난 것이다. '큰 놈' 더 키워주자는 BK21 사업은 대학의 서열화를 더욱 고착화하는 결과를 초래했다. 연구 중심 대학, 대학원 중심 대학의 목표는 지난번 서울대 대학원의 미달 사태에서 드러났듯이 미국 유학생이 득세하는 한국 사회의 풍토에서는 비현실적인 대안이다. 정부가 추진한 신지식인운동은 학벌사회의 벽을 깬다는 목표가 있었지만, 이 운동이 전개된 이후 학벌주의의 피해자들이 자신감을 얻게 되었다는 증거는 없다.

한국 교육 위기를 극복하기 위하여

문민정부에서 추진한 교육개혁안은 외양으로 보면 지난 50년간의 교육정책과 차별적인 것처럼 보이지만 내용은 연속적이다.

첫째, 주체가 동일하다. 개발독재 시절의 국가 통제, 주입식 교육에 익숙한 교육관료나 교육 엘리트들이 여전히 한국 교육을 주도하고 있으며, 이들의 손에 의해 교육개혁안이 입안되었다.

둘째, 교육에 대한 공적 투자의 개념이 생략되어 있다. 즉 교육은 개인과 가족이 돈으로 구매하는 것이라는 사고는 한국식 시장만능주의에서 비롯하는데, 이른바 신자유주의 교육개혁안은 이 점에서 과거의 분단·개발독재의 교육정책과 모순되지 않는다.

셋째, 같은 이야기이지만 피교육자인 인간을 독립적이고 자주적이고 민주적인 존재로 육성하려는 사고는 과거나 현재나 교육 당국자들의 머릿속에 들어 있지 않다. 과거에는 급속한 경제 성장을 추진하기 위해서 복종적·효율적 인간형을 추구했다면, 오늘날에는 세계화·정보화라는 담론으로 그것을 대신하여 경쟁력 향상이라는 목표에 교육을 종속시키고 있다.

넷째, 공교육이나 사교육이나 시장에서 판매 가능한 노동력의 질을 높이는 데 치중하고 있으며, 지식의 사회성 혹은 공동체와 개인의 조화와 관련된 문제에 대해서는 무관심하다. 그 결과 한국에서 교육받은 사람은 지식의 양에서는 압도적이지만 — 또 그것이 과거 경제 성장의 기반이었다는 점을 부인할 수는 없지만—그들이 우리 사회를 얼마나 건강하게 만드는 데 기여했는지는 거의 확인된 바 없다. 전자의 측면에서 보면 한국 교육은 성공했다고 할 수 있겠지만, 후자의 측면에서는 오히려 실패했다고 평가할 수 있다.

그런데 문제는 바로 전자의 성공조차도 이제 정부 당국이 주창하는 지식 기반 사회를 형성하는 데 질곡이 되고 있다는 점이다. 즉 한국인의 교육 동기는 입신출세에 초점이 맞추어져 있기 때문에 좋은 대학에 합격하기 위해 투자되는 돈은 국가 사회적 차원에서 보면 거의 낭비라는 것이다. 학문의 심각한 종속, 대학을 졸업한 사람의 지적 능력이 선진자본주의 국가에 비해 형편없이 떨어지고, 정보화 사회에 필요한 콘텐츠 구축은 오직 외국 지식의 수입으로 충당되고 있는 현실이 그것을 말해준다. 즉 신자유주의 교육정책은 영어와 컴퓨터에 능숙한 젊은이를 많이 육성해낼 수 있을지는 모르나, 창조적 지식, 높은 수준의 과학적 지식, 문화적 감성과 인문학적 소양을 갖춘 지식인을 양성하는 데는 실패했으며, 오히려 이러한 흐름에 역행했다는 측면이 있다. 어설픈 생산력주의는 생산력 자체도 높일 수 없다는 것이 분명하다. 교육을 효율성에 종속시키지 않을 때 오히려 효율성이 높아질 수 있다는 점, 피교육자의 민주적 참여 정신, 인문학적 소양이나 역사의식, 문화적 주체성도 큰 경제적 자산이 될 수 있다는 점을 자각하지 않으면 한국 교육의 위기는 극복하기 어려울 것이다.

분단·개발독재 시절에 구축된 국가 이데올로기 주입 교육, 교육현장의 비민주성, 학생의 권리 제약, 공교육의 실종, 입시 만능주의와 대학 서열 구조를 타파하지 않은 채, 시장이라는 칼을 들고서 문제의 본질도 주요 변수도 아닌 종속변수에 불과한 교사들의 안일함과 나태함만을 공격하면 문제를 더욱 악화시킬 수 있다. 시장이라는 수단이 분명히 필요한 측면이 있지만, 그것이 민주주의와 합리성을 전제로 하지 않을 경우 교육 불평등과 학교 붕괴를 가속화할 위험이 있다.

그렇다면 먼저 무엇을 해야 하는가? 이 문제는 교육 문제에만 국한되어 있지 않다. 민주주의의 신장, 인권 가치의 존중, 소외층의 정치 참여와 노동 세력의 정당 조직화, 여성의 권리 신장 등을 수반하지 않고서는 학력 추종주의는 사라지지 않을 것이다. 따라서 교육 위기의 해결은 반드시 한국 자본주의가 안고 있는 문제의 해결과 보조를 맞추어 진행해야 한다.

아울러 교육 문제 내적으로는 다음과 같은 작업이 선행되어야 할 것이다.

· 교육을 공공재로 인정하고 교육 투자를 획기적으로 늘려야 한다.
· 교사 재교육을 전면적으로 실시하되 적절한 평가 체계를 도입해야 한다.
· 실업교육을 전면 재검토하여 요리고등학교, 미용고등학교 등과 같이 학생의 요구에 부응하는 새로운 실업고를 만들고, 이에 합당한 자격을 갖춘 교사를 양성해야 한다.
· 사범대학을 폐지하고, 교육대학을 폐지 혹은 개편해야 한다.
· 교육부는 인적자원 확보, 교육복지, 청소년 문제 해결의 차원에서 새롭게 위상을 정립해야 하며, 중앙 단위의 기능을 축소하는 대신 교육자치를 실시해야 한다.
· 학교의 지배 구조를 개선하여 평교사의 참여를 실질화해야 한다.
· 대학의 서열 구조를 타파하기 위해 서울대를 개편 혹은 분리, 해체하거나 국립대학을 평준화·특성화해야 한다.
· 정규교육이 아닌 사회교육을 활성화해서 명실상부한 평생교육 체

제를 확립해야 한다.

· 대안학교 등 특수학교의 설립을 용이하게 함으로써 제도교육의
한계를 보완해야 한다.

/

진실화해위원회 활동을 돌아보며

'과거'가 된 '과거사위'

진실·화해를 위한 과거사정리위원회(이하 진실화해위원회)가 지난 2010년 12월 31일자로 활동을 종료했다. 종료 후 마지막 사무처리 3개월여의 시간도 지났으니 진실화해위원회는 이제 역사 속으로 사라졌다.

진실화해위원회는 '과거사위'라는 이름으로 더 잘 알려졌는데 언제 무엇을 위해 만든 조직인지, 정부조직인지 민간조직인지 혼동하는 사람이 많다. 심지어 노무현 대통령이 정치적 목적으로 만들었다며 악의적으로 왜곡되기도 했다. 지식층에 속한 상당수 사람들조차 진실화해위원회와 김대중 정부 당시 만들어졌다가 활동을 종료한 의문사위원회를 혼동하고, 친일반민족행위진상규명위원회, 국방부나 국정원 등 정부조직 안의 과거사위 등 여타 과거사 관련 위원회와 혼동한다.

일반 대중이 혼란을 느끼는 것도 이해할 만하다. 지난 2000년경부터 과거 사건을 다룬 정부 위원회가 무려 13개나 만들어졌고, 또 각기 다른 시점에 활동을 종료했다. 이 때문에 일반인이 보면 하나의 위원회를 만들어 모두 처리하면 되지 왜 이렇게 많은 과거사 관련 위원회를 별도로 만들어 업무를 '비효율적으로' 진행했는지 의문을 갖게 되는 것이다. 그리고 이 많은 과거사위원회들은 누가 주도하고, 어떤 목적으로 만들었는지, 무슨 일을 하고 종료되었는지 혼란스럽게 여겨질 수밖에 없다.

요컨대 진실화해위원회의 활동으로 평생의 억울함을 풀고 법원에서 재심 판결까지 받은 사람들은 자기 생전에 이런 조직이 만들어져 자신과 가족의 명예가 회복될 줄은 꿈에도 몰랐다고 감격하는 반면, 당사자가 아닌 대다수 국민은 이 조직의 실체와 의미에 대해 거의 모르고 있다. 더욱 심각한 것은 진실화해위원회가 다루었던 과거 인권 침해, 국가폭력 사건과 유사한 사건들이 이명박 정부 들어 또다시 광범위하게 발생하고 있으며, 검찰과 사법부의 정치 편향성, 국정원의 월권행위, 경찰의 무리한 공권력 집행이 국민의 분노를 일으키고 인권이 후퇴하고 있다는 지적이 비등하고 있음에도, 사람들은 이러한 권력기관의 행태를 바로잡자는 것이 진실화해위원회의 존재이유였다는 것을 거의 이해하지 못한다는 점이다.

나는 2005년 12월부터 2009년 11월까지 4년 동안 진실화해위원회에서 상임위원으로 일했고, 그동안 내려진 모든 진실규명 결정 과정에 위원으로 참여했다. 그리고 이 위원회가 만들어지기까지 약 5년 동안 한국전쟁기 학살사건 진상규명 운동에 몸담았으며, 이러한 위원회를 만들기 위한 운동에 나섰던 당사자다. 법원의 재심 판결이 이루어지는 모든 근거가 진실화해위원회에서 마련되었음에도, 진실화해위원회는 오직 그림자로만 어른거리고, 과거 잘못된 판결로 무고한 사람들에게 사형, 무기징역을 내렸던 법원이 공식적인 반성도 없이 이번에는 과거 판결을 번복한 것만으로 면죄부를 받으려 하고 최종 심판관으로 자임하는 것에 대해서도 심히 불편함을 느낀다.

노무현 정부의 정치적 의도의 산물인가

진실화해위원회가 만들어질 수 있었던 가장 중요한 계기는 노무현 대통령의 2004년 8·15담화, 즉 '포괄적 과거청산'의 필요성을 제기한 것이었다. 노무현 정부가 이 일에 역점을 두고 대통령이 특별담화까지 했다는 것은 매우 중요한 사실이다. 대통령의 확고한 의지가 있었기에 당시 여당이던 열린우리당이 법안 마련에 나설 수 있었고, 여야 합의를 거쳐 법이 통과되고 위원회가 결성되었기 때문이다. 그런데 노무현 대통령은 왜 이처럼 '과거청산'의 의지를 갖게 되었을까? 어째서 '포괄적' 청산을 이야기하게 되었는지에 대해서는 별로 알려진 바가 없다.

우선 노무현 대통령이 인권변호사 경력이 있고, 인권 문제에 특별히 관심을 가졌기 때문에 누구보다도 이 일에 역점을 두었을 것이라 추측할 수 있다. 맞는 말이다. 역사 바로잡기는 그의 중요한 관심사 중 하나였다. 그런데 정치적 결정은 독립변수이기도 하지만 종속변수이기도 하다. 즉 대통령이나 정당, 그리고 개인 정치인이 어떤 사안에 관심을 가지고 정치활동의 중심 과제로 삼는 것은 그것이 정치생명 유지에 도움이 되거나 그 사안이 어느 정도 국민적 공감대를 형성하고 있거나 또 시민사회나 이해당사자들이 그들을 압박할 정도의 힘을 가질 경우다.

과거청산과 관련해서도 유족들과 시민사회가 이 문제를 해결해달라고 계속 요청해왔으며 사회적 공감대가 어느 정도 형성되어 있었다. 노무현 대통령이 제아무리 이 사안에 대해 애정과 관심을 가졌다고 하더라도, 이처럼 강력한 사회적 요구가 없었다면 '포괄적 과거청산'의 의지를 천명하기가 매우 부담스러웠을 것이다. 요컨대 과거사 관련 통합특별법 마련의 정치적 기초는 노무현 대통령의 의지 이전에 길게는 수십 년, 짧게는 10여 년 동안 이 문제를 해결해달라고 줄기차게 요구해왔던 유족, 피해자, 시민단체의 요구와 압박이었다.

그리고 광주 민주화운동 관련 과거청산 등 지난 정부에서 여러 과거
사 사건을 각개로 다루는 과정에서 정책적 비일관성, 형평성의 문제, 임
기응변적 성격을 드러내어 피해자들은 물론 국민들도 여러 가지 의혹과
불만을 가졌으며, 정부 입장에서도 그런 식으로 일을 마무리할 경우 오
히려 안 하느니만 못할 수 있다고 판단했을 것이다.

대표적인 예가 5·18 광주 민주화운동인데, 피해자들에 대한 보상조
치는 이루어졌으나 피해자들은 국가유공자로 인정해줄 것을 요구했고,
이에 대해 우익단체는 강력하게 반발했다. 한국전쟁기의 거창 민간인 학
살사건이나 제주 4·3사건은 진상규명과 명예회복이 어느 정도 이루어
졌으나 다른 학살사건들은 진상조사조차 진행되지 않았다. 이러한 형평
성의 문제 때문에 국가 차원의 보상조치나 위령사업도 비일관성을 드러
낼 수밖에 없었다. 그것은 유족들의 요구에 의해 지역구 의원을 비롯한
힘 있는 정치인들이 선심성으로 법을 통과시키거나 타협적인 조치를 취
함으로써 발생했는데, 이를 원칙적 입장에서 바로잡을 필요성이 있었다.

노태우 정권의 광주 피해자에 대한 보상 입법은 진상규명과 가해자
처벌 없는 피해자 보상이라는 이상한 양상을 낳았고, 거창 민간인 학살
사건 등의 명예회복 작업 역시 진상규명도 없는 상태에서 유족들의 압
박에 의해 서둘러 추진되었다. 의문사진상규명위원회 입법은 조사 대상
인 '의문사'를 '민주화운동 관련자'로 제한하는 불합리함이 있었고, 민
주화운동 관련자 보상심의위원회는 진상규명이 없는 상태로 인혁당 사
건 관련 피해자들에게 보상을 실시하라고 권고하기도 했다. 이처럼 정부
의 과거사 관련 조치들이 일관성을 상실하면 국가 공신력이 실추될 뿐
만 아니라 이 작업 자체의 정당성도 흔들릴 위험이 있었다. 그리고 이행
기 정의transitional justice 혹은 과거청산 작업이 지향하는 애초의 목적,

2009년 11월 26일 '국민보도연맹 사건 직권조사 결과 발표 기자회견'에서 발표하고 있는 필자.

즉 유사 사건의 재발을 방지하고 사회 정의를 세우는 일을 어렵게 만들 수도 있었다.

　결국 한 번도 공식 조사가 이루어지지 않았던 한국전쟁기 학살사건의 진상규명을 해야 한다는 요구, 그리고 이미 다루어진 사건들도 미진한 부분은 재조사하여 후속 작업에 형평성을 기해야 한다는 요구 등을 청와대가 받아들였고, 그것이 노무현 대통령의 의지로 결집되었다고 판단된다. 결국 노무현 대통령이 원점에서 이 문제를 던진 것이 아니라, 1988년 이후 십수 년 동안 진행된 정부 차원의 과거청산 작업의 비일관성, 임기응변성, 형평성 부족 등의 문제점으로 인해 새로운 접근 방식의 필요성이 대두되었다고 봐야 한다.

진실화해위원회, 무엇을 하자고 만든 조직인가

해방 후 친일파 청산을 위한 첫 시도였던 반민특위 활동이 1949년 초 이승만 정부의 방해로 좌초된 이후 1960년 4·19 직후의 김구 암살 진상규명, 국회 차원의 한국전쟁기 민간인 학살사건 관련 조사 시도가 있었으나, 5·16쿠데타로 좌절되었다. 그 후 수십 년이 지난 1987년 민주화 이후에 이 모든 과거사 청산 작업이 다시 수면 위로 떠올랐다.

그 첫 테이프를 끊은 것이 5·18 광주 민주화운동 당시 학살사건이었다. 이 사건의 처리 과정은 1987년 민주화 이후 지금까지 20여 년 동안 전쟁과 군사독재하에서 저질러진 인권 침해 사건에 대한 과거청산 작업의 발판, 주요 모델, 혹은 반면교사가 되었다. 5·18 학살사건은 식민지 이후의 미청산된 과거사 사건 중 가장 최근에 발생한 일이었는데, 사건 발생 7여 년 후여서 피해의 기억이 너무나 생생했고, 가해자인 전두환·노태우 등 신군부 세력이 여전히 권력을 쥐고 있었으며, 그 자체가 제5공화국 정권의 정당성과 깊이 관련되어 있었기 때문에 1987년 이후 가장 뜨겁게 거론되었고 국민적 관심도 그만큼 높았다. 1988년 총선에서 당선된 노무현 등 초선 국회의원들이 바로 광주 문제를 다룬 제5공화국 청문회에서 일약 스타로 떠올랐고, 그 청문회는 민주화가 우리에게 무엇을 가져다줄 수 있는지 똑똑히 보여준 계기가 되었다.

5·18 광주 민주화운동의 경우 관련자들과 학자들 간의 논의를 거쳐 광주 문제 해결 5원칙을 설정했다. 즉 진상규명, 책임자 처벌, 명예회복, 배상, 정신계승 기념사업이다. 흔히 과거청산에는 정의 모델과 진실 모델이 있다고 알려져 있다. 정의 모델은 가해자 처벌과 피해자 보상을 통해 사법 정의를 세우는 것을 지향하며, 진실 모델은 각종 명칭의 위원회를 통해 진실을 규명하고 피해자 명예회복을 추구하고, 궁극적으로 사회적

화해를 지향한다. 1990년대 이후 남미나 전 세계의 과거청산 방식은 주로 후자의 길을 걸었다. 물론 양자가 서로 결합되기도 한다. 아르헨티나의 경우 진실 모델을 추구했으나 최근에는 가해자 처벌을 진행하고 있다. 5·18 광주 민주화운동의 경우 두 모델을 결합했다. 즉 가해자 처벌과 피해자 배상, 그리고 사건의 진실규명 작업을 병행했다.

그런데 노태우 정부가 국민 화합을 내세우며 '광주 민주화운동 관련자 보상 등에 관한 법률'(1990)을 제정하면서 모든 작업의 원칙과 방향이 흔들리게 되었다. 이후 가해자 처벌을 요구하는 목소리가 커져 1995년에 2개의 5·18특별법이 제정되었고, 전두환·노태우 두 전직 대통령이 구속되는 초유의 사태가 발생했다. 그러나 5·18특별법 자체가 국가가 민간인 학살 등 국민에게 가한 범죄를 다루는 방향보다는 이들 신군부의 내란행위에 초점을 맞추는 한계를 가지고 출발했으며, 결국 이들에 대한 처벌을 최소화하려는 김영삼 대통령의 의지와 맞물려 검찰 주도의 정치재판 양상을 띠게 되었다. 전두환과 노태우가 구속되자 곧바로 석방되어 처벌은 거의 요식행위에 그치고 말았으며, 광주 5·18 당시의 중요한 진실, 즉 민간인에 대한 발포를 최종적으로 명령한 사람이 누구인지, 그리고 몇 명이 어떻게 살해되었는지도 거의 밝히지 못했다. 즉 전직 대통령 구속이라는 상징적 효과와 피해자 보상, 대규모 위령사업을 넘어서 5·18 광주 민주화운동 정신을 국민의 것으로 만들어내고 재발 방지의 쐐기를 박는 과거청산으로까지 발전하지 못한 것이다.

결국 많은 진통을 겪은 끝에 2005년 5월 3일 여야 합의를 거쳐 '진실·화해를 위한 과거사정리기본법'(이하 과거사정리기본법)이 통과되었다. 법의 서두에는 "항일독립운동, 반민주적 또는 반인권적 행위에 의한 인권 유린과 폭력·학살·의문사 사건 등을 조사하여 왜곡되거나 은폐된 진실을 밝혀냄으로써 민족의 정통성을 확립하고 과거와의 화해를 통해 미래로 나아가기 위한 국민 통합에 기여함"을 목적으로 한다고 밝히고 있다. 이렇게 '진실'과 '화해'라는 2개의 큰 목표를 담았으나 최종적으로는 '민족의 정통성'과 '국민 통합'을 내세움으로써 인권, 평화, 민주주의 같은 보편적 가치가 누락되었다. 더구나 당시 한나라당이 '적대 세력', 즉 북한이나 남한의 좌익 세력에 의한 인권 침해나 학살도 조사 대상에 포함해야 한다고 강력히 요구하여 결국 인권과 정의 수립이라는 기본 원칙을 지키지 못했다. 구체적인 법 항목을 보면 대부분은 위원의 자격, 진실규명의 대상·절차·방법이 장황하게 명시되어 있는 반면, 화해 조치의 방법 등에 대해서는 "가해자에 대하여 적절한 법적·정치적 화해 조치를 취하여야 하며, 국민 화해와 통합을 위하여 필요한 조치를 하여야 한다"는 항목을 제외하고는 거의 아무런 내용이 없다. 이는 당시에 법을 추진하던 시민운동 진영이나 국회의원 누구도 화해에 대해서는 구체적인 계획이 없었음을 말해준다.

위원회 활동에 임하면서 나는 내심으로는 『논어』의 이덕보원以德報怨(덕으로써 원한을 갚는다), 이직보원以直報怨(바름, 즉 정의로 원한을 갚는다)이라는 철학을 염두에 두었다. 그리고 여러 가지 정상情狀을 고려할 때 위원회의 활동은 진상규명과 명예회복은 최대화, 처벌은 최소화하는 것을 모토로 삼아야 한다고 생각했다.

진실이 처벌이나 화해보다 중요하다는 생각도 맞지만, 이 생각으로 위원회 활동을 하면서 계속 난관에 부딪히지 않을 수 없었다. 즉 "처벌할 수 있다"는 무기 없이 개인과 조직의 잘못된 과거를 절대로 인정하지 않는 경찰, 군인 출신자들의 입을 열게 할 수 있을까? 처벌은 정의 수립을 위해서 필요하지만, 진실규명을 위해서도 반드시 필요한 조항이 아닌가? 위원회 활동을 하면 할수록 이러한 생각이 커졌다. 그리고 "가해 국가기관이나 가해 당사자가 진정성 있는 사과를 하지 않는데, 피해자들

진실화해위원회에서 진행한 전라남도 영광 불갑산 유해 발굴 현장. 오른쪽에 앉아 현장을 지켜보고 있는 필자.

이 해원을 했다고 느끼겠으며, 화해를 이룰 수 있겠는가"라는 매우 상식적인 질문을 계속 던지게 되었다.

위원회의 진실규명 결정문의 권고사항은 언제나 정부의 사과와 당사자 간의 화해를 명시했지만, 노무현 대통령이 국가 수반으로서 제주 4·3사건, 울산 국민보도연맹 사건에 대해 사과한 것을 제외하고는 군 수뇌부나 경찰 수뇌부는 한 번도 조직의 대표로서 사과하지 않았다. 따라서 우리는 아직 화해를 이야기할 상황에 도달하지 못했다는 과거의 판단이 틀리지 않았음을 새삼 확인했다. 나를 포함하여 이 일에 종사했던 사람들은 5·18 광주 민주화운동 처리 과정에서 위원회 대신 사법부를 통한 가해자 처벌과 피해자 보상조치를 실시하는 일이 심각한 파행을 겪는 것에 과도하게 주목한 나머지, 진상규명이 철저하게 이루어지면 다음 단계의 청산 과정은 다소 수월하게 진행될 것이라고 낙관하지 않았는지 반성했다.

조사와 진실규명 결정은 어떻게 이루어졌나

대체로 특별법에 근거하여 설립되고 한시적으로 활동하는 위원회라는 조직은 참으로 애매한 성격을 가진다. 분명히 법에 근거해서 활동하지만 조직의 위상은 행정부도 아니고 사법부도 아니다. 공식 정부기구가 아닌, 한시적으로 활동하는 기구이기 때문에 일사불란한 행정집행권이 없으며, 위원회의 결정이 재판과 같은 구속력을 가지지도 않는다. 정부조직이기는 하나 일부 행정인력을 제외하고는 모두 민간인 출신으로 구성되어 있다. 그런 까닭에 정부에서 위원회로 파견 나온 공무원들도 이 조직이 삼권분립의 원칙과 배치되는 이상한 조직이라고 생각했다. 행정부도 사법부도 아닌 조직은 있을 수 없다는 것이 그들의 상식이었기 때문이다.

가장 어려운 점은 조사를 위해서는 관련 정부기구의 협조가 '알파요 오메가'인데도, 그것이 잘 이루어질 수 없었다는 것이다. 위원회는 법적으로는 과거의 인권 침해와 관련한 자료를 갖고 있을 것으로 여겨지는 기관, 특히 국방부, 경찰청, 검찰, 국가보훈처 등에 자료 제출을 요구할 수 있었다. 만약 그 기관이 거부하면 기관장이 소명서를 제출하게 되어 있었고, 과거 공안기관 종사자들이 출두를 거부하면 동행명령장을 발부할 수 있었지만, 이 모든 법적인 협조 의무는 단지 자료 제출과 출석을 요구하는 약간의 도덕적 강제력에 불과했다. 만약 이들 기관이 거부할 경우 강제할 방법은 없었다. 결국 정부 각 부서의 장, 즉 장관이나 청장의 의지만이 자료를 확보할 수 있는 유일한 길인데, 그나마 국방부처럼 일사불란한 지휘명령에 의해 움직이는 조직과 달리 경찰청처럼 상급자가 지시해도 하급 부서 책임자가 정권이 바뀔 경우 받을지도 모를 불이익을 피하기 위해 차일피일 자료 제출을 미루면 이를 강제할 방법이 없었다.

결국 이는 청와대의 의지, 각 장관의 태도에 달린 문제였다. 명색이 진실화해위원회의 위원장이 장관급, 위원이 차관급이라고 하나 한시적인 위원회의 위원장은 다른 장관과 동격으로 만나기가 어려웠다. 그나마 송기인 초대 위원장은 대통령과 관계가 있었기 때문에 다른 장관들이 눈치를 보지 않을 수 없었다. 한편 진실화해위원회가 반관半官·반민半民 조직의 특성을 갖기 때문에 군과 경찰은 자료 제공을 꺼리는 경향이 있었다. 민간인인 당신들을 어떻게 믿느냐는 것이었다.

따라서 진실화해위원회 활동이 제대로 이루어지려면 법적으로 강력한 조사 권한을 확보할 필요가 있고, 자료를 소지한 행정기관의 협조가 필수적이었다. 그리고 국민적 압력이 있어야 하기 때문에 모든 활동이 국민에게 알려지도록 언론과 시민사회가 뒷받침해주어야 하며, 결정사항이 집행될 수 있도록 행정부가 협조해야 한다. 그렇지 않으면 진실화해위원회의 활동은 조사 단계에서부터 비틀거릴 수밖에 없다.

진실화해위원회의 진실규명 결정은 15인의 위원이 전원 회의에서 내리기 때문에 누가 위원으로 참여하는가가 매우 중요한 문제였다. 입법 단계에서 위원의 자격과 구성에 대해 많은 논란이 있었으나 결국 국민적 대표성을 살리기 위해 청와대, 국회, 대법원에서 각각 4인, 8인, 3인을 추천하기로 했다. 이 역시 청와대의 지분이 높았고, 사법부는 청와대의 의중에 많이 의존하기 때문에 그 구성 자체도 정권의 성격에서 자유로울 수 없었다. 그러나 반대편인 한나라당 추천 위원과 상임위원이 일정한 역할을 했기 때문에 사사건건 반론과 견제가 이어졌다. 이명박 정부가 들어선 이후 진실화해위원회가 여러 가지 파행을 겪게 되었는데 그것은 임기 2년이 끝난 다음 이러한 과거청산의 대의를 인정하지 않는 사람들이 위원으로 임명되면서 시작되었다.

전원 회의 결정 과정에서 위원들 간의 합의가 어려울 경우 최종적으로 표결을 통해 진실규명이 결정된다. 회의는 합의의 정신에 기초하여 진행되며, 위원은 일반 국민을 대표하여 상식선에서 판단하는 임무를 부여받은 존재다. 합의기구인 위원회의 정신을 살리기 위해서는 무조건적 다수결을 강행하기보다는 전체 위원들의 의견을 충실히 반영하여 어느 정도 결론을 절충할 필요성이 있었다.

따라서 진실화해위원회의 모든 결정은 이러한 타협의 산물이라 볼 수 있다. 조사국에서 조사를 진행하여 최대한 사실에 근거한 보고서를 제출하면 위원들이 판단을 한다. 동일한 사실이라 하더라도 시각이 다를 수 있으므로 전적으로 동의하는 경우는 드물다. 그러나 사실fact의 힘은 강하기 때문에 조사관들이 의도적으로 특정 사실을 부각하거나 묵살하지 않는 한 보수/진보를 떠나서 상식적으로 판단할 수 있는 여지가 컸다. 실제 한나라당 추천 위원 중에서 애초의 생각은 그렇지 않았지만 인권 침해나 학살 사실 관련 보고서를 구체적으로 접한 다음에는 매우 동정적으로 이해하는 경우가 있었다.

상임위원의 역할도 사실 법에 명시되지는 않았다. 과거사 관련 위원회에 상임위원 제도가 도입된 것은 2000년 의문사진상규명위원회부터였다. 다른 상설 행정조직은 직급별로 업무와 책임이 나뉘어 있지만, 외인부대로만 구성된 위원회는 모든 것을 원점에서 시작해야 했고, 이 분야에 전문적인 지식과 행정 능력을 갖춘 조사관도 거의 없었다. 그래서 차관급인 상임위원은 정무직이지만 실제로는 조사국장의 역할을 해야 했는데, 인권 침해 분야 담당 상임위원은 변호사 출신이 맡아 사건 하나하나를 재판사건 다루듯 해야 했고, 집단희생 분야 상임위원인 나는 논문 지도교수처럼 직원들의 자료 수집, 진술 청취 등 조사 과정과 보고서 작성 과정에 일일이 개입하거나 심지어 보고서의 상당 부분을 직접 작성하기도 했다.

위원회는 사무국에서 조사하고 소위원회에서 검토한 다음 전원 회의에 상정하면 위원들의 다수 결정으로 진실규명이 이루어지는 조직이다. 그리고 위원회의 진실규명 결정은 법적 강제력이 없고, 권고를 통해 행정부가 이행하도록 촉구하는 정도의 힘만 가질 뿐이며, 권고 사항 또한 행정부가 집행하지 않으면 강제할 방법이 없다. 행정부의 집행력은 결국 대통령의 의지에 달려 있기 때문에 결정의 실행, 즉 재심, 사과, 보상, 위령사업, 교과서 기술 정정 같은 권고 내용이 실천되기 위해서는 사법부와 행정부의 의지, 특히 한국에서는 정권의 정치적 의지에 의존할 수밖에 없는 한계가 있다.

진실화해위원회 의결 과정에서는 기본법상의 '중대한 인권 침해' 범위를 둘러싸고 위원회가 다룰 수 있는 사안과 다룰 수 없는 사건의 범위에 관한 논란이 많았다. 나는 재산권 침해도 인권 침해로 볼 수 있다는 의견을 제기했으나, 생명권 침해만으로 국한하자는 결론이 났다. 또 다른 논란거리는 형법상 재심 사유 해당 사건 조사 건이다. 즉 위원회는 재심 사유에 해당하는 사건만 조사할 수 있도록 되어 있는데, 조사를 해보지 않은 상태에서 이 사건이 재심 사유에 해당되는지 아닌지를 판단할 수 없다는 데 문제가 있다. 그래서 과거사정리기본법 해석과 위원회의 설립 이상 간에는 언제나 긴장이 존재했다.

무엇을 했고 무엇을 하지 못했는가

이러한 여러 가지 어려움 속에서도 진실화해위원회가 해낸 일은 적지 않다. 중요한 인권 침해 사건과 정치적 의혹사건의 진실을 규명하여 법원의 재심을 이끌어냈고, 유족의 명예회복과 보상조치까지 이루어진 것은 오직 진실화해위원회가 있었기에 가능했다. 『민족일보』 조용수 사건, 조봉암 사건, 이수근 간첩사건, 강기훈 유서대필 사건, 오송회 사건, 여러 건의 납북어부 사건과 재일동포 간첩사건 등에 대한 새로운 진실이 규명되었고, 그중 10여 건 이상이 최종 무죄판결을 받았으며, 법원에서 재심이 진행 중인 사건도 20여 건에 이른다.

　민간인 학살 관련 사건으로는 우리 현대사에서 가장 큰 비극인 국민보도연맹 학살사건, 인민군 점령기 부역혐의자 학살사건, 미군 폭격에 의한 민간인 피해사건, 전쟁기 지리산 일대 토벌 과정 중 민간인 희생사건 등을 진실규명했고, 일부 사건은 국가를 상대로 보상 소송이 진행 중이다. 전쟁기 학살에 관한 한 기존의 어떤 정부 위원회보다 가해사실 규명에 노력했으며 국가의 범죄성을 강도 높게 지적한 점도 주목할 만하다. 이 조사 과정에서 수많은 새로운 자료를 발굴했고, 수천 명의 피해자 및 군경 출신들의 진술을 확보했다. 진실화해위원회가 수집한 현대사 자료는 다른 어떤 기관이 수집한 양보다 방대하다. 이것을 기초로 한국의 국군·경찰·사법부의 역사는 다시 쓰여야 함은 물론이고, 한국전쟁의 역사, 군사정권 시기의 현대사도 다시 기술되어야 할 정도다.

　돌아보면 동아시아권에서는 물론 세계적으로 이 정도 수준에서라도 과거 공권력이 저지른 잘못에 대해 체계적으로 진실규명을 하고 나름대로 정리한 사례는 찾기 어려울 것이다. 이 작업은 아시아를 넘어 세계적 차원에서 한국의 국격과 위상을 높일 수 있는 매우 중요한 업적이다. 과거청산은 오히려 국가의 도덕성과 정당성을 강화하는 역할을 한다. 오직 과거가 떳떳하지 않은 세력, 정당, 개인들만이 이 활동을 폄하하면서 그 성과를 부정하고자 한다.

　그런데 이명박 정부가 들어서면서 그나마의 제한된 성과도 원점으로 돌아가고 있다. 법원의 과거 인권 침해 사건 재심은 피해자나 유족에게 약간의 위로가 되고 있지만, 무고한 사람을 간첩으로 조작해 죽이거나 수십 년 동안 감옥에 집어넣고 온 가족의 삶을 파괴한 주범인 사법부가 총체적으로 반성했다는 말은 어디서도 찾기 어렵다. 한국전쟁기 학살 유족들이 제기한 보상 소송건의 경우 민사상 소멸시효 문제에 걸려 번번이 법원에서 패소했다. 최근 울산 국민보도연맹 사건에 대해 대법원이 고등법원의 결정, 즉 시효 종결건을 다시 검토하라고 파기 환송한 것은 그나마 주목할 만한 판결이었다. 즉 민사상 보상 소멸시효가 3년이기 때문에 가해자이자 진실규명 억압자였던 국가가 어이없게도 이제 와서 "학살을 당하고도 왜 그때 권리를 주장하지 않았느냐"고 유족들에게 말했는데 대법원이 그 점을 파기한 것이다.

과거사정리기본법은 교육과 위령사업을 추진하는 "과거사 재단을 설립할 수 있다"고 명시했음에도 이명박 정부는 그것을 거론조차 하지 않고 있으며, 거꾸로 한국의 '자랑스러운' 현대사를 기록하자는 현대사박물관을 추진하고 있다. 진실화해위원회가 권고한 사건의 재발 방지를 위한 제반 입법안 마련은 국회에서 논의조차 되지 않고 있다. 우선 반인류 범죄에 대한 공소시효 문제, 보상 및 배상에서 소멸시효를 폐지하는 문제가 있다. 억압적인 군과 경찰기구가 인권기구로 재탄생해야 하는 문제도 매우 시급하다. 반인권적 제반 법규(형법 등)와 행정조치의 개혁도 거의 이루어지지 않은 채 이명박 정부하의 경찰은 오히려 권위주의 시절로 돌아갔다. 이행기 정의가 추구하는 목적, 즉 '예방으로서의 정의'justice and prevention 실현도 거의 실패한 것으로 드러났다. 촛불시위 진압, 용산 참사 당시 경찰이 보여준 모습은 21세기 인권 경찰이 아니라 국민을 적으로 간주한 저 어두웠던 시절의 모습 그대로였다. 정연주 KBS 사장 구속, 인터넷 논객 미네르바 기소, 용산 참사 수사기록 공개

거부 등에서 나타난 검찰의 정치 편향성은 과거보다 더욱 심각해졌다.

대미·대일외교를 통한 진실화해위원회 성과의 국제화도 기대하던 목적 중의 하나였으나 거의 이루어진 것이 없다. 특히 진실화해위원회는 한국전쟁기 미군에 의한 피해를 많이 다루었으나 한국 정부는 미국에 이러한 문제를 제기하지 않았다. 정부가 나서서 미국으로부터 보상·배상을 받을 수 있는 길을 주선해야 함에도, 국방부나 외교부는 이에 대해 언급조차 하지 않았으며 오히려 문제를 거론하는 것 자체를 불편하게 생각하고 있다. 그리고 이 정부는 일본의 교과서 왜곡에 대해서도 미온적으로 대응하고 있다. 잘못된 과거를 청산할 의지가 없으니 일본에 큰소리칠 명분이 없는 셈이다.

진실화해위원회가 규명하고 권고한 내용의 대부분은 우리 국민이 전쟁 위기, 혹은 국가의 대내외적 위기 상황에서 어떻게 인간의 존엄성을 지킬 수 있으며, 외세의 개입에 의해 피해를 보고도 항변하지 못하는 상태에서 벗어날 수 있는지를 보여주고자 했다. 그리고 향후 남북 평화, 통일의 과정에서 해결해야 할 묵은 숙제를 우리 사회 내부에서 먼저 해결하자는 것이었다. 그것은 법과 정의를 바로 세워서 공권력에 의해 부당한 피해를 당하는 억울한 국민이 생기지 않도록 하자는 경고이자, 인권국가를 위한 안전장치의 필요성을 역설한 것이었지만 불행하게도 오늘 이 순간에도 잘못된 공권력 집행에 의한 희생자들은 계속 나오고 있다.

피해자가 아니라 제3자인 우리가 희생자들에게 기억을 끄집어내라고 강요할 권리는 없을지도 모른다. 그러나 공권력의 잘못된 행사가 당사자에게만 피해를 입힌 것이 아니라 사회 전체를 오염시키고 사회의 정상적 가동을 어렵게 했다면, 사회구성원은 그 사건을 기억해야 할 의무가 있다. 기억의 재생과 피해자에 대한 공감이 바로 우리 사회의 현재와 미래를 어떻게 만들어갈 것인가의 문제이기 때문이다.

"지연된 정의는 정의가 아니다"라는 말이 있다. 즉 사건이 발생했을 당시에 진상을 규명하고 죄를 저지른 사람이나 집단을 단죄하는 것이 최선이다. 그러나 역사는 현실 정치권력을 넘어서는 정의가 실현되기가 매우 어렵다는 것을 보여주었다. 그렇다면 '지연된 정의도 부정의보다는 낫다'는 차선책을 택하지 않을 수 없다. 물론 아무리 중요한 과거도 현재보다 중요하지는 않다. 그러므로 현재적 의미를 상실한 과거청산은 호사가의 취미에 그칠 것이다.

용역 폭력이 활개치는 나라는 어떤 나라일까

공권력의 '용역 폭력' 묵인?

2012년 10월 고용노동부는 19일 "유성기업 등에서 사측이 노조활동을 지배하거나 개입하도록 하는 등 부당 노동행위를 지도·상담하고, 자료 제출 요구를 거부한 노무법인 창조컨설팅의 설립인가를 취소했다"라고 밝혔다. 창조컨설팅의 심종두 대표는 한국경영자총협회(경총) 노사대책 팀장 등으로 13년간 근무한 사람으로, 경총에서 쌓은 인맥을 바탕으로 공인노무사를 포함한 20여 명의 직원을 둔 중견 노무법인을 이끌고 있다. 최근 수년간 창조컨설팅이 사실상 사측과 공모하여 유성기업, 발레오전장, 영남대 의료원 등을 상대로 '직장 폐쇄→용역 투입→친親 회사 노조 설립 및 금속노조 지회 무력화'를 지휘했다는 노동계와 은수미 민주통합당 의원의 주장이 사실로 밝혀졌다. 언론 보도에 따르면 창조컨설팅은 7년간 14개의 노조를 파괴했다고 한다. 창조컨설팅은 공식 컨설팅 비용과 별도로 민주노총을 탈퇴시키거나 조합원 수를 줄여주는 대가로 성공 보수를 받기도 했다.

그러나 노조 파괴 전문회사를 동원하여 부당 노동행위를 한 사용자는 한 사람도 기소되지 않았다. 노조 파괴 전문 용역회사와 공인노무사들이 이렇게 헌법에 보장된 노동자들의 단결권을 침해하고 노동법상의 부당 노동행위를 저지르는 동안, 관계 부처인 고용노동부는 무엇을 하고 있었을까? 최근 발생한 수많은 사측의 직장폐쇄 및 용역 폭력 사태에서 고용노동부는 회사의 용역 폭력 동원 사실을 알면서도 묵인했다는 정황이 다수 있다. 지난 SJM 노조의 파업에 대해 노동위원회가 이미 합법으로 판단했음에도 고용노동부가 대체인력 투입의 불법성 여부에 대한 결정을 미루다가 결국 사측의 용역 폭력 동원을 불러온 일이 있기 때문에 고용노동부와 회사와의 유착 의혹이 제기되기도 했다. 고용노동부 포항지청은 2010년 발레오전장의 노사 갈등 과정에서 회사의 직장폐쇄와 용역 투입이 정당하다는 취지의 문건을 작성했는데, 그 내용이 창조컨설팅이 만든 「(발레오전장) 직장 폐쇄를 둘러싼 법적 제 문제 검토」라는 문서와 토씨까지 똑같아 국정감사에서 문제가 되기도 했다.

정부 수립 이후 거의 반세기 동안 헌법에 보장된 노조활동이나 노동쟁의가 실제로는 수많은 제약을 받아왔다. 군사정권 시절에는 노조 설립 자체가 법과 행정조치에 의해 제약되었고, 모든 쟁의는 사실상 불법으로 간주되었으며, 제3자 개입금지법 등 반노동 악법이 존재했다. 1987년 대투쟁 직후에는 대규모 사업장 파업현장에 공권력이 투입되어 거의 전쟁 같은 상황이 연출되기도 했다. 그러나 이제 과거의 법 제약은 크게 완화되어 노조 설립과 노동쟁의는 합법의 지위를 누리게 된 것처럼 보이고, 국가 기간산업이나 대규모 사업장의 파업도 줄어들어 공권력이 직접 투입되는 일도 적어졌다. 그러나 '노동현장에서 국가의 억압과 구사대의 폭력은 사라지고 자율적인 교섭의 시대가 오는구나'라고 낙관하자마자 사용자들이 사설 용역회사와 계약을 맺고 백주에 파업현장을 유혈이 낭

자한 아수라장으로 만들고 은밀히 노조 파괴 공작을 지원하는 또 다른 세상이 되고 말았다.

'비즈니스 프렌들리'의 시대, 시장만능의 시대에는 폭력도 시장에서 사고파는 상품이 된 것일까? 그렇다면 공권력은 이제 어디로 갔을까?

한국에서의 국가 폭력과 사설 폭력

국가 보위부대로서 우익청년단의 테러

한국 사설 폭력조직의 원조는 서북청년단(정식 명칭은 서북청년회)이었다. 해방 후 서북청년단은 한국 우익 테러조직의 대명사다. 해방 후 북한의 공산화 과정에서 피해를 입은 청년들이 대거 남한으로 내려왔다. 이들은 대부분 이북에서 친일청산과 토지개혁으로 경제사회적 지위를 상실하거나 사회주의 정책에 반발해서 월남하여 남한에서는 아무런 연고가 없었고, 직장도 쉽게 구하지 못했다. 실업상태의 청년들에게 '좌익 때려잡기'의 그럴듯한 명분을 주고, 먹고 잠잘 곳을 제공하는 근거지가 바로 서북청년단이었다. 이북 출신 중 서울의 주먹계를 주름잡았던 청년들이 이 동지회의 주요 멤버였다. 당시 조직의 부회장을 맡았던 문봉제는 "피비린내 나는 살상, 그것이 서북청년단의 역사라고 해도 과언이 아니다"라고 말할 정도였다. 당시 경찰은 월남민 중에 끼어 있는 좌익을 가려내기란 거의 불가능했으므로 서북청년단의 무자비한 불법행위를 거의 묵인했으며 직접적인 도움을 청하기까지 했다. 당시 육군정보부대에 근무하던 사람들도 "서북청년단은 입법·사법·행정의 삼권 위에 군림하던 특권부대였다. 깡패집단도 그런 깡패집단이 없다"라고 평가할 정도로 이 월남한 청년들은 "극우 정치인사들이 지원하는 테러조직" 역할을 수행했다.

좌익 계열 노동자들의 파업에는 언제나 경찰의 비호와 지원 아래 이들이 출동하여 파업 노동자들을 마구 구타하여 현장을 피로 물들이고, 파업을 진압했다. 1946년 초 좌익의 세가 강했던 경전京電 노조원이 총파업에 돌입했다. 파업이 일주일째 접어들자 조병옥 경무부장과 장택상 수도청장이 우익 행동대장인 김두한을 은밀히 만나 도움을 요청했다. 경찰이 구속된 노조원을 석방하자 기다리던 김두한의 부하들이 그를 체포하여 남산의 '김두한 지하실'로 끌고 갔다. 그들은 고문과 폭행을 가한 후 전차 열쇠를 찾아내 전차를 가동시키고 파업을 진압했다. 그 무렵 영등포 태창방직에서 파업이 발생하자 김두한의 부하가 여성 공장노동자를 강간하고, 곤봉 부대 500명은 파업 노동자들에게 '매 타작'을 했다. 좌익계의 전평(조선노동조합전국평의회)이 파업을 주도했을 때, 이에 맞서 1946년 3월 10일 이승만 계열의 우파 노동조합 단체인 대한노총(대한독립촉성노동총연맹)이 건설되었다. 이후 대한노총은 대한민주청년동맹, 서북청년단 등 우익단체와 함께 경찰의 지원을 받아 파업을 저지하는 데 앞장섰다.

이들의 역할은 1948년 5·10선거와 제주 4·3사건 진압 과정에서 발휘되었다. 미국의 한국 현대사 연구자 존 메릴John Merrill은 "그들(서북청년단)이 부여받은 특별한 임무는 모든 주민을 찾아가서 선거 찬반 여부를 확인하고 투표장에 나오게 하는 것이었다. 곤봉과 야구방망이를 들고 설쳐대던 이 깡패들은 무고한 인민들을 잔인하게 두들겨 팼으며 선거에 참여하지 않으면 감옥에 집어넣겠다고 협박하면서 돌아다녔다." "800여 명의 서북청년단이 경찰을 지원하기 위해 제주 4·3봉기 직후 제주 부락 곳곳에 투입되었다. 이 증강된 병력은 '붉은 섬'에 정착하는 대가로 돈을 받았다. 이들은 이치로 보아 치안대 역할에 한정된다는 선조

서북청년단은 해방 직후 우익 테러조직의 대명사였다.

차 무시하고 활동했으며 북쪽의 고향에서 쫓겨난 것에 대한 복수심에 불타올라 남로당에 대항하는 투쟁의 수단으로 테러행위를 무자비하게 자행했다. 제주도는 극단적인 두 집단으로 나뉘어 금품 갈취와 이와 유사한 범죄행위가 판을 쳤으며 그들의 부정은 오히려 당국에 의해 보호받는 실정이었다"라고 지적했다.

서북청년단의 배후에는 조병옥 경무부장과 장택상 수도청장이 이끄는 군정경찰이 있었고, 우익의 거두 이승만은 이들의 정치적 후원자였다. 조병옥과 장택상은 금전적으로도 이들의 테러행위를 지원했다. '좌익 소탕' 성과가 컸을 때, 이들은 우익청년들의 합숙소로 은밀히 찾아가서 잔칫상을 차려주기도 했다. 미군정 존 하지John Hodge 중장이 무차별적 테러로 문제가 된 이 조직을 해산시키라고 명령하자 조병옥은 이들의 행동에 다소 불법성이 있다고 하더라도 열렬한 반공우익단체를 해산하는 것은 미군정의 본래 임무와 사명에 어긋난다고 말하면서 서북청년단을 두둔했다. 결국 미군정이라는 공식 국가기관이 서북청년단이라는 사설 폭력조직을 후원하게 된 셈이었다.

한국에서 국가 형성기, 전쟁기의 사설 폭력조직은 철저하게 미군정과 대한민국 정부의 비호와 묵인 아래 폭력을 행사했다. 그리고 대통령 이승만은 공공연하게 이들의 활동을 칭찬했다. 이들의 폭력과 테러, 불법적 활동은 반공의 이름으로 정당화되었다. 초기에 이들은 경찰, 군대 등 공식 국가권력 기관을 압도했으나 국가가 정비되면서 점차 국가로 흡수되었다.

자본의 보위부대로서 사설 용역업체의 등장

1960년대 이후 한국에서 자본주의 경제가 점차 정착하면서 이제 국가는 경제 성장을 위해 대기업 주도의 자본 축적을 지원하는 것을 주요 기능으로 삼게 되었다. 이제 회사의 피고용자가 된 국민은 유순한 노동력이 되어야 했고, 도시 공간은 국가의 성장주의 국토 관리 정책의 대상으로 재구축되어야 했다. 1970년대 이후 자본주의 사회관계가 정착함에 따라 정치사회적 갈등의 축이 이동했다. 이제 정치적 반대 세력과 함께 개발주의 정책과 기업의 이윤추구를 방해하는 세력, 즉 노동조합이 걸림돌로 등장했다. 대다수 국민은 생존의 필요 때문에 자발적으로 자본주의화 과정에 순응했지만, 자신의 생명과 생존 조건이 위협받을 때는 강력하게 저항했다.

가령 아무런 대체 주거지 없이 강제로 퇴거를 요청받은 철거민과 일터에서 강제로 추방당한 노동자들이 강하게 저항했다. 이들의 저항을 진압하는 과정에서 폭력이 동원되었다. 저항의 강도가 세지 않았던 1960~1970년대에는 경찰력만으로 노동자들을 제압할 수 있었고 중앙정보부, 보안사 등의 수사기관이 배후에서 지원하기도 했다. 그러나 저항이 더 조직화되고 완강해진 1980년대 이후에는 국가의 힘만으로 이들을 제압할 수 없게 되면서 해방 직후 시기와는 다른 형태의 사설 폭력조직이 등장했다.

1988년 서울올림픽을 앞두고 목동, 사당동, 상계동 등지의 철거 현장에서 용역 폭력이 등장했고, 1987년 7~9월 대투쟁 이후 노동쟁의 과정에서 사용자가 고용한 폭력조직이 노조 파괴를 위해 등장했다. 이 경우 사설 폭력과 공권력의 관계는 과거 국가 형성기와 유사했으나, 사설 폭력기관의 성격과 그것을 정당화하는 논리가 변했으며 그것을 옹호해 주는 기관은 과거와 달라졌다. 사설 폭력조직은 점차 기업화되었고, 그들의 활동을 정당화하는 데 극우반공주의 대신에 개발 논리나 기업 회생 같은 경제 논리가 주로 등장했으며, 과거처럼 정권 및 경찰이나 군대만이 이들을 보호해준 것이 아니라 사법기구·언론 등의 역할이 더욱 두드러졌다. 즉 억압적 국가기관 대신에 다른 이데올로기 기구의 비중이 커졌다.

최근까지 사설 폭력이 주로 등장한 곳은 재개발 철거현장이었다. 주거환경 개선 등의 이름으로 진행되는 재개발 현장에서는 어느 곳이나 철거민들의 보상 요구와 용역 폭력, 공권력의 과잉진압 양상이 나타났다. 택지개발촉진법은 공공택지 조성을 목표로 한 것이지만, 실제 그 택지는 건설업체의 폭리를 보장한다. 즉 사유지나 사람이 거주하는 땅을 강제로 공공용지로 만든 다음에 그것을 사적 자본에 이전하는 것이 지금까지의 택지개발사업이었다. 토지수용 과정에서 건설교통부, 건설업체, 토지공사와 주택공사, 언론, 투기꾼이 모두 한편이 되어 움직이는 경우가 많았다. 이 경우 개발 이익이 주로 건설회사와 투기꾼에게 돌아갔기 때문에, 충분하지 못한 보상금을 받고 강제로 이주해야 하는 거주민들은 생존권을 지키기 위해 저항했다. 비록 토지에 대한 소유권은 없지만 달리 주거지를 확보할 수 없거나, 도시 외곽에 대체 주거지를 확보한다고 하더라도 일터와 멀어지기 때문에 생계의 위기에 몰려 이들은 최후의 수단으로 저항하지 않을 수 없었다. 철거민들을 설득할 수 없는 정부는 개발회사 측이 동원한 용역 폭력을 용인하게 된다.

노동현장의 자본 폭력은 1989년 현대자동차 노동자 파업 당시 합숙하던 노조 간부들에게 식칼 테러를 자행한 '제임스 리' 사건을 필두로 지금까지 간헐적으로 발생해왔다. 1980년대 후반까지 노조활동에 대한 억압과 통제는 주로 회사가 깡패들을 직접 고용하거나 회사 간부급 직원 등으로 구성된 구사대를 통해 이루어졌다. 대표적인 예가 동일방직 똥물 테러사건이다. 1978년 2월 21일 동일방직 노조 정기총회를 위한 대의원 선출일에 고무장갑을 낀 괴한들이 나타나서 양동이에 든 똥을 조합 간부들 머리에 뒤집어씌우고 입에 쑤셔넣고 가슴에 집어넣고 걸레에 묻혀 얼굴에 문질러대는 테러행위를 자행했다. 그리고 1987년 대투쟁 이후 현대그룹에서 발생한 회사 주도의 테러는 1970~1980년대 회사의 간부급 직원이나 고용 깡패들이 행한 폭력과 성격상 유사하다.

철거현장이나 파업현장에 회사나 정부와 계약을 맺은 용역업체가 본격적으로 등장한 것은 1990년대 중반 이후였다. 공식적으로는 1996년 S1을 시작으로 확산되었는데, 1997년 외환 위기 이후 부평 대우자동차, CBS, 효성 울산공장 파업에 등장했다. 2011년 현재 3,542개의 사설 경비업체가 있고, 주로 수도권에 몰려 있으며 관련 인력만도 13만여 명에 이른다고 한다. 대체로 5~30명 규모이지만, 특정 회사에 소속되지 않은 '프리 팀'도 있다고 한다. 사용자들은 파업이 발생하면 수백 명의 용역 폭력 동원을 요청한다. 급히 동원하다 보니 무자격에다 최소한의 안전교육도 받지 않은 조직폭력배, 노숙자, 학생들까지 포함되었다. 이들은 신속히 진압하면 할수록 높은 보수를 받기 때문에 살상무기(식칼, 전기총격기, 고무총, 독침)까지 사용해서 가능한 한 빨리 임무를 완수하려 했고, 결국 2001년 9월 5일 유진레미콘 파업현장에서 전국건설운송노조 인천지부 사무국장 안동근 씨가 숨지는 사태까지 발생했다.

최근 SJM 용역 폭력 투입의 주역인 컨택터스CONTACTUS의 경우에서처럼 이들의 공식 업무는 경영 컨설팅, 경영권 지원, 정보 보안 등이다. 대부분은 기업이 계약을 맺지만, 철거를 시행하는 주택공사나 SH공사 등 정부 측이 고용하기도 한다. 예를 들어 수년 전 대전 중구 용두동 주거환경 개선사업에서 주택공사 용역업체가 철거민을 폭행한 일이 있는데 당시에는 주택공사가 직접 철거반원 300명을 동원했다. 당시 피해자인 주민들은 헌법에 보장된 거주권과 이주권을 침해한 주택공사, 경찰, 대전 중구청, 대전시가 모두 가해자라고 주장했다. 최근에는 서울 구로구 천왕동 일대의 도시개발사업 시행사인 SH공사가 직접 용역을 동원하기도 했다. 공기업이 사설 폭력을 동원해서 '행정 업무'를 수행한 사례들이다.

사실 삼성과 같은 대기업은 이미 오래전부터 내부에 노조 결성을 차단하기 위한 정보 감시조직을 두고 있었다. 안기부, 경찰 등 과거 수사정보기관에서 이런 업무를 담당했던 사람들이 삼성에 특채되어 노조를 파괴하는 일을 맡았다. 독재정권 아래에서 기업은 내부 간부들과 외부 폭력배를 구사대로 동원하여 노조활동을 진압하는 데 활용했으나, 민주화 이후에는 구사대를 공공연하게 운영하기는 어려워졌고 삼성 등 대기업을 제외하고는 감시 폭력조직을 자체 운영할 여력이 없기 때문에 폭력을 외주업체에 맡긴 것이라 볼 수 있다.

해방 이후 1990년대 초까지 사설 폭력의 활동에 나타난 일관된 특징은 '좌익', 노조활동가, 철거민을 대상으로 한 불법폭력에 대해 언제나 경찰이 방관하거나 묵인했다는 것이다. 특히 사회적 약자인 철거민이나 노동자들이 용역깡패들에게 폭행을 당하거나 반죽음이 되어도 경찰은 대체로 못 본 체했고, 피해자들은 신속하게 체포 구속하면서도 폭력을 행사한 용역 직원을 기소하는 경우는 거의 없었다. 지난 두 민주정부 기간에도 별로 다르지 않았다. 장세환 민주통합당 의원이 공개한 자료에 따르면 최근 3년간 노동자·철거민 4,197명 가운데 3,832명(91.3퍼센트)이 기소되었지만, 입건된 용역업체 직원 288명 가운데 기소된 사람은 119명(41.3퍼센트)에 불과했다. 이것은 국가, 즉 경찰과 사법부가 극히 편파적인 권력행사를 하고 있다는 것을 말해준다. 결국 국가의 치안유지를 담당한 경찰에게 이주를 거부하고 저항하는 주민이나, 사용자에게 복종하지 않고 쟁의를 일으키는 노동자는 '보호해야 할 국민'이 아니라 사설 폭력이라는 범죄적 방법을 동원해서라도 '진압'해야 할 대상으로 간주하고 있는 현실을 보여준다.

이명박 정부하의 사설 폭력의 번성

이명박 정부 때 용역의 폭력적 개입은 더욱 노골화되었다. 쌍용차 파업, 용산 참사 당시 경찰이 아닌 용역들이 전면에 등장한 것이 드러났고, 경주의 발레오전장, 대구의 상신브레이크, 구미의 KEC, 그리고 작년 유성기업, 올해 안산의 SJM과 평택·문막·익산의 만도기계까지 백주대낮에 용역 직원들의 폭력이 활개를 치고 있다. 과거에는 기업이 부도 위기에 몰리거나 경영이 극도로 악화되면 막바지 상태에서 직장 폐쇄를 하고 폭력을 행사했지만, 최근 SJM이나 만도기계 등은 경영 상태가 양호한데도 경영 승계 혹은 어용노조 정착을 위해 기존 노조와의 약속을 깨고서 공격적으로 용역 폭력을 사용했다는 특징이 있다. 근래 사설 용역 폭력의 특징을 정리하면 다음과 같다.

첫째, 이명박 정부 이후 용역업체가 대형화·기업화되어 폭력을 원하는 기업과 하청 계약을 맺고서 분쟁 현장에서 노동자들과 철거민들에게 폭력을 휘두르는 첨병 역할을 하고 있다. 용산 참사 당시 드러난 '업무 용역 계약서'를 보면, 재개발조합과 정비 용역업체 파크앤시티는 3.3제곱미터(1평)당 9만 원씩 총 105억 원에 이 일대 정비 용역 업무 계약을 맺었다. 쌍용자동차는 용역 폭력 동원을 위해 63억 원을 지출한 것으로 알려졌다. SJM 폭력에 개입한 컨택터스 간부는 용역업체 허가가 취소될 경우를 대비해서 수억 원대의 이면계약을 맺었다고 말했다. 유성기업의 경우 유시영 사장은 조승수 의원에게 '용역 경비 300명'은 회사가 직접 고용한 일용직 직원이라고 밝혔으나, 폭력을 휘두른 용역의 팀장이 경찰 수사 과정에서 "사실 우리는 CJ 시큐리티 소속이며, 이를 감추기 위해 이면계약을 맺고 유성기업에 직접 고용된 척해왔다"고 진술하면서 이들 거대 용역회사의 실체가 드러났다.

둘째, 용역업체는 은밀히 활동하지 않고 아예 노골적으로 공권력과 '합동작전'을 펼치면서 철거민 진압작전에 투입되었다. 과거처럼 경찰이 용역 폭력을 방관·묵인하거나, 배후에서 협조하던 관행을 벗어던지고 노골적으로 이들을 파트너로 인정하고 활동할 정도가 된 것이다. 2008년 10월 20일 기륭전자 노동쟁의에서 노동자들은 경찰에 연행된 뒤 용역직원들에게 구금·관리되었다. 실제 진압 과정에서도 경찰과 용역회사는 합동작전을 수행했다. 사전에 작전 계획을 함께 수립하지 않고서는 도저히 있을 수 없는 일들이 발생했다. 용산 참사 당시에도 경찰이 용역업체와 사실상 합동작전을 한 것이 드러났다. MBC 〈PD수첩〉의 '용산 참사, 그들은 왜 망루에 올랐을까?'에서는 경찰의 무전기록 "용업 경비원들 해머 등 시정장비를 다시 소정하고……"라는 내용이 나온다. 진압작전에 용역업체가 동원된 사실이 확인된 것이다. 철거 용역회사 직원들이 건물 난입을 시도하고 각목 등으로 무장하여 건물 인근의 주민들

용역회사 컨택터스는 정권과 유착하여 정권의 비호를 받고 있는 정황이 드러나기도 했다. ⓒ다산인권센터

에게 위협을 가하고 있는데도 현장에 배치된 경찰병력은 이를 전혀 제지하지 않았다. 뿐만 아니라 철거 용역업체 직원들로 하여금 망루를 향해 물대포를 쏘게 하는 등 용역 직원들의 불법행위를 비호하거나 조장했다. 경찰과 용역 간의 끈끈한 유착이 드러난 셈이다.

셋째, 대형화된 용역회사가 정권과 유착되어 있으며, 그들의 비호를 받고 있는 정황이 드러났다. SJM에 투입된 컨택터스가 대표적이다. 컨택터스의 회장 문성호는 새누리당 중앙위원이자 2007년 이명박 대통령 후보 특별직능위원회 부위원장을 역임했던 인물로, 그 후에도 정권과 깊이 연관을 맺어왔다는 사실이 드러났다. 컨택터스 홈페이지에는 자신들이 이명박 대통령을 지지했으며 법무법인 영포가 법률자문을 맡고 있는 것으로 나온다. 정권 실세의 비호 아래 이들의 투입을 요청하는 회사, 경찰, 용역회사 간에 긴밀하게 협조하는 정황이 드러나고 있다. 내부자에 따르면 폭력 전후에 회사 사장이 경찰과 '딜을 한다'고 한다. 만약 용역이 경찰에 잡히면 몇 명은 빼주고 몇 명은 벌금으로 나오게 해주는 식으로 미리 판을 짜놓고 현장에 들어간다는 것이다. 이것은 자유당과 정치 깡패가 유착해서 야당 탄압, 선거 동원 등을 공모했던 이승만 정권 때보다 더 노골적이다.

넷째, 과거에도 그러했지만 공권력의 폭력은 물론 사설 폭력조직이 활동하게 된 것은 노동자나 철거민들에게 매우 불리한 기존 법의 한계에 의해 초래된 것이다. 현행 법이 폭력에 노출되어 있는 세입자 주민이나 노동자들을 보호하기보다는 주로 진압을 정당화하는 쪽으로 되어 있기 때문에 이들의 권리는 보장받지 못하고 있다.

민사집행법 제5조에 따르면 강제집행시 저항이 예상되면 경찰 또는 군대의 원조를 요청할 수 있도록 되어 있으나, 실제로는 채권자(사업 시행자, 조합)가 고용한 용역의 도움을 받아 강제집행을 하고 있다. 용역 동원에 대해서는 법률상 아무런 제한 규정이 없기 때문이다. 재개발 등 집단 민원이 발생하는 곳에 경찰의 허가를 받지 않은 철거 용역업체 등이 주민 격리를 하는 행위를 엄하게 처벌하도록 하는 경비업법 개정안, 행정대집행시 주민이 먼저 퇴거한 후에만 행정대집행을 하도록 하고 동절기, 우천시, 심야 등의 철거를 금지하는 행정대집행, 민사집행법 개정안이 제출되어 있음에도, 개정안들은 논의조차 되지 않고 있다. 사측이 기존의 법조차 완전히 무시하고 있는데도 전혀 처벌하지 않고 있다.

국가의 폭력 독점 원칙에 비추어보면 사설 용역업체의 업무는 순수하게 경비에 국한되어야 하고, 이들이 무기를 사용하거나 폭력을 사용해서는 안 된다. SJM 등의 용역 투입 현장에서 미신고 경비원을 투입한 것은 사실상 경찰이 폭력배의 노동자 테러를 용인한 것이나 마찬가지다. 용역은 28시간의 교육을 받아야 하고 미성년자를 고용하면 안 되지만, 회사가 무허가 경비업체와 계약을 맺을 경우 이러한 법은 완전히 무시되고 만다.

경찰 등 공적 폭력기관이 노골적으로 사설 용역조직을 동원하여 진압 과정에서 '합동작전'을 펴는 등 문명국가에서는 도저히 상상할 수 없는 일들은 왜 발생할까? 대통령과 정권이 친기업 정책을 거듭 강조하고, 파업 노동자나 철거 반대 세력에게 단호한 입장을 취하고 있는 상태에서 이들에게는 어떠한 폭력을 행사해도 용납된다는 생각이 일반화되어 있기 때문이다.

SJM의 경우에서 드러났듯이 경찰이 노동자들의 '살려달라'는 신고를 수차례 묵살한 것은 경찰과 회사 측 그리고 그들이 고용한 용역회사 사이에 어느 정도 묵계가 있기 때문이라고 추측할 수 있다. 물론 세간의 비난이 거세지면 경찰이 이들 용역업체를 압수수색하는 등 처벌하는 시늉을 하고 곧바로 허가를 취소하기도 한다. 그러나 이들 회사가 임원을 바꿔 새로 등록을 신청하면 전력을 묻지 않고 다시 허가를 내준다. 정치권의 비호 없이는 불가능하다는 지적이 나올 만하다.

재개발 현장에서 수십 년을 살아오면서 생계를 유지해온 세입자들에게 합리적 보상도 없이 삶의 터전에서 나가라고 하는 것이나, 10여 년 이상 몸 바쳐 일한 회사에서 적절한 절차나 합리적 설명 없이 나가라고 하는 것 자체가 폭력이다. 그런데 긴급한 경영상의 압박을 받는 상태가 아닌데도 폭력을 동원해서 기존 노조를 파괴하고 어용노조를 세우려는 회사의 행동을 경찰이나 고용노동부 등 공권력이 묵인하거나 방조하는 것은 국가가 실제로 이 부자들의 이익을 위해 봉사하고 있음을 말해준다. 국가가 배부른 '귀족들의 사병' 유지를 지원하는 꼴이 아니고 무엇인가?

국가 밖의 존재로서 폭력의 피해자와 가해자

영화 〈똥파리〉에 "약한 자가 더 약한 자를 해치고, 가난한 자가 더 가난한 자의 등을 처먹고 살도록 되어 있다"라는 대사가 나온다. 이 영화는 '똥파리'처럼 절망적 삶을 살고 있는 용역 폭력의 이야기다. 아무도 1980년대 이후 지겹도록 지속되어온 시궁창 같은 현실을 정면으로 보지 않으려 하지만, 영화 〈똥파리〉는 전율할 정도로 그 현실을 직시하라고 말한다.

용역 폭력의 희생자들인 세입자나 노동자들은 사실상 대한민국의 시민권을 누리지 못하는 '잉여' 인간이다. 유대인 학살의 전야, 유럽 국가들이 유대인을 사실상 '국가 없는 존재'로 규정하고 이들에 대한 폭력과 결국 집단학살까지 묵인했듯이, 한국에서 세입자나 노동자는 다른 의미로 '국가 없는 이방인'으로 취급당하고 있다. 강제철거와 현장 진압을 수행하는 용역 폭력의 현장은 '치외법권 지대', 즉 용역 폭력이 마구잡이로 사람을 두들겨 패도 아무런 문제가 되지 않는 장소다. 그들이 아무리 "우리도 대한민국 국민입니다"라고 외쳐도 국가나 사회는 응답하지 않는다. "지역의 상권을 발전시켜온 '주민'이, 개발 현수막이 나부끼는 순간 '철거민'이 되고, 구청은 철거민을 더 이상 지역 주민으로 대하지 않는다. 이제 그들의 이야기는, 정당한 권리를 말하는 지역 주민들의 민원이 아니라 그저 귀찮고 시끄럽게 구는 '떼잡이'들의 '생떼'로 취급된다. 그리고 그들의 목숨을 건 저항은 '도심 테러'로 매도된다." 철거현장이나 노동쟁의 현장은 사실상 주권이라는 개념이 존재하지 않는 원시의 공간이다.

용역 직원, 즉 폭력을 행사하는 경비업체 종사자는 그들이 가한 폭력의 희생자들과 사실상 동일한 계급에 속한다. 과거 파시즘 형성기의 폭도mob가 실업자, 하층 노동자들이었듯이 오늘날 용역회사에 일시적으로 고용되어 폭력을 행사하는 사람들 거의가 극히 불안정한 상태에 있는 청년과 빈곤층이다. 해방 직후의 우익 테러조직이 반공주의라는 이념에 의해 움직인 것처럼 보이나, 실제 참여 동기는 배고픔이었다. 결국 그들은 끼니를 해결하기 위해 반공 전위대 역할을 한 셈이었다. "다음 학기 등록금을 마련하기 위해" 용역업체에 들어왔다는 한 대학생은 "긴급 상황에 놓였을 때, 살기 위해 봉을 휘두른다"라고 말하면서, 이 일이 떳떳하지 않다고 생각하며 처음에는 죄책감을 느끼기도 했지만, "이것을 안 하면 달리 할 수 있는 일이 없다"고 자신의 처지를 토로한다. 심지어 스펙을 쌓기 위해 철거현장을 찾는 경호학과 학생들도 있다고 한다.

해방정국의 우익 테러 세력은 먹고살기 위해 자신과 비슷한 처지의 가난한 사람들, 노동자들에게 폭력을 가했고, 이승만이나 극우 세력은 이들을 정치적으로 이용했다. 오늘의 청년 실업자들도 먹고살기 위해, 또는 등록금을 마련하기 위해 위험을 무릅쓰고 이 '고소득 업무'에 나서고 있지만, 물리적 충돌 과정에서 신체를 다쳐도 보상금은 없다. 정부와 회사는 이들을 진압 대상인 노동자나 철거민과 같은 버려도 좋은 존재로 취급한다. 폭력의 대상들이 인간 이하의 존재, 즉 쓰레기 취급을 당하듯이 현장 가해 용역깡패도 결국 쓰레기 취급을 당한다. 이들 모두는 돈의 '노예'로 취급되고 부도덕한 기업주의 욕망 추구를 위한 불쏘시개일 따름이다. 사실 폭력의 횡행 그 자체가 사회의 타락을 보여주는 것이 아닌가? 실업과 빈곤에 허덕이는 사람들끼리 서로를 원수로 만들고, 이들 모두를 쓰레기로 만드는 자본주의 자체가 쓰레기 자본주의다. 기업들이 용역 폭력에 의존하여 헌법에 보장된 단결권을 무력화하려는 유혹을 버리지 못하는 한, 공권력이 이들 불법 사설 폭력과 한통속이 되는 한, 용역을 동원하는 기업, 용역회사, 정부기관, 그리고 이런 사실을 못 본 체하는 언론 모두 범죄에서 나온 떡고물을 먹고산다는 비판을 면할 수 없다. 결국 사설 폭력의 현장은 쓰레기 더미가 된 우리 사회의 축소판이다.

시장 전체주의와 국가의 붕괴

외환 위기 이후에는 기업의 이해가 곧 국가의 이해가 되었고, 그것이 관료집단의 이해와 깊이 결합되었다. 우선 모든 국가기관과 민간기관이 이용역 폭력에 직간접적 이해관계로 얽혀 있다. 도시 재개발의 경우 건설관료, 각종 건설 관련 협회, 건설업체, 경찰, 검찰, 법원, 언론이 합작하여 도시 재개발 사업의 추진을 지원, 옹호, 정당화하고, 철거민들의 저항을 진압하는 과정에서 그것을 묵인, 정당화하고 있다. 용산 참사 이후 검찰은 용역업체 직원과 경찰 모두 처벌할 수 없다는 결론을 내렸다. 현장의 용역은 행정법상 행정의 보조자로 동원됐다는 것이다.

그러나 용산에서 용역 직원은 분쟁 당사자인 재개발 건설사 측이 고용한 사람들이므로 엄밀히 말해 경찰이 행정 보조자로 선택한 자들이아니다. 더군다나 경찰이 이들을 고용했다면 이는 불법이다. 애초에 경찰이 용역 직원의 도움을 받아 철거민 진압을 한다는 사실 자체가 경찰의 존재 자체를 부인하는 꼴이다. 직장 폐쇄 현장에 동원된 폭력의 경우에도 마찬가지다. 고용노동부나 근로감독기관은 사용자의 불법적 직장폐쇄, 파업 유도 행위 등 법 위반행위를 거의 무시하거나, 이들에 대한조사를 아예 포기하고 있다. 과거의 전체주의는 안보의 이름으로 국가권력을 일사불란하게 행사했지만, 오늘의 시장 전체주의는 경제와 효율의이름으로 국가기관을 일사불란하게 움직이고 있다.

1990년대 중반 이후 한국에서 사설 용역업체의 창궐, 특히 이명박정부하에서 사설 폭력과 공권력의 합작을 부끄러워하지도 않는 현상은 한편 신자유주의의 신중세주의 성격과 정권의 비즈니스 프렌들리 분위기에 힘입은 바 크다. 폭력 대행업체가 '경영 지원'이라는 이름으로 과거 기업이 직접 담당했던 구사대의 기능을 하는 것이다. 정부기관이 용역업체와 계약을 맺어 철거민을 진압하고 재개발 사업을 추진하는 것도 그 일환이다. 즉 신자유주의의 '작은 정부'론이나 '규제 완화'론이 이 경우에는 국가권력의 본래 임무나 활동 영역의 포기로까지 나아가고 있는 셈이다. 미국이 이라크 전쟁을 사기업에게 외주 하청하듯이 한국의 기업들은 노조 파괴 업무를 외부 용역업체에 맡기고 있다. 폭력이 상품이 되어 시장에서 거래된다. 폭력을 돈으로 살 수 있는 세력이 돈의 힘으로 약자에게 린치와 테러를 가해서 무력화한다.

이명박 정부하에서 일어난 용역 폭력과 국가 간의 관계는 과거 한국 전쟁 전후 혹은 극우반공주의 체제에서 발생했던 사설 폭력과 국가 간의 유착과 연속성이 있다. 한국에서 공권력이 사설 폭력을 묵인하거나 사실상 한편이 되어 움직이는 것은 대한민국 역사만큼이나 오래된 일이다. 민주화도 이것을 근본적으로 바꾸지 못했다. 그것은 사설 폭력의 창궐이 국가로서의 남한 사회 및 한국 자본주의의 저 심층적 성격과 맞닿아 있다는 것을 말한다. 이것은 식민지 파시즘의 흔적이거나, 극우반공주의 국가의 지속적 특징이라고 할 수 있다. 기업과 부자의 재산권을 배타적으로 옹호하는 천민자본주의다. 일제가 천황제 반대와 소유권 침해를 치안유지법 위반의 대역죄大逆罪로 몰았듯이, 오늘날 한국 사회는 기업의 자유에 제한을 가하는 것을 대역죄, 즉 '공산주의'라며 공격하고 있다.

과거나 현재나 사설 폭력은 반공을 앞세우면 모든 것이 용서되는 국가의 공식 이데올로기의 후원을 받고 있다. 최근 SJM에 투입된 컨택터스의 간부가 "종북 세력 때려잡는다는 사명감으로 이 일을 하고 있다"고 말한 것처럼 사설 폭력은 '빨갱이 사냥'의 논리를 자기정당화의 방패로 삼고 있다. '노동운동=빨갱이'의 논리는 바로 지금까지 한국의 국가와 지배집단이 지속적으로 견지해온 전가傳家의 보도寶刀다. 결국 해방정국의 과거나 1989년 현대자동차 노동자들에 대한 식칼 테러와 같은 가까운 과거의 폭력이나 오늘의 사설 용역업체의 폭력의 명분은 동일하다. 과거의 '공산당 때려잡기'가 지금은 '종북 때려잡기'로 바뀌었을 뿐이다.

강자의 재산 소유권은 배타적 권리가 되고, 약자의 점유권과 노동권, 생존권은 부차적으로 고려되거나 묵살된다. 재산을 소유한 사람은 무한대의 권리가 허용되고, 재산이 없는 사람은 무권리 상태를 감수해야 하는 사회에서 사설 폭력이 활개를 친다. 정권의 비호 아래 사설 폭력의 불법적 활동은 거침없이 진행되고, 정부 내에 기업주가 법을 지켜야한다는 최소한의 이견이나 기업에 대한 반대 세력이 없다는 점에서, 우리 사회는 국가 차원의 전체주의가 이제 기업과 가족 수준으로 내려와 있다. '작은 전체주의'가 팽배한 천민자본주의 체제에서 기업주의 불법, 특히 재벌기업이 하청계열 기업의 노조 설립을 용인하지 않는 행위, 기업이 종업원의 처지나 의사를 무시하고 공장 이전을 단행하려는 경우 합당한 근거와 법적 절차를 거치지 않고 직장 폐쇄를 하는 행위, 거대 토지를 소유한 대기업이나 정부가 주거를 위해 그곳을 오랫동안 점유해온 세입자를 몰아내는 행위 모두가 용인되고 있다.

사설 폭력조직이 백주에 가난한 사람들을 두들겨 패도 아무런 문제가 안 되는 자본주의는 '똥파리'의 자본주의다. 철거민과 노동자가 용역폭력 조직원들에게 두들겨 맞아야 하는 곳에 국가는 존재하지 않는다. 그들은 가난해서 또는 힘이 없어서 맞고, 얻어맞아도 항의조차 할 수 없다. 그래서 용역 폭력의 번성은 질서 유지가 아니라 실제로는 질서, 즉 국가의 붕괴 상태다.

2013

/

국가와 애국의 이름으로
─전사자 추도사업에 대하여

군대와 국가

최근 한국에서는 '백선엽白善燁 한미동맹상' 제정을 둘러싸고 논란이 일었다. 국방부는 2013년 7월 16일 한미동맹 60주년을 맞이하여 추진하기로 한 10대 기념사업의 일환으로 '백선엽 한미동맹상'을 제정하기로 했다고 밝혔다. 군 당국은 오는 9월 30일 한미동맹에 공로가 큰 미군 장병에게 이 상을 수여할 계획이라고 한다. 반면 시민단체에서는 친일경력이 있는 백선엽의 이름을 따서 상을 만드는 것은 적절하지 않다며 반발하고 있다. 백선엽은 친일반민족행위진상규명위원회가 발표한 친일파 명단과 『친일인명사전』에 등재되어 있다. 민족문제연구소는 "헌법에도 대한민국의 정통성을 임시정부에 두고 있다. 광복군은 임시정부의 군대인데 광복군을 토벌한 사람을 추앙하는 것은 군 당국이 자신의 정통성을 부정하는 행위와 같다"라고 비판했다.

한편 KBS는 2011년 6월 24일과 25일 이틀에 걸쳐 이른바 '백선엽 특집방송'을 내보냈다. 독립운동가 단체 및 시민단체 등에서는 방송이

나가기 전부터 백선엽 미화 방송이 될 우려가 있다며 방송제작 중단을 촉구했다. 두 차례 방송에서 KBS는 백선엽의 친일행적에 대해서는 제대로 다루지 않았다. 방송은 그를 전쟁영웅으로 찬양한 내용으로 채워졌다. 백선엽의 친일행적과 관련해서는 6월 24일에 방영된 제1편에서 그가 지휘하던 제1사단의 평양 입성(1950년 10월 19일)을 다루는 대목에서 "백선엽이 평양에서 자랐고 이후 만주군관학교에 입학해 일본군 장교를 지냈으며 이 전력으로 『친일인명사전』에 등재되었다"라고 언급한 게 전부였다.

백선엽은 창군 초기의 원로이자 한국전쟁의 전공자 가운데 한 사람이다. 해방 후 미군정이 세운 군사영어학교를 졸업한 후 중위로 임관하고, 한국전쟁 당시 제1사단장으로 활약했다. 개전 초기 열세였던 국군은 수해로 철교가 유실된 경북 칠곡까지 후퇴했는데, 백선엽은 다부동 전투에서 크게 활약한 후 기세를 몰아 평양까지 밀고 올라갔다. 그해 준장으로 진급하고 매년 승진하여 1953년 휴전 당시 대장이 되었다. 이어 두 차례 육군참모총장과 연합참모부 의장(현 합참의장)을 역임하고 1960년에 예편했다.

그를 둘러싼 친일전력 시비는 일제강점기 만주군 복무, 특히 간도특설대 근무 이력 때문이다. 친일반민족행위진상규명위원회는 2009년에 출간한 보고서에서 그의 과거에 대해 상세하게 밝힌 바 있다. 1920년에 태어난 백선엽은 평양사범학교를 졸업한 후 군인의 길을 택했다. 1940년 만주국 봉천군관학교 제9기로 입학하여 이듬해 12월에 졸업하고 만주 동부 파오칭寶淸에 있던 보병 제28단에서 견습사관을 거쳐 만주군 소위로 임관했다. 그 후 약 1년간 자무쓰佳木斯에서 신병훈련대 소대장으로 근무한 다음 1943년 2월에 만주 간도성 명월구에 있던 간도특설대로 전임하여 해방될 때까지 항일무장 세력에 대한 탄압활동을 하고 일제의 침략전쟁을 수행했다.

　　결국 백선엽 한미동맹상을 제정하고 한국군과 한국 사회가 전쟁영웅으로 그를 추앙하는 것은 친일의 과거와 한국전쟁에서의 공로 사이에서 한국군 창설과 정부 수립 당시 군 최고지휘관의 정체성을 더 높이 사, 즉 그가 비록 일제 황군의 일원으로 민족을 향해 총을 겨눈 전력이 있다고 하더라도 한국전쟁과 한미동맹에 공로를 세웠다면, 국가적 존경을 받아 마땅하다는 것을 상징적으로 보여준 사건이었다.

　　백선엽은 아직 생존해 있지만, 이미 사망한 만주군 출신 한국전쟁 공로자들에 대한 예우나 추도 문제는 한국 사회에서 오랫동안 논란이 되고 있다.

국가는 왜 전사자 추도를 의례화하는가

전쟁은 국가의 핵심적인 활동이고, 국가는 전쟁을 통해 자신의 존재를 드러낸다. 그리고 전쟁기에 희생당한 군인과 국민은 국가의 존립과 직결되는 존재들이다. 따라서 전쟁에서 사망한 군인들에 대한 추도 행사는 국가의 가장 중요한 의례가 된다. 정교政敎가 공식적으로 분리된 현대 사회에서도 국가는 전근대 시절의 신성성을 나름대로 계승하고 있으며, 전사자에 대한 공식 의례는 국민들에게 국가의 존엄과 신성성을 과시하는 정치적 행위가 된다. 국가가 벌이거나 개입한 전쟁의 성격과 그 전쟁의 정당성 여부에 대한 공식 규정과 전사자에 대한 추도의 방식은 국가의 정체성, 그리고 그 전사자나 그 가족을 포함한 국민의 지위와 관련한 중요한 쟁점이 된다.

　　대한민국은 일제 패망 후 미국의 지원 아래 북한의 사회주의에 대항하는 반공국가로 탄생했고, 그것이 지금까지 국가 정체성 규정에 가장 중요한 조건으로 작용하고 있다. 따라서 한국 정부가 수행한 전쟁과 그 전쟁기에 사망한 군인들에 대한 추도의 성격과 방식 역시 이러한 국가 존립의 역사와 정체성으로부터 설명될 수 있다.

한국 정부는 수립 과정에서 이미 제주 4·3사건 진압, 여순사건 진압을 국가 존립을 위한 절체절명의 과제로 설정했다. '반란' 진압 과정에서 다수의 군인과 경찰이 사망했고, 이들에 대한 위령행사가 1948년부터 시작되었다.

대한민국 정부 수립 후 전사자에 대한 국가 차원의 합동위령제는 1948년 12월 1일에 열린 '제1차 전몰장병 합동위령제'가 그 시작이었다. 1950년 한국전쟁이 발발하자 군경 사망자가 대규모 발생했고, 국가 차원의 합동위령제가 매년 개최되었다. 정전 이후 3년이 지난 1956년 6월 6일에 3군 합동추도식을 '현충일 기념식'으로 부르면서 그날을 현충일로 지정했다. 그 이전에는 경찰 측에서 순국순직 경찰관 합동추도회를, 군 측에서 3군 합동위령제를 각각 개최했다. 이것이 1956년 현충일이라는 국경일로 승격 제정되고, 국정 공휴일이 되었다.

당시 정부가 주도하는 전사자 위령제는 가정에서 지내는 제사와는 다른 양상을 지녔다. '화환과 군대와 나팔, 추도사'가 '통곡하기, 향 피우기, 제사 지내기'를 대신하게 되었다. 식순에서도 가정에서 유교식으로 지내는 제사와 달리 단상에 유골을 진열하고 조포를 발사하고 국민의례, 조사, 분향 등의 순서로 진행되었다. 당시 이승만 대통령은 위령제는 집에서 지내는 제사와 성격이 다르다고 강조하면서, '꽃다발 증정과 군례의 나팔 불기와 총을 쏘는 방식으로 위령제를 계속할 것'을 지시했다. 현충일에 개최된 위령제나 군경 합동 안장식은 개인의 영혼을 '영령'英靈으로 바꾸는 의식이기도 했다. 국립묘지에 묻힌 영령은 1950년대는 한

전사자에 대한 공식 의례는 국민들에게 국가의 존엄과 신성성을 과시하는 정치적 행위가 된다. 국립대전현충원 기념탑 앞에서 묵념하는 모습.

국전쟁 전사자만으로 제한되었으나, 1965년 이후에는 베트남 전쟁에서 사망한 군인, 일제강점기에 독립운동을 한 사람까지 포함하게 되었다.

국가 차원의 추도식이 현충식으로 공식화되면서 유족 개인의 사망자에 대한 애도와 슬픔의 표시는 금지되었다. 즉 현충식은 사망자 개인에 대한 제사가 아니라 국가 차원에서 국민이 전몰자들을 추념하는 행사였다. 그리하여 제1회 현충일 기념식에서부터 전쟁 미망인인 유족과 국가가 충돌하는 일이 벌어졌다. 이날 이승만 대통령은 기념식에서 유족들이 "울고 대성통곡하고 몸부림을 하여 엄숙하고 정식한 예식을 수라장으로 만들면 점잖은 손님들이 참석하지 않게 될 것"이라고 경고했다. 이승만은 1957년 현충일 추도사에서도 "여러분은 아직 부형이나 자제들을 전쟁에서 잃어버린 슬픔에 잠겨 있을 것입니다. 그러나 이 전망戰亡한 용사들은 헛된 죽음을 한 것이 아니라 나라의 장래를 위하고 강토를 외적으로부터 막기 위해 호국충혼이 된 것이니 이들의 공훈은 영원히 우리 역사에 빛날 것"이라고 위로했다.

박정희 정권이 들어선 이후 박정희도 이들을 '호국의 신', '순교자' 등으로 호명했으며, 자유민주주의와 멸공통일이 죽은 자들의 유지라고 강조했다. 이들은 '반공구국의 성전'에 바쳐진 '민족혼의 상징'으로 추념되었다. 한국전쟁 전사자들의 죽음에 대한 애도보다는 이들의 죽음의 국가적 의미가 강조되었고, 근대화에 매진하는 것이 순국선열에 보답하는 길이라고 말했다.

국가는 전쟁기에 죽은 군인들이 개죽음을 당한 존재라거나 억울하게 죽었다고 말해서는 안 되고 이들의 죽음이 매우 신성한 것, 거룩한 것이라고 말해야 했다. 비록 가족은 그 죽음을 슬퍼하더라도 공식 국가 행사에서는 그 슬픔을 억제해야 했다. 그래서 전사자 위령제나 이후 현충일 기념일에 역대 대통령의 추도사는 죽은 자들의 영혼을 위로하거나 살아남은 유족의 고통을 보듬어주는 것과는 거리가 멀었다. 당연히 죽음에 대한 국가의 책임, 남겨진 가족에 대한 국가의 원호 문제 등은 거론될 수도 없었다. 오직 전몰자들은 국가의 신성함과 위대함을 드높이기 위한 소재로 언급되었을 뿐이다.

사실 유교 의례에 따르면 이들은 제사를 지낼 수 없는 대상이었다. 죽은 어린이나 미혼자는 제사를 받을 수 없기 때문이다. 부모보다 일찍 죽은 것은 그 자체가 불효일뿐더러 이들의 원혼이 가족이나 친족에게 병과 재앙을 일으킨다는 것은 오래된 믿음이었다. 그래서 한국인들은 미혼 자녀를 영혼 결혼식을 시킨 다음에 제사를 지내는 일이 많았다. 한편 집에서 임종하지 못하고 밖에서 객사한 경우나, 예기치 못한 죽음에 대해서도 제사를 지내지 않는 것이 일반적이었다. 이처럼 집에서 맞지 못한 죽음은 모두 원혼이 되어 제사를 받을 수 없게 되어 있었다. 그런데 국립묘지에 묻힌 전사자 중에는 미혼자가 약 75퍼센트였다. 죽은 미혼

군인도 그렇지만, 실종 군인은 어디에서 언제 죽었는지도 모르므로 더욱 제사를 지낼 수 없었다.

국가는 이들을 모두 영령이라고 부르면서 제사를 지냈다. 그것은 가족과 국가의 엄격한 분리라는 근대 국가의 이념에 기초한다. 대한민국이 위령제의 절차와 방식을 가정에서의 제사와 구별한 것도 그렇지만, 이승만 대통령이 위령제는 한국의 전통에 근거하지 않는다고 밝힘으로써 바로 그 점을 강조한 것이다. 바로 이런 이유로 인해 유족들은 국립묘지에서 공식 의례를 마친 후 바로 현장에서 별도로 제사를 지내기도 했다.

국립현충원에는 누가, 어떻게 묻혀 있을까

한국전쟁 중 사망한 군인들은 원래 서울 동작동의 국군묘지에 안장되었다. 국군묘지는 1954년 5월에 착공하여 1956년 1월에 최초 안장이 이루어졌다. 그리고 같은 해 4월에 국군묘지 설치령법이 제정되었다. 그래서 처음에는 군인과 군무원이 주요 안장자였다. 그러다가 1965년 3월 30일 국립묘지로 승격하면서 애국지사, 경찰관, 향토예비군 등도 안장 대상이 되었다. 이 국립묘지는 1996년 6월에 국립현충원으로 개칭되었다. 서울의 국립묘지가 만장滿場이 되어 1985년 11월에 대전에 분원, 즉 국립대전현충원이 조성되었다. 2000년에는 대한민국재향군인회 현충사업단이 발족하면서 경상북도 영천에 국립영천호국원이 개장하여 한국전쟁 등에서 사망한 군인과 경찰들이 안장되었다.

국립서울현충원 자리는 관악산 자락인 공작산孔雀山을 주산으로 하며, 한강을 끌어안고 있어서 천하의 명당으로 손색이 없다. 공작산의 산세가 장군이 군사를 거느리고 있는 장군대좌형將軍對坐形으로 천군만마

千軍萬馬가 줄지어 있는 형상이라고 한다.

　현재 국립서울현충원에는 16만 7,000의 영령이 안치되어 있으며 국가원수 묘역, 애국지사 묘역, 국가유공자 묘역, 장군 묘역, 장병 묘역, 경찰 묘역으로 구분되어 있다. 국가원수 묘역에는 이승만, 박정희, 김대중세 사람의 전직 대통령이 묻혀 있다. 애국지사 묘역에는 '애국선열' 200위를 모신 묘역과 묘소가 있고, 후손마저 없어서 위패로 모신 무후선열제단으로 이루어져 있다. 애국지사들로는 의병활동, 3·1운동, 임시정부 활동, 의열 투쟁, 광복군 활동, 문화·종교·학술·언론활동 관계자들을 포함한다. 제1·제2·제3묘역으로 구분된 장군 묘역에는 모두 248위가 안치되어 있다. 장병 묘역은 총 53개의 묘역으로 조성되어 있으며, 대령 이하의 장교, 사병, 군무원 등이 안장되어 있다. 실제 56개 묘역이 조성되어 있으나 이 중 3개 묘역(제5·제8·제9묘역)은 주로 경찰관이 안장되어 있어 경찰관 묘역으로 구분하고, 나머지 53개 묘역은 장병 묘역이다. 주로 한국전쟁 이전 공비 및 빨치산 토벌, 여순사건 전사자 등과 한국전쟁 전사자, 베트남 전쟁 전사자 등이 묻혀 있다. 유골을 찾지 못한 약 10만 3,244명의 전사자는 위패만 있는데, 이들은 모두 한국전쟁 사망자들이다. 지난 2007년에 창설한 국방부 유해발굴감식단에 따르면, 한국전쟁으로 인한 국군의 사망·전사자는 13만 7,899명에 이른다. 국군 총 사망·전사자 17만 8,569명 가운데 약 77퍼센트에 달하는 수다. 이는 한국군 전사자 가운데 열에 여덟은 한국전쟁기에 죽었다는 얘기다.

　그런데 국립현충원에 안장된 사람들에 대한 비판과 논란이 오래전부터 있었다. 가장 심각한 비판 대상은 일제의 식민 지배나 군국주의 전쟁범죄에 부역한 친일인사들이다. 3·1운동 33인의 한 사람이었으나 일제강점기 말에 친일을 한 이갑성, 윤익선, 이종욱, 김홍량 등이 대표적이다. 이종욱은 1977년 국립묘지에 안장됐지만, 일제 당시 태평양전쟁

헌금을 모으고 징병을 선동했던 사실이 뒤늦게 밝혀졌다. 역시 애국지사 묘역에 묻힌 김홍량은 전쟁 헌금 모금을 주도했고, 윤익선은 전쟁 협력을 독려했던 사실이 드러났다. 정부는 결국 이 세 사람의 서훈을 공식 박탈했다. 애국지사 자격이 없어졌는데도 여전히 국립묘지에 묻혀 있는 친일인사는 모두 10명이다. 국가보훈처는 이들의 묘를 모두 이장해야 한다는 입장이지만 법적 근거가 없어 고민이다. 이런 현실을 감안하여 국회는 관련 법안 논의에 착수했으나 이들은 아직 국립현충원에 그대로 묻혀 있다.

이곳에 묻혀서는 안 된다는 논란이 있는 장군도 있다. 일본 육사를 졸업했으나 이후 일본군 부대를 떠나 독립운동에 가담한 유동렬·김광서, 일본군에 복무한 과거를 사죄하면서 근신생활을 했던 이응준·이종찬, 간도특설대의 일원으로 항일운동가들의 토벌에 앞장섰던 김석범·임충식·김백일 등이다. 이 중 김백일은 한국전쟁 전후 토벌작전 과정에서 민간인 학살을 지휘한 사실이 알려졌다. 장군 제1묘역에는 '한라산 공비 토벌에 혁혁한 공을 세움', '지리산 공비 토벌', '오대산 공비 토벌' 같은 전과를 세운 사람들이 있는데, 이들은 토벌 과정에서 민간인을 학살했다는 사실이 밝혀진 바 있다.

2004년 2월 민족문제연구소가 발표한 '독립유공자 중 재심 요청 대상자' 명단을 보면, 상당한 친일경력이나 혐의가 있음에도 애국자로 변신해 건국훈장이나 대통령 표창을 받은 사람이 모두 25명에 이른다. 이들 중 나중에 논란이 되어 서훈이 취소된 사람은 5명에 불과하고, 나머지 20명은 지금까지 시정되지 않고 국립현충원에 묻혀 있다.

김대중 정부에서 참전유공자법이 제정되어 전쟁기 우익단체 관련자도 국립묘지에 안장될 수 있게 되었다. 내가 진실화해위원회 상임위원 시절 조사관을 통해 사실 확인을 해보니 국립현충원에 전쟁 당시 강화도 향토방위 특공대장으로서 민간인 학살의 주요 가해자로 지목된 최중석이 충혼당 101실 103호에 안장되어 있었다. 진실화해위원회의 조사결정 보고서에서는 그를 학살 가해자로 적시했다. 그런데도 여전히 참전유공자로 국립묘지에 묻혀 있는 것이다. 학살 가해자가 국가유공자라는 것이 새삼스럽지는 않지만, 진실화해위원회가 조사를 진행하던 중에 이런 일이 일어났다. 진실화해위원회는 그의 안장을 재고하라는 권고를 내릴 권한이 없었다.

전사자 묘역에는 1980년 5·18 당시 진압군으로 참가했다가 죽은 군인의 묘소도 있다. 즉 학살 진압군에 동원되었다가 사망한 군인도 전사자로 분류된 것이다. 가장 큰 논란거리는 1979년 12·12군사반란에 가담한 신군부의 일원으로서 광주 학살사건의 주역 중 한 사람인 안현태 안장 건이었다. 우리 법은 '금고 이상의 형을 받고 집행유예 중에 있는 자' 등의 결격사유가 있으면 국립묘지 안장을 불허한다. 그는 전두환 신군부의 핵심 인사이자 '5공 비리', 즉 1996년 5공 비자금 조성에 관여한 혐의 등으로 징역 2년 6개월을 선고받고 복역했다. 그러나 2011년 8월 5일 국가보훈처 국립묘지 안장 대상 심의위원회는 일부 심의위원들의 반발에도 불구하고 안현태 전 청와대 경호실장의 국립묘지 안장을 의결했으며, 안현태는 이튿날인 6일 오전 국립대전현충원 장군 제2묘역에 급히 안장되었다. 국가보훈처는 안현태가 베트남 전쟁에서 국위를 선양하고 청와대 침투 무장공비를 사살한 공 등을 고려하여 국립묘지 안장 대상자로 심의·의결했다. 이에 대해 5·18 광주 민주화운동 관련 단체들은 반란 또는 내란죄로 유죄판결을 받지 않았다 하더라도, 12·12군사반란 및 5·18 학살사건에 연루된 것으로 판명된 경우에 국립묘지 안장에서 제외하는 법적·제도적 장치를 마련해야 한다고 주장했다. 5·18 관련자 가운데 정도영 전 보안사 보안처장과 정동호 전 청와대 경호실장 대리, 김호영 전 2기갑여단 16전차 대대장도 국립대전현충원에 안장된 것으로 밝혀졌다.

이 외에도 한국전쟁기 국민보도연맹 학살 등 민간인 학살에 관여한 것으로 알려진 전 특무대장 김창룡은 일제강점기 때 만주 관동군의 헌병으로 근무하면서 중국과 조선의 수많은 독립운동가들을 체포하는 데 앞장선 인물이다. 그런데 김영삼 정부 당시 그를 국립대전현충원에 안장하라는 결정을 내렸다. 2008년 한국 기무사령관은 현충일을 맞아 김창룡 묘에 헌화했다. 기무사령관이 기무사령부의 전신인 특무대 대장을 지냈던 '조직의 선배'를 추모하기 위해 보낸 것이었다.

국립현충원에는 친일파가 애국자들과 나란히 묻히는가 하면 민주헌정 파괴자나 범죄자들도 버젓이 안장되어 있다는 비판이 계속되고 있다. 『오마이뉴스』에 실린 안현태 매장 관련 기사에는 한 독자가 댓글에서 "국립현충원을 쓰레기 매립장으로 만들 것인가?"라고 물었다. 친일문제 연구자 정운현은 "국립묘지가 이런 자들의 묘지로 전락한다면 국가예산을 들여 국립묘지를 관리할 필요가 있는지, 또 국립묘지를 계속 운영할 것인지도 재검토해야 할 것입니다"라고 주장했다(정운현, 「국립묘지 '도둑안장', 안현태 파낼 수 있다」, 『오마이뉴스』, 2011. 8. 9). 독립유공자와 친일파가 국립묘지에 나란히 안장되는 것은 독립유공자에 대한 모욕이자 무원칙의 표본이라는 비판이 제기된 것이다.

국가보훈처는 과거 일제에 의해 옥고까지 치른 조동호, 김시현, 장재성 등 독립투사들이 한때 좌익운동 경력이 있다며 독립유공자 선정에서 배제하고 있다. 이러한 현실은 특히 수많은 무명의 독립열사들에게도 좌절감을 안겨주고 있다. 독립군의 후손은 대부분 궁핍하고 교육을 받지 못한 탓에 선친의 행적을 입증하지 못해 독립유공자의 지위를 얻지 못하고 있다. 신간회 경북 영천지회 부지회장으로 활동하다 중국 상하이에

서 군자금 조달을 했던 이광백 열사의 며느리 박영자(80세)는 "독립운동
가를 감옥에 처넣은 친일파는 국립묘지에 묻히고 감옥살이를 한 독립열
사의 묘지는 쓸쓸히 방치돼 있는 것이 지금의 현실"이라며 개탄했다. 마
지막 임정요인 백강 조경한 선생은 "독립유공자로 둔갑한 친일파가 묻혀
있는 국립묘지 애국지사 묘역에는 절대 가지 않겠다"는 유언을 남기고
1993년에 별세했다.

　　서울과 대전의 국립현충원은 자격이 없는 사람들이 묻혀 있는 것도
문제지만, 묘역의 규모나 배치의 측면에서 안장된 사람들을 동등한 국민
으로 대접하지 않는 것도 문제다. 예를 들면 장군 묘역이나 애국지사 묘
역은 한국의 전통적인 매장 방식대로 봉분이 있고 규모도 사병과는 비
교할 수 없이 크지만, 사병 묘역은 봉분이 없고 작은 비석만 있다. 여기
서 봉분은 권위와 권력을 상징한다. 장군은 죽어서도 상급 명령자의 권
위를 갖고 있으나 사병은 그렇지 못한 형편이다.

참전자에 대한 국가의 예우

한국 정부는 한국전쟁과 베트남 전쟁 전사자 및 참전자들과 그의 가족
들에게 과연 적절한 예우를 해주고 있는 것일까? 그동안의 정부 정책을
보면 그렇지 않은 것 같다. 참전자 단체들이 그렇게 싫어하는 김대중, 노
무현 정부에서 오히려 이들에 대한 예우가 획기적으로 진전된 것은 아이
러니한 일이다.

　　한국전쟁 참전자 120만여 명 중 전사자와 전상자를 제외한 2012년
현재 생존자는 19만 명이다. 베트남 전쟁에는 32만여 명이 참전했으며
현재 25만여 명이 생존해 있다. 물론 고령으로 해마다 1만 명 가까운 참

전 유공자들이 세상을 뜨면서 그 수는 급격히 줄어들고 있다. 상이용사가 아닌 한국전쟁 참전자들에 대한 금전적 지원은 2001년 김대중 정부에서 시작되었고, 2011년부터 참전자 명예 선양 차원으로 18만 6,000여 명에게 참전 명예수당(월 12만 원)이 지급되고 있다. 이마저도 네 차례에 걸쳐 인상되어 2011년에 3만 원이 오른 것이다. 참전 수당은 만 65세부터 지급된다.

보훈교육연구원에서 2009년에 한국전쟁 참전자 19만 4,000여 명의 생활실태를 조사한 결과, 이들의 월평균 소득은 37만 116원으로 2010년 1인 가구 최저생계비 50만 434원에도 훨씬 못 미쳤다. 더군다나 이들 가운데 44.6퍼센트의 주요 수입원이 자녀에게 받는 용돈이며, 참전자들의 평균연령은 80.3세로 87퍼센트가 생활고에 시달리고 있는 것으로 나타났다.

한국전쟁 참전용사들이 국가유공자라는 영예를 안게 된 것은 2008년이다. 그리고 2011년 '국가유공자 등 예우 및 지원에 관한 법률 일부 개정 법률안'이 통과되면서 베트남 전쟁 참전자에게도 국가유공자의 영예가 주어졌다. 현재 한국전쟁 및 베트남 전쟁 참전 유공자들이 받는 국가 보훈의 혜택은 참전 명예수당 월 12만 원이다. 그나마 베트남 전쟁 참전의 경우 각 지방자치단체의 재정 형편에 따라 지급하게 되어 있는 액수는 1만 원, 3만 원, 7만 원으로 제각각이다. 이 정도의 수당을 받고서는 생계 유지가 불가능하다.

한국전쟁 당시 소년병으로 참전했던 사람들에 대한 예우는 더 참담하다. 국제사회에서 전투원으로 인정받을 수 없는 14~17세의 소년병 2만 9,000여 명이 한국전쟁 중 전투에 강제로 혹은 자원자로 동원되었으며, 그중 2,500명 이상이 사망했다고 한다. 그런데 소년병 동원에 대한 국제사회의 비판을 의식하여 한국 정부는 이들의 동원 사실을 인정하지 않다가 2009년에야 공식 인정했다. 따라서 이들 소년병 전사자들을 추모하는 기념비도 하나 없는 상태다.

국군 유해 발굴사업도 최근에 시작되었다. 국군 전사자의 유해 발굴사업은 군사정권하에서 시작되었음직한데 실제로는 김대중·노무현 정부에서 본격적으로 시작되었다. 김대중 정부 시절인 2000년 4월 한국전쟁 50주년 기념사업의 일환으로 한시적으로(3년간) 추진되었다가, 이후 노무현 정부 시절인 2003년 7월 호국보훈 관계 장관회의에서 이 사업을 지속적으로 추진하기로 하고, 2005년 6월에 전사자 유해 발굴사업을 영구 추진하기로 결정했다.

2009년 현재 군인과 경찰을 추모하는 위령비는 전국적으로 894개가 있다. 즉 군인과 경찰의 희생에 대해서는 전국 방방곡곡에 위령비를 설치하여 그들의 공로를 기억하도록 하고 있으며 그 죽음을 위로하고 있다. 한국자유총연맹이 건립한 반공희생자 위령비는 거의 모두가 공원 등 일반인이 접근하기 쉬운 곳에 있다.

국가와 애국의 이름으로

한국의 국립묘지나 일본의 야스쿠니 신사靖國神社는 근대 국민국가의 산물이다. 전쟁 때 사망한 군인들을 추모함으로써 국민으로 하여금 국가에 대한 충성심을 고취시키려는 목적에서 조성되고 운영된다. 전쟁에 참전하여 사망한 군인들은 국가의 명령에 의해 군에 징집되어 전투 중에 사망했으므로 국가는 그들을 추도하고 그들의 죽음을 기념할 의무가 있다. 그러나 전사자 추도사업은 단순히 국가의 의무만을 의미하지 않는다. 이들을 한곳에 모아놓은 묘역을 조성하고 추도사업을 하는 것은, 국가의 토대는 군대이며 국가를 위한 죽음은 '개죽음'이 아니라 국가의 위대함과 신성성을 드높이는 일에 목숨을 바친 고귀한 죽음이라는 것을 공식적으로 강조하는 행위다. 즉 국립묘지의 조성과 추도사업은 국가를 위한 희생이 매우 가치 있는 일이라는 것을 선전하는 이데올로기의 기능을 한다. 이렇게 본다면 전몰자들은 죽은 뒤에도 자연인으로 돌아가지 못하고 계속해서 군인으로 국가에 의해 동원되고 있는 셈이다. 사망 사실이 확인되지 않은 군인들과 무명용사들이 위패로 봉안되고 있는 점이나, 유족들에게 애도를 금지한 것도 바로 이런 이유에서다. 전몰군인은 유족의 애도와 제사의 대상이 아니라 국가의 기념 및 추도 대상인 것이다. 전쟁에서 죽은 군인들이 애도의 대상이 아니라, 국가를 위한 희생으로 상징화되어 계속 국가에 의해 호명되고 있다는 점에서 한국의 국립묘지와 일본의 야스쿠니 신사는 동일한 역할을 하고 있다.

한국의 국립묘지는 국가가 공식적으로 건립했으며, 법에 근거해서 안장 대상자를 선정한다. 매년 국가가 추도제를 지내고 전사자뿐 아니라 국가유공자까지 안장하고 있다는 점에서, 국가의 공식 추도 기관이 아닌 종교 시설로 분류된 일본의 야스쿠니 신사와는 큰 차이가 있다. 특히 한국전쟁은 일본의 침략전쟁과는 성격이 다르기 때문에 똑같이 국가를 위해 희생했다고 하더라도 국립묘지에 묻힌 한국 군인과 야스쿠니 신사에 봉헌된 군인을 동일하게 볼 수 없다. 따라서 한국의 국가원수나 정부 인사들이 국립묘지를 참배하는 것과 일본의 총리가 야스쿠니 신사를 참배하는 것은 그 성격이 다르다. 더구나 전쟁범죄자가 포함된 신사를 참배하는 것은 비록 그들이 전쟁범죄를 저질렀다고 하더라도 국가의 추모 대상이 될 수 있음을 의미한다. 이는 결국 국가범죄와 침략전쟁을 옹호하는 것과 다를 바 없다.

그런데 한국의 국립현충원 역시 일본의 야스쿠니 신사와는 다른 측면에서 그 존립의 정당성에 결격사유가 있다. 그것은 바로 항일독립운동가와 친일인사라는 함께할 수 없는 존재가 나란히 묻혀 있으며, 국민국가에 대한 기여가 그 국민국가의 성립 자체를 부인하고 국가를 건립하려는 사람을 탄압했던 행적을 압도하고 있다는 점이다. 특히 친일반민족행위진상규명위원회나 진실화해위원회의 진상규명 등을 통해 밝혀진 과거 친일경력을 가진 사람들이나 한국전쟁기 민간인 학살 가해 명령자들이 국립현충원에 안치되어 있다는 사실과 이들을 현충원에서 이장시킬 법적 근거가 없다는 것은 국가의 정체성과 정당성에 대해 심각한 의문을 불러일으킨다. 적과의 교전 중에 사망한 경우가 아닌 5·18 광주에서처럼 시위 진압 중 사망한 군인을 전사자로 취급하는 것도 논란거리다.

일본 제국주의 침략의 고통을 겪은 한국인이나 중국인들에게 일본 총리나 정치인들의 야스쿠니 신사 참배는 하나의 트라우마다. 이것은 또다시 침략을 받을 수 있다는 공포감을 안겨준다. 이러한 참배는 나치의 침략과 학살이라는 과거의 역사를 청산한 유럽에서는 있을 수 없는 일이다. 유감스러운 것은 한국의 국립현충원 역시 그 내용을 들여다보면 심각한 결함이 발견되고 있다는 점이다. 우리는 국가와 애국의 이름으로 침략전쟁과 전쟁범죄를 용인하는 일을 반복해서는 안 되지만, 국가가 사회적 약자인 국민을 희생시키고 도구화하고 그러한 죽음을 미화하고 국가 이데올로기를 정당화하는 데 동원하는 일에 대해서도 함께 비판해야 할 것이다.

/

우익 대중단체의 분기와 그 조건

행동하는 우익 대중단체의 등장

한국에서 보수우익 대중단체가 등장하게 된 계기는 김대중 정부의 등장
이었다. 유럽의 경우 노동당, 사회민주당 등 좌파 혹은 자유주의 세력의
집권 경험이 인종주의, 국제주의를 표방하는 우파들을 거리로 나오게
한 중요한 계기였는데, 한국에서도 자유주의 진보 세력의 집권이 보수우
익의 위기의식을 불러일으켰고, 더 이상 국가로부터 독점적 후원을 받을
수 없게 된 현실이 이들을 행동하게 만들었다.

한편 2000년대 들어 김대중·노무현 두 민주 세력이 집권하게 되자
과거 학생운동이나 사회운동에 관여했다가 생각을 완전히 바꾼 사람들
을 중심으로 신우익단체가 만들어지기 시작했다. 2004년 11월 23일에
는 80년대 운동권 출신들이 대한민국의 헌법적 규범인 자유주의를 되
살려야 한다면서 '자유주의연대'를 창립했다. 이들은 수구우파와 수구
좌파를 배격한다고 표방했으나 실제로는 '작은 정부 큰 시장의 행정개
혁'을 표방하는 등 우익 노선을 명백히 했다. 이 무렵 기독교계에서도 초

교파적 개신교 비정부기구인 '기독교사회책임'이 결성되었다. 김진홍, 서경석 등 과거 민주화운동 진영에 몸담았던 기독교 인사들이 주도하여 좌우 양극을 모두 배격한다고 주장했지만 실제로는 "나라를 선진국으로 만든다"고 강조하면서 우익 노선을 표방했다. 학생운동이 사라진 대학사회에도 비운동권 조직, 특히 보수적 학생회가 등장했다. 대학생 1,200명이 가입한 '글로벌 리더 연합'이라는 단체는 행동하는 보수를 표방했다. 이들은 북한의 연평도 공격 같은 일이 발생했을 때 "학생들도 자기 몫을 해야 한다"고 생각했다면서 봉사활동과 더불어 국가관과 안보의식을 고취하는 활동을 할 것이라고 밝혔다. 이 단체는 한국자유총연맹(이하 자유총연맹)과 결합하여 대학생 해외 봉사활동 등을 하는 것으로 알려졌다.

이런 단체의 등장 이전에 이미 보수적 대형교회 혹은 참전자 단체 등이 주도하는 대중적인 집회나 시위는 훨씬 더 빈번했다. 2000년 6월에는 대한민국고엽제전우회(이하 고엽제전우회) 회원 2,000여 명이 베트남 전쟁 관련 기사에 항의하며 한겨레신문사에 난입하고 기물과 자동차를 부수었다. 2002년 9월 대한민국특수임무수행자회(이하 특수임무수행자회)는 도심에서 가스통에 불을 붙여 경찰을 위협하는 시위를 벌였다. 2005년에는 일본 대사관 인근에서 엽총을 들고 나와 경찰을 놀라게 하기도 했다. 이들은 2008년 촛불집회 당시 진보정당 관계자들을 폭행하고 KBS와 MBC 방송국 앞에서 가스통 시위를 벌였다. 특수임무수행자회 사무총장 등 회원 5명은 2008년 7월 1일 여의도 진보신당에 난입해 현판을 부수고 진중권 교수 등을 폭행했다. 특수임무수행자회, 고엽제전우회 등 군 출신들로 구성된 이들은 실제로는 국가권력의 피해자라고 볼 수 있지만, 노선과 행동은 반대로 극우 국가주의의 입장에 서 있다.

2006년에 대한민국어버이연합(이하 어버이연합)이라는 우파 시민단체

가 결성되었다. 어버이
연합은 국민의례를 하
지 않는다는 등의 이유
로 시민단체를 공격하기
도 했다. 2009년 서울
대 시국선언 회견장에,
2009년 10월 19일 시민
단체 '희망과 대안' 창립
식에서 국민의례를 하지
않았다는 이유로 의사
진행을 방해했다. 이 외
에도 2009년 9월 10일
김대중 전 대통령 묘소
를 파헤치는 퍼포먼스를
해 논란을 일으켰으며,
2010년 1월 21일 광우

2000년 6월 대한민국고엽제전우회 회원 2,000여 명이 베트
남 전쟁 관련 기사에 항의하며 한겨레신문사에 난입하고 기물
과 자동차를 부수었다.

병 보도 무죄판결을 내린 이용훈 대법원장 공관 앞에서 출근 차량을 저
지하며 관용차에 달걀을 투척했다. 2010년 12월 20일 서울시의 무상급
식 방안에 반대하며 서울시의회 앞에서 무상급식 반대 집회를 열고 서
울시의회 본회의장에 난입했다. 2011년 7월 30일 한진중공업 파업 사태
와 관련해 영도조선소에서 집회를 하는 3차 희망버스를 저지하고 버스
에 난입하여 승객 및 주변 행인들의 신분증 등을 검사했으며, 이 과정에
서 반발하는 승객과 몸싸움을 하다 부상자가 발생했다. 2011년 8월 2일
비정규직 노동자 해고 철회를 위한 농성장에서 백기완 통일문제연구소
장에게 "골통을 부숴라"는 폭언을 하며 우산 등으로 폭행을 했다.

해방정국과 한국전쟁기의 우파 행동주의와 테러를 연상시키는 이들 참전군인, 노인단체의 행동은 과거처럼 노골적인 테러로까지 전개되지는 않았지만, 사실상 법과 질서 그리고 합리적 대화와 논의 자체를 거부하는 폭력의 양상을 띤다.

2000년대 접어들면서 개신교 신자들의 대중집회가 본격화되었다. 2000년대 이후 두드러진 한국 개신교회의 특징을 꼽으라면 친미·반북주의다. 보수집단이 주도하는 국가보안법 폐지 반대 및 북한 민주화 촉구 집회 참가자의 상당수는 순복음교회 등 대형 보수 교회에서 동원된 개신교 신자들이었다. 심지어 일부 교회에서는 공공연히 '북한 붕괴 기도회'를 열었다. 2003년에는 개신교 신자들이 촛불집회에 반대하는 맞불집회를 열기도 했다. 2003년 1월 11일 오후 3시 시청 앞 광장에는 약 8만여 명의 개신교 신자들이 모여 '나라와 민족을 위한 평화기도회'를 열었다. 그보다 앞선 4주 전에는 그곳에 10만여 명이 모여 '추모촛불'을 들고 '한미 SOFA 개정하라', '여중생을 살려내라' 등의 피켓을 들었지만, 이날 참가한 개신교 신자들은 '미군 철수 반대한다', '미국은 우리의 혈맹이다' 등의 피켓을 들고 나왔다. 그들은 '화해, 회개, 평화'라고 쓰인 초록색 풍선도 들고 나왔다. 흥미로운 점은 맞불집회에 참가한 개신교도들이 태극기와 성조기를 함께 들고 있는 모습이다. 즉 개신교도들은 민족 회개, 경제 성장, 주한미군 철수 반대, 북한 핵 포기, 평화통일, 국민 대화합, 한국 교회 화합 등 일곱 가지 주제를 내걸었는데, 단상에 오른 목사들의 기도 내용은 "촛불집회에서 내세우는 '반미'와 '주한미군 철수' 주장"에 대한 반박이었다.

노무현 정부가 국가보안법 폐지 등 개혁을 추진하던 2004년 10월 4일에는 한국기독교총연합회(이하 한기총, 한국 160여 개 교단총연합회)가 주최하고 10만여 명의 한국 보수교단 기독교인들이 참가하는 반정부 집회가 시청 앞 광장에서 열렸다. 이들은 '국가보안법 폐지 반대' 및 '자유민주주의 체제 수호', '사립학교법 개정 규탄'을 내걸었다. 장로교(합동, 통합, 개혁, 대신), 성결교, 침례교, 하나님의 성회 등을 비롯하여 한국 개신교 교단 대부분을 망라하는 한기총 선언문에서 이들은 당시 시국을 국가 정체성이 흔들리는 비상시국으로 보고 국가보안법 등 이념 문제로 국론 분열이 심화되고 있다고 주장했다. 참가자들은 '자유민주주의 체제 수호'와 '국가보안법 폐지 반대'를 재천명했으며, 사립학교법 개정을 기독교 탄압으로 규정하여 반대한다고 선언했다. 실제로 한국에서 상당수 사학재단이 기독교 교단의 소유이기 때문에 노무현 정부의 사립학교법 개정안은 이들의 이해를 심각하게 위협하는 것이었다.

2000년대 이후 개신교 반공주의자들이 정치무대에 뛰어들어 한국의 보수 세력 전체를 견인하는 양상이 두드러지고 있다. 한국 개신교가 친정부, 반공, 반북주의의 선봉에 나선 것은 어제오늘의 일이 아니지만 이렇게 신도들이 거리에 나선 것은 2000년 이후에 나타난 새로운 현상이다.

한편 이명박 정부에서 제도 언론이 점차 친정부 성향을 지니게 되자 '나꼼수' 등 인터넷과 SNS를 이용한 반정부 진보 풍자가 급격하게 확산되었다. 그러자 이에 맞서는 극우적인 풍자, 농담, 사이버 놀이가 젊은 층 사이에서 인기를 끌었다. 특히 온라인에서 극우 성향의 집단이 등장한 것은 가장 주목할 만한 현상이다. 일베(일간베스트 저장소)가 바로 그것이다. 일베는 '디시인사이드'의 '정치 사회 갤러리'의 정치성, '야구 갤러리'의 호남 비하 경향, '코미디 갤러리'의 '막장' 정서의 결합체로 등장했다. 디시인사이드에 올린 저질스러운 게시물들을 저장해놓는 사이트로 생겨난 일간베스트 저장소는 독자적인 극우 유머 커뮤니티로 변신했다. 일베의 극우적 성격은 반민주진보(비체계적 반공·반북 극우), 반여성, 반외국인(인종주의), 반호남주의(지역주의)로 요약할 수 있다. 일베 구성원들이 밝히는 자신들의 특징은 '저격, 공감, 자유'다. 이들이 말하는 저격은 개인의 신상을 들추어내는 것을 의미하며, 그들에게 그것은 일종의 놀이다. 또 그들이 말하는 공감은 극우적 정치성, 여성에 대한 적대, 인종 차별에 대한 공감이다. 일베 회원들은 자신들을 '일베충', '병신', '장애인', '잉여', '게이' 등으로 비하하여 지칭하고, 반말을 원칙으로 하는 평등주의에 기반하여 일종의 공동체성을 확보하며, 금기를 깨는 놀이, 타자에 대한 공격을 통한 '재미' 혹은 '유희'를 가장 중요하게 여긴다.

일베 회원 혹은 일베에 적극적으로 글을 올리는 사람들이 누구인지는 아직 조사된 적이 없지만 고등학생, 대학생 등 청년층과 일부 성인들이 주로 참가하는 것으로 알려져 있다. 한윤형은 "한국 사회의 진보 담론이 특정 세대의 역사적 경험에서 파생되었다"며 바로 해당 세대, 즉 486세대 운동권의 독단성과 민주화 이후 두 민주정부하에서 삶의 질이 떨어진 경험이 일베의 등장 배경이라고 진단한다. 일베는 '선비질'이라는 용어도 자주 사용하는데 이것은 그들이 진보에 대한 반정립으로서 자신의 위치를 설정하고 있음을 보여준다. 즉 일베는 '80년대 운동권', '깨시민'('깨어 있는 시민'의 줄임말, 정치화된 운동권 후세대 그룹)과 비교해 자신들을 사회적 기득권의 피해자로 본다. 실제 일베에 적극적으로 글을 올리는 청소년이나 대학생은 객관적으로나 주관적으로 사회적 인정을 받지 못하는 위치에 있는 사람이 다수라는 지적이 많다.

2000년 이후 한국의 우익집단은 이제 정치화되었으며 일부는 폭력을 사용한다. 자생적인 청년 극우층의 등장은 가장 주목할 만한 현상인데, 이들은 아직 군 출신 장년이나 노년층과 달리 거리에 나서거나 물리적 폭력을 행사하지는 않고 있다.

이명박·박근혜 정부의 우익단체 지원 강화

김대중·노무현 정부가 들어선 이후 그 이전까지 국가나 지방자치단체와의 관계에서 각종 음성적·실질적 지원을 받아온 이른바 관변단체들은 자신이 누리던 특권과 혜택을 부분적으로 상실했다. 행정안전부(현재의 안전행정부) 등의 NGO 활동 지원이 제도화되면서 1990년대 이후 새롭게 등장한 시민단체가 주요 수혜자가 되었다. 그러자 한나라당과 『조선일보』 등 보수 정당과 언론들은 정권이 시민단체와 유착하여 시민단체를 정권의 기둥 역할로 삼고 있다며 지속적으로 공격했다. 이러한 여론몰이를 의식하여 정부는 점차 지원 예산을 축소했다.

그러나 김대중·노무현 정부 기간에도 지방자치단체의 각종 공간과 시설은 여전히 과거의 관변단체가 무상으로 법적 근거 없이 차지하고 있었으며, 지자체의 각종 단체 지원 역시 이들 전통적인 관변단체에게 유리하게 배분되었다. 2005년 민주노동당이 서울시 15개 구의 사회단체 보조금 지급 현황을 조사한 결과 새마을운동중앙회, 바르게살기운동중앙협의회, 자유총연맹 등 특정 단체에 과도하게 지급된 것으로 나타났다. 이들 특정 단체에 대해서만 한 해에 300억 원이 넘는 막대한 예산이 지원되었다고 한다. 2004년도 서울 15개 자치구의 사회단체 보조금 총액은 전년대비 약 17퍼센트 증가한 68억 8,451만 원으로 이 중 41억 1,531만 원이 13개 정액보조단체에 지급되었고, 정액보조단체 중에서도 새마을운동중앙회, 바르게살기운동중앙협의회, 자유총연맹 등 3개 국민운동 단체에 26억 3,557만 원, 그중에도 새마을운동 단체에 총 16억 2,438만 원이 지급되었다. 전체 보조금의 60퍼센트 정도가 13개 정액보조단체에 지급된 셈이고, 그중 70퍼센트 정도가 새마을운동중앙회, 바르게살기운동중앙협의회, 자유총연맹 등 국민운동 단체에 집중 지원된 것이다.

　이명박 정부가 들어서자 그전 10년의 민주정부 기간 상대적으로 불이익을 받았다고 생각한 이 단체들은 노골적으로 정부에 접근했다. 더구나 이명박 정부 초반에 촛불집회가 발생하자, 여당과 언론들은 정부 지원을 받는 단체가 촛불집회에 참가했다는 공격을 퍼부었다. 결국 김대중·노무현 정부 들어 처음으로 지원을 받기 시작했던 시민단체 지원은 거의 끊기고 과거와 같이 관변단체가 지원을 독식하는 현상이 나타났다. 특히 자유총연맹, 새마을운동중앙회, 바르게살기운동중앙협의회 3개 주요 관변단체는 국유·공유시설 무상 사용, 출연금 및 보조금 지원, 조세 감면 등의 혜택을 받는 아주 특별한 단체다. 이들은 2010년 20억에서 시작하여 2011년에는 28억 원, 2013년에는 29억 원을 행정안전부로부터 지원을 받는 등 정부 지원을 거의 독식했다. 전국경제인연합회(이하 전경련)나 개별 기업들도 '공익'을 전제조건으로 이들 단체를 지원한 것으로 알려져 있다. 그리고 정부는 특수임무수행자회 등에게 막대한 예산을 지원했다. 2009년 정부는 이들 단체에 인건비, 사무비, 활동비 등 운영지원 명목으로 각각 9억 5,200만 원과 18억 7,000만 원을 지원하기로 했다.

　이들 단체 중 일부는 아예 사업체로 등장하기도 했다. 자유총연맹의 경우 한전산업개발의 주식 51퍼센트를 보유했는데 한전산업개발이 상장하여 주가가 폭등하자 수백억 원의 수익을 챙겼으며, 매년 100억 원 넘는 배당을 받는다. 자유총연맹은 정부가 추진하는 사업에도 참가해서 지원비를 받고 있다. 이명박 정부가 들어선 이후 이들 단체는 안보, 시민교육 등의 정부 사업 발주에 참가하여 사업을 거의 독식했다. 예를 들어 자유총연맹은 2011년 G20 정상회의에 앞서 '시민의식 향상 및 국격 제고' 사업 차원에서 10억 원을 받았다.

이명박·박근혜 정부에서 이 단체들이 특혜를 받게 되자 자연 비리도 빈발했다. 경찰청 특수수사과는 자유총연맹이 2010년과 2011년에 지원받은 국고보조금 23억 원 가운데 1억 3,800만 원을 전용·횡령한 혐의로 사무총장 이모 씨(62세)와 행정운영본부장 김모 씨(52세), 기획홍보본부장 신모 씨(53세)를 불구속 입건했다고 밝혔다. 실제 이 막대한 지원액이 어떻게 사용되는지 알기 위해 정보 공개를 요청했으나 정부는 각종 규정을 근거로 그 활동을 공개하지 않았다. 경찰은 전경련이 2010년과 2011년 각종 공익사업에 쓰라며 제공한 7억 원을 자유총연맹이 별다른 근거도 없이 써버린 사실도 적발했다. 이모 씨 등 자유총연맹 간부들은 정상적인 회계처리를 하지 않고 직원들의 개인 계좌로 이체하여 115차례에 걸쳐 자금을 사용했으며 이 가운데 1억 2,000만 원은 해외출장, 대외기관 격려금, 언론대책비 명목으로 직원들에게 현금으로 지급했다.

김대중·노무현 정부 당시 처음 정부의 지원을 받았던 개혁적 시민단체들은 노골적으로 김대중·노무현 정부를 지지하지는 않았으며, 오히려 여러 정책에서 정부와 대립각을 세우기도 했다. 그러나 이명박 정부 이후 관변단체는 앞뒤를 가리지 않고 정권 홍보의 선봉대 역할을 했다. 정권 탈취를 전리품으로 생각한 그들은 국민의 세금으로 이들 단체를 전폭적으로 지원하면서 정권 유지의 첨병 역할을 할 것을 요구했다. 이들은 청와대, 정부와 연결되어 촛불집회에 맞불을 놓는 집회를 상의하는 등 정권의 하수인 역할을 수행한 흔적이 드러났다.

국정원 선거 개입 건으로 2013년 6월 이후 촛불집회가 시작되자 "청와대 정무수석실 소속 행정관이 자유총연맹 사무총장을 만나 촛불집회에 대응하기 위한 자유총연맹의 활동을 상의"한 사실이 드러났다. 국정원과 자유총연맹 혹은 일베의 유착, 선거 국면에서 국정원과 여러 관련 단체들 간의 유착 의혹도 제기되었다. 정권이 국가예산이나 정치자금을 우익단체에 제공하고, 우익단체는 정권의 첨병 노릇을 하던 제1공화국의 양상이 재연되고 있다.

한국의 구우익과 신우익 대중단체

한국에서 우익 테러, 우익의 행동주의가 가장 두드러진 시기는 해방정국부터 1950년대까지였다. 군사정권 시기에는 이들 우익의 이념이나 입지가 국가권력, 군과 경찰 등에 흡수 대변되었으며, 그전과 이후의 기간에는 국가가 우익들의 이해를 충분히 대변하지 못하는 상황과 "국가나 정치권에 '진보 혹은 좌익'들이 활동하면서 자신들이 소외되고 있다"라는 위기의식으로 적극적인 행동을 했다. 2000년 이후 이들이 다시 거리로 나서기 시작한 것도 민주화가 그들의 입지를 위협했기 때문이다.

구우익단체는 주로 서북청년단 등 월남 청년, 실업자, 좌익으로부터 피해를 입은 가족, 그리고 일부 기독교인들로 구성되었다. 2000년대 이후 행동하는 우익에는 대한민국재향군인회(이하 재향군인회), 고엽제전우회, 특수임무수행자회 등 군 출신 장년과 노년층이 주력을 구성했으며, 대형교회 기독교인들이 새롭게 등장한 대중 동원 세력이 되었다. 해방정국의 우익 행동대와 오늘의 우익과의 가장 큰 차이점은 한기총 등 기독교인들의 등장이다. 이 점에서 한국은 1970년대 이후의 미국과 유사하다.

일베에서 활동하는 청년들은 사이버 공간에서만 주로 활동한다는 점을 제외하면, 1990년대 이후 유럽의 신나치 우익과 유사한 특징이 있다. 사회적으로 인정받지 못하거나 실업상태의 청년들, 기존 가부장제 문화와 남성 우월주의에 집착하는 문화적 경향을 띤 청년들이 주역이기 때문이다. 그러나 이들 청년 우익들은 과거의 서북청년단이나 지금의 유럽 극우 청년들, 아랍권의 테러 단체들과 달리 물리적 폭력을 사용하거나 정치적으로 동원되는 우익은 아니다. 즉 박탈감, 좌절과 분노가 이들로 하여금 극단적 지역주의·반북주의·여성 비하 등의 담론에 기웃거리게 만들고는 있지만, 행동할 수 있는 동기로서의 이념은 갖지 못하기 때문일 것이다.

과거나 현재나 한국의 극우 대중단체는 국가를 신성시하거나 절대화하는 것 외에 공통된 이념이나 사상을 견지하지 않고 있다. 특히 한국의 우익들은 서유럽과 일본의 우익이 견지하는 민족주의, 미국의 우익이 견지하는 낙태 반대나 동성애 반대 등의 사회적 담론에 대해서도 명확한 입장을 내세우지 않는다. 오히려 한국의 반공우익들은 미국을 거의 조국으로 생각할 정도로 민족주의를 포기하고 있다.

국가 숭배주의는 사실상 무이념적인 측면이 있다. 해방정국에서 그렇게 맹위를 떨치던 서북청년단이 쉽게 해체된 사실 역시 이들의 애국주의는 이념에 기초한 것이 아니라 박탈감과 이해관계에서 나온 것임을 보여준다. 그래서 과거 우익 행동주의 단체는 실제 우익정당이나 정치인들에 의해 일시적으로 이용되고 가치가 없어지면 버려지는 경우가 많았다. 서북청년단을 이끌었던 선우기성도 "나라를 위하여 일도 많이 하고 공산당을 타도한 위대한 업적을 지니고 있음에도 젊었던 우리들은 그동안 이기적 정치꾼들에게 이리저리 끌려다니면서 그들의 충실한 앞잡이 노릇에 이 모양 이 꼬락서니를 면할 수 없었던 것이다"라고 한탄했다.

실제 군 출신들이 재향군인회나 고엽제전우회 등 우익단체에 참가하는 동기도 이념보다는 존재에 대한 인정 욕구가 깔려 있기는 하지만, 국가로부터 재정 지원을 받는 등 생계와 관련된 경우가 많다. 과거 월남한 청년들이 서북청년단에 가입하거나 '반공 투쟁'의 선봉에 나선 것 역시 생계 문제와 연관되어 있었다. 반공은 해방 직후 재산권 박탈의 위협에 시달리던 친일 부호들의 과거를 감추고 이익을 보장해주는 논리였고, 이 점에서 월남한 청년들과 친일 부호들의 이해는 일치했다. 부자들은 청년들을 이용하고, 청년들은 그들의 지원으로 생계를 유지했다.

한국에서 대중적인 구우익이나 신우익이 사상이나 이념보다는 주로 이해관계를 중심으로 뭉치고 흩어지고 한다는 말은 이들이 정치 이데올로기적으로나 재정 면에서 국가에 거의 절대적으로 의존했다는 말이 된다. 해방 후 회자되었던 '서청 무소불통'이라는 속설은 공권력이 이 조직의 불법과 탈법을 절대적으로 비호하고 있었다는 얘기다. 1948년 제주 4·3사건 당시에도 서북청년단은 유해진 제주지사와 경찰의 비호를 받으며 태극기 강매와 강제 모금, 관공서의 인사업무와 보급 문제 개입 등 준공권력을 행사했다. 조직의 자금을 모금하는 과정에서 테러를 행사하기도 했다.

지금의 행동주의 우익단체인 여러 참전군인 단체 역시 정권의 적극적인 지원과 경찰·검찰 등 공권력의 묵인 아래 집회 방해와 맞불집회, 신문사 난입과 기물 파괴, 진보정당 난입과 관련자 구타, 진보 인사 위협, 각종 세미나와 토론회 방해, 상스러운 욕설 사용 등의 폭력을 저지르고 있다. 얼마 전 이들 집회 후에 있었던 여의도 어느 식당에서의 밥값 시비에서 드러나듯이, 이들은 과거의 서북청년단과 마찬가지로 국가를 위해 희생했고 반공·반북의 입장을 내세우는 애국자이므로 누구도 자신들을 건드릴 수 없다고 생각하며, '종북좌파' 인사를 제거하는 데 폭력 사용도 불사해야 한다고 생각한다. 그들에게 절차적 민주주의나 토론 등은 무의미하다.

이들의 행동과 폭력이 과연 정부의 지원과 묵인이 없다면, 그리고 정부로부터의 재정 지원이 전혀 없다면 지속될 수 있을지 의문이다. 즉 한국 우익 대중운동은 유럽이나 미국과 달리 국가권력과 거리를 두고 있는 시민사회의 일부를 구성하기보다는 언제나 국가권력과 직간접적으로 유착해왔으며, 공식 기관 혹은 정치 엘리트, 기업가들로부터 활동자금을 제공받아왔고, 국가기관 혹은 보수 언론에 의해 행위의 정당성을 보장받았다는 점에서 특징적이다. 일베의 경우나 보수 개신교 신자들의 행동주의는 약간 성격이 다르지만 전통적인 관변단체 혹은 주로 군 출신들로 구성된 극우 행동주의 단체를 시민사회의 일부로 볼 수 있을지 의문이다.

극우 행동주의, 독이 든 사과

극우 행동주의의 등장은 파시즘화의 한 징후나 경향으로 해석될 수 있다. 과거에 나타났던 역사적 파시즘이나 제2차 세계대전 이후 간헐적으로 등장하는 파시즘화의 경향은 거의 민주주의 실패의 결과로 볼 수 있으며, 좌파 혹은 진보적 사회운동의 등장에 대한 우파와 부자들의 위기의식의 반영 혹은 그것에 대항하기 위해 나타난 경우가 대부분이다. 특히 파시즘은 전쟁 또는 경제 위기 등과 맞물려 제도정치가 대중의 불만과 욕구를 대변할 수 없는 상황에서 나타나는 경향이 있다. 2000년 이후 한국의 극우 행동주의는 1953년 정전 이후 처음으로 등장한 두 민주정부가 반공·반북이라는 독점적 이데올로기를 허물고, 진보정당이 북한 및 사회주의를 긍정한다고 생각하여 그에 대한 반발과 위기의식에서 출발했다.

특히 1990년대 이후 각종 시민운동, 인터넷을 활용한 진보 담론의 등장, SNS를 이용한 자유주의의 비판 담론에 대한 거부감도 중요한 동기가 되었다. 시민운동과 진보 지식인들이 표방한 도덕적 우월감과 자기

정당성에 대한 확신이 역풍을 가져온 점도 무시할 수 없으며, 진보적 입장을 표방한 두 정부가 실제로 노동자들과 빈곤층의 생활을 더욱 힘들게 만든 사실에 대한 역겨움과 불만도 우익 행동주의의 배경에 깔려 있다. 이 점에서 파시즘은 좌파의 등장과 실패를 반영하는 것이라는 오랜 공식이 한국에서도 어느 정도 적용되었다고 볼 수 있다.

그런데 박근혜 정부의 핵심 구성원들은 사실 이들 극우 세력과 동일한 지향 혹은 이데올로기를 지니고 있다. 따라서 그들은 정권 유지를 위해 극우단체 이용의 유혹을 느끼며, 그들의 행동을 적극적으로 비호하거나 지원할 의사를 가지고 있다. 정권이 이 단체들과 거리를 두지 않고 밀착하면 할수록, 정권은 이들과 같은 처지가 될 위험성이 높다. 우익 극단주의는 독이 든 사과다. 잘못 삼키면 함께 죽을 운명에 처할 수 있다. 오사마 빈 라덴을 이용했던 미국이 9·11테러를 당한 것이 그 실례다.

/

국가 부재와 감정정치
—세월호 참사 이후의 한국 사회

국가라는 물음—안보국가와 신자유주의 국가

세월호가 왜 침몰했는지, 과연 해경은 '골든타임'에 승객들을 구조하지 못했는지 아니면 안 했는지, 진실은 아직도 밝혀지지 않고 있다. 그러므로 세월호 참사에 대한 이 글의 논의도 잠정적일 수밖에 없다. 의혹은 남아 있고 사실과 원인은 밝혀지지 않았지만, 다만 사고가 '참사'로 바뀐 메커니즘에 대해서만은 알 수 있다. 그것은 사실 전문적이고 학술적인 분석을 요하는 것도 아니다. 세월호 참사 직후 국민의 84.4퍼센트는 이런 재난 사고가 재발할 것이라고 예상했고, 약 65퍼센트는 재난 상황에서 국가의 도움을 받지 못할 거라고 생각했다. 그리고 그 예상은 적중했다. 2014년 12월 1일, 501 오룡호가 침몰했고 구조는 이루어지지 않았다. 세월호 참사 이후에도 변한 것은 아무것도 없다. 그런데도 박근혜 대통령은 세월호 침몰의 한 원인이 된 규제 완화에 역행하는 발언, 즉 "규제는 암 덩어리이며, 한꺼번에 단두대에 올려 처리해야 한다"라고 말했다. 이성적으로 이해하기 어렵다.

세월호 참사 이후 유가족들은 물론이고 보통 사람들도 국가와 정권이 겉으로는 국민의 안전을 운운하지만 실제로는 국민의 안전 따위는 안중에도 없다고 느꼈다. 우리가 뼈저리게 알아챈 것은 '국민주권'의 원칙은 교과서에만 있고, "대한민국은 민주공화국이다"라는 헌법 조항이 현실과는 무관한 공허한 언명이라는 점이었다. 국민은 또다시 그런 비극적 사건이 발생할 수밖에 없다는 것을 매우 우울하게 전망했고, 자신이 위험에 빠져도 국가나 정부의 구조를 거의 기대할 수 없다고 새삼 확인했다. 세월호 참사는 자신이 그런 위기 상황에 처했을 때 어떻게 행동해야 하는가를 확증하는 강력한 신호가 되었다. 그러나 재난에 대해 국가와 정부가 어이없게 대처하는 것을 처음 목격한 청소년들이 느끼는 충격과 당혹감, 그리고 유가족들의 슬픔은 그 어떤 언어로도 도저히 표현할 수 없는 기막힌 현실이다.

성격과 양상은 다르지만 한국 사회에는 수십 수백만 명의 유사 체험자가 있다. 국가로부터 보호받지 못한 사람, 아예 국가로부터 피해를 당한 사람……. 이 수많은 사람들이 동시대에 함께 살아가고 있다. 그러나 각각의 체험은 전혀 공유되지 못하고 있다. 그들의 체험이 공식적이고 집합적인 기록과 기억 속에 한자리를 차지하지 못하고 있기 때문이다. 광화문 단식 농성장에서 유민 아빠 김영오 씨는 "자신과 같은 처지의 사람이 그렇게 많았다는 것을 처음으로 알게 되었다"라고 말했다. 대참사의 경험과 학습은 법, 제도, 관행, 의식의 변화를 가져오지 못했다. 사람들은 언제나 직접 겪어야만 국가와 정부의 실체를 알게 되고, 또 잠재적 위험이 실제로 닥쳤을 때에만 어떻게 행동해야 하는지를 알게 되는 것은 학습 부재 사회의 비극이다. 이미 비극을 겪은 사람들은 비극 이전으로 원상회복을 할 수 없고, 아직 비극을 체험하지 못한 사람들은 자신이 비극을 겪은 사람들과 다른 세상에 살고 있다고 생각하지만 장차 비극의 주인공이 되기도 한다.

반의반의 인민주권

나는 우리가 체험하고 목격한 세월호 참사 대처 과정에서 나타난 국가와 정부의 모습이 한국인이 '반의반의 주권', 즉 4분의 1의 주권만 누리고 있는 데서 초래된 것이라 본다. 샤츠슈나이더E. E. Schattschneider는 민주주의 국가에서도 '절반의 인민주권'밖에 실현되지 못한다는 점을 강조한 바 있다. 민주주의 국가에서도 정당은 다양한 사회적 갈등을 제대로 수렴하지 못하고, 인민의 상당수가 투표에 참여하지 않으며, 기업권력이 정부를 압도하여, 결국 인민은 자신의 주권을 온전히 실현하지 못한다는 것이 그의 주장이다.

요컨대 한국은 인민주권을 제약할 수 있는 억압적 국가의 역사적 경험(식민지 지배와 분단), 전근대 이래로 사회문화적 전통으로 내려온 가족주의(가족 책임과 성취주의 문화), 아래로부터의 근대 민주주의 혁명의 제약과 좌절의 경험을 갖고 있으며, 만성적인 전쟁 상태(북한과의 대결 구조)에 놓여 있다. 그래서 한국 국민은 '절반의 주권'도 누리지 못하는 사실상 '반의반의 주권' 상태에서 출발했다. 절차적 민주주의가 도입되었다고 하지만 전쟁과 억압적 개발독재 아래서 살아가는 모든 일은 개인 책임, 가족 책임으로 귀속되었고, 사회 연대의 해체, 정치에 대한 무관심과 사적 생활에 침잠하는 일은 거의 강요된 것이었다.

한국 정부 수립 과정에서 민주주의가 극히 형식적으로만 도입되고 각종 공안기관이 실질적인 권력을 갖는 과거 안보/전쟁국가에서 민주화의 착실한 진전에 따라 반의반의 주권이 절반의 주권에 근접하는 양상도 보였다. 그러나 민주화 이후 개발독재의 유산이 신자유주의 정책과 결합된 20세기 후반 이후에 또다시 '반의반의 주권'으로 후퇴했다. 기업에게는 과도한 '주권'이 부여되는 데 반해 노동자와 약자에게는 과소 '주권'이 부여되고, 일반 국민은 권리의 주체가 아니라 동원의 대상이자 권력에 복종해야 할 존재가 되었다.

그래서 안보국가와 신자유주의 국가는 서로 다른 것처럼 보이지만 연속적인 점이 있다. 나는 한국이 급작스럽게 '기업사회'로 변환한 것은 병영사회라는 토대가 있었기에 가능했으며 양자는 연속성이 있다는 주장을 한 적이 있다. 병영사회에서는 억압 권력에 의해 인권과 시민권이 제약되고, 기업사회에서는 국가의 하부구조가 축소되고 기업이 사회를 장악함에 따라 개인의 시민권을 무력화함으로써 인민주권이 제약받기 때문이다. 아직 냉전 분단이 지속되는 한국과 대만 등 결손 국가에서는 '과거의 것'과 '새로운 것'이 공존한다.

신자유주의 국가의 '비행동'과 계급 편향성

전쟁/안보국가에서 인민의 생명과 재산이 상실되는 것이 억압적 물리력을 행사하는 적극적인 국가 행동에 기인한 것이라면, 신자유주의 국가에서 인민의 생명과 재산이 상실되는 것은 국가의 취약한 하부구조의 힘, 혹은 국가의 '비행동'에서 주로 기인한다. 그리고 이런 국가의 부작위 혹은 비행동에는 계급 편향성이 있다. 국가는 공권력을 행사해서 인민을 보조할 수 있음에도 오히려 '개입하지 않음으로써' 거대 이익집단 같은 사적 권력이 과도한 힘을 행사하도록 방관한다. 그렇기 때문에 때로는 대기업의 이익 실현을 위해 국가가 자원 동원이나 권력 행사를 포기한다. 그런 한편, 국가는 국가와 법의 이름으로 사회구성원의 자발적 참여와 조직화를 억제한다. 즉 부작위 혹은 비행동을 함으로써 위험에 더 많이 노출된 사람들을 국가가 의도적 또는 비의도적으로 방치하고 무시하는 것이다.

이처럼 공권력의 보호망, 제도와 법 바깥에 방치된 인민들이 세월호 침몰 같은 사고를 만나면 엄청난 비극의 주인공이 된다. 세월호 침몰 직후 해경이 사설 해양구조업체인 언딘에게 수색과 구조 업무를 맡기고 민간 잠수사의 자발적 구조활동을 금지한 것은, 사건 발생 직후 팽목항 주변의 어민들이 자발적으로 배를 동원해서 물 위로 떠오른 수십 명의 목숨을 그 자리에서 구조한 것과 극명하게 대조를 이룬다. 구조 과정이 너무나 어이가 없기 때문에 만약 그때 해경이 오지 않았다면, 즉 차라리 국가의 기능이 아예 없었다면 (어민들이 침몰하기 직전에 배의 유리창을 깨는 등의 방법으로) 수십 명이라도 더 구조했을지 모른다는 생각까지 하게 된다.

전쟁, 자연재해, 경제 위기 같은 거대한 위기 상황은 행정력으로 감당할 수 없는 대재앙을 초래한다. 그러나 자연에 의한 위험은 언제나 사회적 연관성을 갖고 있으며, 권력·제도 등과 결합되어 피해가 확장되거나 축소되고, 위험 피해는 계층에 따라 차별적으로 배분된다. 그래서 위험을 줄이고 피해를 최소화하는 것은 정치와 사회의 몫이다. 이 위험에 대처하는 과정에서 국가, 정권, 사회, 문명의 맨 얼굴이 그대로 드러난다. 세월호 참사는 바로 한국의 국가, 박근혜 정권, 한국 사회, 지배집단의 민낯을 적나라하게 드러낸 사건이었다. 특히 '국민', '안보'와 '성장', '효율'의 감추어진 모습이 드러난 것이다. 지난 시대에 '애국'의 기치 아래 한국전쟁과 베트남 전쟁, 군대 자원으로 동원해 쓰이던 가난한 '국민'이 이제는 재난 상태에서 구조받지 못한 채 버려진 것이다.

세월호 참사는 '반의반의 주권', 국가의 무책임, 사회적 연대가 결여된 국가 시스템이 가져온 하나의 결과다. 인민주권이 결여된 국가는 때로는 저항하는 집단을 향해 강대한 폭력을 행사하기도 하지만(과도한 개입), 어떤 때는 약자들을 위험에 더 많이 노출시키거나 그들이 재난 상황에 처했을 때 제대로 구조하지 않거나 구조하지 못해서(방치 혹은 과소 개입) 그들을 고통과 죽음에 이르게 한다. 이 모든 경우에 국가는 약자에게 잔인한 존재다.

재난의 책임—국가, 정권, 사회 일반, 그리고 개인들

세상에서 일어난 재난 중에서 100퍼센트 불가항력인 자연재해도 없고, 100퍼센트 사회적 연관성이 있는 재해도 없다. 그리고 사회적 연관성이 있는 재해의 경우에도 100퍼센트 특정 개인의 책임인 경우나 100퍼센트 국가 혹은 사회구조적 원인에 의한 경우도 없다. 전적으로 운전자 개인의 실수로 보이는 교통사고도 원인을 따져보면 교통, 신호체계, 단속경찰 배치 등 제도와 구조의 미비점이 드러나는 법이다. 단순한 자연재해가 재난으로 변하는 과정에는 복합적인 사회적 변수가 작용하고, 각 변수의 경중을 엄밀하게 과학적으로 판명하는 것은 쉽지 않다. 특히 정부나 기업 등 힘 있는 기관이 관련 정보나 자료를 충분히 공개하지 않고, 전문가들이 침묵하는 것도 과학적 판명이 어려운 이유가 될 수 있다.

입법부·행정부·사법부의 모든 책임

세월호 사건의 경우 만약 배가 과적으로 침몰한 것이라면 선박 연령, 화물 적재 규모 등에 대한 해양수산부의 규제 완화 조치와 각종 관리감독 조치의 완화·포기를 통해 선박회사에게 엄청난 이윤을 안겨준 이명박 정부, 그리고 이런 규제 완화 법을 통과시킨 주역인 새누리당과 집권 여당에 협조한 야당 등 정치권의 책임이 크다.

　미군의 구조 제안이나 민간 측의 구조 의사를 묵살하고도 막상 한 명도 구조하지 못한 해경의 구조 실패는 심층적으로 검토해야 할 사안이다. 사고가 '사건'으로 발전하고, 삼풍백화점과 성수대교 붕괴, 대구지하철 사고 등 대형 참사가 계속 발생해도 제대로 개선되지 않는 데는 이유가 있다. 블룸버그 통신이 말하는 것처럼 바로 해운협회와 같은 기업가 집단과 정치권 관료들의 유착, 공기업 낙하산 인사 때문이며, 야당과 시민사회는 그런 권력집단의 유착을 고발하고 해체할 힘이 없기 때문이다.

그러나 과거 정부와 국가의 잘못으로 발생한 여러 주관적·객관적 원인으로 세월호가 침몰했다고 하더라도, 2014년 4월 16일 사건 직후 배의 창문에 매달려 울부짖었을 아이들이 아직 생명이 붙어 있을 때 제대로 구조하지 못한 가장 큰 원인 제공자는 이들을 버려두고 자신만 탈출한 항해사들, 그리고 배가 침몰하기 전에 배 주위를 빙빙 돌면서도 구조를 하지 않은 해경이었다. 어린 학생들이 "가만히 있으라"는 선내 방송에 따르다가 죽음을 맞이했다는 사실 하나만으로도 해경의 대처는 온 국민을 분노하게 했다. 선원들의 규정 위반, 보고 부실, 승객 안전과 대피 조치의 부재, 해경의 구조 회피, 통영함의 출항 실패, 정부의 거짓 보고와 정보 통제, 대통령의 7시간 의혹, 엉뚱한 사태 파악, 정부의 컨트롤타워 기능 부재 등 구조 과정의 거의 모든 것은 현 정부의 책임 사안이다. 그런데 구조 회피 의혹에 초점을 맞춰야 할 검찰은 탈출한 선원과 선박 주인 청해진해운의 유병언 사장에 대한 수사로 방향을 잡음으로써 진정한 책임 규명을 뒤죽박죽 상태로 만들었다.

대통령의 '부작위'의 책임

해양수산부, 안전행정부 등 관련 정부기관의 최고위직인 장관을 임명하고 모든 공무원을 지휘하는 사람은 대통령이다. 청와대에서 7시간 동안 대면 보고를 받지 않았고 오후 5시가 되어서도 엉뚱한 처방을 내린 대통령의 행적은 이후 반드시 규명해야 할 과제다. 그런데 당시 현장에서 해경이 수색보다 대통령 의전에 더 많은 인력을 배치하고 구조 작업보다 상부 보고에 더 치중한 것은 대통령에 대한 충성을 직무 완수 이상으로 강조해온 박근혜 정부의 권위주의 통치의 필연적 결과다. 관료조직에 신호를 주는 사람은 대통령과 장관 등 인사권자이므로, 관료조직은 이들이 주는 신호에 따라 움직이게 마련이다. 국민에게 제대로 봉사하지 못해 문책당하는 일은 없어도 정권에 대한 충성심이 약해서 인사상의 불이익을 당한다면, 당연히 관료들은 국민의 생명이나 재산보다 오직 윗사람의 의중만 고려할 것이다. 이 점에서 초기부터 해경이 상부 보고나 책임 회피에만 신경 쓴 것은 박근혜 정권의 통치 스타일, 대통령이 평소에 관료들에게 지속적으로 준 신호를 충실하게 따른 결과다.

그래서 사건 당일에 박근혜 대통령이 어떤 보고를 받고 어떤 지시를 내렸는지가 규명되지 않은 지금도 대통령은 '부작위'의 책임, 즉 할 수 있었으나 하지 않음으로써, '다른 신호'를 줌으로써 구조를 못하게 만든 책임이 있다. 물론 7시간의 의문의 행적, 국정원이 세월호 내부 수리에까지 개입한 일, 사고 이후 국정원 보고 등 새로운 사실에 대해 진실이 규명되면 대통령의 책임은 전혀 다른 차원에서 재론할 수 있을 것이다. 과거에 이승만 대통령은 한국전쟁 직후 한강교를 폭파시켜 수백 명이 사망한 사건이 크게 문제가 되자 군 지휘관의 책임을 묻는 대신에 현장 책임자인 최창식 공병감을 희생양으로 삼아 처형했고, 국민방위군에 징집된 장병 수만 명이 사망한 사태가 발생하자 지휘관 몇 명을 희생양 삼아 처형했다. 박근혜 대통령이 탈출한 선원들에게 '살인자'라고 증오를 표시하고 검찰이 선장에게 사형을 구형한 것은 정부의 무능을 덮고 분노를 다른 곳으로 돌리는 이승만 정권의 판박이다.

사건 이후 검찰과 언론, 특히 종합편성(종편) 채널은 청해진해운의 유병언 일가에 초점을 맞춤으로써 세월호 사고가 단순히 회사의 잘못에 의한 것으로 규정했다. 박근혜 정부는 구조 비난이 해경에 쏟아지자 해경을 해체함으로써 오히려 구조 과정에서 어떤 잘못이 있었는지를 규명할 수 있는 길을 가로막았다. 사고 당일에 구조가 가능했던 시점에 구조하지 못하고 허둥댄 안전행정부 등 정부기관과 모든 공권력 지휘의 책임을 가진 대통령, 선박 규제 완화를 통해 사건의 구조적 원인을 제공한 이명박 정권은 모두 슬그머니 빠져나갔다. 민간 측이 발견한 노트북에 적혀 있는 국정원과 세월호의 관련성은 아직 전혀 해명되지 않았다. 결국 세월호 침몰과 관련된 수많은 의혹은 아무것도 밝혀지지 않은 채 남아 있다.

정권의 책임 범위와 국가의 책임

만약 세월호 침몰이 박근혜 정권이 아니라 김대중 정권이나 노무현 정권 시절에 발생했다면 대형 사건으로 발전되는 것을 막을 수 있었을까 질문해볼 수 있다. 이것은 이 사고가 어느 정도 해당 정부기관과 관료들의 무책임, 신자유주의적 규제 완화 정책과 해양 안전의 사기업 위탁에 기인한 것이며, 어느 정도 정권의 실질적인 정책의 무게중심과 국민 보호의지 혹은 대통령의 통치 스타일의 결과인지를 가늠하는 데 중요한 쟁점이다.

박근혜 정권은 행정안전부를 안전행정부로 개칭하는 등 겉으로는 안전을 중시하는 듯했지만 노무현 정부 때 만들어진 안전 매뉴얼을 내팽개치고 안전 전문가를 제대로 배치하지 않았다. 해운업체의 요구에 따라 선박 운행 관련 각종 규제를 완화하여 노후한 선박이 과적 운행할 수 있도록 조건을 마련해주고 비정규직 선장과 선원을 채용할 수 있게 만들어준 것은 2009년 이후 이명박 정권과 집권 새누리당의 '위험의 외주화', '구조救助의 영리화' 정책이었다. 해경이 사기업인 언딘에게 구조를 위탁한 것은 정부의 기능 축소와 민간 위탁이라는 신자유주의 이데올로기와 정책의 결과이므로 이 사고는 국가 시스템 전반과 연관되어 있다. 해군의 통영함이 출항하지 못한 것은 해군 비리 문제와 연관되어 있을 가능성이 크고, 해경의 비전문가 낙하산 인사도 관료사회의 문제점이 오랫동안 누적된 것이므로 단순히 박근혜 정권 차원을 넘어서는 국가 차원의 문제다.

그렇게 본다면 김대중·노무현 정권에서 세월호 사고가 발생했어도 대형 참사가 되었을 가능성이 있다. 특히 세간의 루머처럼 해경이 추가 사고 방지를 위해서가 아니라 인양업체인 언딘에게 일감을 주기 위해 민간 잠수사의 구조 지원을 막았다면, 이는 단순히 현 정권의 책임을 훨씬 넘어서는 국가 시스템, 관료조직의 총체적 붕괴 현상으로 봐야 한다.

모든 관료조직은 처음부터 끝까지 상부의 명령과 법규정에 따라서만 움직인다. 그래서 해경의 모든 행동은 철저하게 명령에 따른 것이고, 당시 명령권자는 승객 구조 이외의 문제에 더 신경을 쓰고 있었다는 건 분명하다. 해경이 어떤 이유로 승객 구조를 포기한 채 선원들만 구출했는지에 대한 의혹은 구조 과정에서의 현 정부의 책임을 규명하는 데 핵심적이다. 기술적 어려움이나 해류 등 불리한 자연조건을 고려한다고 하더라도 304명의 학생과 승객 중 단 한 명도 구조하지 못했다는 사실은 정말 이해하기 어려운 일이다. 해경 해수부 지휘부, 청해진해운, 세월호 선원들이 법적 책임을 져야 한다면, 청와대와 대통령은 진상규명에 따라 정치적 책임을 져야 하고, 언론과 나머지 정부 부처 관계자들은 도덕적·사회적 책임을 져야 한다. 어떻게 책임을 분배할 것인가, 어느 정도의 책임을 질 것인가, 어떤 방법으로 책임을 표명할 것인가는 이후 유사 사건의 재발 방지와도 관련된다.

아이들을 말 잘 듣는 순종적 존재로 묶어두는 한국의 교육, 교육자와 교육부도 도마 위에 올려야 한다. 그리고 승객의 안전을 책임지고 있는 선원을 비정규직으로 채우고 경제적으로도 제대로 대우해주지 않는 기업의 노동 관행은 물론, 선원들에게 스스로 무리한 운항을 중단시킬 아무런 권리가 없는 직업윤리를 강제한 신자유주의적 기업문화, 위험이 상존하는데도 묵인해온 정부의 감사기관과 이런 사실을 고발하거나 보도하지 않았던 언론, 이 모든 기술적 문제점을 알면서도 침묵했던 전문가와 학자 모두에게 책임이 있다.

구태여 경중을 따지자면, 대한민국은 '반의반의 인민주권'밖에 보장하지 않는 매우 무책임한 국가라는 것을 뼈저리게 깨닫게 만든 이 정권의 최상 권력층에게 가장 큰 책임이 있다. 그다음으로 정확한 사실을 보도하기보다는 정권의 책임을 덮는 데 앞장선 거의 모든 언론의 잘못이 크다.

그러나 "나라가 망하면 필부에게도 책임이 있다"고 했으므로 유민 아빠 김영오 씨가 말한 것처럼, 평소에 나만 성실하게 일하면 된다고 생각하고 살아가면서 정치권과 관료집단이 제대로 역할을 하고 있는지 감시하지 않았던 시민, 권력을 감시하는 단체에 참여·후원하지 않았던 보통 시민들 모두에게 약간씩의 책임이 있다. 그리고 이들 중 일부는 바로 그 무책임 때문에 미래의 피해자가 될지도 모른다.

감정정치—동감의 균열, 혐오와 조롱

한 개인이나 집단이 겪는 슬픔은 그것을 목격한 사람들에게 동감 혹은 공감을 불러일으킨다. 애덤 스미스Adam Smith는 "동감이란 다른 사람의 기쁨에 대해서가 아니라 고통에 대한 우리의 동류의식을 나타내는 것"이라고 말했다. 동감은 언제나 타자를 지향하므로 사회적 관계, 감정으로 이루어진 유대관계의 실재성을 전제로 한다. 즉 동감은 사회적 연대를 전제하지만 동시에 연대를 만들어낸다. 사회를 지탱하는 도덕은 언제나 감정, 특히 동감의 형태로 존재한다. 그러나 언제나 동감은 슬픔을 직접 겪은 사람들의 감정과 완전한 일치에는 미치지 못한다.

감정의 정치화

정부는 동감이 분노와 정의감으로 발전하는 것을 막기 위해 미디어 보도를 통제했고 대다수 방송은 그 지침을 그대로 따랐다. 피해 유가족의 목소리는 언론에서 사라졌고 SNS를 통해서 광범위하게 유포되고 있던 구조 과정의 의혹과 문제점은 공중파와 종편에서 방영되지 않았다. 경찰은 유가족들의 집단행동을 제지하고 감시하느라 바빴고, 현장에서 정부의 구조 과정의 문제점을 지적한 사람들을 명예훼손 혐의로 구속시켰다. 경찰의 감시와 사찰 속에서 유가족들이 정부의 책임을 추궁하는 등 동감을 정치적 공격의 자원으로 동원하려 하자 사건 초기에 광범위하게 생겨났던 동감의 분위기도 약간씩 금이 가기 시작했다. 이제 감정은 정치화되었다.

동감 허물기

원래 동감은 애덤 스미스가 말하는 것처럼 '적정성'에서 나온다. 아무리 심각한 피해를 입었고 동감을 얻어 마땅한 사안이라 하더라도 피해자들이 비애를 지나치게 과장하거나 무리한 요구를 하거나 피해자가 사회적 약점을 갖고 있거나 시간이 지나도 지속적인 관심과 동감을 '요청'할 경우에는 동감이 사라지거나 짜증으로 변할 수도 있다. 박근혜 정부와 보수 언론은 동감의 분위기가 압도적인 초기에는 무시하고 관망하다가 동감의 정도가 옅어지고 유가족과 사회단체의 성원 일부가 감정을 정치화하려 하자 동감을 철회할 명분을 사람들에게 제공하기 시작했다.

주로 언론이 이 작업을 담당했다. 동감의 기반을 허물기 위한 꼬투리 잡기는 다차원적으로 전개되었다. 『조선일보』와 공중파와 종편은 동감의 기반을 약화시키기 위해 단식농성을 벌이는 김영오 씨를 집중 공격했다. 사건 발생 초기 다소 과격한 발언과 출신 지역, 노조원이라는 위치, 아버지로서 자식에게 부족했던 점 등 이 사건과 아무런 관계도 없는 사안을 찾아내서 동감을 거부감으로 전환시키는 소재로 삼아 보도했다. 이것은 애초에 가졌던 동감을 점점 피로감으로 전환시킨 개개인의 태도 변화보다 훨씬 더 비열한 권력 행사였다. 이런 언론 보도는 김영오 씨에 대한 국정원의 사찰과 거의 동시에 진행되었다. 핵심 권력이 이 일에 개입했다는 증거다.

동감을 약화시키는 데 또 다른 좋은 소재는 분노하고 항의하는 개인의 약점을 잡는 것과 더불어 이들의 요구가 무리라는 것을 부각하거나 조작하는 것이다. 여당인 새누리당과 보수 언론은 유가족들을 자식 팔아 이익이나 챙기려는 사람들이라는 점을 부각하려 했다. 그렇게 되면 유가족들의 항의나 요구를 약간이라도 불편하게 생각했던 사람들이 자신의 동감을 철회하는 근거로 삼게 되기 때문이다.

초기의 동감이 정부에 대한 분노와 진상규명에 대한 요구로 발전하면서 이 사건은 '객관적으로' 정치화될 수밖에 없었다. 여당과 언론은 유가족들이 아무리 자식 잃은 부모 심정을 호소해도 이를 외부의 과격파에 의해 조종당하고 있는 정치행동이라고 공격했다. 그리고 안산의 상인들은 소비 심리가 살아나지 않는 것이 세월호 문제 때문인 양 몰아가기 시작했다. 언론은 여전히 남아 있는 정부에 대한 실망과 분노를 청해진 해운의 유병언과 구원파 쪽으로 돌렸고, 이들을 악마로 만들어 공격과 비난의 화살이 이들에게 향하도록 유도했다. 결국 사건이 발생한 후 100일쯤 지난 2014년 8월 이후 여당과 보수 언론은 동감의 균열과 차단, 분노의 전이, 농성을 조롱하는 우군 세력의 동원 등 집권 세력이 할 수 있는 한 모든 정치적 공격을 폈다.

혐오의 조장

세상에서 가장 불행한 처지에 빠진 비극의 주인공들에게 주변 사람들이 취하는 가장 부도덕하고 비인간적인 태도는 그들의 재난을 경시하는 것이다. 친구가 자신의 고통을 이야기할 때 진지한 태도로 경청하지 않는 것은 매우 잔인한 행동이다. 그런데 이제 일부 사람들은 점점 세월호 유가족들의 고통을 경청하지 않는 정도를 넘어서서 비웃거나 욕하는 지경에 이르렀다. 유가족들에 대한 이런 모욕은 어떻게 가능한 것일까? 도덕과 예의가 중요한 매개가 되는 상호작용의 세계에서는 상상할 수 없는 잔인한 행동이지만, 특정 사건이 정치화될 경우 충분히 일어날 수 있는 일이다.

　　정치 세력과 언론이 피해자에 대한 동감의 여지를 막고 혐오를 조장하는 것은 오래된 수법이다. 한국에서 피해자에 대한 동감의 표시는 사회정치적 성격을 띠었다. 한국에서는 동감을 표시해서는 안 되는 대상과 사건이 있다. 한국전쟁기 학살 피해자, 조작 간첩, 고문 피해자, 노조활동가를 권력은 '빨갱이'라고 지목하고 그들의 비극은 전혀 슬퍼할 일이 아니라고 공공연하게 규정했다. 권력은 피해자를 공식적으로 배제하고 낙인찍고 따돌리고 기피하도록 부추겼다. 피해자의 자식들은 권력의 가르침을 받은 순진무구한 동네 어린이들의 놀림감이 되곤 했다. 피해자와 피해 가족 또한 억울함을 호소하거나 동감을 얻으려 할 수 없었기 때문에 이들은 '없는 존재'로 취급받았다. 이들은 도덕적 책임과 동감의 영역, 사회 바깥에 있었고, 한국인이 아니었으며, 인간도 아니었다.

고령층과 청년층의 혐오

어떤 사건의 억울한 피해자들이 적극적으로 보상을 요구하고 가해자 처벌을 주장할 경우, 그들을 보면서 자신이 겪었던 과거의 피해와 고통의 기억 때문에 불편함을 느끼며 "나도 너만큼 힘들다"고 말하고 싶은 사람들이 한국 사회에는 아주 많다. 참혹한 전쟁과 극심한 가난을 겪으며 개발독재의 주역이었던 60대 이상의 고령층이 그들이다. 이 세대에게는 그들이 끔찍한 고통을 당하고도 억울함을 호소하지 못하고 살아온 데 대한 분노가 있다. 그래서 이들은 어떤 사건의 희생자들이 정부를 향해 특별한 보상이나 대우를 요구하는 것을 보면 동감을 곧바로 거부감으로 전환시킬 준비가 되어 있다.

오늘날 힘겨운 삶을 살고 있는 청년들 역시 조건은 다르지만 유사한 상황에 처해 있다. 1960년대에 청년이었던 저학력 고연령층이나 2000~2010년대의 청년들이 가진 공통점은 한번도 권력에 집단적으로 맞서본 경험이 없다는 것이며, 문제를 언제나 '개인'의 문제로만 여기면서 해결해왔다는 것이다. 더욱이 신자유주의 시대에는 동감의 필수적 기반인 사회적 연대가 해체된 상태다. 모든 책임은 개인화되었다. 지금 한국에서 힘들게 사는 사람들은 분노의 감정은 있어도 동감의 기반인 도덕적 능력은 거의 상실한 상태다. 빈부의 격차는 더욱 심해져서 사실상 한 나라 국민이라고 할 수 없을 정도로 부자와 가난한 사람, 성공한 사람과 실패한 사람 사이에는 경제적·사회적·물리적 거리가 커졌다. 도덕 공동체로서 작동하기에는 사회가 이미 심각하게 해체된 것이다.

힘든 처지에 있던 혹은 있다고 생각하는 사람들은 자신의 불행에 견주어 세월호 유가족들이 과도한 '특권'을 요구하고 있다고 생각하고 동감을 분노와 혐오감으로 전환시키고 있다. 여당과 방송, 특히 종편은 이를 부채질하며 세월호 유가족들이 공식적으로 제기한 적도 없는 자녀 대학 특례입학이나 보상금 요구를 사실인 것처럼 슬쩍 내비춰 '특권' 이미지를 만들어냈다. 그렇기 때문에 신문이나 책이 아닌 종편만을 통해서 세상을 접하는 저학력·저소득·고령층이 세월호 유가족들을 과거에 국가유공자 자격을 요구한 5·18 광주 민주화운동 유가족들처럼 취급하고 혐오의 대상으로 삼는 것이다. 이런 구도에서 세월호 참사는 '교통사고'가 되었고 유가족들은 대한민국의 발목을 잡는 '무임승차자'가 되어 공격의 표적이 되었다. 세월호 유가족들의 '특별한 보상과 혜택의 요구'는 여전히 힘들게 살고 있는 한국인들의 상처를 건드린 셈이 된 것이다.

이렇게 2014년 한국에서 가장 비극적인 존재가 특권층으로 둔갑하는 역설이 나타났다. 사고 직후에 부채감을 가졌던 사람들은 부채감을 털어버릴 명분을 찾았고, '도덕 감정'은 완전히 전도되었으며, 국가와 정부를 비롯한 모든 가해 주체들은 책임 범위에서 빠져나갈 길을 찾게 되었다. 이제 정부는 경제적으로 힘겨운 유가족들을 개별적으로 접촉해서 포섭하거나 분열시키고, 현장의 목격자나 증언자까지 매수하거나 입을 다물게 해서 전혀 다른 방식으로 사건을 마무리할 것이다. 결국 박근혜 정부와 종편 등의 언론은 낮은 수준의 동감의 기반을 갖고 있거나 희생자들과의 사회적·물리적 거리 때문에 무관심했던 사람들에게 적절한 소재와 명분을 제공해줌으로써 동감의 기반을 약화시키고 혐오감을 확산시켰다. 그 결과 단식농성을 하는 유가족들 앞에서 '폭식투쟁'을 하는 공개적인 조롱 행동까지 나타난 것이다. 박근혜 정권은 이 사건이 권력을 위협하지 않도록 사실상 '전쟁'을 한 셈이었다.

오랜 안보국가가 행사한 폭력과 사찰의 경험, 신자유주의적 전환을 겪은 한국 사회는 세월호 사건이 일어나기 이전에 이미 상당히 파괴된 상태였다. 그러나 한국 사회는 세월호 사건을 겪고 난 이후 그나마 형성된 동감과 연대를 자원으로 삼아 새로운 도덕 공동체로 거듭날 기회를 또다시 상실하게 되었다. 대한민국 정부 수립 이후 정치적인 격변기에 공권력에 의한 피해자 집단이 발생했을 때 국민이 동감을 표시하지 못하도록 차단한 것은 언제나 정치권력이었다. 오늘날 혐오와 조롱의 극단적인 분위기는 현 권력의 부도덕성과 박근혜 정권의 피해망상증, 그리고 '돈이 전부'이고 도덕 공동체가 파괴된 한국 사회의 현주소를 웅변적으로 보여주고 있다.

세월호 이후 한국 사회에 띄우는 제언

세월호 사건은 한국전쟁 이후 평화시에 발생한 최대 민간인 참사로 기록될 것이다. 충격과 기억은 앞으로도 오랫동안 절대로 사라지지 않을 것이다. 왜냐하면 배의 침몰과 구조 과정이 모두 부실한 국가 시스템과 정권, 기업의 탐욕, 잘못된 사회 관행과 직접적으로 연관되어 있으며, 사망자의 대다수가 어린 학생들이었고, 구조될 수도 있었던 학생들이 서서히 죽어가는 것을 온 국민이 지켜보았기 때문이다. 어린 학생들은 '국가에 대한 복종'을 요구한 정치문화와 '성공, 물질만능주의'라는 잘못된 제도·의식·행동의 피해자들이다.

곧 출범할 세월호 특별조사위원회는 수사권의 한계와 책임 기관의 비협조로 어려움에 부딪힐 가능성이 크다. 제대로 된 진상규명도 어렵지만, 조사 후 위원회가 내릴 권고사항이 제대로 이행될지도 의문이다. 그러나 특별조사위원회가 제대로 일할 수 있도록 힘을 실어주는 것이 우선 중요하다. 그와 별도로 민간 측의 조사도 병행되어야 한다. 참사의 모든 과정과 내용을 어떻게 국가, 정치권과 사회가 되새김질하여 자기 쇄신으로 연결시킬 수 있을까가 중요하다. 특별조사위원회의 조사 결과와 관계없이 침몰 원인과 구조 실패의 진상이 제대로 규명되지 않고, 책임자가 처벌받지 않고, 필요한 조치가 이루어지지 않는다면, 그리고 안전 규제 완화 행진을 되돌리지 않는다면, 대형 재난은 또다시 발생할 것이다.

다수의 국민은 여전히 유가족들의 슬픔에 동감하며 부채감과 의무감을 갖고 있다. 수많은 사람들이 자원봉사에 참여했고, 기억저장소를 만들었으며, 단식농성에 동참했다. 이 도덕 감정의 소지자들이 세월호 사건의 진상을 규명하고 한국 사회를 재건할 주체가 될 것이다. 그것은 이 위험사회에서의 가난과 위험의 '개인 책임' 이데올로기, 즉 신자유주의 이데올로기를 깨부수는 작업이다. 세월호 침몰 당시 가장 먼저 달려간 사람들은 인근 지역 주민들이고 수십 명을 구조한 사람들도 그들이다. 사회가 스스로 문제를 해결할 수 있도록 조건을 만들어주고, 생명과 안전 가치를 사회 각 영역의 과제로 체질화하고, 정치 세력이 위험과 재난에 훨씬 더 노출된 국민의 편에 서서 제도를 마련한다면 '국가'와 '시장'을 넘어서는 대안이 없는 것만은 아니다.

/

'을'의 처지가 보여주는 한국 민주주의의 현재

민주주의의 퇴행

한국의 민주화운동은 세계사적으로 주목할 만한 모범을 보여주었다. 폭압적 독재에 대한 저항의 정신은 많은 후발자본주의 국가의 귀감이 되었다. 그런데 왜 오늘 이명박, 박근혜 정권하에서 민주주의는 이렇게 퇴행했는가? 그 이유는 한국 민주화 세력의 민주주의관, 민주주의 실천의 한계에 있지 않을까? 오늘의 한국 민주주의를 가져오는 데 결정적인 계기가 된 1987년 민주화운동의 성과는 이제 그 시효를 다했다는 주장이 몇 년 전부터 계속 제기되었다. 김대중, 노무현 두 번의 민주정부의 경험이 있었음에도 한국의 민주주의는 거의 바닥을 모를 정도로 추락하고 있다. 그리고 이 추락하는 민주주의의 최대 피해자는 바로 오늘 제도권 정치에 환멸을 느끼는 사회적 약자들, 매일 차별과 굴욕을 당하면서도 그것을 해결하기 위해 조직적인 행동이나 항의조차 할 수 없는 수많은 '을'들이다.

한국 민주주의는 왜 이런 지경에 이르렀을까? 민주주의의 역사가 짧

420 421

기 때문이기도 할 것이다. 그러나 민주주의를 오직 선거 참여로만 좁혀온 한국 사회의 주류적인 인식, 그리고 1970년대 이후 민주화를 추진해온 세력의 사고방식이나 태도에서도 그 원인을 찾아야 하지 않을까 생각한다.

방법 혹은 가치로서의 민주주의

'인민의 지배'를 뜻하는 민주주의는 원래 모호한 개념이다. 구체적 인민은 다양한 이해를 가진 여러 부류의 집단이기 때문에, 무엇이 인민의 지배이고 무엇이 아닌지 구분하기 어렵다. 그래서 조지프 슘페터Joseph Schumpeter는 민주주의를 지도자를 선출하는 절차나 방법으로 정의하자고 제안한다. 그는 권위주의, 전체주의와 민주주의를 구분하고 있으나, 사실 현대 사회에서 권위주의 혹은 독재도 민주주의의 이름으로 얼마든지 존재할 수 있다. 그래서 대다수 정치학자들은 민주주의를 오직방법이나 절차의 문제, 구체적으로는 선거제도나 정당이 얼마나 인민의의사를 제대로 대표할 수 있는가의 문제로 본다. 이렇게 보면 민주주의는 '가치'보다는 '방법', 주로 선거정치의 절차적 합법성과 투명성, 선거과정에서 대중이 대표자를 제대로 선택할 수 있는 현실적 조건의 마련, 법 집행의 공정성과 합법성 등으로 정의된다.

그러나 그러한 절차나 제도 자체가 행위 주체나 정치·사회·국제 정치·경제의 조건과 압력 때문에 제대로 지켜질 수 없는 후발자본주의 국가에서는 민주주의에 대한 다른 정의가 필요하다. 우선 구성원인 인민이자신의 존재와 이익에 대한 자각과 판단을 한다는 것을 전제하지 않는다면, 그리고 자신의 의사와 이익을 표현하고 실천할 수 있는 역량이 결여되어 있다면 절차적 민주주의는 거의 무의미하다. '인민의 지배'를 절차적으로 보장받기 위해서는 인민 이해의 다양성이 공개적이고 공식적으로 인정되어야 하고, 그것이 국가나 질서의 이름으로 강압적이거나 일방적으로 해석되어서는 안 된다. 1인 1표 제도, 즉 주기적 선거의 존재 자체가 민주주의와 동일시될 수 없는 이유도 여기에 있다. 세습귀족이 존재하지 않거나 전제군주가 존재하지 않는다고 해서 민주주의라고 말할 수는 없다.

현대 사회에서의 국가주의, 자본주의, 관료주의는 방법 및 절차로서의 민주주의를 비웃는다. 그래서 대중의 집합적 역량이 중요한데, 여기에는 지적·정신적 역량도 포함된다. 즉 우리는 절차로서의 민주주의를 논하기 이전에 가치와 이상으로서 민주주의를 깊이 생각해봐야 한다. '자유민주주의'라는 개념은 '가치'로서의 자유와 '절차'로서의 민주주의가 결합되어 있다. 그런데 가치로서의 '자유', 즉 자본주의 시장경제 질서라는 가치나 목표가 절차로서의 선거, 삼권분립, 의회주의 등을 압도할 경우 과거 유신체제가 그랬듯이 자본주의 질서를 유지하자는 논리는 정치적 독재체제와 충돌하지 않으며 오히려 독재를 정당화할 수도 있다.

알랭 바디우Alain Badiou는 "의회민주주의는 사실상 자본주의 체제를 위해 복무하는 과두정치에 불과하다"라고 말했다. 민주주의는 삼권분립이나 선거제도와 동일한 것이 아니며, 민작주民作主, 즉 민이 정치과정에서 실질적인 주인이 되는 것을 의미한다. 따라서 다수자인 인민들의 의사가 정치적 의사결정, 재판, 행정의 집행에 실질적인 영향력을 행사하는 것을 의미한다. 그렇게 본다면 결국 자본주의 경제체제, 대외적인 군사 위협이나 전쟁, 그리고 관료주의와 전문가주의 모두 민주주의의 가치는 물론 절차까지도 위협할 수 있는 조건이다.

가치로서의 민주주의는 인민들이 인간으로서 자존감을 갖고서 선한 삶을 살 수 있게 되는 것이다. 인민의 자기결정, 자치, 평등한 기회의 보장은 그것을 위한 조건이다.

한국의 민주주의를 제약하는 조건

헌법의 원칙으로 보면 한국은 자유민주주의 국가다. 삼권분립, 대의제, 주기적인 선거, 정당정치를 내용으로 한다. 그러나 헌법으로 자유민주주의를 보장한다고 해서 그것이 실제로 실행된다고 볼 수는 없다. 대통령이 사실상 군주와 같은 권력을 행사하고, 행정권이 입법권과 사법권에 깊숙이 개입하고, 행정부 위에 대통령과 공안기관이 국가적 의제나 정치적 논의를 좌우한다면, 그리고 이러한 행정권과 선출되지 않은 공안기관이 국민의 생명권, 신체의 자유와 표현의 자유를 마음대로 통제할 수 있다면, 그러한 체제를 과연 민주주의라 부를 수 있을까? 정보기관이나 공안검찰이 대통령에 반대하는 세력을 표적으로 지목하여 편파적으로 수사하는 나라는 일종의 신판 군주제, 유사 파시즘 체제에 가깝다.

한국의 분단·전쟁 체제는 태생적으로 절차적 민주주의를 위협하는 외적인 요인이었다. 공산주의에 대한 공포는 극우반공주의 담론과 유사 파시즘적 통치제도나 관행을 구조화했다. 현행 헌법 위에서 실질적인 헌법의 역할을 해온 국가보안법은 우선 자유, 민주의 원칙을 심대하게 침해할 소지가 있었다. 표현의 자유와 언론의 자유를 위협하는 안보 담론과 반공주의, 군사 주권의 제한, 헌법 위에 군림해온 수사정보기관 등은 근원적으로 민주주의를 제약하는 요인이었다. 물론 일제강점기 그리고 그 이전 조선시대부터 존속해온 관인官人사회의 전통이 민에 대한 관의 일방적인 군림을 구조화, 일상화했던 측면도 무시할 수 없다. 게다가 경제 개발이 본격화되고 대자본이 형성되기 시작한 1970년대 이후에는 대기업이 정부, 입법부, 사법부, 언론에 영향을 미치고, 인민의 의사와 참여를 굴절시키거나 좌우하기에 이르렀다.

이러한 조건에서 역대 정권과 대통령은 민주주의의 최저 수준의 제도적 장치인 선거, 의회주의, 삼권분립의 원칙조차 준수할 수 없었다. 특히 자본주의가 일정 정도 성장한 1970년대 초반부터 1987년까지의 지배체제는 파시즘과 유사한 양상을 띠게 되었다. 10월 유신을 정당화하기 위해 박정희 정권은 '생산적인 정치'를 강조했다. 그것은 국가 목표를 달성하기 위한 국민적 합의의 조성, 부질없는 상쟁과 분열의 억제, 정치의 안정, 조용하고 깨끗한 직접선거 혹은 간접선거, 국가 문제에 대한 국회의 격의 없는 협조를 강조했다. 정당은 국민의 이익을 대변하고 여론을 정책에 반영하는 정치적 차원의 역할뿐 아니라 국가 목표를 국민에게 이해시키고 여론을 주도함으로써 국민의 동의의 기반을 넓히는 일을 아울러 수행해야 한다고 강조했다. 이것은 바로 국가의 지상 목표, 즉 '총력' 안보와 성장을 달성하기 위해 '정치적 갈등', '시민사회 내의 갈등'이 억제되어야 하며, 정당과 시민사회는 바로 국가 목표 수행을 위한 전달벨트의 역할을 해야 한다는 파시즘의 논리이다.

한국의 민주화운동은 국가가 사회보다 압도적 우위에 서고, 극우 세력이 지배하고, 저항 정치 세력이 완전히 소멸한 조건에서 출발했다. 한국에서 재야 세력은 정치사회가 국가의 일부분으로 존재하고, 야당이 종종 국가로부터 배제되고, 시민사회의 자율성이 확보되지 않은 조건에서 제도 밖에서 정당 역할을 대신했다. 그러나 한국에서 '재야'의 존재는 한국의 도덕정치moral politics적 조건과 연관 지을 때 제대로 파악할 수 있다. 계급정치가 사실상 차단된 분단 및 전쟁의 조건에서 조선시대 이래의 도덕정치는 새로운 방식으로 재편되어 군부독재에 반대하는 '비제

도적인 지식인 정치'의 공간을 열어주었다. 이 지식인 주도의 재야정치
는 '이익정치'가 아직 정착하지 않은 전환기적 정치·사회 상황의 산물이
기도 하지만, 위로부터 '이식된 근대화'로 인해 지주 세력이 소멸한 이후
산업사회의 새로운 노동자'계급' 혹은 생산과 연관된 직업집단이나 사회
세력이 형성되지 못한 상황을 반영한다.

한국 민주화운동이 과도할 정도로 학생, 지식층 등 엘리트에 의해 주
도된 것은 한국 민주화운동이 근대 이전의 문화·정치 전통을 계승하고
있으며, 냉전과 분단이라는 준전쟁 체제, 즉 계급정치 혹은 이익집단 정
치가 완전히 배제될 수밖에 없는 정치적 조건이 형성되었기 때문이다.
그리고 바로 이 점으로 인해 한국 민주주의는 사회경제적 조건, 생산영
역의 주체화를 배제한 채 주로 절차나 방법의 차원에 머무르는 결과를
낳게 되었다.

방법과 절차에 치중한 한국 '민주주의'

지금의 시점에서 돌아보면 한국의 민주화운동 세력은 대체로 '방법'으로
서 민주주의의 회복에 집중했다. 즉 선거 절차나 제도가 자유민주주의
의 형식과 절차, 헌법과 실정법의 원칙에 어긋난다는 점을 강력하게 비
판하며 목숨을 걸고 항의했다. 물론 그들이 선거가 곧 민주주의이며, 국
민이 직접 대통령을 선출하게 되면 민주주의가 달성될 것이라고 생각한
것은 아니었다. 그들은 냉전 분단체제, 대외적 자주성 결여, 국가주의가
어떻게 절차적 민주주의를 허용하지 않을 수 있는지 비판하기도 했다.
그러나 1987년 이후 한국 민주화운동은 자본주의와 불평등이 어떻게
대중의 정치 참여를 제약할 수 있는지, 완강하게 지속되는 관료주의가

어떻게 선거정치를 무력화할 수 있는지, 지역사회가 중앙권력에 의해 식민화된 상태에서 어떻게 민주주의의 뿌리가 말라갈 수 있는지를 내다보지는 못했다. 그 결과가 현재 1987년 체제의 종언 담론으로 드러나고 있으며, 이명박·박근혜 정부의 퇴행으로 나타났다.

제3세계에서 자유민주주의는 국가주의와 천민적 자본주의를 정당화하는 장식품에 불과한 경우가 많았다. 자유보다 더 중요한 가치는 인간의 존엄성이다. 인간의 존엄성이 지켜지기 위해서는 인민의 자기결정이 이루어져야 한다. 그런데 한국의 준전쟁 상황, 군사정치적 자주성이 결여된 국가는 사회구성원을 자기결정의 주체로 인정하기 어렵다. 그래서 1980년대 이전까지 민주화운동은 대체로 민족자주운동으로 연결되었다. 그러나 민주화운동이 단순히 방법과 절차의 문제를 넘어서 인간화와 자주화를 부르짖는 순간 심각한 탄압이 닥쳐왔다.

1987년 6월 항쟁은 절차로서의 민주주의의 하나인 대통령 '선거'의 회복을 성취했다. 그러나 대통령 직접선거는 민주주의의 형식적 절차의 완성은 아니었다. 즉 '인민의 지배'에 가까이 갈 수 있는 절차, 인민의 대표성을 현실화할 수 있는 문제는 여전히 남았다. 그것이 요즘 거론되는 소선거구제에서 중선거구제로의 전환, 혹은 단순다수제의 지역대표제에서 정당명부식 비례대표제로의 전환 실시 등이다. 물론 중앙권력의 축소와 지방자치의 실현, 정당정치의 활성화 등 방법과 절차로서 자유민주주의 성취의 길도 아직 멀다.

한편 자유민주주의의 절차조차 위협하는 장벽들이 있다. 심각한 불평등이나 최소한의 물질적 욕구의 미충족, 만연한 고용불안 등은 절차적 민주주의를 무력화할 수 있고, 이러한 '자유'의 가치 실현조차 어렵게 만들 수 있다. 그래서 자유민주주의는 자본주의의 불안정, 안보 위기에 굴복하는 경우가 대부분이다. 자본주의, 안보 위기, 실존적 불안감은 근대 인간을 새로운 노예상태로 만들 수 있다. 인간은 자본주의 임노동자로서 '임금노예'와 같은 존재가 되거나, 안보 위기의 압박 속에서 파시즘과 국가주의의 노예가 되거나, 종교집단이나 성직자의 카리스마 앞에서 노예적 삶을 살 수 있는 것이다. 이런 상황에 처한 인간에게 절차로서의 민주주의를 완성하는 일이 쉬운 것은 아니다.

오늘의 시점에서 19세기의 가치인 '자유'를 넘어서는 새로운 민주주의 가치나 방향이 필요하다. 인민의 주체화, 참여를 통한 인간 존엄성의 확대, 의사결정 과정의 숙의 및 성찰성 등은 단순히 방법이 아닌 가치로서의 민주주의, 양이 아닌 질로서의 민주주의의 내용으로 고려할 필요가 있다. 사회구성원이 인민주권을 찾기 위해서는 우선 자기 운명의 주인이 되어야 하는데, 특히 한국 사회에서는 자본주의의 자본−임노동의 관계, '기업사회'의 심화, 그리고 분단체제하의 국가주의 문제를 넘어서야 한다. 민주주의를 절차가 아니라 하나의 가치로 받아들이고 실천하기 위해서는 노예상태가 되지 않을 최소한의 버팀목이 있어야 하며, 주변과 사회의 정치를 판단할 수 있는 능력, 특히 비판적 시선과 성찰적 사고력이 필요하다. 지독한 가난, 무지, 경제적 혼란, 전쟁 상황은 민주주의를 생각할 여지를 없앤다. 노동자들이 노조나 정당으로 조직화되지 않는다면 개인으로서는 주체화되기 어렵다.

그래서 우리는 절차로서의 민주주의를 위한 더 좋은 대안과 제도를 만들어냄과 동시에 가치로서의 민주주의를 본격적으로 논의해야 한다. '을'들에게 민주주의란 곧 인간의 존엄성을 보장하는 것이다.

/

촛불집회, 대통령 탄핵과 한국 정치의 새 국면

박근혜-최순실 게이트

박근혜-최순실 게이트는 대한민국 정부 수립 이후, 아니 어쩌면 수천 년 한국 정치사 전 시기를 통해 보더라도 가장 심각한 비선권력의 국가 권력 농단 사건이라 볼 수 있다. 우리가 상상할 수 있는 가장 추악한 일들이 지난 4년 동안 진행되었다. 비선은 바로 대통령 박근혜가 아버지 박정희 사망 이후 거의 40여 년 동안 혈육보다 더 강한 가족유대를 유지해온 최순실이었다. 박근혜 대통령은 국가의 극히 결정적 사안을 최순실과 먼저 상의했고, 국가의 주요 기밀을 청와대 밖으로 유출시켰고, 삼성 등 재벌의 민원 사항을 들어주는 대가로 그들에게 갹출을 압박하여 최순실이 실질적으로 움직이는 K스포츠재단과 미르재단을 설립하였다.

청와대가 대통령 지휘 혹은 묵인하에 최고의 범죄조직으로 기능하면서 정상적인 국가운영 원칙을 허물고, 자신이 임명한 검찰·관료조직을 사익 추구의 도구로 기능하도록 하였다. 공안검사 출신 김기춘과 우병우는 청와대 비서진의 최고위에 자리를 차지하고 앉아서 최순실의 권력 농단의 내용을 인지·묵인하고서, 국정원, 검찰, 감사원 등 수사 사찰 기구와 문체부 등 정부조직을 동원하여 한국을 과거 1970년대 유신시절 과 같은 공안 사찰공화국, 대통령 1인 통치체제로 만들었다. 결국 청와 대의 문고리 3인방, 경제수석 등은 최순실과 사실상 상왕 노릇을 한 김 기춘의 심부름꾼 역할을 한 셈이었다.

박근혜 정권은 선거를 통해 탄생했으나 대선 과정에서 심각한 결격 사유를 안고 있었다. 국정원 선거 개입, 경찰·검찰의 사건 은폐를 통해 민주주의의 마지노선인 선거절차를 위배한 채 탄생한 것이다. 박근혜 정 권은 이명박 정권 당시 부활한 공안기관의 사찰과 정치 개입, 보수언론 의 노골적 편향 보도, 검·경의 정치 편향에 편승하고 그 기반 위에 성립 했다. 청와대는 행정부 전반에 대한 지시 명령을 내리고, 새누리당을 도 구화하면서 사실상 제왕이 거처하는 왕실의 역할을 함으로써 1987년 민주화로 얻어낸 민주헌법 정신, 절차적 민주주의, 정당정치, 삼권분립, 국민주권의 원칙을 일거에 무너뜨렸다.

박근혜 대통령은 부친 박정희의 명예회복 외에는 출발부터 아무런 정책적 비전을 갖고 있지 않았다. 그 자신은 1970년대식 성장주의와 국 가주의를 지금의 시대정신이라 착각했으며, 1980년대 이후 한국의 민주 화, 세계질서의 변화가 어떠한지 알지 못하는 정신적·지적 유아상태에 있었다. 지난 4년 동안 우리가 본 박근혜는 권력정치의 논리에 익숙하고 공안기구, 검찰, 관료를 통한 통치의 기술에 유능한 사람이었으나, 이번 게이트를 통해 공과 사를 구분하지 못할 뿐만 아니라, 공적 조직을 운영 할 능력과 자질을 전혀 갖추지 못한 사람이라는 점이 새삼 드러났다. 결 국 국민들은 심각한 결격사유를 가진 사람의 득표력을 활용하여 집권하 는 데 활용한 새누리당과 기득권 세력의 욕망에 새삼 분노했다. 대통령 자신이 상황 판단력과 정치적 비전을 갖지 못한 상태이므로 '권력 카르텔'(재벌-언론-새누리당)의 도구로 충실히 기능할 수밖에 없었다. 2012년 대선 부정으로 인한 태생적 약점, 세월호 구조 실패에 대한 국민들의 거센 분노와 공격을 방어하는 과정에서 공안통치를 강화시켰으며, 김기춘 '상왕'의 지휘 아래 우경 급진의 길로 나아갔다.

박근혜와 청와대는 최순실과 김기춘 두 권력 실세의 실질적 지휘 아래 있었고, 비선 세력이 국가를 자임했다. 박근혜 정권하의 '한국'이라는 국가는 정부와 시민사회 위에 놓여 있는 것이 아니라, 사실상 텅 빈 공간이었다. 박근혜라는 상징을 동원하여 이익을 얻은 재벌 대기업, 구舊공안 세력, 보수언론은 박근혜와 청와대를 도구로 활용하여 많은 것을 얻었기 때문이다. 따라서 이번 사건은 현상적으로는 박근혜-최순실-김기춘 게이트이지만, 실질적으로는 새누리당-검찰-재벌-보수언론이 박근혜라는 간판을 활용하여 국가의 자원을 약탈한 사건, 즉 전리품 나눠갖기 잔치판이었다. 한마디로 역대 최악의 공권력 사유화 사건이며, 한국이 신新봉건국가, 약탈국가적 성격을 갖게 된 상황이다.

우리는 박근혜 정권 4년, 특히 이번 게이트를 통해 단지 군사독재형, 개발독재형 국가 운영 시스템이 부활했다는 데 그치지 않고 민주화라는 허울에도 불구하고 인사·행정·정책·법 집행 차원에서 법과 절차, 규정, 관행 등 기존 국가 운영 시스템이 어이없이 무너질 수 있다는 것을 확인할 수 있었다. 수많은 국민의 희생, 1987년 6월 항쟁의 성과로 얻어낸 민주헌법이 허무하게 파괴될 수 있다는 것을, 즉 국민이 위임한 대통령의 권력을 포기할 수 있다는 것을, 대의제 민주주의가 심각하게 파괴될 수 있으며, 한국의 취약한 정당정치가 완전한 실종 상태로 갈 수 있다는 것을 확인했다. 필자가 오래전부터 강조해온 '전쟁정치'의 관행과 그 지속, 즉 한국의 보수세력은 오직 전쟁의 지속이라는 명분과 현실 해석을 통해서만 권력을 유지할 수 있으며, 초보적인 자유민주주의 원칙조차 실천할 수 없다는 것을 다시 확인할 수 있었다. 이번 게이트는 냉전형 수구보수와 개발독재형 혹은 신자유주의적 보수가 연합한 보수 카르텔이 절제되지 않은 권력추구욕과 금전욕을 추구한 결과 스스로 무너지게 된 것이다.

박근혜-최순실 게이트와 촛불집회의 구조적 진단

박근혜 정권의 위기는 2014년 세월호 참사에서 본격적으로 시작되었다. 세월호에 승선했던 학생과 일반인을 해경이 구조하지 못한 사실이야말로, 박근혜 대통령이 7시간 동안 구조를 지휘하지 못한 사실이야말로, 이 정권에 대한 국민적 불신과 분노가 시작된 결정적 계기였다. 그래서 세월호 참사에 대한 분노가 촛불집회의 한 동력이 되었다. 그것은 재난 시 국가가 국민의 생명에 대해 아무런 책임도 지지 않는다는 사실, 즉 국가의 부재에 대한 허탈감이었다. 그 허탈감이 4·13총선에서 야당의 압승으로 일차적으로 나타났고, 4·13총선 이후의 변화된 정치환경이 언론의 박근혜-최순실 게이트 폭로, 그리고 11월 이후 지금까지의 촛불집회로 나타난 것이다. 따라서 박근혜 게이트가 폭로된 것은 우선 4·13총선에서 드러난 여소야대 국회가 만들어낸 긍정적 결과로 볼 수 있다. 애초에는 조직된 시민의 항의로 드러난 것이 아니라 권력 내부에서 스스로 무너진 것이고, TV조선 등 권력권 내부의 기획, 즉 친박계가 주도하는 상황에서 정권 재창출이 어렵다는 자체 판단과 위기의식 때문에 어느 정도 통제된 상태에서 폭로된 것이다.

지난 4년 동안 한국의 사회운동, 야당은 극히 무기력한 모습을 보였고, 시민사회 일반은 거의 체념과 자포자기 상태에 빠졌다. 4·13총선 결과는 "해도 너무 한" 이 정권에 대한 경고음이었으나 박근혜 정부는 변화의 모습을 보이지 않았다. 박근혜 정부는 보수의 자기혁신의 모습을 보여주지 못하고 70여 년 누적된 허약성을 가장 완벽하게 노출하였다. 그래서 오늘의 이 게이트 국면은 단순한 정권의 붕괴 상황이 아니라, 민주화 이후 등장한 이명박-박근혜 정권의 내적 붕괴로 볼 수 있다. 즉 박근혜 정권의 붕괴는 개발독재형 신자유주의(이명박 정권), (냉전보수가 주도한) 약탈국가(박근혜 정권)의 붕괴를 의미한다. 이것은 분단 70년을 이끌어온 한국 보수의 도덕적 붕괴 상황이다.

박근혜 정권으로 대표된 한국의 보수 혹은 그들이 이끌어온 '한국'의 국가는 지진에 의해 부실한 기초(사상과 가치), 썩은 기둥(법과 관료체제), 금이 간 벽(시민사회), 지붕(자본주의 시장경제)이 동시에 흔들려 무너진 상태로 볼 수 있다. 이것은 필자가 강조했던 '반쪽 국가', '반의반의 주권' 개념을 통해 강조한 한국의 국가 시스템 붕괴를 의미한다. 한국은 독자적인 군사작전권을 행사할 수 없고, 국가보안법은 사실상 헌법 위에 군림하였으며, 미국의 동아시아 관리 구도하의 '근대형 조공국가'에 머물러 있었다. 이런 상태에서 국민의 생명과 재산, 그리고 주권자로서의 권리는 제대로 보장될 수 없었다. 정당은 국민 다수를 대표할 수 없는 칸막이 위에 존재하고, 관료조직과 재벌의 특권은 신자유주의와 결합되었다. 지금까지의 경제 성장의 성과와 민주화의 성과는 반쪽 국가가 거둔 큰 성공이었으나, 나머지 반쪽의 미비로 국민주권이 제대로 보장될 수 없었고, 양극화와 불평등의 심화로 국민들의 삶의 질은 개발독재 시절 수준에 머물러 있다. 오늘 박근혜 게이트는 그 한계가 100퍼센트 드러난 현상으로 볼 수 있다. 사실 정도의 차이는 있지만 공권력의 사유화는 어제오늘의 일이 아니라 1950년대 이후 한국 지배 엘리트의 지속적인 특징이었다,

박근혜 게이트에서 드러난 한국은 국가의 실패, 시장의 실패, 사회의 실패 3중주 상태에 있다. 국가의 실패는 행정과 법이 정상적 작동을 하지 않았다는 점에서, 시장의 실패는 1980년대와 마찬가지로 여전히 재벌이 의사결정 절차를 무시하고 청와대의 요청을 받아 돈다발을 들고 K 스포츠재단 및 미르재단으로 달려갔다는 점에서, 사회의 실패는 공영언론은 물론 사기업 언론도 1987년 시절로 완전히 되돌아갔고, 그 과정에서 제대로 된 저항이 없었으며, 이화여대의 정유라 부정 입학 및 학사관리에서 드러났듯이 대학이 자체 규정까지 바꾸어가면서 무자격 학생을 입학시키고 학점 특혜까지 부여했다는 점에서 드러났다.

박근혜 정권의 붕괴는 지난 30년의 민주화, 50여 년의 개발독재와 성장주의 패러다임, 70년 동안의 반공·반북, 친미 패러다임의 청산을 요청하고 있으며, 더 거슬러 올라가 한 세기 동안의 식민지 근대화, 수동적·방어적 근대화의 역사를 청산하고 새로운 근대 혹은 새로운 탈근대의 문명을 개척하는 전환점이 될 것이다. 새로운 국가 건설로 나아갈 수 있는 전환점이 될 수 있는 것이다. 새로운 국가를 건설하기 위해서는 한두 번의 정권 교체, 헌정체제나 권력구조의 개편, 선거제도 및 정부기구의 개혁만으로 부족하다. 한국 사회의 기초인 자본주의 질서의 전면적 경로 변경, 남북관계나 동북아 안보질서의 변화, 그리고 노동-복지-교육 개혁 등을 반드시 필요로 하는, 적어도 한 세대 이상의 시간이 소요되는 프로젝트이다.

이번 일을 계기로 단순한 세대 교체를 넘어 새로운 정치·사회적 주체의 역할이 요청되고 있음이 드러났다. 게이트의 폭로와 탄핵 결정 과정에서 야당은 사실 촛불시민의 압박을 받아 수동적으로 움직이는 존재였다. 촛불집회가 시민혁명으로 완성되기 위해서는 궁극적으로는 새로운 정치 세력이 등장하여, 정당이 국민적 요구에 호응함으로써 국가적 문제 해결의 중심 역할을 하게 할 때 가능할 것이다.

촛불과 탄핵, 그리고 대선

최고 230만 명 동원, 10주 이상 진행된 주말 전국 집회는 역사적 대사건
이다. 미국을 비롯해 전 세계 여러 나라에서 민주주의가 후퇴하는 징후
가 뚜렷한 요즈음 오직 한국에서만 새로운 민주주의의 흐름이 나타난
것은 대단히 큰 의미가 있다. 촛불집회 참가자 수도 행사를 준비한 시민
노동단체 연대체인 박근혜정부퇴진비상국민행동(이하 퇴진행동)의 예상을
훨씬 넘어섰고, 참가 계층도 매우 다양했다. 이것은 시위라기보다는 축
제였다. 촛불집회는 이명박 정부 이후 후퇴를 거듭하던 한국 민주주의의
역전 가능성과 시민사회의 저력을 보여주었다. 촛불집회에서 주목할 만
한 점은 지난 9년 동안의 일방통행식 행정 독재와 편가르기 전쟁정치에
주눅들었던 한국인들이 다시 능동성을 되찾았다는 것이다.

집회에서 나온 구호도 처음에는 박근혜 퇴진과 탄핵에서 시작해 상
황 변화에 따라 무게중심을 이동했으며, 새누리당 해체, 이재용 구속 등
박근혜 게이트를 일으킨 책임자들에 대한 징벌의 내용도 들어갔다. 국민
주권이 박탈당한 것에 대한 분노가 참가자들의 주요 동력이었기 때문에,
촛불시민의 구호에는 1987년 민주화로 개정된 민주헌법을 지키라는 요
구가 바탕에 깔려 있었지만, 기존의 대의제 민주주의 틀을 넘어서는 직
접 민주주의를 지향하는 점도 있었다. 촛불집회에 참여한 대중의 범위
나 요구사항으로 볼 때, 이번 촛불집회는 직선제 개헌을 요구한 1987년
6월 항쟁 당시의 그것보다 훨씬 넓고 깊다. 그리고 특정 시민사회단체의
주도성을 인정하기보다는 자발적 개인들의 참여가 중시되었다는 점에서

촛불집회는 이명박 정부 이후 후퇴를 거듭하던 한국 민주주의의 역전 가능성과 시민사회의 저력을 보여주었다.

2008년 촛불집회와 매우 유사한 양상을 띤다. 2008년 집회가 이명박 정부의 미국 쇠고기 협상에 대한 분노에서 촉발되었다는 점을 생각하면 이번 시위는 정치성이 훨씬 강하다.

2008년 때와 달리 이번 촛불집회는 정권 말기에 터져나왔고, 대통령 선거라는 가시적 정치변화의 시점과 맞물려 있기 때문에 행동을 통해 우선 검찰과 정치권을 압박할 수 있고, 그것이 궁극적으로는 정권교체 등 정치적 변화를 가져올 수 있다는 기대감이 크게 작용했다. 1960년 4·19혁명은 학생들의 주도로 이승만 하야를 이끌어냈지만, 그들은 그 이후 선거나 정치일정에 영향을 미칠 수 없었다. 학생들이 정치 세력이 될 수 없는 한계가 있었기 때문이다. 그러나 지금은 촛불시민이 정국에 가장 큰 영향을 미치는 정치적 주체의 역할을 하고 있으며, 탄핵 국면과 검찰 수사 등에 가시적 변화를 이끌어내고 있다는 점이 특징적이다. 1987년 6월 항쟁은 6·29선언이라는 당시 지배블럭의 전격적 양보 포섭 전략으로 일단락되었지만, 이번에는 박근혜 대통령이 퇴진을 거부하여 상황이 지속되었다. 1987년에는 6·29선언 직후 정국의 주도권이 전격적으로 기성 제도권 야당으로 넘어가고, 노동자 대투쟁의 위험을 보수언론이 강조함으로써 중산층이 급격히 보수화되었고, 선거정치가 광장정치를 곧바로 대체하였다.

촛불집회는 기본적으로 대중의 직접행동을 통한 압력·행동화된 여론이라 볼 수 있기 때문에, 그 행동이 중단되거나 약화되면 제도적 힘을 가진 기성 권력의 반격, 포섭 분열 공작을 피할 수 없게 될 위험이 있다. 준비되고 조직된 사회운동이나 혁명이 아닌 모든 자연발생적 시위가 그러하듯이, 과거의 4·19혁명이나 6월 항쟁, 지금의 촛불 시민행동은 대중의 요구를 직접 정치권에 전달하거나 정치적 대표성을 자임하는 세력이 없으며, 참가 대중의 행동도 체계적으로 조직되어 있지 않고, 그 자체로는 아무런 제도적 변화를 가져올 수 없다는 한계가 있다. 특검 수사는 특검의 의지에 달려 있고, 탄핵 결정도 헌법재판관이 내리게 되어 있으며, 각종 개혁입법은 4·13총선 이후 구성된 각 당 의원들의 의지에 달려 있으며, 대통령 선거는 후보 진영의 전략에 달려 있다.

이 점에서 촛불집회는 자연발생적이고 비조직된 시위 그 자체가 지닌 한계를 넘어서기 어렵다. 4·19혁명이나 6월 항쟁이 결국 보수 세력의 재집권으로 나아갔던 악몽이 떠오르는 대목이다. 4·19혁명 당시 이승만이 하야하자마자 집권당인 자유당은 해산되었고, 권력 장악이 가시권에 들어왔다고 판단한 당시 민주당은 개헌과 총선에 몰두하였다. 그래서 3·15부정선거, 4·19 당일 학생 시위대에 대한 발포 책임자 처벌 등의 시급한 현안은 뒤로 밀렸다. 결국 민주당이 집권은 성공했으나 아무런 준비 없이 집권했던 탓에 이듬해 5·16쿠데타 세력에게 권력을 넘겨주고 말았다. 한편 1987년 6·29선언은 군부나 집권 세력이 양보를 통해 야당과 저항 세력을 포섭하는 전략이었기 때문에, 전두환 대통령을 곧바로 추방하거나 단죄하지 못하고, 법과 정부 체계를 그대로 둔 상태에서 대통령 직선제 개헌이 이루어졌다. 그러고 나서 대통령 선거가 모든 이슈를 집어삼킨 정국을 거쳐서 신군부의 한 사람인 노태우가 대통령 직접선거를 통해 집권할 수 있었다.

박근혜-최순실 게이트 폭로도 사실상 『조선일보』 등 기존 보수 세력의 재집권 전략에서 촉발된 측면이 있다. 그들은 새누리당의 친박계로는 정권 재창출이 불가능하다고 판단했기 때문에 박근혜를 내치고 다음 권력을 창출하려 하였다. 탄핵 국면에서도 여전히 자본과 권력을 독점하고 있는 수구보수 세력은 박근혜를 퇴진시키고 거국내각-개헌-대선을 통한 재집권의 구도로 몰아가려 했다. 그들은 그렇게 구도가 바뀔 경우 촛불의 열기가 식어버릴 것이고, 대선을 앞두고 야권 후보 간에 각종 상호 비방과 공격이 시작되도록 언론을 통해 부추기면, 촛불에서 표현된 개혁의 열망이 사그라들고 오직 대선 후보 간의 경쟁만이 남을 것으로 기대했을 것이다. 이 경우 야권의 분열을 활용하고, 여권의 유력한 후보를 총력을 다해 밀면 재집권에 성공할 수 있다고 판단했을 수도 있다. 물론 탄핵 이후의 상황이 박근혜와 친박계를 배제한 권력 창출의 시나리오대로 흘러가지는 않았다.

대통령제를 실시하는 한국에서 대선만큼 정치 변화에 결정적인 계기는 없다. 그러나 촛불 시민행동에서 제기되는 요구와 대중의 열망이 선거를 통해 해결될 수는 없다. 박근혜 정권은 매주 열리는 촛불행동이 없었어도 올해 말이면 끝나게 되어 있었다. 제도화된 장치인 선거는 시민들의 열망을 부분적으로 수용하겠지만, 시민들이 원하는 다른 것, 즉 국가와 사회 개혁은 대선 이후에도 지속적 과제로 남을 수밖에 없다.

한국 민주주의의 심화를 위한 제도 개혁의 과제들

탄핵 국면과 대선 정국에서 가장 중요한 시대적 과제는 박근혜 정권 4년의 적폐를 청산하는 일이다. 박근혜 게이트의 책임자들을 법적으로 단죄하고, 그들이 부당하게 획득한 재산을 국고로 환수하고, 그들이 편 정책을 폐기하는 것이 바로 적폐 청산의 내용이다. 박근혜 게이트에서 최고위 공무원과 재벌기업의 최고위 의사결정권자들이 불법을 자행하고, 그들의 명을 받아 공무원들과 기업간부들이 범법을 저질렀다. 게이트의 진상이 우선 규명되어야 한다. 특검 수사와 법원의 결정이 중요하지만, 지난 4년 동안 검찰과 사법부는 이러한 게이트가 발생할 때마다 복종적이었다는 사실을 잊어서는 안 된다. 결국은 촛불 시민행동의 힘을 빌려

범법에 연루된 공무원들이 자발적으로 양심선언을 할 수 있도록 유도해야 진실이 밝혀질 수 있다.

먼저 내부고발자들이 양심선언을 할 수 있도록 제도적 장치가 마련되어야 한다. 내부고발자보호법이 제정되고, 시민사회단체는 온·오프라인 '고발센터'를 만들어 지난 4년(이명박 정권 포함 9년) 동안 공권력 파행의 피해자, 목격자 등이 박근혜―최순실이 임명한 기관장에 의해 조직이 어떻게 망가지고 예산이 낭비되었는지를 증언할 수도 있도록 유도해야 한다(내부제보자실천운동 단체가 2017년 1월 16일 발족했다). 필요하면 박근혜 정권에 대한 혹은 이명박 정권까지 확대한 적폐청산을 위한 특별위원회를 국회에 설치할 수도 있을 것이다. 이명박의 4대강 사업, 자원외교, 민간인 사찰, 국정원 댓글 사건, 용산 참사, 박근혜의 국정원 수사 방해, 국가기밀 유출, 세월호 수사 방해, 국정교과서 추진, 백남기 농민 사망, 국정원의 관변시민단체 지원, 재벌기업의 K스포츠재단 및 미르재단 지원 등의 사건이 모두 포함되어야 한다. 김대중, 노무현 정부의 각종 과거청산위원회와 달리 인권 침해 사건을 포함한 생명권 침해, 헌정 유린 사태를 포함하는 것이므로, 조사 이후 관련자 처벌과 재산 환수 등이 시행되어야 한다. 박근혜와 최순실, 그리고 삼성이 부당하게 획득한 재산은 국고로 환수되어야 하는데, 그러기 위해서는 헌법적 차원에서 이런 내용이 명시되어야 할지도 모른다. 국민의 분노를 잠재우기 위한 인적 청산으로 시종해서는 곤란하다. 박근혜 대통령이 국회에서 충분한 논의나 의결없이 추진했던 여러 정책을 중단하거나 재검토하는 일도 적폐 청산의 매우 중요한 부분이다. 그래서 적폐 청산은 제도 개혁과 연결되어야 한다.

박근혜 게이트를 가져온 실질적 주역은 검찰과 언론이었다. 검찰이 2012년 대선 국정원 선거 개입, 청와대 문건 유출, 대통령 측근 비리 수사를 제대로 했다면, 사전에 게이트를 방지할 수도 있었을 것이다. 언론

특히 KBS, MBC 등 공영방송이 정부 감시를 제대로 했다면 일이 이렇게 까지 커지지 않았을 것이다. 따라서 검찰 개혁과 언론 개혁은 박근혜 게이트와 같은 사건의 재발을 방지하기 위해 필수적으로 수행해야 할 과제다. 검찰의 수사권 및 기소권 독점, 정권 눈치보기 상황의 극복이야말로 검찰 개혁의 첫째 과제가 될 것이고, 정치권력의 입김에 따라 움직이는 공영언론의 지배구조를 바꾸는 제도 개혁이 앞서야 한다.

자본주의 사회에서 자본권력과 정치권력의 뒷거래야말로 자본주의 시장경제의 정상적인 작동을 가로막는 주요 원인이다. 박근혜 게이트에서 드러났듯이 재벌기업 총수들이 박근혜 대통령에게 요구한 내용은 권력 승계(삼성), 면세사업 진출(롯데), 노조의 집단행동 통제(현대) 등 모두 경제적 약자들의 희생을 담보로 하는 재벌 편향적 정책 집행이었다. 자본권력과 정치권력의 부당한 거래를 청산하는 것이야말로 한국 자본주의 시장경제를 바로잡는 시금석이 될 것이다. 기업 의사결정의 총수 일인 독점, 유명무실한 이사회, 감시기능을 가지지 못한 노조 등의 현실이 재벌과 박근혜 정권의 뒷거래를 가능케 한 조건이었다. 따라서 재벌의 세습을 막고, 특혜를 제한하고, 기업들에게 정당한 세금을 징수할 수 있는 제반 조치를 마련하는 것이 적폐를 청산하고 한국 자본주의를 혁신할 수 있는 방법이다.

문체부, 보건복지부 등은 국민의 이익과 무관하게 문화산업을 위축시키고 삼성의 합병을 지원하는 행동을 했다. 물론 청와대의 요구에 의해 대통령이 임명한 장관이 그런 결정을 했고, 그 과정에서 직업관료들이 그들의 부당한 명령에 순응했다. 따라서 관료들이 소신을 갖고서 국가의 예산을 집행할 수 있는 제도적 장치를 마련해야 한다. 그러기 위해서는 개방직 확대, 행정고시 폐지, 민관 거버넌스 구축 등의 작업이 필요하다. 국회의원의 특권은 크게 축소하되, 관료조직을 감시할 수 있는 국회의 권한을 획기적으로 강화시키고, 국회의원을 국민이 감시·소환할 수 있도록 해야 한다.

　최순실의 권력 농단 사건을 통해 국민들은 선거를 통해 주권을 행사해도 무자격 인사가 국가권력을 행사하고, 국가예산을 좌지우지할 수 있음을 알았다. 그래서 대의제 민주주의 원칙도 제대로 지켜져야 하지만 그 단점을 보완하는 직접 민주주의 요소를 도입해야 한다는 생각이 확산되었다. 국회의원 국민소환제, 국민발안제, 국민투표에 의한 상시 헌법 개정 가능성을 마련하자는 논의도 제기되었다. 그리고 촛불집회에서 수백만이 집결해도 결국 입법권을 국회가 독점하고 있는 한, 국민의 요구 사항이 입법화되지 않을 수 있다는 사실을 느끼면서 시민의 요구를 당과 국회에 전달할 수 있는 장치가 필요하다고 생각했다. 지금 외국 여러 나라에서 실험 중인 시민의회에 대한 관심도 그중 하나이다. 애초 한 정치적 시민운동단체가 주도한 시민의회가 절차나 방법상의 문제점을 드러냈지만, 시민의회 자체의 필요성과 당위성이 사라진 것은 아니다. 장차 개헌 논의가 또다시 부상하면, 과거처럼 당과 의원 몇 사람이 개헌안을 입안하도록 내버려둘 수는 없을 것이다. 그렇다면 법제화된 시민의회가 헌법 개정안을 논의하고, 정당명부식 비례대표 제도 도입 등 국회의원들이 이해관계 때문에 손대기를 주저하는 법안의 심의를 압박할 수 있을 것이다. 개헌 논의가 진행되고 있거나 차기 정권 수립 후 진행될 경우 시민의회 설치를 헌법에 명시할 수도 있을 것이다(김상준, 「나는 왜 시민의회를 주장하는가」, http://thetomorrow.kr/archives/3314).

대담

/

김동춘 · 윤여일

윤여일은 『동아시아 담론』, 『사상의 원점』 등 중요 저작을 한국 사회에 제출한 소장 사회학자이다. 스무 살 아래의 후학 윤여일이 1980년대 후반부터 오늘에 이르기까지 실천적 사회학자이자 사회비평가로 살아온 저자 김동춘에게 이 책과 관련한 내용을 질문하고, 김동춘이 이에 답했다. 대담은 2017년 1월 5일 김동춘의 성공회대 연구실에서 약 3시간 30분간 진행되었다.

지난 30년의 글쓰기를 돌아보며

윤여일　　김동춘 선생님, 안녕하세요. 『사회학자 시대에 응답하다』 출간을 계기로 대담의 자리가 마련되어 어떤 말씀을 들려주실지 기대를 갖고 왔습니다.

　　이 책은 1990년부터 2017년까지 매년 한 편씩 선생님의 글을 모아낸 것입니다. 저는 이 책이 선집이자 자료적 가치를 지니는 문헌이라고 생각합니다. 이 대담에서는 선생님께 글 이면에 있던 것들, 글 이후에 보이는 것들을 묻고 싶습니다.

　　여기에 모인 글은 해당 시기의 중요한 사회적·학술적 쟁점에 대한 시평적 성격이 짙은 것들입니다. 이 글들은 지금 시점에서 다시 읽어보면 선생님 자신에게 어떤 이정표처럼 다가오지 않을까 짐작해봅니다. 우선은 지난 약 30년간의 글들을 다시 읽으며 지금 시점에서 떠오르는 감상을 여쭙는 데서 시작해보겠습니다.

김동춘 　 지금에 와서 생각해보니 충분히 숙성하지 않은 내용을 썼다는 사실이 부끄럽습니다. 그때그때 상황의 요구나 관심에 맞게 썼던 글들인 데다가, 특히 잡지에 썼던 글들은 대개 시간에 쫓기면서 썼던 것이라 이론적이나 학술적으로 충분히 성숙하지 못한 생각들이 나온 것들이라서요. 다양한 주제를 깊이 없이 다룬 게 아닌가 하는 생각이 좀 들었습니다. 그러나 한편으로는 제가 어쨌든 그때그때 과제에 대해서 이론적으로 천착하기보다는 시대의 요구에 맞는 글을 써야겠다는 생각이 표현된 것이 아닐까 싶기도 합니다.

사회학도로서 한국 근현대사 연구에 몰두한 이유

윤여일 　 긴 세월에 걸쳐 작성된 글들을 기왕 연대기순으로 모아놓았으니 저도 시간순으로 여쭙겠습니다. 선생님께서는 1977년에 서울대 교육계열에 입학해 1982년에 졸업하고 1984년에 사회학과 석사를 마치고 1993년에 사회학 박사학위를 받으셨습니다. 이 책 1부에 수록된 글들은 박사생 시절에 작성된 것이군요.

　 그에 앞서 1984년에 쓴 석사학위 논문은 「4·19의 발생 배경에 관한 사회학적 고찰」인데, 당시 왜 이 주제로 학위논문을 쓰셨나요? 어느 인터뷰에서 "한국 근현대사에서 역사의 물꼬를 돌린 가장 큰 사건은 무엇이라고 보십니까?"라는 물음에 선생님이 잠시 숙고하신 뒤 4·19라며 '한국 민주화운동의 저수지'이기 때문이라고 답하신 걸 접한 적이 있는데, 그에 관해 이 자리에서 묻고 싶습니다.

또한 선생님은 1986년 말부터 망원한국사연구실에서 활동하고, 1987년에는 가지무라 히데키梶村秀樹의『한국 현대사 연구 1』을 편역하셨습니다. 이는 선생님이 당시 한국 현대사에 관심이 컸음과 동시에 당시 한국 학계에 한국 현대사 연구가 무척 척박했음을 보여주는 것인가요?

김동춘　1979년에 박정희가 죽고 1980년에 서울의 봄을 경험했죠. 그러니까 그때 박정희 사망을 보고 나서 '4·19 때도 똑같은 상황이 있었는데, 또다시 반동이 올 것 같은데? 그러면 어떻게 해야지?' 이런 생각을 했습니다. 이런 고민을 당시『대학신문』에 썼어요. 5·18이 일어나기 2주 전의 일입니다.

우리가 이 국면에서 어떻게 다시 민주화를 진척시킬 수 있을까. 그게 저의 고민이었습니다. 공부를 더 하고 싶다는 생각을 했고, 전공을 바꿔서 사회학과 시험을 봤어요.

사회학에 대한 관심이 민주화 국면에서 비등해져서 서울대 사회학과 석사과정 입학 경쟁률이 굉장히 높았습니다. 논문 주제를 뭘로 하지 고민하면서 1980년에 이미 4·19에 관심을 가졌기 때문에 4·19를 써보면 좋겠다 생각했습니다. 그때 제 관심이 '왜 한국에서는 변혁운동이 학생 주도로 이루어졌을까? 왜 학생이 사회 변혁의 주체가 되었을까?'라는 데 있었습니다. 그 질문은 그 이후까지 계속돼요. 어쩌면 지금까지도.

현대사 공부는 학부생 시절부터 이미 했죠. 한국말로 된 마땅한 책을 구할 수 없으니까, 운동권 학생들은 한국 현대사와 경제사 등을 일본어로 쓰인 책으로 공부를 했죠. 해방정국에 대해서도 이미 공부를 했고.

"이 대담에서는 선생님께 글 이면에 있던 것들,
글 이후에 보이는 것들을 묻고 싶습니다."

"한편으로는 제가 어쨌든 그때그때 과제에 대해서
이론적으로 천착하기보다는 시대의 요구에 맞는 글을 써야겠다는 생각이
표현된 것이 아닐까 싶기도 합니다."

원래부터 현대사에 관심이 있었습니다.

　　석사 마치고 구로고등학교 교사로 있다가 1987년 6월 항쟁이 일어나고 학교에서 교사협의회(전교조의 전신이죠)를 만들어서 활동했어요. 1986년에 제대를 하니까, 한홍구 교수와 친구들이 망원한국사연구실이라는 게 있다, 거기에 나와서 같이 공부하면 어떠냐 그래서 거기 나가게 됐고요. 한편으로는 조희연 교수가 주도했던 산업사회연구회가 만들어져서 간사 역할을 했어요. 교사로 있으면서 짬나는 대로 그 사람들과 같이 세미나도 하다가 공부를 더 해야겠다는 생각이 들어서 1988년쯤에 교사운동 같이 하던 사람들한테 "미안하다, 나는 공부하러 가야겠다"고 양해를 구했어요. 1989년 2월 교사를 그만두었는데, 같이 교사운동 했던 사람들은 1989년 전교조 사태 때 다 해직됐어요. 저는 빠져나와, 박사과정 다시 들어갔고…….

잡지와의 관계

윤여일　　첫째 글로 수록된 1990년 「서구 중심주의 사회학을 넘어」의 시기에 선생님은 이미 박사생으로 『경제와 사회』의 편집주간을 맡으셨습니다. 1989년부터 『역사비평』 편집진으로도 활동했으며, 현재도 『황해문화』 편집자문위원이십니다. 그 사이에 『현대사상』 등의 잡지에도 관여하신 것으로 알고 있습니다.

　　이렇듯 지속적으로 잡지(계)와 긴밀히 관계를 맺은 것은 어떤 이유에서고, 이는 또한 연구와 집필 활동에서 어떤 계기 내지 동력이 되었나요? 짐작건대 선생님께 잡지는 단지 글을 발표할 지면만을 의미하지는 않았지 싶습니다. 잡지는 사회적 공기公器이자 운동체이며, 그런 잡지의 성장과 함께해오셨기에 긴 시간 현역으로서 이처럼 다작하고, 또한 편집자와 기획자였다는 사실이 문체상의 특징으로도 나타나지 않을까 생각합니다.

김동춘　1989년에『역사비평』편집위원을 하게 됐고요. 동시에 사회학 쪽에서는 산업사회학회 간사를 했는데, 간사를 하면서 1988년에『경제와 사회』가 창간됐어요. 제가 간사니까 아무래도 잡지 창간하는 데 실무를 담당했죠.

진보 학술연구란 게 다 당시부터 시작되어서 석사나 박사학위생, 나이도 기껏 해야 서른 정도밖에 안 된 사람들이 실제로 주도를 할 수밖에 없었죠. 선배들이 별로 없었으니까요.

『역사비평』은 학술지라도 다소 성격이 대중적이었고,『경제와 사회』도 순수 학술지라고 보기는 어려웠습니다. 당시의『경제와 사회』는 운동권 사람들이 다 돈 주고 사 보는 잡지였어요. 그런 잡지가 2,000~3,000부까지 팔리던 시절이었기 때문에 이게 꼭 학술지라기보다는 사회운동과 학술 연구의 접점에 있었다고 보면 돼요.

제 관심 자체가 아카데미즘에 깊이 발을 담그기보다 연구를 통해서 사회에 발언하고 기여하는 쪽에 있었기 때문에 당연히 잡지에 여러모로 관여할 수밖에 없었죠. 이런 잡지가 대중들하고 만나는 접점이잖아요?

그 이후에 2000년까지 12년 동안『역사비평』편집위원을 했고 2000년대 들어서는『황해문화』와 인연을 맺습니다. 편집위원은 아니지만 편집자문위원 비슷하게 불리고 있고 관여를 하고 있습니다. 깊은 관여는 아니지만 필요할 때 필진을 소개해준다든가 그런 역할을 했습니다.

『현대사상』은 석사 동기인 김성기 씨와의 인연으로 관계했습니다. 김성기 씨가『현대사상』편집주간 비슷하게 하면서 저를 불러냈죠. 그래서 거기서 대담도 하고 글도 쓰고 그러다 보니까 이런저런 일도 하고. 당시의 시대적 분위기와 개인적 관심, 이런 연유로 잡지에 이런저런 일을 지금까지 하고 있죠.

현실 사안을 공시적·통시적 각도에서 접근한다는 것

윤여일   1991년 글로는 「교사의 계급적 성격과 한국 교원노조운동」이 수록되어 있습니다. 이 글은 1987년부터 1989년까지의 교사활동 경험이 바탕에 깔려 있는 것인가요? 또 이 글의 특징으로 해당 사안에 대해 정치적 입장을 내놓기에 앞서 해당 사안을 둘러싼 무형·유형의 힘 관계에 분석하고, 아울러 현실 사건의 바닥에 존재하는 역사 지층을 살피는 데 주력하고 계십니다. 가령 한국 교원노조운동을 "거대한 이론적·사상적·이념적·세대 간 대립의 현장"으로 파악하고, 한국 학교의 관료기구적 속성을 해명하고자 일제 식민지 시대 이래 국가 이념이 교육의 목표와 내용을 장악해왔음을 짚고 계십니다. 이런 접근법은 이후로도 다른 글, 가령 2012년의 「용역 폭력이 활개치는 나라는 어떤 나라일까」에 이르기까지 일관하고 있습니다. 이처럼 해당 사안을 당시 여러 힘과 요소가 집결된 사태로 상정하고, 아울러 왜 그런 양상으로 드러났는지 기원적인 탐색을 시도하는 것은 선생님이 문제에 접근하는 특징이라고 여겨집니다.

특히 후자가 여느 사회학자와 비교했을 때 보다 특징적인데, 이와 관련해 『분단과 한국 사회』의 서문에는 이런 구절이 나옵니다. "사회과학도로서 나는 (사회과학이 인간의 미래에 대한 통찰력을 제공하기 위해서는) 역사 연구와 비교 연구, 그리고 사상사 연구를 언제나 동시에 진행하면서 하나의 작업 속에 결합시키는 것이 필요하리라고 생각해본다."

역사적 관점을 체득하지 못한 채 현실 사건을 일회적인 것으로 대한다면 그 사건은 사상성을 상실하고 얼마 지나지 않아 잊혀지고 말 것입니다. 현실의 문제는 역사 연구에 근거한 사상사적 전통과 관계를 맺어야만 단편적 사건이길 그치고 사상사에 값하는 요소가 그 안에서 드러날 수 있을 것입니다. 아울러 선생님이 경계하시듯 현실 상황을 이론적 차원에서 연역해 해석한다면, 그 해석은 현실에서 제대로 기능하지 못할 뿐 아니라 소중한 현실 사건도 이론적 사고의 영양원이 되지 못한 채 곧 흩어지고 말 것입니다. 즉 역사화되지 못하고 말 것입니다. 이런 맥락에서 현실 사안을 역사적 시각에서 접근하는 사고방식에 담긴 선생님의 고민과 의도를 보다 자세히 듣고 싶습니다.

김동춘 교원노조 글은 교사 경험이 바탕이 됐고요. 사실 제가 1989년에 교사를 그만두고 전교조 사태가 났을 때 쓴 거예요. 2년 후에 발표했는데 그때 고민이 많았죠. 저와 같이 활동했던 사람들이 다 해직되었을 때니까요. 마음속 상처가 굉장히 컸습니다. 혼자 내뺀 사람이니까.

제가 교사를 그만두기 전 1988년에 이미 논쟁이 있었어요. 노조로 가야 하느냐, 협의체로 가야 하느냐. 말하자면 직업 집단으로 가야 하느냐, 협의체가 맞느냐, 노조가 맞느냐. 그때 제 생각의 고민이 여기에 담겨 있는데, 노조로 가는 게 맞지만 이 노조는 그냥 통상의 노조가 되어선 안 된다는 게 이 글의 핵심입니다.

왜 그럴까? 교사는 어떤 존재일까를 사회학적으로 분석을 한 거죠. 교사는 어떤 사회적 존재인가. 노조를 만든다면 일반 노조로서 교사의 권리 주장이 중심이 되는 권익 추구 조직으로 할 것인가, 다른 한쪽에서 말하는 참교육을 추구하는 조직으로 할 것인가 하는 두 가지 긴장이 당시 있었습니다. 저는 거기서 약간 절충적인 의견을 내놓았습니다. 노조로 가되 거기서 참교육적 내용을 담지 않으면 안 된다는 걸 고민을 담아서 논문의 형태로 표현했습니다. 그 안에는 교사들 내에 있었던 실천적 논쟁이 들어가 있었고요.

현대사를 학부 때부터 공부하기도 했지만, 역사 쪽은 제가 시골 출신이라서 서울 사람들에 비해서는 훨씬 더 감각적으로 이해도가 높다고 생각합니다. 부모님들로부터 항상 역사 이야기를 듣고 자랐거든요. 그건 도시 출신과 농촌 출신의 차이점입니다. 농촌은 역사가 응축되어 있잖아요. 도시인은 아무래도 변화하는 산업사회적 인간이지만, 저는 농촌 출신이어서 농촌적 인간이라고 할 수 있는데, 농촌적 인간은 항상 어른들로부터 역사 이야기를 들으면서 자라 그 역사가 자기 속에 내재화되어 있는 측면이 있죠.

그리고 『역사비평』 편집위원을 한 게 굉장히 큰 도움이 됐어요. 『역사비평』 편집위원 중에는 사회과학자나 비역사학도가 한두 사람씩은 있었어요. 가령 『역사비평』 편집위원 가운데 오랫동안 함께한 문학 연구하는 김재용 선생이 있었고, 나중에 들어온 서양사학의 임지현 씨가 있었습니다. 그리고 나머지 대부분은 한국사 연구자들이었어요. 제가 역사학자들로부터 참 많이 배운 거죠. 사회학은 약간 드라이한 이론 체계인데, 역사학자들은 팩트fact에 대해 아주 구체적이고 엄밀한 추궁을 하잖아요. 그런 걸 보면 제가 굉장히 부끄러워지더라고요. 그 사람들하고 이야기할 때마다 제가 일단 역사적 팩트를 잘 모르는 거예요. 그분들의 엄밀한 연구 태도에 자극받아 '내가 붕 뜬 공부를 하고 있나?' 이런 생각을 여러 번 했어요. 사회과학은 현실 문제에 민감하지만 디테일한 측면에서는 역사학자들을 못 따라가요. 서중석 교수가 편집장이었는데 이분이 엄청 엄격한 사람이라 편집위원들이 늦게 오면 엄청 야단치고, 논문

읽어오라고 했는데 안 읽어오면 막 혼내요. 그러한 분위기에서 혹독하게 훈련이 된 거지요. 꼼꼼하게 읽지 않거나 제대로 논평을 안 하면 혼나기 때문에. (웃음) 사회과학자들이 두루뭉술하게 이야기하고, 정확한 근거 없이 이야기하는 안 좋은 점을 교정하는 데 엄밀함을 추구하는 역사학의 방법론이 도움이 되었습니다.

박사논문과 그 이전/이후 작업의 관련성

윤여일　선생님은 인천과 마산의 노동현장을 조사해 1993년에 박사학위 논문 「한국 노동자의 사회적 고립」을 작성하셨습니다. 이것은 1995년에 『한국 사회 노동자 연구』로 출간됩니다. 박사논문은 1987년 노동자 대투쟁 이후의 시기를 주목하고 있으니 격동하는 동시대 상황을 붙잡고자 한 시도로 읽을 수 있습니다. 그렇다면 4·19를 다룬 석사논문과는 다른 분석법, 자료 수집, 기술 방식이 필요했겠죠. 왜 시점을 동시대 상황으로 옮겨 박사논문을 작성하셨는지, 그때의 고충은 무엇이었는지를 여쭙고 싶습니다.

또 박사논문과 이후 작업의 관련성에 대한 물음인데요, 박사논문 집필 이후 선생님은 분단사회와 국가 폭력의 문제에 집중하셨습니다. 이는 노동자의 사회적 고립, 즉 현장에서 노동자가 가혹하게 탄압받고, 사회에서 노동자가 마치 내부의 적처럼 배제되는 현실에 착목하다보니 여기에는 일반 노동 문제의 영역에서 정리할 수 없는 한국 사회의 역사적 연원이 있겠다고 판단하신 것인가요?

김동춘　박사논문을 이 주제로 쓰게 된 계기는 1990년에 제가 『역사비평』에 「레닌주의와 80년대 한국의 변혁운동」이라는 긴 글을 쓴 것에 서부터 기원합니다. 이게 특히 운동권에서 엄청난 파장을 일으킨 건데, 그때 한국에서 이른바 NL, PD를 말할 때 주로 PD계열 사람들의 혁명 론이라고 할까요?, 레닌주의를 한국에 적용하는 게 어째서 잘못되었는 가를 논증하기 위해서 레닌의 원전과 한국 운동권의 문건들을 정리하고 비교 분석해서 이 글을 씁니다.

그 글을 발표하면서 관심이 현재적 문제로 많이 가닿았어요. 당시 민주화 이후에 한국 사회의 변혁을 어떻게 추구해야 하는가에 대한 운동 진영 간의 논쟁이 치열했고, 저도 거기에 응답을 해야겠는데 이론적 방식으로 응답해서는 안 될 것 같다는 생각이 들더라고요. 레닌이 이 구절은 이렇게 주장했고 마르크스가 이 구절에서 이렇게 주장했고, 그게 이른바 좌파 사회과학자들이 주로 하는 방식이었습니다. 다른 현실 사회과학자들도 그러한 성향이 있었고. 항상 레닌과 마르크스 등을 인용해서 옳고 틀림을 가리는 게 너무 어이없는 일이라고 생각했어요.

그래서 그걸 반박하거나 내 주장을 입증하는 것은 현장 조사를 통해서 가능하다고 생각했습니다. 물론 현장의 경험주의가 이론을 대체한다고 생각하진 않습니다만, 기본적인 사유의 방법론이 그랬다는 겁니다. 이론의 중요성을 알고 있었지만, 레닌이나 마르크스의 문건 가지고 자기 입장을 주장하는 사람들에게 엄청 짜증이 나 있었어요. 이 문제를 현재 한국 사회의 상황을 통해 반박하거나 내 주장을 입증하는 게 필요하다고 생각했지요. 산업사회인 한국 사회에서 1987년 노동자 대투쟁 이후 노동계급이 본격적으로 형성되고 있는데, 노동계급은 지금 어디로 가고 있는가? 19세기 유럽, 20세기 초의 유럽을 따라가는 건가? 아니면 제3세계의 길로 가는 건가? 이게 당시의 가장 큰 관심사였고, 그 관심사에 답하기 위해서는 실제 현장의 노동이 어떻게 되어가고 있는지 봐야겠다고 생각했습니다. 노동 문제가 결국 산업사회에서 가장 핵심적 문제이고, 노동 문제가 한 사회의 향방을 알 수 있는 시금석이기 때문에 사회학자가 노동 문제를 반드시 다뤄야겠다고 여겨 노동현실을 조사하기 시작했죠.

현장 돌아다니면서 인터뷰하고 설문조사하고 사람들 만나면서 박사논문을 썼는데, 다소 도발적인 논문이었습니다. 노동운동이 이제 막 개화하고 상승한다고들 했는데, 저는 그때 이미 후퇴하고 있다고 주장했거든요. 뒤늦은 성장과 빠른 후퇴. 이게 제가 1991~1992년에 현장을 돌아다니면서 관찰한 결과였습니다. 그래서 박사논문 제목에 '사회적 고립'이라는 표현을 쓴 거죠.

책으로 출간할 때는 『한국 사회 노동자 연구』라는 두루뭉술한 제목을 썼지만, 학위논문은 주제를 예각화해야 하니까 그렇게 제목을 뽑은 겁니다. 한국 노동운동이 벌써 기업별 노조로 정착하고 있다는 게 당시의 주장이었고, 그 주장은 지금도 유효하다고 봅니다. 오히려 그 이후에 더 심화되었다고 보는 편이에요. 이미 1991년에 기업별 노조로 정착하고 있고, 그랬을 경우에는 어떻게 해야 하는가라는 큰 실천적 질문이 있을 수 있었는데 박사논문에서 다 답하진 않았지만 책에서는 뒷부분에 조금 언급을 했어요. 한국 노동운동은 사회운동적 노동운동으로 가야 한다고.

하여튼 당시에 노동이 뜨거운 이슈였기 때문에 박사논문으로 썼고요. 그렇더라도 4·19에 대한 문제의식과 관계없는 것은 아니에요. 왜냐하면 1960년 4·19 때 어떻게 학생이 변혁의 주체가 됐나 하는 것은, 1993년에는 노동자가 변혁의 주체가 될 수 있는가 하는 문제의식과 같이 놓일 수 있는 질문이기 때문입니다.

이거 쓰고 나서 1995년에 좀 더 심층적으로 가봐야겠다는 생각을 했습니다. 결국 한국 노동계급의 역사, 계급 형성의 역사, 그다음에 그것을 주체 측면에서 본다면 한국의 권력 관계나 사회적 관계, 즉 노동계급이 형성되기 이전의 사회적 관계가 노동계급이 형성된 이후의 사회적 관계를 규정하기 때문에 노동계급이 형성되기 이전의 한국 농촌사회가 어떠했나를 봐야만 농촌사회 출신인 노동자들이 어떻게 행동하는가를 설명할 수 있다고 생각한 거죠. 옛날에 관심을 가졌던 주제로 자연스럽게 돌아간 겁니다. 그렇게 하다 보니까 핵심적으로 걸리는 건 한국전쟁이더라고요. '20세기 최대의 사건인 한국전쟁을 건드리지 않으면 우리 사회를 설명할 수 없다.' 1996년부터 한국전쟁을 보려고 자료를 뒤지기 시작했죠. 그 작업을 하다가 2000년에 『전쟁과 사회』를 낸 겁니다.

학술 프로젝트와 독립적 지성

윤여일　김영삼 정권이 '세계화'를 구가하던 1993, 1994년 무렵에 선생님은 서울대학교에서 세계화 관련 프로젝트에 참가하신 것으로 알고 있습니다. 당시 연구자들을 대거 동원해 쏟아낸 세계화 관련 연구보고서를 두고 선생님은 1998년 「한국의 지식인들은 왜 오늘의 위기를 읽지 못했는가」에서 "다분히 신자유주의적인 개혁과 시장 주도의 정치·경제질서를 옹호하는 이데올로기라는 정치적 거품"의 산물로서 "지금 시점에서 그런 보고서들은 휴지조각처럼 보일 뿐이다. 한국의 정치적 역학이나 재벌구조, 계급관계, 남·북한 관계 등 예민하지만 반드시 짚고 넘어가야 할 아픈 지점들을 제대로 건드리지 않은 채 미래의 청사진만을 강조했기 때문"이라고 냉정히 평가하셨습니다.

　돌이켜보면 당시 세계화 관련 여러 연구사업은 정부 등의 기관이 의제를 설정해 학계의 연구자들을 동원하는 프로젝트의 시발점이었습니다. 이후 그런 식의 프로젝트는 학계에서 가장 일반화된 지식생산 양식으로 정착했습니다. 정부 출연 연구소, 중앙 및 지방 정부, 국·공립 기관이 수주하고 그 과정이 행정적으로 통제, 관리되는 프로젝트에 대학의 전문가들은 타당성 조사, 연구보고서, 자문, 심사 등 다양한 형태로 참여해 경제적·상징적 수익을 보장받습니다. 거기에는 연구자가 독창성보다는 정합성에만 준하여 연구업적을 만들어내 연구비를 수령하는 논문 작성 노동자로 변모하고, 학술활동은 연구비 수령 목적으로 변질되는 폐해가 따랐습니다. 연구비를 수월하게 받을 수 있는 학술 의제로 연구자들이 몰리고, 연구사의 내재적 필요성보다는 사업 선정 가능성을 중시해 연구과제를 설정하는 사례도 늘고 있습니다.

아마도 후원 담론의 성격이 농후한 세계화 관련 프로젝트에 참가하시면서 선생님은 '독립적 지성'에 관한 문제의식을 더욱 벼렸으리라는 짐작입니다. 이 책에 수록된 1999년 「한국의 지식사회에 독립적 지성은 존재하는가」나 같은 해 나온 『자유라는 화두』도 연구자로서의 이러한 고민의 연장선상에 있지 않을까 싶은데, 학문의 자율성과 비판성을 확보하기 위한 선생님의 문제의식과 그간의 노력에 대해 말씀을 듣고 싶습니다.

김동춘　큰 이야기인데요. 우선 '세계화' 프로젝트에 대해 말씀드리자면요, 제 논문 심사위원 중 한 사람이었던 이각범 교수가 '세계화'라는 주제의 프로젝트에 저보고 조교를 하라고 했습니다. 제가 박사과정 때 이각범 교수 강의를 들었는데 신자유주의를 다뤘어요. 이각범 교수가 그때 이미 신자유주의에 관심을 가지고 있었습니다.

이각범, 박세일 교수가 주도하는 프로젝트에서 1년 동안 유명한 사람들을 많이 만났어요. 이 사람들 이야기를 1년간 들으면서 공부가 많이 됐어요. '우리 사회에서 지배 엘리트라는 사람들은 어떤 사람들인가?' 그러면서 세계화 현상에 대해서 1994~1995년에 공부를 하게 됐는데, 다른 사람보다 빨리 보게 된 거예요. 그 경험을 통해 논문도 썼어요. 1994년에 「세계화와 한국의 민족주의」를 썼습니다. 그리고 1995년에 『현대 사회』라는 잡지에 「글로벌화와 노사관계 구조 변화」라는 제목으로 노동조합이 세계화에 어떻게 대응하는가에 대해 썼어요.

저로서는 그때 굉장한 지적 충격을 받았어요. '세계화가 중심적인 테마가 되어버리면 우리가 그동안에 해왔던 게 전부 다 날아가는 게 아닌가. 나로서는 이게 잘 설명이 안 돼. 어떻게 해야 하지?' 이런 당혹감 같은 게 있었고 이각범, 박세일 이분들은 '이건 대세다. 돌이킬 수 없다. 우리 사회 모든 문제는 이걸 중심으로 재편해야 한다.' 이런 입장을 가졌어요.

어쨌든 저는 역사적인 시각으로부터 조금 탈피하여 시야를 넓힐 수 있는 기회가 되었습니다. 정말 엄청난 게 다가오고 있구나, 이런 생각에 고민을 하게 됐고 이 경험이 IMF 직후에 이런저런 글을 쓰게 되는 바탕이 된 것 같아요.

윤여일　2000년대에도 독립적 지성 내지 자율적 학술장에 관해 논의할 때 조한혜정, 고미숙, 조정환 선생님 등 몇몇 분들과 함께 자주 등장하거나 거론되셨습니다. 앞의 세 분은 제도권 바깥에서 적극적으로 공간을 개척하신 경우인데, 선생님께서는 대학을 본거지로 삼되 대학 바깥에서도 연구의 새로운 거점을 만들어내는 데 힘을 써오신 것으로 보입니다. 최근에는 다른백년연구원이 시작되었죠.

김동춘　그렇죠. 그게 제 역할이죠. 제가 그나마 학생운동이나 사회운동을 하다가 용케 대학에 자리 잡을 수 있었기 때문에 그 몫, 역할을 수행할 수 있지 않았느냐, 이런 생각도 했어요.

한국 사회에서 교수라는 직함이 가지고 있는 발언권이 있잖아요? 한국 사회에서 기성 권력의 나쁜 점이기는 하지만 그 나쁜 점에 약간 편승했다고 생각이 됩니다. 내가 그냥 재야학자로 있었으면 내 이야기를 안 들어줬을 사람들도 내가 교수이기 때문에 더 들어줄 수도 있었던 것이고. 우리 사회에서 1990년부터 1995~1996년 사이 짧은 민주화의 시기에 소위 말해서 진보적 연구자들이 대학에 들어갈 수 있었던 것 같아요. 그런 위치에 있었던 사람으로서의 역할이 필요했고요. 적극적 요청도 많이 있었고, 그러다 보니까 자연스럽게 학교에서의 교육이나 연구 외에 각종 사회단체, 운동단체에 이름을 걸고 나가서 발표를 하거나 글을 쓰거나, 참여연대를 포함한 활동들을 할 수 있었습니다. 어떻게 보면 한국 사회에서 전통적으로 공부한 사람에 대한 역할이 굉장히 중요했던 나라였기 때문에 그 역사적 연장선상에 있는 게 아닌가, 우리 세대가.

세계화와 민족국가의 문제

윤여일   1994년 「세계화와 한국의 민족주의」는 당시의 여느 세계화, 국제화 관련 논문과 필치가 달랐습니다. 이 글은 '한국의 민족주의' 문제를 파고들어 민족국가 형성의 각도에서 한국 근현대사를 세 단계, 즉 일본 제국주의의 침략에 맞서 민족국가의 형성을 시도한 시기, 냉전질서의 고착으로 남·북한이 분단되어 민족 없는 국민국가가 수립된 시기, 그리고 분단을 강제하는 국제적인 조건이 사라지고 민족의 통일이 민족 내부의 문제로 집약되는 시기로 구분하고 있습니다. 결국 세계화를 민족국가 형성의 시대배경으로 전유하고 계신 것입니다. "세계화의 걸림돌로 지목되는 자국 중심주의는 사실상 민족의 분단과 민족주의의 결여라는 현실에서 강화된 것이다"라고 말입니다.

그런데 당시의 문제의식을 지금 시점에서 어떻게 생각하고 계신지 여쭙고 싶습니다. 가령 다음과 같은 대목입니다. "1980년대 말, 1990년대 초 소련과 동유럽 사회주의의 붕괴와 냉전체제의 와해는 한반도에서 체제 대결의 논리 대신에 민족주의 논리를 부활시키는 분기점이 되었다. 냉전 질서의 붕괴는 남·북한으로 하여금 국가 논리 대신에 민족의 논리가 우선할 수 있는 객관적인 조건을 조성했다. 미국과 소련이 더 이상 민족주의의 억제력으로 작용하지 않게 되면서 민족 형성은 상당 부분 남·북한 당사자의 의지에 달린 문제로 바뀌었다."

이 물음은 이후의 남북관계와 동북아 질서를 감안하건대 선생님의 전망이 현실에서 유리되었음을 지적하기 위한 것이라기보다, 강한 염원이 투영된 당시 글을 부표 삼아 이후 현실과정을 비평적으로 되돌아보기 위함입니다.

김동춘 이건 상당히 긴 이야기일 수 있는데요. 1980년대에서 1990년대 초까지 제가 연구자나 혹은 학생으로서 가장 많이 고민했던 주제 중의 하나가 북한 문제입니다. 당시에 물론 NL파가 세력이 워낙 컸던 것도 이유예요. 그리고 제 주변의 역사학자들은 기본적으로 민족주의적이었어요.

저 같은 경우는 그 시대 사람들과 비슷하게 기본적으로 민족주의 지향을 가지고 있었어요. 그런데 북한을 어떻게 봐야 하나? 이게 엄청난 지적·실천적 도전이었어요. 사람들이 워낙 북한 이야기를 많이 하기에 저도 1986년부터 북한에서 나오는 책들을 읽었어요. 그리고 나서 제가 도달한 결론은 북한은 '민족'이라는 담론을 내세우지만 기본적으로 '국가'의 이익을 말하고 있을 따름이라는 것이었어요. 그래서 1989년, 1990 년부터는 북한에 대해서는 꽤 비판적인 포지션을 가지게 되었습니다. 한 국의 NL파의 그 정서는 이해할 수 있지만 기본적으로 그들의 생각이 '순 진하다'고 생각했습니다. 여기서 '순진하다'는 말은 북한은 민족 담론을 내세우지만 사실은 국가를 이야기하는 것인데 여기 있는 청년들은 '민 족'이라는 말을 곧이곧대로 받아들인다는 뜻이었어요.

'정서적으로는 민족주의에 강하게 공감하지만 이북과 남한은 역시 분단체제하에서 자기 생존이 1차 목표인 국가일 따름이다. 냉전이 와해 되면서 한국의 민족주의 문제는 의견 일치를 보지 못했기 때문에 기본 적으로 강력하게 남아 있을 수밖에 없다, 남·북한에. 그런데 겉으로는 운동권이 민족주의를 주창하지만 체제는 국가주의적 방식으로 표현되 고, 북한도 민족 담론을 사용하지만 내용은 사실 국가 이익을 말하는 것 이다. 이 문제를 넘어서기 위해서는 미래의 민족 통일의 주체가 남·북한 양 국가가 아니고 결국 잠재적으로 남·북한 인민들이 되어야 하는 게 아 닌가. 남·북한 인민들이 행복하게 살아가는 사회를 열망하는 의식 속에 민족 개념이 들어 있는 것이다.' 이런 생각을 하게 됐지요.

그리고 바로 세계화가 대두되었을 때 '그러면 우리는 이제 글로벌 스 탠더드global standard로 가야 해?' 하는 고민이 있었던 거죠. 제가 마이 너스 역사는 우선 제로로 가고 나서 플러스로 갈 수 있는데 우리는 마이 너스 상태에 있으면서 플러스로 비약하려 한다고 이야기한 것은 바로 글 로벌 스탠더드, 즉 세계화를 염두한 거예요. 특히 민족 문제를 도외시하 는 사회과학자들을 비판하는 것인데, 이 비판은 역사학자들에게도 똑 같이 해당됩니다. '당신들의 민족주의 정서는 이해하지만 지금의 세계사 적 국면은 1950년대 국면과는 다르다. 분단이 너무 오래 지속됨으로써 1940년대, 1950년대, 1960년대의 통일은 1990년대의 통일과 다를 수밖에 없는데, 당신들은 왜 자꾸 옛날이야기를 하느냐?' 그 생각이 이 글에 깔려 있었던 것 같아요. 그래서 민족 문제는 있되 민족주의적 방식으로 민족 문제를 해결할 수는 없다는 제 문제의식과 고민이 있었지요.

이게 그 이후에 탈민족주의 논쟁으로도 이어집니다. '한국에서 민족 문제나 계급 문제가 해결이 안 됐는데 탈민족주의를 말하는 것은 결국 우파에게만 도움을 준다. 민족주의 비판은 내가 동의할 수 있는데 민족 문제를 등한시하면 안 된다. 민족 문제는 한국에서 사회 문제와 얽혀 있다. 노동 문제도 민족 문제와 얽혀 있는데 이걸 빼고 이야기하면 결국은 글로벌 스탠더드니 트랜스내셔널transnational이라는 이름하에 한국의 지배세력에 힘을 보태주는 결과가 된다.' 이런 제 문제의식이 깔려 있어요. 지금 생각도 크게 다르지 않지만 지금보다는 이 글을 쓸 당시에 민족주의 정서가 더 강했다고 생각이 돼요.

자국민 중심주의와 자민족 중심주의

윤여일   2001년 「한국인의 자민족·자국민 중심주의」에서 선생님은 분단 이후 남한의 국가, 국민이 보여준 일반적인 정책과 태도는 자민족 중심주의라기보다 자국민 중심주의의 소산이라고 진단하십니다. 남·북한을 통괄해 하나의 네이션을 지향하는 민족주의는 냉전체제 아래서 억제되고 그 자리를 자국민 중심주의가 메워왔으며, 그것이 사회 내에서는 극우반공주의, 패거리주의, 연고주의, 지역주의, 가족이기주의, 사회적 소수자·약자에 대한 배타·멸시주의의 토양을 이루고, 대외적으로는 타민족에 대한 무관심, 대국·선진국 추종주의를 부추겨왔다고 비판하십니다.

민족주의와 국가주의를 예리하게 구분하는 것은 선생님의 글을 읽으며 얻은 소중한 시사점 가운데 한 가지입니다. 그런데 이 대목에서 여쭙고 싶은 것은 이렇듯 여러 폐해를 낳는 국가주의를 극복하는 방향이 여전히 민족주의의 회복일 수 있느냐는 점입니다. 남·북한을 아우르는 민족주의는 대한국주의라는 확장된 형태의 국가주의가 될 공산이 크지 않은가라는 문제 제기에 대해 선생님은 어떻게 생각하시는지요.

김동춘　사회주의적인 지향을 갖는 사람은 기본적으로 국제주의자인데요. 민족주의는 보수적 가치죠. 그러나 식민지 억압을 당하는 상태에서의 민족주의는 그 자체가 보수적 가치지만 동시에 보편성을 지향한다고 보고, 지금도 그렇습니다.

왜냐하면 식민지 억압 상태에서 민족주의는 '민족'이라는 하나의 추상적 단위를 추구하는 것이 아니라, 식민지 억압으로 인한 개인의 생존권 문제를 민족의 억압 문제로 연동하고 있는 겁니다. 억압당하는 인간의 문제에 관심을 가지는 것과 민족 해방을 지향하는 것이 충돌하지 않는다는 거죠. 그리고 식민지 억압 상황에서 민족을 빼고 개인을 이야기하는 것이 허구인 이유도 바로 민족 해방을 거치지 않은 개인의 해방은 있을 수 없기 때문입니다. 물론 이 점에서 페미니스트하고 충돌하는 점이 있을 수 있어요. 국가 주권을 수립하려고 하는 운동으로서의 민족주의 혹은 민족의 생존권을 유지하려고 하는 가치로서의 민족주의는 그 자체가 보편적 지향을 지닌다고 생각해요. 그렇게 본다면 그 점에서 저는 국가주의자도 아니고 민족주의자도 아니에요. 단, 저는 국가주의가 지배했던 냉전시대에는 통일 지향의 민족주의가 반체제 성격을 가지고 있었다고 봅니다. 왜냐하면 남한 국가의 도덕적 정당성을 어쨌든 비판했기 때문에 북한을 지지하지 않더라도 남한의 반통일성과 친미 성향을 비판하는 것 자체가 어느 정도 국가나 민족을 넘어서는 보편가치를 가지고 있었다는 거죠. 그게 적어도 한국에서는 1987년 정도까지라고 저는 보고 있어요.

1990년대에 들어와서 맥락이 달라졌다고 봅니다. 그러니까 1987년까지는 한국의 민주화와 민족운동이 항상 같이 갑니다. 민주화되자마자 곧바로 나오는 게 통일론입니다. 언제나 그렇습니다. 4·19 때도 그렇고 1987년 6월 항쟁 때도 그랬어요. 바로 우리 사회에서의 민족 문제가 가지고 있는 성격을 보여주는 거예요. 그런데 1990년대에 들어와서는 달라졌다고 보는 거예요. 미군이 주둔하여 자주성이 약한 체제이기는 하지만 남한 자본주의가 이미 성숙한 단계로 들어섰고, 남한 자본이 해외로 진출하기 시작했고, 남한이 약한 아亞제국주의가 되기 시작했고, 외국인 노동자가 들어오기 시작했고, 그러면서 민족주의, 민족 통일 담론을 자본이 주도하기 시작했습니다. 정주영이 소떼 몰고 올라간 게 그 이후의(1998년) 일이기는 하지만, 한국 사회에서 '통일'이나 '민족'이라는 것이 어쩌면 보수적 가치로 변하기 시작하던 시기가 1990년대라고 볼 수 있습니다.

한국 사회는 1990년대에 이미 다문화 사회로 들어가고 있고, 이질적인 사람들을 끌어안고 남·북한 사람들만이 민족으로 구성되는 상황을 넘어서야 하는 시기로 이미 진입했던 거죠. 우리가 추구해야 될 통일도 남·북한 사람들이 합쳐서 그냥 하나의 민족이 되는 단계는 이미 지나버렸어요.

1990년대 이후에도 통일이나 민족의 문제가 여전히 있지만, 우리가 추구해야 할 통일의 내용은 평화의 문제와 결합될 수밖에 없고, 다른 인종 및 민족과 공존하는 형태의 사회공동체를 어떻게 건설하느냐는 과제로 이미 이행을 했기 때문에 맥락이 달라졌다고 봅니다.

대담 / 김동춘·윤여일

사회 문제와 통일 문제는 성격이 달라요. 사회 문제는 타협이 가능한데, 남·북한 문제는 타협이 안 돼요. 그 성격이 달라요. 왜냐하면 이건 전쟁의 문제일 수 있기 때문에. 그 성격에 차이가 있어요.

국가 폭력에 관하여

윤여일　2000년에는 선생님의 주저 중 한 권이라 할 『전쟁과 사회』가 나왔습니다. 1990년대 후반부터 선생님의 논저에서는 전쟁과 국가 폭력에 관한 사유가 두드러집니다. 사실 그것은 선생님이 초기부터 견지해온 문제의식이라 할 것입니다. 1990년 「서구 중심주의 사회학을 넘어」를 보면 기성의 한국 사회학이 전제하는 '사회'는 서구의 자본주의 사회에서 유래한 것으로서 거기서 '폭력'은 없거나 있더라도 사회 성원의 합의에 비해 부차적인 요소로 간주되며, 이러한 사회상을 전제하는 한 시민사회의 자율성을 극도로 제한하는 국가에 대해 제대로 사고할 수 없다고 지적하셨습니다.

확실히 '폭력', '전쟁', '근대', '식민', '국가', '사회'는 선생님의 사유논리에서 핵심어로 여겨집니다. 이번에 선생님의 글을 체계적으로 독해하며 선생님이 저 개념들을 어떤 조어의 형태로 사용하시는지를 주목해보았습니다. 식민적 근대, 동원 근대, 반공국가, 반半국가(반쪽 국가), 죄인 정치, 병영사회. 그리고 이런 말들을 끌어안는 것이 전쟁정치겠지요. 전쟁정치는 내부의 반대자를 적으로 몰아 폭력으로 통제하는 정치의 구조와 양상을 가리키는 용어로 선생님께서 제시한 개념입니다. 그리고 전쟁정치의 맞은편에 자발적 공공성이 있다고 읽었습니다.

이 물음은 이미 수차례 접하고 또 답하셨겠지만, 역시 선생님께 드려야 할 본질적 물음이라고 여겨집니다. 왜 그토록 오랫동안 국가 폭력, 전쟁정치의 문제에 천착하셨나요? 이 집요함과 그 바탕에 있을 문제의식 그리고 정념이 소재주의와 현상 추수에 물들지 않는 30년간의 학문과 집필 활동을 일궈낸 동력이지 않을까 짐작해봅니다.

김동춘   폭력의 문제를 글로 표현한 것은 1997년에 『경제와 사회』에서 「국가 폭력과 사회 개악」이라는 글을 쓴 게 처음이지요. 그 전에 학살 문제는 한국전쟁을 연구하기로 한 1995년 무렵에 MBC 〈PD수첩〉에서 고양 금정굴 사건을 방영한 게 굉장한 충격을 주고 직접적 계기가 되었고요. 학살사건보다 더 거슬러 올라가면 학위논문 쓰면서 노동 폭력, 노동현장 테러를 조사하면서 폭력을 많이 봤습니다. '한국에서 합리적 노사관계는 성립하지 않는다. 합리적인 노사관계가 왜 성립되지 않는 걸까? 왜 강압이 이루어질까? 왜 노사분규는 언제나 공권력의 진압으로 마무리될까? 왜 어느 쪽도 타협하지 않고 극단까지 갈까?' 그 질문이 항상 있었고요.

　　사실 노동 폭력보다 더 심한 폭력은 철거민 폭력이죠. 1986년에 철거 폭력 문제에 관한 다큐 영화로 〈상계동 올림픽〉이 나왔잖아요. 제가 그때 목동, 상계동 철거 문제에 관심이 있기는 했지만 한국전쟁하고는 연결이 안 되었는데, 이게 한국전쟁하고 아귀가 맞아 들어가더라고요. 우리 사회에서 저항 세력이 언제나 승복하지 않고, 진압하는 세력은 언제나 공권력 투입으로 마무리하는 근본적 연원이 저는 한국 사회의 국가 형성의 문제하고 연관되어 있다고 본 거죠. 말하자면 국가 형성이 미완성이다 혹은 국가 형성이 과정 중에 있다는 겁니다. 한국전쟁이 휴전으로 마무리되면서 국가가 아직 완성되지 않은 상황에 있다는 거지요. 국가는 혁명과 전쟁의 산물이잖아요, 여전히 한국 사회는 피비린내 나는 전쟁이 계속되고 있다고 본 거죠. 그러니까 노동 폭력하고 철거민 폭력 문제가 자연스럽게 연결이 됐고요.

그 문제의식은 막연하기는 했지만 학부 때부터 있지 않았나 싶습니다. 미국 유학파 사회학자들의 이론에 대해서 제가 항상 뭔가 불편함이 있었는데, 이 사람들은 '국가'state라는 표현을 쓰지 않고 '정부'government라는 용어를 쓰더라고요. 나는 항상 '이게 아닌데?' 했죠. 그 이후 사회학 공부를 하면서 미국 사회학에서는 국가론이 없다는 사실을 알게 됐지요. 그걸 경험에 기초해서 이해했던 겁니다. 그러면서 기본적으로 국가는 폭력의 독점체인데 '폭력'을 배제한 논의가 무슨 소용이 있을까라고 생각했습니다.

'한국전쟁, 그중에서도 학살 문제가 한국 사회 문제의 핵심 중 핵심이구나.' 그 생각에서 『전쟁과 사회』를 썼고요. 그 이후의 관심도 계속 국가보안법 문제나 군사정권의 인권 침해 문제나 의문사 문제 등으로 연결이 된 거죠.

폭력을 통해서 한국 사회를 이해하는 공부를 하고 『전쟁과 사회』를 쓰고 나서는 이게 꼭 분단 문제만 연결된 것이 아니라 근대 국가 자체에 내재되어 있는 전쟁의 문제로까지 확장될 수 있다는 생각을 하게 되었습니다.

영남에서 보낸 경험

윤여일   2002년 「대구에 대한 애증」을 읽으며 떠오른 물음입니다. 선생님은 경북 영주에서 태어나 유소년기를 보내고 고등학교는 대구에서 다니셨습니다. 어린 시절, 학창 시절을 영남 지역에서 보냈다는 것이 한

국의 지역감정이나 보수적 풍토를 체감하고 이해하는 데 어떠한 자원이
되었는지 여쭙고 싶습니다.

김동춘   사람은 십대에 경험한 것이 평생 가죠. 제가 영주에서 산 것은
1974년 중학교까지밖에 안 되고 대구에서 3년, 그다음에는 거의 40년을
서울에서 살았습니다. 그때 제가 봤던 영남 지역은 보수적이고 유교적인
분위기가 있었어요. 예를 들면 말 배우기 전부터 본관부터 배우게 돼요.
그런 경험에 더해 고향은 옛날 농촌공동체, 같은 성씨들이 살던 마을, 모
든 사람들이 5촌, 6촌, 7촌 누구 아재, 아지매 이런 사이로 다 얽혀 있는
씨족공동체죠.

　고등학교 때까지는 영남 지역이 어떤 거라는 큰 문제의식이 없었는
데, 서울에 와서 계속 비교를 하게 되면서 문제의식이 싹튼 거죠. 학교에
서 학생운동을 하다 보면 호남 출신이 많아요. 그러면 거기서부터 갈등
이 시작됐고 제가 완전히 다른 세상에서 살았다는 걸 알았어요.

　호남 출신은 자기 고향 사람들이 진보적인 사람들이 많기 때문에 문
제가 안 되는데, 우리는 초·중·고등학교 친구들이 보수적인 면이 있기
때문에 고통이 있는 거예요. 대구의 문화에 대한 애정도 있고, 고향에
대해서도 애정이 있는데 그걸 표현하기가 힘든 거예요.

　대구에서는 20년 동안 저를 초청강사로 부른 적이 두세 번밖에 없는
데, 광주는 백 번도 더 불렀어요. 그러니 제 심정이 어떻겠어요? 한번 생
각해보세요. 그 고뇌가 있어요.

　제가 공부하는 활동에 전통사회 끝자락을 경험했던 것이 얼마나 도
움을 줬는지 잘 알 수 없지만, 어쨌든 그로 인해 제가 한국 사회를 보는
데 훨씬 더 깊은 이해를 갖게 된 것은 틀림없습니다. 가족주의에 대해서
글을 많이 썼는데 그건 바로 거기에서 온 거예요. 왜냐하면 어릴 때부

터 어른들이 조상이나 유교에 대해서 이야기를 많이 하는데 내가 나중에 되돌아보면 이 사람들이 이야기하는 유교는 씨족만 중시하는 것이지 보편정신이 있다고 볼 수 없는 거예요. 제사, 오로지 제사를 어떻게 지내고, 조상을 어떻게 모시고, 친척들과의 관계는 어떻게 해야 되고, 매일 이런 이야기만 들었는데 그게 유교의 본질은 아니라고 생각했습니다. 제가 그걸 비판적으로 본 거죠. 유교의 공적 정신이 없었던 것은 아닌데 식민지 시대 때부터 일본이 길들인, 말하자면 전통의 잔재들을 통치의 필요성을 위해서 길들인 유교가 내가 경험했던 그 유교구나, 그걸 깨닫게 된 거예요. 제가 경험했던 유교는 씨족주의, 가부장주의를 중시하는 유교였던 겁니다. 물론 공적 정신을 가졌던 어른들이나 지식인들이 있었을 텐데, 그 사람들은 대부분 그 씨족 사회에서 퇴출되었거나 월북했거나 이런 사람들인 거예요.

그것은 '만들어진 전통', '만들어진 근대'였던 겁니다. 이게 전통이라고 생각하는데 사실 전통이 아니고 근대의 일부인 거예요.

대구만 하더라도 사회주의 계열 사람들도 많고 일제시대 때부터 독립운동 했던 사람들도 많았습니다. 조선공산당의 트로이카 중에서 김단야와 김재봉 이 사람들이 다 대구 출신입니다. 지역 사회에 지금도 그 자취가 아주 조금 남아 있는데요, 해방정국에서 대구의 좌파나 중도 민족주의자들은 기본적으로 지역주의자들이 아니었어요. 지금 80대 넘는 대구의 어른들 중에 그런 분이 아직 있어요. 그런데 그분들은 대구에서 완전히 소수입니다. 박정희 이후의 대구하고 그 사람들이 알고 있는 대구는 다른 대구예요. 그런데 그건 다 잊혀졌잖아요. 지금의 '영남'이니, '영남의 전통'이니 하는 것은 해방 이후에 '만들어진 지역주의'인 거예요.

2000년대와 2010년대, 시대 구분에 관하여

윤여일　이 책에는 「노동자 대투쟁과 한국 노동계급의 형성」이라는 글이 수록되어 있습니다. 1987년 노동자 대투쟁 이후 10년에 이르는 시점인 1997년에 발표하신 글입니다. 그리고 선생님이 쓰신 한 책 제목 『1997년 이후 한국 사회의 성찰』에서도 엿보이듯 선생님은 1997년 또한 하나의 분기점으로 파악하고 계십니다. 확실히 1987년과 1997년은 '체제'라는 말을 동반해 학계에서 종종 언급됩니다.

　　그런데 1997년 이후로는 그런 전환기로 상정하는 시점이 없으신가요? 이 물음은 제겐 왜 가령 문학계와 달리 사회학계에서는 2010년대라는 용어가 성립하지 않는가라는 물음과 닿아 있습니다. 1980년대와의 연속과 단절을 바탕으로, 1987년을 경유해 1990년대라는 시대상이 형상화되었고, 1997년 이후의 2000년대도 운위되고 있지만, 2010년대라는 표현은 좀처럼 들리지 않습니다. 물론 10년 단위의 연대기적 시대 설정이 반드시 필요하다는 말은 아닙니다. 다만 2000년대 이후의 나쁜 지속 내지 퇴행이라는 식의 막연한 현재의 시대상을 들춰보고 싶은 것입니다. 그리하여 동시대를 대하는 사회학자들의 주된 분석틀도 1990년대, 2000년대로부터 이전된 것들에 의존하는 경향이 심하지 않은가라는 의구심이 듭니다. 1987년, 1997년처럼 커다란 정치적·경제적 체제의 변화는 아니더라도 지금의 시대를 붙잡고 제대로 형상화하기 위해서는 역시 1997년 이후의 변화 지점과 국면을 섬세하게 포착해야 하지 않을까요.

김동춘　1997년에 IMF 위기가 왔고 한국 사회가 신자유주의적으로 재편되고 제가 이야기했듯이 '기업사회', '기업국가' 논리가 착근하는 시기가 2000년대부터입니다. 2000년대와 2010년대가 꼭 연대기적으로 구분되는지는 잘 모르겠어요. 혹시 만약에 윤여일 선생이 분명히 있는데 개념화가 안 되고 있다고 생각한다면 제 생각에는 세대 감각에 대한 자의식 실종과 관계가 있지 않은가 싶어요. 왜냐하면 그 시대를 항상 날카롭게 체험한 세대들이 구분을 짓거든요. 그런데 만약에 이게 구분이 안 된다면 이 세대는 자의식 자체가 실종되었을 수도 있어요.

그런데 저는 2000년대와 2010년대의 차이가 있는지 없는지 전혀 감각이 없습니다. 단지 1987년과 1997년에는 일종의 의미 있는 차이가 있다는 게 제 감각입니다. 6월 항쟁 10주년, 20주년 때 성명서도 제가 초를 잡았어요. 거기까지는 내 경험 속에서의 구분이 가능했던 시기인 것 같아요. 당시 6월 항쟁에 참가했던 학생이나 노동자 대투쟁에 참가했던 노동자들에게는 그것이 의미 있는 구분이겠지만 보통의 한국 시민들에게는 전두환 정권이 끝날 무렵 정도의 의미겠지요.

1990년대를 청년 시절로 보냈던 사람들이 이른바 'X세대'를 이야기했을 때 이 사람들의 자의식에는 이전 세대와는 차별되는, 확실히 의미 있는 것이 있다는 생각이 들었습니다. 1990년대에 청년기를 보낸 사람들은 '1987년'과는 다른, 1990년대라는 독특한 시대 경험, 가령 PC통신과 인터넷을 처음 시작한 세대로서 그 세대의 의미를 날카롭게 이야기하더라고요. 저는 그때 이미 사십대에 진입하던 때였기 때문에 그걸 감각할 수 없었습니다.

그렇기 때문에 이 질문은 윤여일 선생이 답을 하는 게 좋을 것 같아요.

기업사회

윤여일　　앞서 거론한 『1997년 이후 한국 사회의 성찰』의 서론에는 「'민주화 이후' 한국 사회」와 함께 「'기업사회'로의 변화를 중심으로」가 수록되어 있습니다. 이 글은 1997년 이후의 한국 사회에 대해 성찰해야 할 지점이 무엇인지를 압축해 제시합니다. 기업사회로의 전환입니다. 선생님은 1990년대 초반부터 시작된 기업사회로의 이행이 1997년 외환 위기 이후 가팔라졌다고 진단하고 계십니다. 이 책에도 관련 글로서 2007년 「사회의 기업화」가 있습니다.

　　선생님은 기업사회를 기업권력이 정치권력이나 법·행정을 압도하는 사회이자, 여타 사회조직이 기업을 모델로 하는 사회, 기업의 문화나 시장논리가 다른 문화의 가치를 압도하고 모든 사회구성원이 종업원과 소비자로 지칭되는 사회라고 풀이하셨습니다.

　　10년 전 인터뷰에서 선생님은 "1992년 대선 때 현대그룹 정주영 씨가 대통령 후보로 나왔다. 기업의 총수가 대통령을 하겠다고 나서는 것도 사실은 연구대상"이라고 얼마간 유머 섞어 발언하신 적이 있는데, 실제로 미국에서 도널드 트럼프Donald Trump가 대통령이 되었습니다. 관료 자리는 군장성과 함께 CEO 출신이 메우고 있습니다. 이는 대의민주제가 한계에 이르렀음과 함께 선생님 글의 제목처럼 '사회의 기업화'를 시사합니다. 한국 사회에서도 한 시기의 안철수 현상이나 자기계발서 열풍은 그 경향성을 반영한다고 말할 수 있겠죠.

　　'기업사회'는 '전쟁정치'와 더불어 선생님의 가장 중요한 개념어로 여겨집니다. 선생님은 기업사회의 속성을 분명히 하시고자 병영사회라는 상대어를 가지고서 대비하는데, 병영사회는 국가 안보가 지상과제가 되어 국민을 위에서 동원하고 또 시민사회의 영역을 극도로 축소하는 사회입니다. 반면 기업사회는 위에서 강요하기보다 시장의 생존경쟁에서 승자는 위로 올라가고 패배자는 도태되는 방식입니다.

그런데 한국 사회가 선생님의 진단처럼 병영사회에서 기업사회로 이행하고 있다면, 정치에 관한 사유도 전쟁정치 이외의 다른 접근법을 필요로 하지 않을까요. 즉 병영사회가 아닌 기업사회는 어떤 정치 회로로 작동하고 또한 어떻게 대응해야 하는지, 이는 선생님에게는 작업의 주안점이 일정하게 조정되어야 함을 의미하는 것이지 않을까요.

김동춘　기업사회론은 제가 쓴 글 중 설익은 글의 대표적인 것인데요. 제대로 완성하지 못한 이유는 제가 이걸 쓸 때 이미 진실화해위원회에 들어갈 때였다는 데 있습니다. 제가 이 작업을 하려고 하다가 진실화해위원회에 들어가는 바람에 중단된, 다시 시작해야 할 작업이에요. 만약에 제가 진실화해위원회에 안 들어갔더라면 이 작업을 했을 거예요.

이 작업을 하게 된 것은 제가 2000년에 참여연대 정책위원장을 했다는 데서 출발합니다. 1995~1996년 2년 동안 참여사회연구소를 만들었고 참여연대 활동을 하면서 소액주주운동을 옆에서 지켜봤고 삼성하고 싸움하는 걸 옆에서 지켜봤어요. 제가 직접 하지는 않았지만 장하성 교수와 김상조 교수가 삼성과 싸우는 걸 제가 보고 경험했거든요.

그러다가 2003년에 미국으로 안식년을 갔는데 미국에 있으면서 돈 낸 만큼 보상받는 로비가 지배하는 미국 정치의 현실을 보게 되었고, 이게 한국에서의 삼성 문제하고 딱 겹쳐지더라고요. 그래서 한국이 미국처럼 가는구나 그런 생각을 했지요. 이미 노무현 정부가 들어선 시기였지만, 돈이 정치를 지배하는 사회로 한국이 가고 있다는 생각을 했습니다. 삼성의 경제 지배가 아니라 삼성의 사회적 지배, 삼성의 대한민국 지배 문제가 참 심각하다는 생각이 들어 참여연대에서 이런 작업을 해야 하는 것 아니냐 해서 그때 참여연대에서 삼성 보고서를 냈어요. 2005년입니다.

결국은 민주화라는 게 완전히 퇴색하고 있다고 본 겁니다. 『1997년 이후 한국 사회의 성찰』에 보면 「'민주화'라는 환상?」이란 글도 있잖아요. '기업이 세상을 지배하는 데 있어서 우리는 정치적으로는 시민이지만 기업에서는 임금노예일 뿐인, 마르크스가 말했던, 그런 사회가 되어가는데, 이런 사회에서 민주화가 무슨 의미가 있지?' 그래서 시론으로 쓰고 체계적인 작업을 해야지 하다가 진실화해위원회로 가는 바람에 중단된 거였고요.

'한국의 기업사회가 미국이나 영국 같은 보편적 자본주의 국가와 다른 점이 뭘까? 왜 군사형 사회 즉 병영사회가 이렇게 갑자기 기업사회가 됐을까? 그건 그 속에서는 굉장히 깊은 연속성이 있는 것 같다. 한국의 기업 지배구조는 통상 자본주의적 기업 지배구조와 사회적 지배와는 다른 일종의 전체주의적 요소의 의미에서 군대와 연속성이 있다. 그런 점을 한국 기업사회의 특징으로 부각시켜봐야겠다.' 그 생각을 하고 작업을 시작했습니다.

그러한 연속성과 더불어 지금의 특수성, 차별성이 있는데, 그 차별성과 연속성을 어떻게 개념화할 것인가가 21세기 한국 사회를 잘 보여줄 수 있는 지점이라고 생각했어요. '남·북한이 분단이 됨으로써 병영사회가 구축되어 있는데 그것이 일종의 기업 전체주의라고 할까, 기업 내에서의 인간관계에 전체주의적 성격으로 녹아들어와 있다. 과거의 병영사회적 측면이.' 그래서 저는 뒷부분에 제기했듯이 기업사회와 병영사회가 충돌한다고 보지 않았습니다. 양자를 결합해서 한국 사회의 특징을 설명해보고 싶은 생각이 있어요. 그러던 차에 히토쓰바시 대학 교수였던 일본 정치학자 와타나베 오사무渡邊治의 책을 발견하게 됐어요. 이 사람이

1990년대 초부터 '기업사회'라는 말을 썼더라고요. 물론 저하고 쓰는 개념은 약간 달라요. 이 사람이 이미 1990년대에 일본의 기업사회적 측면과 천황제와의 연속성을 이야기했더라고요. 제가 지니고 있던 한국에서의 국가보안법 체제와 기업사회의 연속성의 문제가 와타나베 오사무가생각했던 일본에서의 천황제와 기업사회론에 관한 문제의식과 비슷하더라고요. 그래서 이 사람 생각을 조금 더 연결시켜서 한국 기업사회를 조금 더 연구를 해서 책을 내든지 논문으로 쓰든지 해볼까 생각 중이에요.

정치의 사법화, 사법의 정치화

윤여일   선생님은 '사회의 기업화'의 한편으로 '정치의 사법화', '사법의 정치화'를 중요한 변화로 짚고 계십니다. "한국의 정치는 정당이 하는 게아니라 검찰과 경찰이 한다." 종종 이렇게 말씀하시죠. 검찰과 경찰, 국정원과 군, 관료의 카르텔이 정치권력 위의 국가권력으로 군림하고 있다는 지적이십니다. 이들은 선출되지 않은 권력체로서 자본권력과 결탁한오래된 그림자 정부입니다. 그래서 '신판 군주제', '유사 파시즘'과 같은표현도 사용하셨습니다.

　다만 '정치의 사법화'라는 표현은 근년의 사건들을 접하며 제게 더욱실감 어리게 와 닿습니다. 정부의 정책들은 입안에서 실행까지 민중 배제적인데도 국민의 의사를 대의한다는 의회의 지지를 받고 뒤에서는 사법부가 그 정당성을 든든하게 보증합니다. 사법부는 검증하고 견제하며기능하기보다 추인하는 방편에 가깝습니다. 이것이 제가 느끼는 '사법의정치화'라고 한다면, '정치의 사법화' 양상은 노동탄압에서 민사소송, 손해배상청구가 노골적으로 악용되고, 일례로 강정 해군기지 투쟁에서도 구상권으로 압박하는 데서 드러납니다. 더구나 학계에서도 소위 신경숙 사태 때 사회학자인 현택수가 출판사 업무를 방해하고 인세를 편취했다고 신경숙을 고발했던 것처럼 서둘러 사법부를 최종심급으로 불러들여 말의 공간을 위축시키려 하기도 했습니다.

정치를, 묻고 따지고 갈등을 조정하고 교섭해가는 과정이라고 한다면, 점차 노동계, 사회운동, 학계, 문화계 등 각 영역에서 이뤄져야 할 정치를 사법이 잠식해간다는 인상이며, 법은 더 이상 추궁할 수 없는 최종심급으로 간주되기에 법의 이름 앞에서 정치 자체가 쇠퇴하고 있지 않은가 싶습니다. 민주주의가 앙상한 법치주의로 흡수되는 것입니다. 이러한 '정치의 사법화' 그리고 '사법의 정치화'에 과연 어떻게 대응할 수 있는 것일까요.

김동춘　굉장히 큰 이론적 주제고요. 저는 민간인 학살 진상규명운동을 하고 책을 쓰면서 이미 수많은 사례들을 가지고 있어요. 가령 학살 문제부터 한국의 계엄령 문제라든지 즉결 처형 문제라든지, 그러니까 비상 상태에서 어떻게 법이 작동을 멈추게 되고 정치적 판단이 결국 사법적 판단을 압도하게 되는가. 이런 걸 전쟁기 학살사건 조사 과정에서 이미 많이 알게 되었어요. 독일 사회주의자 페르디난트 라살레Ferdinand Lassalle가 일종의 계급 사법에 대해 말하기도 했는데요. 제가 앞으로 쓰고 싶은 논문이 있는데, 제목은 「정치 사법에서 계급 사법으로」입니다.

1987년 이전까지 기본적으로 한국은 정치 사법의 시대였고, 1990년대부터는 계급 사법의 시대로 넘어갔다고 저는 보고 있어요. 그러니까 사법의 정치화는 이미 옛날부터 있었던 현상이고 정치의 사법화는 최근의 현상이죠. 정치의 사법화는 한국에서 정당이 갈등을 해결하는 능력이 없기 때문에 모든 것을 사법으로 넘겨서 사법의 과부하 현상이 일어나는 것입니다. 그 극단적인 형태는 헌재의 신행정수도 판결에서 관습헌법을 이야기한 경우지요. 정치적으로 해결하지 못하는 것을 사법으로 넘김으로써 사법이 과부하 상태에서 정치적 판단을 하게 되는 상황을 정치의 사법화라고 할 수 있는 거 같아요.

손해배상청구 문제도 사실 옛날부터 논문을 쓰고 싶었는데 계속 못 쓰고 있습니다. 민사 현상이라는 것은 자본주의 사회에서 계급적 현상을 개인 대 개인의 관계로 보는 게 아닙니까? 그걸 다루는 법이 민법이고요. 민법이 자본주의 사회에서 자유주의적인 법치의 원칙이 되어 있는데, 노동법이라고 하는 것은 그것을 뒤집으려 한다는 거예요. 자유주의적 법을. 왜냐하면 노동법 자체는 이미 자유주의 원칙을 약간 위배한 거잖아요? 그런데 이른바 자유화의 시대, 1990년대 세계화의 시대에 와서 민주화와 더불어서 자유화가 압도함으로써, 민법적인 부분들이 형법적인 부분들을 압도하는 현상이 초래됩니다. 거기서 노동과 자본 관계에서 발생하는 불평등 문제를 노동법으로 해결하지 않고 민법으로 해결하려 함으로써 나온 게 손해배상청구의 문제라고 봐요. 그래서 이것이 겉으로는 돈으로 표현되지만 실제로 가장 무서운 폭력인 거예요.

왜 한국에서는 이런 식의 엄청난 자본 폭력이, 사실은 민법적인 현상이 형법을 대신해서, 형법보다 더 무섭게 사람들을 옥죄고 있는 현상에 대해 아무런 비판을 하지 못하는 걸까? 노동계가 거의 20년 동안 손 놓고 있는……. 한국 노동계는 왜 20년 동안 당하고도 이렇게 계속 당하고만 있을까? 그게 결국 한국에서 민주화 이후 사법 지배의 특징인 거예요. 사법의 형태로 정치를 지배하는 겁니다. 사람들이 정치 같으면 차라리 정권을 교체하든지 정치가를 욕하면 되는데 판결은 빼도 박도 못해요. 당하는 사람들이 도대체 어떻게 해야 할지 모르는 거예요.

바로 이 점에서 우리 사회에서 기업사회적 현상과 맞물려 민주화 이후에 이른바 독특한 '사법의 지배'라고 할까, 지배 아닌 지배 혹은 중립성의 외양을 띤 지배 혹은 민법 형식을 지닌 형사적인 처벌이 지배했다고 봅니다. 저는 이게 한국적 지배체제라고 할까, 한국적 민주화 이후에 우리 사회관계를 보여주는 굉장히 중요한 지점이라고 생각을 하고 이걸 보여줄 필요가 있다고 생각해요. 그런데 한국에서는 법사회학이 완전 공백상태입니다.

시민운동가, 국가공무원, 그리고 학자

윤여일 2011년 글로는 「진실화해위원회 활동을 돌아보며」가 있습니다. '진실·화해를 위한 과거사정리위원회'는 한국전쟁기 민간인 학살과 권위주의 시대 인권 침해의 진실을 밝히고 피해자의 명예회복과 보상을 위해 만들어진 국가 기구입니다. 선생님은 2005년부터 2009년까지 4년간 진실화해위원회의 상임위원으로 활동하셨습니다.

이 글과 그 밖에 진실화해위원회 활동에 관한 인터뷰를 보면 연구자 때와는 다른 고충, 고뇌가 느껴집니다. 현실상의 여러 구체적 제약들 가운데서 한계가 분명한 활동을 하셔야 했기 때문일 것입니다. 가령 진실화해위원회가 피해 당사자인 유족 주도의 피해자 구제 사업에서 더 나아가 시민사회 주도의 정의 수립과 인권평화운동에 이르기란 지난한 목표 설정이었을 것입니다. 아울러 역사적 진상규명이라는 취지도 조사 역량의 부재, 학살 사실을 기록한 정부 기록물의 부재, 미국 측의 비협조, 거기에 예산과 인력 운용에서 행정자치부의 지휘 감독을 받다보니 독립기구로서 제 역할을 하기가 어려웠고, 실제 조사는 단순한 진상규명을 넘어서기 어려웠다고 자평하십니다. 거기에 시민사회 세력 측에서는 위원회에 참여한 활동가들의 관료화, 진상규명의 부실화를 비판받고, 우익 단체와 보수언론으로부터는 이념적·정치적 공세가 가해졌습니다. 피해 당사자이자 민원인으로서 명예회복과 보상을 주장하는 유족들에게서도 여러 불만과 항의를 사야 했습니다.

진실화해위원회 활동은 현실상의 여러 제약 조건 속에서 그 한계를 극복하기보다 그 한계 지점에 가까스로 가닿는 과정이었을 것이라고 생각합니다. 일본 문학자 사카구치 안고坂口安吾는 이런 말을 했습니다. "뭐든 오십 보 백 보지만, 난 오십 보와 백 보는 굉장히 다르다고 생각해. 굉장히는 아닐지 모르지만 어쨌든 오십 보만큼은 다르지. 그리고 그 만큼의 차이가 내게는 결국 절대라고 여겨져. 나로서는 그 안에서 선택할 뿐이니 말야." 현장에서는 이 오십 보의 차이를 만들어내는 일도 더없이 버거울 것입니다.

이 밖에도 선생님은 '한국전쟁 후 민간인 학살 진상규명과 명예회복을 위한 범국민위원회' 사무처장을 맡아 실무를 보셨고, 참여사회연구소 소장으로도 활동하셨습니다. 주로 2000년대에 집중된 여러 실천, 실전 경험은 학자 김동춘에게 어떤 자양분이 되었는지, 시사점을 안겼는지 알고 싶습니다.

김동춘　　예, 많은 경험을 했죠. 우선 활동가로서는 시민단체 창립을 몇 개 했고요. 참여연대, 참여사회연구소, 민간인학살범국민위원회 등이지요. 제가 학자로서의 지위를 가지고 했기 때문에 그다지 희생을 했다고 생각하지는 않습니다. 그렇지만 힘든 일이었고, 제 시간의 3분의 1 정도는 이런 활동에 투여를 했죠. 제일 힘든 것 중의 하나는 재정 문제죠. 회비. 사무실을 유지하려면 돈이 있어야 하잖아요. 그 제일 힘든 일을 경험하면서 기업가들을 이해하게 됐어요. 돈을 모아서 간사들을 먹여 살리는 것이 가장 힘들고 중요한 활동이라는 걸 제가 기업을 운영은 안 해보았지만 그것처럼 중요한 일이 없다는 걸 이 활동을 하면서 알게 됐어요.

진실화해위원회는 정부에서 관리를 했고 법에 기초한 활동이었기 때문에 다른 연구자들이 경험하지 못한 경험이었죠. 연구자들 중에서 정부에 들어가 이렇게 해본 사람이 많지 않을 텐데, 이렇게 공무원이 되는 것은 부처님 되는 것과 비슷해요. 무슨 소리냐 하면, 싫을 때 싫다 소리를 하면 안 되는 거예요. 민원인들에게 소리 지르면 안 되고, 민원인들이 아무리 와서 항의해도 "예, 죄송합니다"라고 이야기해야 되는 게 공무원이에요. 그러면서 또 예산을 확보해야 하고 밑에 있는 60~70명의 직원들을 관리해야 하니 훨씬 힘든 일이죠. 그렇기 때문에 학자들이 장관으로 가면 잘 못한다는 이야기가 나오는 게 당연해요. 저로서는 진실화해위원회에 들어가 진상규명이라는 겉으로 드러난 활동 이외에, 조직 운영을 하는 게 훨씬 힘든 문제라는 걸 경험했죠. 그게 저에게는 세상을 이해하는 데, 관료사회를 이해하는 데 굉장히 큰 도움이 됐고요.

개인적으로는 보람도 있었죠. 진상규명을 저 혼자 한 건 아니지만, 수많은 유족들이 진상규명을 통해 위로를 받았고 또 경제적으로도 큰 액수는 아닐지라도 보상을 받게 되었으니까요. 어쨌든 그 역할을 했다는 것에 대해서는 어느 정도 제 역할의 몫은 한 것 아닌가 생각을 해요. 그렇지만 아쉬움도 많고요. 관료조직이 가진 한계, 법적 범위 내에서만 해야 했기 때문에 생기는 조사의 한계에서 기인하는 게 크죠.

이런 한계를 절감하게 된 건 제가 위원회 활동을 통해 배운 거예요. 단, 그 한계 속에서도 뭔가 성취해야 한다는 거죠. 목표를 이루어야 한다는 거죠. 그렇기 때문에 사회운동을 하는 것보다 어쩌면 정부에서 일하는 게 훨씬 더 어려운 일일지도 몰라요.

대담 / 김동춘·윤여일

지금의 지식인상에 관하여

윤여일　「진실화해위원회 활동을 돌아보며」를 읽으면 선생님의 회한 같은 게 묻어납니다. 그리고 당시 이 글을 읽던 제게도 어떤 감회 같은 게 있는 글이었습니다. 선생님은 1959년생이시니 저는 선생님과 꼭 스무 살 차이가 납니다. 제가 대학에 들어간 1990년대 말에는 지식인상을 둘러싼 논의가 뜨거웠습니다. 그 이후 논의 자체가 거의 사라진 풍경을 감안하건대 뜨거웠다고 기억됩니다. 그리고 그 맥락에서 저는 선생님의 이름을 처음 접했습니다.

　돌이켜보면 1980년대의 비판성과 실천성을 겸비한, 이론과 실천의 유기적 결합을 지향하는 '저항적 지식인'상은 1990년대에 들어 고전적 지식인상으로서 퇴조하고, 학계와 대학사회의 재편과 맞물려 지식인의 전문성이 강조되는 경향이 짙어졌습니다. 노골적 형태로 선생님도 비판하신 '신지식인'이 한 시기 운운되기도 했습니다. 한편 1990년대 후반에는『인물과 사상』,『당대비평』,『현대사상』,『아웃사이더』등의 비평지가 창간되어 잡지계와 지식계에 얼마간 활력을 불어넣고, 그 지면들을 통해 전투적 글쓰기로써 한국 사회를 해부하는 일군의 '게릴라 지식인', '언더그라운드 지식인'이 부상하기도 했습니다. 저는 그 시기부터 선생님의 글을 접했습니다.

　하지만 2000년대에 들어서는 지식인상을 둘러싼 별다른 논의가 기억나지 않습니다. 경향적으로는 지식인의 기능화·전문화 추세였으며, 지식인의 존재 양상 자체가 달라졌습니다. 「진실화해위원회 활동을 돌아보며」를 읽으며 느꼈던 감회란 비판적 지식인이 일선으로 나왔을 때 얻는 것과 잃는 것, 할 수 있는 것과 감당해야 할 것에 관한 내용이었습니다.

그로부터 또 수년의 시간이 흘렀는데, 선생님께 자신 안에서 지식인 상, 연구자상에 관해 어떠한 변화가 있었고, 또 지식인으로서 연구자로 서 어떠한 자기인식을 갖고 계시는지 지금 시점에서 여쭙고 싶습니다.

이를 위한 자료로서 두 가지를 꺼내고자 합니다. 한 가지는 2000년 「한국 사회운동의 현주소」에 나오는 구절입니다. "주지하다시피 1980년 대는 '주의'의 시대였다. 1980년대의 '주의', 특히 정치투쟁 일변도의 사 고는 분명 극복해야 할 대상이었지만, 현재 대단히 이상한 방향으로 극 복되었다. 즉 지식인의 '주의'는 민중이 겪는 고통을 이념의 재료로 삼는 위험성이 있다. 그것은 민중을 대상화하고, 결과적으로는 운동에 과도한 정치색을 입힌다. 그런데 '주의' 중심의 폐해를 의식한 1990년대의 운동 가들은 이 주의 지향을 지나치게 반대편으로 돌려버린 경향이 있다. 그 것을 경험주의 혹은 문제 해결 중심주의라 부를 수 있다. (……) 운동이 이러한 방향으로만 나아갈 경우 대중 동원과 대중 의식화가 전제되지 않 는 전문가 집단만의 정책 제안, 민원 처리 혹은 소송 대리로 전락할 위험 성이 있다. (……) 어쩌면 시민운동은 실제로는 정부와 정치권력에 접근 가능하고 또 그들에게 받아들여질 수 있는 문제에 관심을 집중함으로써 체제 유지의 일부를 담당하고 있는지도 모른다."

또 한 가지는 2012년 박영도 선생님과의 대화에서 "공적 지식인의 역할에 있어서 중요한 시대적 변화가 있었다면 무엇일까요?"라는 물음 에 답한 내용입니다. "마이클 부라보이Michael Burawoy가 말하는 학자 혹은 지식인의 네 가지 역할을 그대로 차용해서 이야기하면, 비판, 이론 수립, 이데올로그(공공 지식인), 정책, 네 가지가 있지요. 군사독재나 폭압 적 체제와의 투쟁이 필요했던 시절에는 비판과 이데올로그의 역할이 중 요했다고 생각합니다. (……) 그런데 민주화가 된 이후에는 그런 역할이 없어진 것은 아니지만, 이론과 개념을 만드는 역할, 이데올로그들이 역할을 할 수 있도록 밑받침을 해주는 역할, 그리고 구체적인 정책 대안을 만드는 작업이 중요해요. 지금은 이 두 가지 역할이 앞의 두 역할에 비해 훨씬 중요한 시대라고 생각합니다. 누군가가 차분하게 앉아 벽돌 쌓듯이 이론과 정책을 다듬어가는 것이 필요합니다. 특히 예전에 비해 제도정치로 무게중심이 옮겨지고, 사법의 역할이 중요해진 시대에는 입법자들이 입법을 제대로 할 수 있도록 뒷받침해주는 정책 기능과 이론적 기능이 중요하지요. 그래서 지금도 그렇지만, 앞으로 우리 사회는 이 두 가지 역할을 공적 지식인들이 어떻게 담당할 것인가에 의해 상당히 좌우될 것 같아요."

김동춘　　앞의 인용은 참여연대 경험에서 나온 거예요. 참여연대가 그때 박원순 변호사가 사무처장할 때 일종의 소송 중심으로 많이 경도됐잖아요? 그러면서 구체적인 문제 해결을 중시했어요.

　지금 그런 역할을 잘 하는 게 민변(민주사회를 위한 변호사모임)입니다. 민변의 역할이 지금 사실은 과거의 참여연대보다 훨씬 커요. 그런 미세한 변화가 있어요. 한번 자세히 관찰해보세요. 웬만한 데는 민변이 다 나옵니다. 세월호 문제서부터 무슨 문제만 생기면 민변이 가서 법률적인 대리자 역할을 하는 거죠. '정치의 사법화'의 한 반영일 수도 있겠는데요.

　그러면 뭐지? 이렇게 가야 되는가? 하는 구시대적 사람의 입장에서 이것만은 아닐 텐데, 하는 생각과 고민이 앞에 깔려 있고요. 그래서 이쪽으로 가는 게 맞긴 한데, 그렇다면 전통적인 비판이나 이데올로그의 역할은 끝난 건가? 이런 생각인 거죠. 안토니오 그람시가 얘기했듯이 정당이라고 하는 것이 현대판 군주니 뭐니, 집합적 지식인 아닙니까? 그런데 한국에서는 정당이 그 역할을 하지 못한다는 것, 거기서부터 오는 딜레마가 있는 거예요. 저는 한국에서 리영희 선생님 같은 전통적인 지식인이 정당의 역할을 수행했다고 봅니다.

　이데올로그로서의 역할이 여전히 요구된다는 말은 큰 담론이 당에서 안 나오고 결국 지식인 집단에서 나온다는 거죠. 정당 밖에서 어쨌든 지식인들이 담론을 계속 제기해서 그걸 당이 받는 구조로 가는 게 보편적일지도 모르겠다고 생각합니다. 한국은 특히 더 그렇습니다.

　저는 하여튼 약간의 구시대적, 1970년대적 사람으로서 2000년대 이후에 느끼는 약간의 불편함, 민변과 참여연대식 운동이 주도하는 시대에서 느끼는 약간의 불편함과 혹은 더 낡은 시대의 사람으로서 느끼는 안타까움 같은 것이 있습니다. 그렇지만 전문화한 시대에는 우리 사회에서 복잡하고 일개인이 판단하기 어려운, 예를 들면 세월호, 천안함, 사드 문제 등을 전문가로서의 정보와 지식 더불어 양심과 도덕성을 가지고 판단할 수 있는 사람들이 점점 더 중요해지고 있다고 생각합니다. 그렇다면 그런 사람들을 대학 혹은 지식사회에서 길러내야 하는 시대에 온 것이겠지요.

　문제는 전통적인 비판적 지식인은 거의 사라졌거나 혹은 역할이 축소됐다는 건 그렇다 치고, 새로운 역할이 요구되는 예를 들면 판사라든지 변호사들 중에서 양심에 기초한 판단이라든지 혹은 전문성에 기초한 현실 분석이 필요한데 그 사람들을 뒷받침해줄 수 있는 직업윤리, 그 사람들을 뒷받침할 수 있는 지식인으로서의 기본적 윤리와 사명감이 있느냐는 겁니다. 신자유주의의 문화와 맞물려서 그런 윤리 감각이 형성이 안 되고, 전문가는 많지만 발언하지 않는 게 오늘의 한국에서의 지식 생산의 기지로서 대학의 붕괴 현상하고 연결되는 것 같아요.

　그러면 결국 지금 각 분야의 전문가인 사람들이 과연 목소리를 제대로 내고 있는가? 이렇게 질문을 던져봐야 할 것 같아요. 서울대 병원에서 백선하가 백남기 농민이 병사病死라고 했지요. 그 밑에 있는 의사들이 말도 안 된다고 주장은 하지만 딱히 "넌 틀렸어"라고 확실하게 자기 주장을 개진하지는 않거든요. 다 몸사리고 있단 말이에요. 이게 뭐지? 의대를 나온 사람들은 누구나 다 알고 있는 사실이고, 물대포 맞고 1년 동안 병원에 누워 있다가 죽은 사람을 병사라고 이야기하는 이 현실, 삼성 노동자 백혈병 사망 사건 그렇게 많이 터져도 인과관계 진단하겠다고 선뜻 나서는 의사들은 손에 꼽을 정도로 몇 사람밖에 안 되고, 나머지 대다수의 의사나 산업의학 종사 전문가들은 크게 개입하지 않으려고 하는 이런 현상은 뭘까? 이건 우리 사회에서의 지식인의 양심 문제로 보기보다는 직업윤리라는 문제로 보고 이야기해야 하지 않을까 싶습니다. 우리 사회에서 시민사회적 기초가 약한 이유 중 하나는 직업윤리의 기초가 약하는 데 있지 않을까, 이런 생각이 듭니다. 여기에 반론이 있을 수 있어요. 직업세계가 하나둘 사라져가는 시대에, 알파고의 시대에 무슨 직업윤리가 필요하냐? 하는 반론도 있을 수 있어요. 복잡한 문제이기는 합니다만, 어쨌든 전문가가 윤리적 판단을 해야 하는 건 변하지 않습니다. 거창한 도덕적 사명감까지는 아니더라도 "이건 틀렸는데"라고 했을 때 "이게 옳은 건데"라고 말할 수 있는 사람, 그런 사람을 어떻게 길러낼 수 있을까, 이게 지금 큰 숙제예요. 어떻게 길러낼 수 있을까. 그러려면 대학에서부터 혹은 대학원에서부터 길러야 할 텐데 우리나라에 그런 식의 교육이 있는가? 그런 스승이 있는가?

말과 개념의 변화에 관하여

윤여일　지금껏 오랜 시간에 걸쳐 선생님이 축적해온 글들을 토대로 질문을 드렸습니다. 특히 해당 글에 관해 필자로서의 문제의식에 초점을 맞춰 여쭤보았습니다. 이번 질문은 자기 글의 독특한 독자일 선생님께 드리고 싶은 질문입니다. 30년 가까이 자신이 써낸 글을 한 시기에 모아서 읽는다는 것은 무척 드문 경험이리라고 생각합니다.

그중 한 가지로 지난 글들 속에 촘촘히 자리 잡고 있는, 선생님께서 중시하시는 개념들에 대한 지금의 감상을 묻고 싶습니다. 쓰는 자는 말을 부리지만, 말 또한 운동하고 변해갑니다. 선생님이 오랜 기간 사용해오신 개념들, 가령 '민족주의', '민주주의', '민중', '대중' 등은 이십 수년 전과 비교하자면 그 내포와 외연이 변해왔을 것입니다. '신자유주의'라는 말도 1990년대 초반에 등장했을 때는 강력한 비판의 언어였으나 지금은 얼마간 중성적인 분석 용어로 안착한 듯합니다. '진보'와 '보수'라는 용어도 더 이상 힘 관계나 역사의 벡터를 가리킨다기보다 어느덧 정치 성향에 관한 범주로 들립니다. '진보'를 구성하는 말들, 가령 '역사', '해방', '혁명', '진리', '정의', '자유' 등도 그 빛깔이 많이 바뀌었겠죠.

그렇다면 글을 쓰는 자로서 같은 말이더라도 과거와는 그 말을 대하는 방식 또한 달라졌을 수 있다고 생각합니다. 이제 그 말을 사용하더라도 다른 의미가 환기되고, 다른 맥락이 떠오르기 때문입니다. 지금도 열정적으로 문장을 만들어내는 선생님께서는 이 책을 통람하면서 과거에 적힌 말들을 대하며 어떤 경험을 하시지 않으셨을까 짐작해봅니다. 말에 대한 성찰 능력, 아울러 기성의 관념을 갖고서 현실에 뛰어들지만 그 현실 속에서 부침을 겪으며 관념 자체를 성장시키는 능력이야말로 학자, 특히 개념어에 기반해 사고하는 사회과학자가 현역일 수 있는 이유라고 여기기에 이 질문을 드리고 싶습니다.

김동춘　윤여일 선생의 참 섬세한 질문입니다. 1990년대 초까지 저는 '혁명' 혹은 '변혁' 이런 식의 사고를 가지고 있었기 때문에 그런 용어를 많이 썼고요. 1990년대 중반 이후에는 좀 정제된 언어를 많이 쓰게 된 것 같아요. '해방', '혁명'이라는 말은 거의 쓰지 않았고, '민중'이라는 말을 쓰는 빈도도 확 줄어들었어요. 그들을 어떻게 표현해야 될지 잘 모르겠어요. '대중'이라고 해야 되나? 하여튼 '민중'이라는 말을 쓰기는 하지만 옛날에 비해서 거의 안 쓰죠.

그건 시대의 변화와 맞물려 있는 것 같기도 합니다. 또 박사논문을 쓰면서 학문적 용어를 써야 하는 것에 대한 압박이 있으니까 학문적 용어가 아닌 용어를 쓰는 건 좀 자제를 하게 되었죠. 제도권 학계에서 요구하는 것에 길들여진 언어를 점점 더 많이 쓰게 되는 것 같아요.

의미가 달라진 것들도 많죠. '민중' 같은 경우는 옛날에 썼을 때는 그냥 노동자, 농민 일반이었는데, 지금은 노동자 전체를 민중으로 보진 않습니다. 노동자들의 일부는 이미 민중이라고 할 수 없는 경우가 있습니다. 단, 하층 노동자나 비정규직, 이 사람들은 여전히 민중인 거죠. 사회가 변화됨으로써 계급·계층 구성도 변화하고 제가 쓴 말의 외연과 내포가 달라지는 건 당연한 것 같아요. '진보'도 마찬가지죠. 진보라는 말도 사실은 글에서는 잘 안 써요. 말에서는 쓰지만. 왜냐하면 진보는 퇴색했다고 보거든요. 옛날에 가리켰던 진보는 이미 체제의 일부가 되어버렸다고 생각하고—페미니즘의 부상을 고려하면—노동자, 농민의 계급성을 옹호한다고 해서 이제는 꼭 진보적이라고 볼 수도 없어요.

며칠 전에 있었던 국회의 토론에서도 노동자와 농민의 대표성을 논의하면서 농민이 과연 진보적이냐 하는 물음이 제기되었죠. 실제로 농민들이 훨씬 더 보수적일 때가 있다는 주장이 제기되면 이 사람들을 진보 정치의 장에서 대표성을 높여야 하는 게 맞느냐라는 질문이 당연히 나오죠. 진보의 의미도 변했기 때문에 진보라는 말을 쓰기 주저돼요.

독일의 라인하르트 코젤렉Reinhart Koselleck이 개념사概念史를 통해 말과 개념의 변천에 관해 다루었지요. 우리가 썼던 개념이 결국 서양 사람들의 것을 번역한 것인데 정말 살아 있는 개념을 쓸 수는 없을까. 학문적인 용어도 그렇고……. 정말 살아 있는 개념을 우리가 만들어내서 일반화할 때가 이제 되지 않았나, 이런 생각을 해요. 최봉영 교수 등이 우리말로 철학하기 등을 통해 우리 개념을 천착하는 작업을 하고 있죠. 이분은 한자 개념이 우리의 고유한 개념은 아니라고 합니다. 그래서 한자 개념을 그대로 우리 개념으로 받아들일 필요는 없다는 거지요. 한자 개념 역시 영어 개념과 마찬가지로 지배층 용어라는 겁니다. 그 생각에 굉장히 공감합니다. 그런데 사회과학 개념과 용어는 다 수입해서 배웠잖아요. 사회과학적 용어를 새로 만들어낸다? 이게 가능할까? 예를 들면 '사회'라는 말을 우리가 과연 어떻게 새로 만들어낼 수 있을까? 이런 식의 고민이 있어요. 조금 더 시간이 지나서 제가 공부가 깊어지면 그런 개념을 가지고 논문을 써보고 싶은 생각은 있어요. 아직은 그 수준까지 못 갔어요. 한국식 개념사 사전 같은 걸 누가 만들면 좋을 것 같아요. 우리가 100년 동안 개념을 어떻게 사용했는지를 쭉 보면 인문학이나 사회과학을 하는 사람들에게 굉장히 큰 도움을 주고 자기성찰을 할 수 있도록 해줄 겁니다.

사회학은 무엇을 하는가

윤여일   이것은 후학으로서 여쭙고 싶은 것입니다. 이 책의 첫 번째 글인 1990년의 「서구 중심주의 사회학을 넘어」에는 다음 같은 구절이 나옵니다.

"그러나 기성의 학계로부터 정치적 시민권을 부여받은 민족민중사회학이 그 시민권의 획득에는 만족할 수 없다. 왜냐하면 그 시민권은 정치권력이 부여해준 것이 아니기 때문이다. 그리고 정치권력과의 투쟁을 통해서 정치권력을 변화시키고, 스스로 시민권을 쟁취한 것이 아니기 때문이다. 여타의 사회과학에서 소위 진보적인 흐름은 시민권을 획득하기는커녕, 끊임없이 배척당하고 있으며 기성 학문사회에서 조그마한 공간조차 확보하지 못하고 있다. 이런 마당에 사회학이 획득한 시민권은 선구적인 쟁취물이기 전에 잘못 발행된 증명서이거나 '정치 문제에 침묵하는 대가로 획득한 시민권'일 가능성이 크다. 즉 민족민중사회학은 자신을 낳아준 사회운동과 결별하여 혼자만 시민권을 누릴 수는 없을 것이다. (……) 1990년대는 학문사회, 그리고 사회학 분야에 많은 새로운 과제들을 제기할 것이 분명하다. 그중 가장 중요한 과제는 사회 변혁의 전망과 사회 재조직의 비전을 제시하는 일일 것이다."

이 문장을 읽으면서는 피에르 부르디외의 『사회학의 문제들』에 나오는 일구가 떠올랐습니다. "사회학은 전문가적 권력과 역량이 행사하는 독점권이란 위험한 것이며 용납할 수 없다고 생각하는 학문이다. 만약 사회학이 오로지 전문가들을 위한 전문적 지식이 되어야 한다면, 그런 사회학을 위해서는 단 한 시간도 노력할 가치가 없다."

이제 한국 사회학의 중역을 맡고 계신 선생님은 20여 년 전 젊은 사회학도로서 꾹꾹 눌러 적은 저때의 말을 대하며 어떤 생각이 드시는지 여쭙고 싶습니다.

김동춘　김경동 교수가 사회학회 회장을 하면서 사회학대회에서 젊은 사회학자들을 발표자로서 기용을 했는데 그때 조희연 교수와 제가 「민족민중사회학」을 발표했죠. 그걸 하면서 그 이후에 약간 논평 형태로 쓴 글입니다.

1990년 당시에 제 선배 몇 분은 석사만 마치고 이미 교수가 됐어요. 그런데 제가 가지고 있는 불편함은 그런 거였어요. '나는 아직도 먹는 것도 제대로 해결 못하는 재야의 연구자이고 저 사람들은 교수고, 저 사람들은 교수인데 굉장히 좌파이고, 뭐지 이게? 제도권에서 이미 마르크스주의자가 교수도 됐네? 교수가 마르크스주의를 공공연히 이야기해도 잡혀가지도 않고, 시민권을 얻은 것이네? 저게 정말 시민권을 얻은 걸까? 밖에 있는 우리 같은 젊은 연구자들은 먹는 것도 제대로 해결 못하고 마르크스가 평생을 끌어안았던 노동자들은 여전히 두들겨 맞고 있는데, 교수로서 마르크스주의자의 안전한 현실과 실제로 마르크스가 연구대상으로 했던 노동자들의 처참한 현실과의 괴리는 뭘까?' 그런 생각이 바닥에 깔려 있는 겁니다.

마르크스주의를 공부하면 구체적으로 실천은 어떻게 해야 하는 거지? 논문만 쓰면 되나? 논문만 쓰고 계속 좌파적 주장만 하면 되는 건가? 이런 불편함을 느끼면서 동시에 우리는 뭘 해야 하지? 노동자를 대상으로 하는 노동운동에 뛰어들어야 하나? 실제로 뛰어든 사람도 있었어요.

1990년대에 이미 내가 그걸 보고 있었던 거예요. 한국에서 진보적 학문을 하면서 동시에 제도권에 자리를 가질 수도 있겠지만, 결국 한국에서 진보적 학문을 한다는 사람은 어떻게 실천을 해야 하는가라는 문제의식이 있었지요. 사회학 분야에서 당시 젊은 학자들의 힘이 막 올라가는 시기로 보였을지 몰라도, 제가 봤을 때 제도권 권력은 여전히 주류 보수사회학이 다 가지고 있었다는 거예요. 제도권이라 함은 구체적으로 교수 자리를 말합니다. 그리고 그 자리에 진보적인 젊은 학자가 들어갈 가능성은 그렇게 크지 않았다는 게 제가 한 생각이고. '그런데 교수가 되는 게 목표가 아니지 않은가? 그러면 이 시대에 남을 만한 사회학은 어떤 것일까?' 이런 고민도 있었던 것 같아요. 후배들에게 물려줄 혹은 우리 학계에서 남을 만한 사회학은 어떤 것일까? 최근『지배받는 지배자』에서 김종영 씨가 제기한 문제의식을 이때부터 가지고 있었던 거예요. 그러니까 '지배받는 지배자'의 문제의식이, 속으로는 그런 식의 마르크스주의 또는 제도권 사회학에서 한국을 대표할 만한 이론이 나올 것 같지 않다는 생각이, 이미 깔려 있었던 거예요. 그러면 한국의 현실을 잘 반영하는 사회학은 어디서 나올 수 있을까?

저는 한국 사회학이 어쨌든 현장에서 나와야 한다고 생각하고요. 물론 꼭 사회학만 그런 건 아닙니다. 사회과학이 새로운 학문적 이론이라고 해도 좋고 창의적인 이론이라고 해도 좋고 혹은 한국 사회를 제대로 설명하는 하나의 분석틀이라고 해도 좋은데, 그게 제도권 학계에서 물론 나올 수는 있지만 제도권 학계 안에서의 학문적 토론으로만 나오기는 어렵다고 생각해요. 우리 사회 문제를 해결하기 위해서 어떻게 씨름하는가, 그리고 그걸 이론화하기 위해서 이론과 한국의 경험을 같이 접목시키며 치열하게 노력하는가에 달려 있는 겁니다. 제가 이미 1990년에 이에 대해 약간 우울하게 전망했습니다. 1990년에 이미 이게 쉽지 않겠다고 생각했는데 이렇게까지 답보상태일 줄은 몰랐어요. 이때는 그래도 희망에 가득 차 있었는데 그 이후에는 제가 생각한 것보다 훨씬 많이 망가졌어요.

사회학회에서 발표한 논문은 엄청 많고 비판사회학회에서도 논문이 이만큼 나오기는 하는데 실질적인 성과가 뭐 있나, 이런 생각, 좀 회의적인 생각이 들어요. 그 점에서는 우리 세대와 선배들 책임이 굉장히 큽니다. 이론적으로 야심차게 도전을 해서 끝까지 물고 늘어지는 사람이 별로 없었다고 봅니다. 그러려면 학문적인 열정이 있어야 하는데 학자로서 출세하기 위한 열정만 가지고 그 사람의 동력이 나오는 건 아니거든요.

우리 사회에서 20년 동안 끈질기게 하나의 대상을 가지고 계속 리서치를 하거나 한 주제를 계속 추적하는 그런 작업을 해야만 실질적인 성과가 나올 수 있는 거죠. 한국 사회학이 성취한 것이 뭘까에 대해서 저는 굉장히 부끄럽게 여깁니다. 별로 한 게 없고 내놓을 만한 간판 이론 혹은 역사적 성과가 없다는 생각이 들어서……. 저도 그걸 제대로 못했지만, 앞으로는 더 열심히 하는 데까지는 해야 하겠습니다.

적은 무엇인가

윤여일   1950년 4월, 일본 잡지 『군상』群像은 "일본에서 말살하고 싶은 것 세 가지를 꼽아주십시오"라는 설문을 몇몇 지식인에게 보낸 적이 있습니다. 한국 사회에서 붙들고 맞서고자 하는 대상이 무엇인지, 선생님께도 같은 질문을 드려보고 싶습니다.

이 설문에 대해 제가 애정을 갖는 다케우치 요시미竹内好라는 사상가는 "첫째 천황제(인간의 해방을 위해), 둘째 문단(문학의 독립을 위해), 셋째 저널리즘(사상의 자유를 위해)"이라고 회답했습니다. 물론 설문의 형식이 지나치게 단순하지만, 그가 무엇을 적으로 삼았는지를 아는 데는 보탬이 됩니다.

이런 질문을 선생님께 드리고자 하는 것은 현재 사회학자들에게 연구할 대상, 즉 소재는 있지만, 맞설 대상, 즉 적은 사라져가고 있지 않은가라고 생각하기 때문입니다. 학문 활동이 꼭 무언가의 지양과 극복을 향해야 하는 것은 아니겠지만, 사회학은 역시 비판성, 운동성을 견지해야 하는 학문이라고 생각합니다. 사회에서도 사회학을 향해 얼마간 그런 기대가 있을 테며, 그래서 사회 문제를 다룰 때면 언론은 사회학자를 먼저 찾아가곤 합니다.

그런데 그 장면에서 어느 사회학자가 등장해 발언할 때면, 저는 사회학자의 진단과 처방이란 게 큰 원칙의 재확인에 머물고 있지 않나, 너무나 건전하고 상식적이고 그저 타당한 이야기이지 않나라는 생각을 하곤 합니다. 물론 뉴스 등의 언론에 노출되는 짧은 시간 동안 충분히 논의를 전개하기는 어려울 것입니다. 그렇더라도 이런 의구심을 갖는 것은 그 건조한 발언에서는, 현장에서 그 사회 문제와 부대끼는 사람들의 말에 감도는 파토스, 정념이 느껴지지 않기 때문입니다.

한편으로는 논문을 통해 길게 논의를 전개하더라도 사회학의 언어가 맞서야 할 현상을 있을 법한 현상으로 추인하고 마는 것이 아닐까라는 혐의도 갖고 있습니다. 왜 ○○사회와 같은 사회학자의 용어는 비판대상을 알 만하게 만드는 상품어 제공에 그치는 것일까, 분명 분노에서 시작되었을 텐데 왜 체계적 연구 끝에 분노는 탕진되고 마는 것일까, 학술 용어라는 사회학자의 말은 왜 상황에 다가가기보다 상황과의 안전한 거리를 확보하는 데 자주 동원되는 것일까, 그런 생각이 들곤 합니다. 나침반처럼 방향만을 가리키지 스스로 움직이지는 않는다는 인상입니다.

물론 지금도 다양한 현장에서 분투하는 여러 사회학자의 노고가 있는데 이렇듯 포괄적으로 비판해선 안 될 일입니다. 하지만 앞서 잠시 언급한 소재주의와 현상 추수가 현재 한국 사회학의 한 가지 경향성으로 보이기에 다소 과격할 수도 있는 이런 질문을 드려보고자 합니다.

김동춘 저는 사회학자가 평론가와 저널리스트의 한계를 벗어나야 한다고 생각합니다. 그런데 미디어는 계속 평론가의 역할을 요구하죠. 저도 칼럼을 쓰는 사람이지만 미디어가 학자들에게 저널리스트 역할을 요구합니다. 한국 사회에서는 참 웃기는 현상인데, 학문적으로 천착하는 사람보다 미디어에 알려진 사람들이 마치 대단한 학자인 것처럼 보이는 경향이 있어요. 그것은 바로 우리 사회에서 학문의 체계가 아직 안 잡혀 있기 때문에 생기는 문제라고 봅니다.

역사학은 현실에 덜 대면하기 때문에 상대적으로 역사학 쪽에서는 학자라고 부를 만한 사람들이 있는 데 비해, 사회학자나 정치학자 중에서 학자라고 부를 만한 사람은 굉장히 적다고 생각합니다. 언론에 노출되는 것은 물론 필요한 일이고, 필요할 때 발언을 해야 하지만 가끔씩 언론에서 전화올 때마다 저는 당황스러워요. 제가 어떤 것에 대해 깊은 전문성이 있는 것도 아닌데, 말을 하고 싶지 않은데 억지로 말하게 하고 계속 발언하라고 요구하거든요. 전화가 왔는데 끊을 수도 없고. 대부분 안 받는데 할 수 없이 받을 때 이야기하라고 하면 미치겠는 거예요. 그래서 거기에서 곤혹감을 느껴요.

한국에서는 학자의 풀이 좁기 때문에 어떤 분야를 깊이 아는 사람이 별로 없어요. 그러다 보니까 자꾸 저널리스트가 되기를 사회적으로 요구하고 있어요. 사회적인 요구를 완전히 떠날 수도 없고, 사회적인 문제에 관심을 기울이게 되면 저널리스트가 되고, 사회적인 요구로부터 떠나게 되면 고지식하고 훌륭한 학자가 될 수는 있지만 사회과학자로서는 별 쓸모가 없어지는 딜레마가 있는 거예요. 제가 느끼는 것은 그래요.

학자의 풀이 좀 넓으면 거기에서 역할 분담을 해서, 학문에만 전념하는 사람도 있고 현실에 개입하는 사람도 있을 수 있는데, 대체로 우리나라의 사회과학자들은 저널리스트와 평론가가 돼서 자기를 소진시키고 끝나죠. 그게 지금까지 관찰해온 결과입니다.

약간 비관론인데, 한국처럼 작은 나라에서는 학문적으로 큰 성과가 나오기 어렵지 않나 싶습니다. 결국 큰 나라에서 학문이 나올 수밖에 없는 이유는 인구가 많다는 데 있어요. 한국은 인구가 적어서 한 사람이 여러 가지 역할을 해야 하기 때문에 제대로 하지도 못하다가 자기 스스로 탕진하고 끝난다는 거죠. 이게 작은 나라에 사는 비극, 제가 느끼는 비애입니다. 주변부의 지식인으로서 이렇게 떠들다가 사라진다는 것, 그게 제가 가지고 있는 비애감이에요.

나는 원래 그렇게 되고 싶지 않았거든요. 그런데 그렇게 되더라고요. '이런 지정학적 조건이 계속된다면 이렇게 될 수밖에 없나?' 이런 고민이 있어요. 어떻게 할지는 윤여일 선생이 답을 줘야 할 것 같아요.

윤여일 그렇다면 아까 질문으로 돌아가, 선생님께서 상정하고 계신 맞설 대상은 무엇인가요?

김동춘 저는 국가보안법과 분단전쟁체제라고 봅니다. 왜냐하면 그게 한국 사람들의 지적인 능동성을 완전히 억압하는 기제거든요. 자유로운 사고가 있어야 자유로운 토론이 있고 그래야만 사상적 창의성이 있고, 거기서부터 기발한 아이디어가 나오는데 국가보안법과 분단체제는 사람들 모두가 다 주눅들게 만들고 자기절제와 자기검열을 하게 만들기 때문에, 학문이 나올 수가 없어요. 이게 준準파시즘 체제인데, 다케우치 요시미가 천황제를 이야기했듯이 한국은 당연히 분단과 전쟁을 말할 수 있을 거 같아요.

사회적인 조건으로는 구태여 한국 사회의 특징을 이야기하자면 사회적 친소관계와 네트워크와 체면을 들고 싶습니다. 이런 게 사람을 독자적으로 자기 활동을 못하게 만듭니다. 예를 들면 저도 사회활동을 많이 하지만 그중의 한 반은 인간관계 때문에 거절하지 못하여 하는 것들이에요.

사회과학자로서 살아가는 저에게 적은 말하자면 두 가지 정도로 압축할 수 있습니다. 학자를 저널리스트로 만드는 것과 분단체제 및 국가 보안법.

앞으로의 작업에 대하여

윤여일　　이 책에 수록된 2008년 「'건국절', 무엇이 문제인가」 이후의 글들을 보면 선생님은 현재 한국 사회에서 드러난 현상의 문제를 역사적 시각에서 검토하고 계십니다. 이런 시각은 최근의 저작 활동, 가령 『대한민국 잔혹사』나 『대한민국은 왜?』에서도 두드러집니다. 선생님은 근년에 "어디서 비롯되었는가?"라는 기원학적 탐색에 나서 과거사를 밑그림 삼아 현실 문제를 입체적으로 조명하는 데 집중하시는 것처럼 보입니다.

　　제게는 지금의 사안을 바로 현재의 정치적 역학관계나 선거공학의 셈법으로 논하지 않고 역사적 동향을 분석하며 학문적 축적의 역량을 발휘할 때 그 사람이 학자라고 여겨지며, 현상의 결여를 지적하는 데서 그치지 않고 가능한 방향을 모색할 때 그 사람은 건실한 학자로 느껴집니다. 최근 선생님의 저술 활동이 더욱 중요하다고 여겨지는 이유입니다.

　　얼마 전 선생님은 다른백년연구원을 만들고 원장으로 취임하셨습니다. 관련 인터뷰에서는 "우리에게 지난 100년은 강요된 식민지적 근대화, 서구 따라잡기, 국가주의, 물질만능과 인간 존엄성 경시의 시대였다. 우리는 반쪽 국가의 반쪽 주권, 남북 대결, 개발독재형 신자유주의를 재검토·청산하고 새로운 사회, 새로운 정치와 국가 건설을 모색해야 한다"고 힘주어 말씀하셨죠.

　　그래서 구상하고 계신 앞으로의 행보에 관해 여쭙고 싶습니다. 선생님은 최근에 100년 전 역사로부터 복기하며 식민지 권력과 군정기 권력

대담 / 김동춘·윤여일

과 그리고 한국 사회의 권력의 연속성 위에서 어떠한 적폐가 쌓여왔는지를 해부하고 계신데, 짐작건대 이 작업은 한국 사회에서 문명관의 기본 구도를 되묻는 데까지 이르지 않을까 생각해봅니다. 앞으로 선생님께서는 어떤 작업에 주력하시고자 하는지 독자이자 후학으로서 여쭙고 싶습니다.

김동춘　　사회활동을 가능한 줄이고 연구활동에 더 집중하고 싶은 게 제가 원하는 바이고 욕심입니다. 그동안 제가 과거의 역사 연구를 통한 작업을 많이 했는데, 앞으로는 대안적인 사회를 추구하는 작업을 하고 싶어요. 그걸 위해서 역사학적인 작업보다는 사회과학적인 작업으로 무게중심을 더 많이 옮기려고 합니다. 아까 말씀드렸듯이 기업사회론을 조금 더 정리하고 싶고요. 그다음에 법사회학적인 연구를 더 하고 싶습니다. 또 교육 문제와 관련하여, 교육과 계급을 연결하는 작업을 하고 싶습니다. 한국 사회를 설명하는 데 굉장히 중요한 현상 중의 하나가 교육 현상이라고 보고, 그게 계급 문제와 연동되어 있다고 생각하고 있습니다. 인간은 물질 추구적 존재이지만 동시에 질 추구적 존재이고, 특히 한국 사람들은 남에게 무시당하기를 극도로 싫어하는 존재인데, 그 무시의 핵심은 돈이 없는 무시보다 지위, 즉 사회적 지위에 대한 측면이 굉장히 큽니다. 거기에는 교육이 핵심입니다. 한국에서는 아무리 돈 많은 사람도 가방 끈이 길지 않으면 항상 콤플렉스를 가지고 있다고 봅니다. 한국 사회를 잘 설명할 수 있는 사회적 지위와 교육 문제를 연동시켜서 한국 사람들의 행동구조를 설명하는 것이 연구자로서의 제 과제입니다.

　　이 작업을 한 10년 정도 집중해서 하고 싶고, 그 이후에는 마지막 작업으로 저의 원래 사회학의 출발점이었던 지식사회학으로 돌아가고 싶습니다. 지식사회학 작업으로 한국의 지식인 문제와 사상과 전향의 문제를 70대 넘어서 쓰고 싶습니다. 제가 가지고 있는 경험과 관찰했던 것을 쏟아붓고자 합니다.

현재 시국에서

윤여일　　선생님과의 대담을 위해 이 책의 원고를 정독하는 동안 촛불집회가 뜨겁게 이어졌고, 박근혜 탄핵이라는 국면에 이르렀습니다. 아까 여쭤보았던 1997년 이후의 전기가 이제 마련될 수 있는 것일까요. 실기失期해선 안 될, 역사적 가능성이 부상하는 국면이며, 이를 위해 앞으로 "이게 나라냐"에서 "어떤 사회여야 하는가"로 문제의식이 더욱 긴 호흡으로 가다듬어져야 할 시기라고 생각합니다.

저는 선생님 글의 독자로서 선생님이라면 이런 시국에 어떤 내용의 글을 쓰실지 떠올려 보았는데, 그 골격은 지금까지의 대화 가운데서 드러나지 않았을까 짐작해봅니다. 그 글은 아마도 대중매체가 쏟아내는 탄핵 국면 이후에 이어질 대선 국면에 대한 전망과는 다르리라고 생각합니다.

여기서 아직 언급하지 못한 글을 꺼내고 싶은데 1992년에 선생님은 「변혁운동은 왜 선거정치에 참여해야 하는가」에서 "현 단계의 과제는 민간 민주정부의 수립이다. 선거는 전술이다. 대중투쟁을 기본으로 삼으면서 선거전술을 구사해야 한다"면서 "보통선거 혹은 선거정치는 '선거 아닌 정치'에 대한 부인이다. 선거는 허구적인 잔치가 아니라 선거를 벗어나거나 선거를 무시하는 정치활동에 대한 부인이자, 선거만이 합법적인 정치라는 것을 각인하는 과정이다. 선거제도는 선거 이외의 모든 방법을 배제한다. (……) 한국인의 정치적 관심은 대체로 다음 선거에 누가 될 것인가 하는 선거정치에 집중된다. 이것은 선거를 통하지 않은 사회 변혁의 가능성이, 한국인의 의식에는 거의 없다는 것을 의미한다"고 지적하셨습니다.

이번 대선 과정이야말로 '선거정치'를 거치며 '선거정치'를 초과하는 정치공간을 일궈낼 수 있을지가 관건이리라고 생각합니다. 그리고 거기서는 식민지 권력, 군정기 권력, 분단국가 한국의 지배권력으로 이어지는 그 연속성이 적출되어야 하며, 검찰과 경찰, 국정원과 군, 관료의 카르텔이 추궁되어야 하며, 박정희 신화와 함께 성장 지상주의·현실 영합주의가 회의의 심판대에 놓여야 하며, 그로써 선생님이 '절반의 민주주의'에도 못 미치는 '반의반의 주권'이라고 표현하신 상태를 극복해 인민주권이 실현되어야 하며, 이를 위해 「'을'의 처지가 보여주는 한국 민주주의의 현재」에서 주장하셨듯이 "절차로서의 민주주의를 위한 더 좋은 대안과 제도를 만들어냄과 동시에 가치로서의 민주주의를 본격적으로 논의"해야 할 것입니다. 이 논의는 이 사회에 스며든 전쟁정치와 기업사회를 직시하는 지점까지 이르러야겠죠. 나아가 트럼프 집권이라는 악재를, 미국을 문명의 대변자로 받들어온 대미 추종주의를 극복하는 계기로 전환하는 역량도 만들어야 할 것입니다.

이처럼 선생님의 지난 논고에 근거해 지금 시국에서 선생님이 작성할 가상의 글을 유추해보았는데, 선생님께 직접 말씀을 듣는 것으로 이 대담의 마지막을 갈음하고자 합니다.

김동춘　　한국의 전쟁체제에서 선거가 지니는 의미는 독특합니다. 모든 정당성을 선거라는 창구만 열어놓고 다른 창구를 다 폐쇄한 체제예요. 일상의 정치를 다 배제한 채, 오로지 관변단체만 지역사회에 존재할 수 있고 돈 많은 사람만 정치 후보로 나설 수 있고, 정치자금법, 그다음에 시민단체와 사회단체의 기부금품모금법을 통해서 시민단체의 정치 참여를 배제하고 있고, 정당원이 될 수 있는 사람은 오로지 자영업자들밖에 없습니다. 현실적으로. 그래 놓고 이것을 민주주의라고 강변하고 있는 게 한국입니다.

"선거에서 투표하는 것 외에는 당신이 참여할 수 있는 길은 없어"라고 하는 게 한국 정치의 특징입니다. 지금 언론이나 이쪽에서는 탄핵 국면이 끝나지도 않은 상태에서 계속 후보를 서로 경쟁시키는 구도로 몰아가는데, 이것은 언론이 지배체제 일부로서 기능하고 있는 거라고 봐요.

'촛불'은 이걸 뛰어넘으려고 하는 시도 중의 하나죠. 예를 들면 4·19, 5·18의 대중 저항은 선거정치가 아닌 방식으로 대중이 정치에 참여하려 했던 겁니다. 선거정치가 담을 수 없는, 담지 못하는 대표성의 문제를 제기하는 거죠. 과거 4·19나 6월 항쟁 때는 끝나자마자 사람들이 "그러면 선거해야지. 누구 뽑을래?" 이렇게 구도가 흘러갔는데 지금은 그것과는 약간 다릅니다. '누구를 뽑아서 문제가 해결 안 되네' 정도까지 갔다는 것, 그것이 굉장히 중요한 포인트죠. 누구를 뽑아도 결국 변하는 게 크게 없을 수도 있다는 사실을 알게 되었고, 박근혜처럼 경제민주화, 복지 공약을 내걸었다가도 완전히 폐기처분할 수 있다는 걸 사람들이 알게 되었습니다. 이게 저는 한국 민주주의가 내딛은 큰 발걸음이라고 생각합니다. 선거가 능사가 아니라는 것을 피부로 느낀 거죠. 지금 일반 시민들이 그것을 느꼈다는 게 한국의 민주주의가 질적으로 한 단계 나아갈 수 있는 계기가 되었다고 보고요. 거기에서 중요한 점은 토요일에 광화문에서 주권자가 되는 것을 넘어, 월요일부터 금요일까지 일터에서 주권자가 되는 문제입니다. '결국은 경제민주화와 현장 민주주의, 노동 민주주의, 경제 민주주의, 일상 민주주의의 문제다. 지금의 촛불의 열기를 확대 혹은 심화해가는 것이야말로 우리 사회가 헬조선의 상태를

대담 / 김동춘·윤여일

극복할 수 있느냐 없느냐의 시금석이다.' 그게 최근의 제 주장이고요.

그걸 위해서 무엇을 해야 할까? 촛불집회에 참여한 사람들은 광화문에서 아무리 소리 질러도 괜찮지만 회사에 나가서 소리 지르면 금방 잘린단 말이죠. 그러면 현장에 가서도 안 잘릴 수 있는 방법이 뭘까? 현장에서 소리 지르고도 안 잘릴 수 있는 사회를 어떻게 만들 수 있을까? 이게 우리의 다음 과제입니다. 그런 걸 하기 위해서 정거장으로서의 대선, 최종 목표가 아니라, 하나의 수단으로서의 대선을 활용해야 합니다. 대선 이후의 과정, 이게 우리의 당면 과제인 거죠.

그렇다면 보통 시민인 나와 일반 노동자들에게 새로운 사회란 뭘까? 희망이 뭘까? 결국 촛불의 현장화, 촛불의 일상화, 촛불의 제도화만이 그것에 대한 답입니다. 집회에 나왔던 사람들이 '촛불을 든다고 세상이 달라질까? 그다음에는 뭘 해야 하지?' 이렇게 질문을 하기 시작했어요. 정당원이 될 수도 있고 시민단체 멤버가 될 수도 있고 또 하나의 압력집단이 돼서 지역구 국회의원들에게 항의편지를 보내는 사람이 될 수도 있고 청원을 할 수도 있고 소환 투쟁을 할 수도 있고 여러 가지가 가능합니다. 그것들이 봉쇄되어온 것에 대해 지금 시민단체들이 사람들을 촛불집회에 불러내서 지속적인 참여의 기회를 만들어준 게 우리 민주주의의 큰 진전이라고 생각해요. 저도 그걸 위해서 계속 떠들고 다니고 있어요.

문제의식은 1990년대에 썼던 것과 비슷해요. '선거라는 절차는 우리가 피할 수 없다. 혁명 가지고는 안 된다. 기본 논지는 혁명론 가지고 안 되고 선거로 갈 수밖에 없는데 한편 선거라는 것은 덫이다. 선거라는 덫에 일단 발이 묶이면 제도화로 들어가는 것이다.' 선거만으로 거기에 안주하면 끝나는 거라는 문제의식이 그때부터 있었던 거예요. 하여튼 그래요. 평범한 생각이에요.

연표

/

1987~2017

1987	1월 14일	서울대생 박종철, 경찰 고문으로 사망
	4월 13일	전두환 대통령, 현행 헌법 아래 대통령 선거 실시 선언(4·13 호헌조치)
	6월 9일	연세대생 이한열 대정부 집회 도중 경찰이 쏜 최루탄에 맞음
	6월 10일	전국 18개 도시에서 호헌 철폐 국민대회 개최(6·10 민주항쟁)
	6월 29일	노태우 민정당 대표, 대통령 직선제 수용(6·29선언)
	7~9월	노동자 대투쟁 → 「노동자 대투쟁과 한국 노동계급의 형성」(1997)
	12월 16일	제13대 대통령 선거, 노태우 당선
1988	2월	노태우 정부 출범
	6월	국회, 광주진상조사국회특별위원회 구성
	7월	노태우 대통령, 민족자존과 통일번영을 위한 특별선언 발표(7·7선언)
	9월	서울올림픽 개최
	11월	국회, 5공비리특위 청문회 개시
1989	3월	문익환 목사 방북, 김일성 주석과 회담
	5월	전국교직원노동조합(전교조) '비합법' 노조로 출범
		→ 「교사의 계급적 성격과 한국 교원노조운동」(1991)
	6월	전국대학생대표자협의회(전대협) 대표 임수경 방북

		→「세계화와 한국의 민족주의」(1994)
	11월 9일	베를린 장벽 붕괴 →「한국 사회과학과 마르크스주의 이론」(1993), 「남·북한 사회의 이질성과 동질성」(1995)

1990	1월	노태우·김영삼·김종필 3당 합당 선언
	9월	제1차 남북고위급회담
	10월	소련과 수교
	11월	전교조 교사 해직(1,465명)
		→「교사의 계급적 성격과 한국 교원노조운동」(1991)
	11월 10일	민중당 창당대회 →「변혁운동은 왜 선거정치에 참여해야 하는가」(1992)

1991	4월 26일	명지대생 강경대, 경찰의 시위 진압 도중 폭력에 의해 사망
	4월 29일	전남대생 박승희, 강경대 사망 규탄집회 도중 분신
	5월	1일 안동대생 김영균, 3일 경원대생 천세용, 8일 전국민족민주운동연합(전민련) 사회부장 김기설, 10일 노동자 윤용하 등이 분신하는 '분신정국' 형성. 8일 노태우 정부는 김기설의 유서를 전민련 총무부장 강기훈이 대필했다는 '유서대필사건' 발표(2015년 대법원 재심 재판에서 무죄 확정). 25일 성균관대생 김귀정 경찰 진압을 피하려다 압사.
	9월	남·북한 유엔 동시 가입 →「남·북한 사회의 이질성과 동질성」(1995)
	12월 8일	소련 해체 →「한국 사회과학과 마르크스주의 이론」(1993)

1992	2월	남·북한, 화해와 불가침 및 교류협력에 관한 합의서 발표
	8월	중국과 수교
	12월	제14대 대통령 선거, 김영삼 당선

1993	2월	김영삼 정부 출범
	3월	북한, 핵확산금지조약NPT 탈퇴
	8월	금융실명제 실시

1994	1월	김영삼 정부, 국정 목표로 '국제화'(세계화) 추진 결정
		→「세계화와 한국의 민족주의」(1994)

	6월	북한, 국제원자력기구IAEA 탈퇴 선언
	7월	김일성 주석 사망
	7월	박홍 서강대 총장, 청와대에서 열린 대학총장 간담회에서 "대학 내에 북한 김정일의 지령을 받는 학생들이 있다"라는 이른바 '주사파' 발언 → 「'자유주의자'들의 때늦은 반공주의」(2005)
	10월	한강 성수대교 붕괴
1995	4월	대구 지하철공사장 가스폭발 사고
	5월	5·31교육개혁안 발표 → 「한국 교육 위기의 뿌리와 그 대안」(2010)
	6월	지방자치 선거 전면 실시
	6월	삼풍백화점 붕괴
	11월	검찰, 12·12사건 및 5·18내란죄 전면 재수사
1996	8월	연세대에서 범민족대회와 통일대축전 행사를 열려던 한국대학총학생회연합(한총련) 학생들이 경찰과 격렬하게 충돌(대학생 5,848명 연행, 462명 구속) → 「한국 사회운동의 현주소」(2000)
	8월	검찰, 전두환·노태우 전 대통령에게 각각 사형·무기징역 구형
	10월	경제협력개발기구OECD 가입 → 「세계화 시대에 다시 생각하는 '진보'의 의미」(1996)
	12월	삼성, 에버랜드 전환사채 편법 증여 → 「사회의 기업화」(2007)
	12월	당시 여당이었던 신한국당, 노동법 개정안 날치기 통과 → 「노동자 대투쟁과 한국 노동계급의 형성」(1997)
1997	2월	황장엽 전 북한노동당 비서 망명
	3월	한보건설 부도
	9월	진로그룹 부도
	10월 26일	국민승리21 창립대회 및 권영길 민주노총위원장 대통령 후보 추대 → 「한국 사회운동의 현주소」(2000)
	11월	외환 위기 발생, 김영삼 대통령 대국민 사과 → 「한국의 지식인들은 왜 오늘의 위기를 읽지 못했는가」(1998), 「한국의 지식사회에 독립적 지성은 존재하는가」(1999)

	12월	정부, IMF 구제금융 요청
		제15대 대통령 선거, 김대중 당선
1998	1월	노사정위원회 출범
	2월	김대중 정부 출범
	6월	현대그룹 정주영, 판문점 통해 방북
	11월	정부, 교원노조 단결권·단체교섭권을 인정
1999	1월	전국교직원노동조합 합법화
	1월	외환 위기 책임 규명을 위한 국회 청문회 개시
	3월	창조적 지식 기반 국가 건설을 위한 교육발전 5개년 계획 시안 발표
		→「한국 교육 위기의 뿌리와 그 대안」(2010)
	6월	서해상에서 남북 함정 교전
	9월 2일	재외동포법 시행, 재중동포('조선족')와 독립국가연합CIS 동포인 '고려
		인'을 해외 동포 범주에서 제외 →「한국인의 자민족·자국민 중심주의」
		(2001)
	9월	대우그룹 해체
2000	1월 30일	민주노동당 창당대회 →「한국 사회운동의 현주소」(2000)
	4월	삼성자동차, 프랑스 르노 사에 매각
	6월	김대중 대통령 김정일 국방위원장 남북정상회담, 6·15 남북공동선언문
		발표
	6월	대한민국고엽제전우회 회원들, 베트남 전쟁 관련 기사에 항의하며 한겨
		레신문사 난입 →「우익 대중단체의 분기와 그 조건」(2014)
	8월	1차 남북이산가족 상봉
	9월	미전향 장기수 92명, 판문점 통해 북한 송환
		→「끝나지 않은 전쟁 그리고 리영희」(2009)
	11월	대우자동차 부도 처리
2001	1월	조지 W. 부시 미국 대통령 취임 →「미국 네오콘의 세계 전략」(2006)
	8월	정부, IMF 차관 상환 완료

	11월	국가인권위원회 출범
	11월 29일	재중동포('조선족')의 투쟁 결과 현행 재외동포법 헌법 불일치 판정
		→ 「한국인의 자민족·자국민 중심주의」(2001)

2002	5월	2002 한·일 월드컵 공동 개최
	6월	훈련 중이던 주한미군 장갑차에 깔려 중학생 신효순·심미선 양이 숨짐
		→ 「우리에게 미국은 무엇인가」(2003)
	12월	신효순·심미선 양을 추모하는 대규모 촛불집회가 열림
	12월	제16대 대통령 선거, 노무현 당선 → 「대구에 대한 애증」(2002)

2003	2월	대구 지하철 방화사건(192명 사망)
	2월	노무현 정부 출범
	3월 1일	'반핵반김 자유통일 3·1절 국민대회' 서울시청 광장에서 개최 → 「우리에게 미국은 무엇인가」(2003), 「우익 대중단체의 분기와 그 조건」(2014)
	3월	노무현 대통령, 대북송금특검법 공포
	3월	미국, 이라크 침공 → 「미국 네오콘의 세계 전략」(2006)
	3월	환경단체연합, 새만금간척사업 반대 3보1배 시위
	4월	국회, 이라크 파병동의안 가결 → 「우리에게 미국은 무엇인가」(2003)
	5월	이라크 전후 복구와 의료지원 임무로 서희부대 573명, 제마부대 100명 파병

2004	1월	용산 미군기지 평택 이전 합의 → 「끝나지 않은 전쟁 그리고 리영희」(2009)
	2월	한·칠레 자유무역협정 의결
	3월	국회, 노무현 대통령 탄핵소추안 의결
		고건 국무총리, 대통령 직무대행
	5월	헌법재판소, 노무현 대통령 탄핵심판사건 기각 결정
	11월	전태일 기념관 건립을 위한 토론회 개최
		→ 「왜 전태일 기념관이 필요한가」(2004)
	11월	조지 W. 부시 미국 대통령 재선에 성공
		→ 「미국 네오콘의 세계 전략」(2006)

2005	2월	헌법재판소, 호주제 헌법불일치 결정
	7월	문화방송, '삼성 엑스파일' 보도 → 「**사회의 기업화**」(2007)
	10월	진보적 지성과 민주화 세력의 '좌경화'를 비판하려는 목적으로 홍상화
		『디스토피아』 출간 → 「**'자유주의자'들의 때늦은 반공주의**」(2005)
	11월	뉴라이트전국연합 창립
	11월	서울대 황우석 교수 논문조작 사건
	12월	진실·화해를 위한 과거사정리위원회(진실화해위원회) 출범
		→ 「**진실화해위원회 활동을 돌아보며**」(2011)

2006	3월	대법원, 새만금간척사업 계속 추진 확정 판결
	5월	대한민국어버이연합 결성 → 「**우익 대중단체의 분기와 그 조건**」(2014)
	8월	친일반민족행위자 재산조사위원회 출범
	10월	북한, 핵실험 성공 발표
		한·미 FTA 저지 범국민궐기대회

2007	3월	재중동포의 한시적 자유왕래를 허락하는 방문취업제 시행 → 「**한국인의**
		자민족·자국민 중심주의」(2001)
	4월	한·미 FTA 체결
	9월	한나라당 정갑윤 의원, '광복절'을 '건국절'로 개칭하자는 요지의 국경
		일에 관한 법률 개정안을 국회에 제출 → 「**'건국절', 무엇이 문제인가**」
		(2008)
	10월	노무현 대통령 김정일 국방위원장 남북정상회담, 10·4 남북공동선언문
		발표
	12월	제17대 대통령 선거, 이명박 당선

2008	1월	삼성 특검 출범 → 「**사회의 기업화**」(2007)
	2월	이명박 정부 출범
	5월	미국산 쇠고기 반대 촛불집회
	6월	6·10 100만 촛불대행진

2009	1월	용산 철거민 참사 → 「용역 폭력이 활개치는 나라는 어떤 나라일까」 (2012)
	5월	노무현 전 대통령 서거
	8월	김대중 전 대통령 서거
2010	3월	천안함 침몰사건(장병 46명 사망·실종)
	6월	국무총리실의 민간인 불법 사찰
	11월	북한 연평도 포격사건
	12월	진실화해위원회 활동 종료 → 「진실화해위원회 활동을 돌아보며」(2011)
2011	3월	한·미 FTA 비준안 통과
	5월	반값 등록금 시위
	12월	종합편성채널 개국
	12월	북한 김정일 국방위원장 사망
2012	3월	통합진보당 부정 경선 사건
	4월	북한 김정은 국방위원회 제1위원장 취임
	12월	제18대 대통령 선거, 박근혜 당선
2013	1월	감사원, 4대강 사업 총체적 부실 결과 발표
	2월	박근혜 정부 출범
	5월	개성공단 근로자 완전 철수
	6월	국가정보원의 대선 여론 조작으로 인한 촛불집회 시작되자, 청와대와 자유총연맹 간 맞불집회를 논의했다는 의혹 제기 → 「우익 대중단체의 분기와 그 조건」(2014)
	7월	국방부, 한미동맹 60주년을 맞아 '백선엽 한미동맹상' 제정 → 「국가와 애국의 이름으로」(2013)
	8월	교학사 한국사 교과서 국사편찬위 검정·심의 최종 통과, 학계·시민단체 검정 승인 취소 요구
2014	4월	세월호 참사(304명 사망·실종) → 「국가 부재와 감정정치」(2015)

	12월	대한항공 오너 일가 조현아 부사장, 기내 서비스를 문제 삼으며 난동을 부리고, 비행기를 되돌려 승무원을 하기시킴. 이른바 '땅콩 회항' 사건. → 「'을'의 처지가 보여주는 한국 민주주의의 현재」(2016)
2015	2월	간통죄 위헌 결정
	5월	메르스 확진 판정 환자 최초 발생
	10월	중·고등학교 한국사 교과서 국정화 발표
	11월	김영삼 전 대통령 서거
2016	1월	북한, 수소탄 실험 성공 발표
	3월	인공지능 알파고 대 이세돌 바둑 대결
	4월	제20대 국회의원 선거
	7월	한미 사드THAAD(고고도 미사일방어체계) 배치 결정 발표
	10월 29일	박근혜 최순실 국정 농단으로 인한 1차 촛불집회 → 「촛불집회, 대통령 탄핵과 한국 정치의 새 국면」(2017)
	11월 12일	촛불집회에 100만 명 운집
	11월	'박근혜 정부의 최순실 등 민간인에 의한 국정농단 의혹 사건 규명을 위한 특별검사의 임명 등에 관한 법률'(최순실 특검법) 국회 통과
	12월 3일	6차 촛불집회, 232만 명 집결
	12월	국회, 박근혜 대통령 탄핵소추안 의결
2017	2월	뇌물 공여 등 혐의로 삼성 이재용 부회장 구속
	3월	헌법재판소 탄핵 인용, 대통령 박근혜 파면
	5월	제19대 대통령 선거, 문재인 당선

서구 중심주의 사회학을 넘어 (1990)

— 「한국 사회학의 역사적 위상과 전망」, 『사상문예운동』 3호(풀빛, 1990년 봄).

교사의 계급적 성격과 한국 교원노조운동 (1991)

— 「교사집단의 계급적 성격과 한국 교원노조운동」, 『경제와 사회』 11호(이론과실천, 1991).

— 『분단과 한국 사회』(역사비평사, 1997).

변혁운동은 왜 선거정치에 참여해야 하는가 (1992)

— 「선거와 의회정치, 인식의 대전환이 요구된다」, 『역사비평』 16호(역사비평사, 1992년 2월).

한국 사회과학과 마르크스주의 이론 (1993)

— 「1980년대 후반 이후 한국 맑스주의이론의 성격변화와 한국 사회과학」, 『창작과 비평』 82호
(창작과비평사, 1993년 12월).

— 『한국 사회과학의 새로운 모색』(창비, 1997).

세계화와 한국의 민족주의 (1994)

— 「'국제화'와 한국의 민족주의」, 『역사비평』 29호(역사문제연구소, 1994년 겨울).

— 『근대의 그늘』(당대, 2000).

남·북한 사회의 이질성과 동질성 (1995)

— 「남·북한 사회의 이질화와 통일문화 수립의 과제」, 『민족예술』 7호(한국민족예술인총연합,
1995년 9월).

— 『분단과 한국 사회』(역사비평사, 1997).

세계화 시대에 다시 생각하는 '진보'의 의미 (1996)

— 「세계화 시대에 다시 새겨보는 '진보'의 의미」, 『우리교육』 78호(우리교육, 1996년 8월).

노동자 대투쟁과 한국 노동계급의 형성 (1997)

— 「7, 8월 노동자 대투쟁과 한국 노동계급의 사회세력화」, 『역사비평』 38호(역사비평사, 1997년 8월).

한국의 지식인들은 왜 오늘의 위기를 읽지 못했는가 (1998)

— 「한국의 지식인들은 왜 오늘의 위기를 읽지 못했는가」, 『경제와 사회』 37호(한울, 1998년 3월).

— 『1997년 이후 한국 사회의 성찰』(길, 2006).

한국의 지식사회에 독립적 지성은 존재하는가 (1999)

— 「한국의 지식사회, 독립적 지성은 존재하는가」, 『당대비평』 6호(삼인, 1999년 3월).

— 『독립된 지성은 존재하는가』(삼인, 2001).

한국 사회운동의 현주소 (2000)

— 「한국 사회운동의 현주소」, 『황해문화』 29호(새얼문화재단, 2000년 12월).

한국인의 자민족·자국민 중심주의 (2001)

— 「자민족 중심주의」, 『실천문학』 63호(실천문학사, 2001년 8월).

— 『1997년 이후 한국 사회의 성찰』(길, 2006).

대구에 대한 애증 (2002)

— 「대구에 대한 애증」, 『오마이뉴스』, 2002년 12월 5일.

우리에게 미국은 무엇인가 (2003)

— 세계한민족포럼 제4차 대회 발표문.

— 「Americanism과 한미 인식의 상호 변화」, 『21세기 한반도 한민족 그리고 세계』(강성윤 엮음, 우리시대, 2009).

왜 전태일 기념관이 필요한가 (2004)

— 「전태일 기념관 건립의 의의」, 『전태일 기념관 건립의 의의와 추진 방향—전태일 기념관 건립
  을 위한 토론회』(전태일기념관건립추진위원회, 2004).

'자유주의자'들의 때늦은 반공주의 (2005)

— 미간행.

미국 네오콘의 세계 전략 (2006)

— 「미국 '네오콘'의 세계 전략」, 『아세아문화연구』 10집(경원대학교아시아문화연구소·중앙민족
  대학한국문화연구소, 2006년 2월).

사회의 기업화 (2007)

— 「사회의 기업화와 공공성의 위기」, 『사회비평』 38호(나남, 2007년 겨울).

'건국절', 무엇이 문제인가 (2008)

— 「건국 60주년에 묻다」, 『황해문화』 60호(새얼문화재단, 2008년 가을).

끝나지 않은 전쟁 그리고 리영희 (2009)

— 「리영희와 전쟁—전쟁의 세기」, 『리영희 프리즘』(고병권 등 지음, 사계절, 2010).

한국 교육 위기의 뿌리와 그 대안 (2010)

— 「한국 교육 위기의 뿌리와 그 처방」, 『우리교육』 241호(우리교육, 2010년 3월)

진실화해위원회 활동을 돌아보며 (2011)

— 「진실화해위원회 활동을 돌아보며」, 『황해문화』 72호(새얼문화재단, 2011년 가을).

용역 폭력이 활개치는 나라는 어떤 나라일까 (2012)

— 「용역 폭력이 활개치는 나라는 어떤 나라일까?」, 『황해문화』 77호(새얼문화재단, 2012년
  겨울).

발표 지면

국가와 애국의 이름으로—전사자 추도사업에 대하여 (2013)

— 「한국에서 본 야스쿠니 합사와 한국에서의 전사자 추도」, 야스쿠니촛불행동(2013년 8월 10일, 도쿄), 미간행.

우익 대중단체의 분기와 그 조건 (2014)

— 「우익 대중단체의 분기와 그 조건」, 『황해문화』 82호(새얼문화재단, 2014년 봄).

국가 부재와 감정정치—세월호 참사 이후의 한국 사회 (2015)

— 「국가 부재와 감정정치—세월호 참사 이후의 한국 사회」, 『팽목항에서 불어오는 바람』(노명우 등 지음, 현실문화연구, 2015).

'을'의 처지가 보여주는 한국 민주주의의 현재 (2016)

— 「'을'의 처지가 보여주는 한국 민주주의의 한계」, 『웹진 민연』 57호(민족문화연구원, 2016년 1월).

촛불집회, 대통령 탄핵과 한국 정치의 새 국면 (2017)

— 「촛불시위, 대통령 탄핵과 한국 정치의 새 국면」, 『황해문화』 94호(새얼문화재단, 2017년 봄).

271, 274

어제에 비추어
오늘의 시대를 이해하기 위하여

처음부터 김동춘 선생의 선집을 구상한 것은 아니었다. 문제의식은 이러했다. 1990년대, 2000년대 한국 현대사상사의 한 줄기를 담아내는 책을 만들고 싶었다. 다만 그 책은 과거에 대한 기록일 뿐 아니라 지금을 위한 부표 같은 것이기를 바랐다.

이제 2010년대도 저물어간다. 하지만 2010년대는 무엇을 해왔으며, 무엇을 하고 있는 시대인지를 잘 모르겠다. 시대의 윤곽이 모호하다. 그저 나쁜 지속, 그조차도 아니라면 퇴행의 시간대라는 씁쓸하고 막연한 인상에 머물러 있는 듯하다. 혹시 올해 2017년은 1987년과 1997년이 그러했듯이 한 시대를 운위하는 마디가 될 것인가. 그 또한 아직은 알 수 없다.

시대상이 잡히지 않는다. 그럼에도 이 시대를 이해하고 싶다. 그런 곤궁과 바람을 가진 자가 나만은 아닐 것이다. 그것이 지금이라는 시간대를 이루는 역사 지층으로서 1990년대, 2000년대를 되살피고 싶은 이유였다. 물론 시대라는 것이 10년 단위로 가늠할 대상은 아니겠으나, 지금을 이해하려면 긴 호흡으로 지나온 시간을 복기하는 작업이 필요할 것이다. 그 과거의 기록은 현재가 어느 방향으로 흘러가고 있는지를 짚기 위한 부표로 쓰일 수 있을 것이다.

책의 기획은 이러했다. 1990년대, 2000년대 한국 사회의 흐름을 특정 지식인의 글을 따라가며 경험하는 책을 만드는 것이다. 물론 1990년대와 2000년대의 어떤 사회적 의제에 관한 당시 여러 논자의 글들을 묶어내는 것도 가능하겠지만, 한 사람에게 초점을 맞춰보기로 했다. 그 자가 시대 속에서 남긴 사고의 편린들을 지금 시점에서 모아 유산화한다. 시대성이 짙은 시평들을 되도록 매해 거르지 않고 골라서 한 권의 책에 담는다. 그것은 한 지식인의 집념어린 사상적 행방을 보여주는 선집이자 시대의 단면들을 비추는 자료집이 될 것이다. 그처럼 1990년대, 2000년대 한국 현대사상사를 가늠한다는 취지로 역사학, 철학, 정치학, 인류학, 문학비평, 영화비평 등의 영역에서 책을 만들어보고자 했다.

먼저 사회학에서 시작해보기로 마음먹었다. 내가 공부해온 학문인 까닭도 있지만, 이런 기획은 우선 어느 사회학자를 통해 실현될 수 있지 않을까 기대했다. 이제 그런 사회학자를 찾아야 했다. 그는 다작하고 꾸준히 써왔을 뿐 아니라 그 글들은 당대에 개입하려는 평론의 색채가 짙고 함량이 높은 것이어야 했다. 그렇게 긴 호흡으로 유동하며 사고하고, 집요하게 자신의 현재와 비평적 관계를 맺어온 사회학자를 만나야 했다.

김동춘 선생을 떠올렸다. 일단 선생의 글을 조사했다. 1980년대 말부터 작성된 많은 문헌을 확인할 수 있었다. 시작할 수 있겠다 싶었다. 그리고 김동춘 선생께 기획의 취지를 말씀드렸다. 선생이 여러 편의 글을 보내주셨다. 모아놓고 보니 한 해도 빠짐없이 글들이 있을 뿐 아니라, 같은 해에도 다양한 주제의 글들이 있어 고르는 것이 가능했다. 되도록 주제가 겹치지 않도록 매해 한 편씩 글을 골랐다. 기획이 실현될 수 있었다.

몇 편은 텍스트 파일이 없고 이미지 파일로만 남아 있어 타이핑해야 했다. 10년 전, 20년 전의 글을 옮겨 적으면서 시대 속에서 부단히 고민하고 움직이는 한 지식인의 호흡을 느낄 수 있었다. 선생은 지금도 열정적인 현역으로 활동하고 있기에 올해 시점까지 글을 모을 수 있었다. 거의 30년에 이르는 사유의 행보를 엿보며 후학으로서 존경과 감사의 마음이 짙어졌다. 이렇게 지내온 자가 동시대에 있다는 것은 큰 격려이자 자극이 된다.

이제 한 사회학자의, 실천적 지식인의 기나긴 고민과 사색이 담긴 이 책을 독자들과 공유하고자 한다. 어떻게 읽힐지는 응당 독자의 몫이다. 그렇더라도 기획자로서 바람이 있다. 이 책을 통해 독자들이 1990년대, 2000년대의 여러 시대상황과 문제의식을 포착하기를 바란다. 다만 각 글들은 당대를 비추고 있겠지만, 글을 시대상황으로 환원해서 읽지 않기를 바라고 있다. 시대상황 속에서 자각적으로 택한 사고의 행방은 쓰는 자의 사상적 함량을 이루는 고유한 지점이기 때문이다. 그리고 무엇보다 그때의 글이 지금을 위한 물음으로 읽히기를 바라고 있다. 이 책에 모인 글들을 적어낸 시대상황 속에서 저자가 안고 있던 난관과 고민을 헤아리고, 저자와 그 시대상황 사이의 긴장관계 속으로 들어가 독자가 오늘을 위한 사상적 요소를 건져 올린다면, 선집이자 자료집인 이 책은 독자에게서 사상사적 문헌으로서 실현될 것이다.

이러한 기획의 수립과 추진을 편집자 김진구 님과 함께했다. 편집자를 대신해 기획의 취지를 독자들께 알린다.

윤여일